Historia et cartularium monasterii Sancti Petri Gloucestriæ Volume 3

Gloucester Cathedral, Hart, W. H. (William Henry), d. 1888

RERUM BRITANNICARUM MEDII ÆVI
SCRIPTORES,

OR

CHRONICLES AND MEMORIALS OF GREAT BRITAIN
AND IRELAND

DURING

THE MIDDLE AGES.

13180.

a

THE CHRONICLES AND MEMORIALS

OF

GREAT BRITAIN AND IRELAND

DURING THE MIDDLE AGES.

PUBLISHED BY THE AUTHORITY OF HER MAJESTY'S TREASURY, UNDER
THE DIRECTION OF THE MASTER OF THE ROLLS.

On the 26th of January 1857, the Master of the Rolls submitted to the Treasury a proposal for the publication of materials for the History of this Country from the Invasion of the Romans to the Reign of Henry VIII.

The Master of the Rolls suggested that these materials should be selected for publication under competent editors without reference to periodical or chronological arrangement, without mutilation or abridgment, preference being given, in the first instance, to such materials as were most scarce and valuable.

He proposed that each chronicle or historical document to be edited should be treated in the same way as if the editor were engaged on an Editio Princeps; and for this purpose the most correct text should be formed from an accurate collation of the best MSS.

To render the work more generally useful, the Master of the Rolls suggested that the editor should give an account of the MSS. employed by him, of their age and their peculiarities; that he should add to the work a brief account of the life and times of the author, and any remarks necessary to explain the chronology; but no other note or comment was to be allowed, except what might be necessary to establish the correctness of the text.

a 2

The works to be published in octavo, separately, as they were finished ; the whole responsibility of the task resting upon the editors, who were to be chosen by the Master of the Rolls with the sanction of the Treasury.

The Lords of Her Majesty's Treasury, after a careful consideration of the subject, expressed their opinion in a Treasury Minute, dated February 9, 1857, that the plan recommended by the Master of the Rolls " was well calculated for the accomplishment of this important national object, in an effectual and satisfactory manner, within a reasonable time, and provided proper attention be paid to economy, in making the detailed arrange. ments, without unnecessary expense."

They expressed their approbation of the proposal that each chronicle and historical document should be edited in such a manner as to represent with all possible cor- rectness the text of each writer, derived from a collation of the best MSS.. and that no notes should be added, except such as were illustrative of the various readings. They suggested, however, that the preface to each work should contain, in addition to the particulars proposed by the Master of the Rolls, a biographical account of the author, so far as authentic materials existed for that purpose, and an estimate of his historical credibility and value

Rolls House,
December 1857.

HISTORIA

ET

CARTULARIUM

MONASTERII SANCTI PETRI GLOUCESTRIÆ.

VOL. III.

EDITED

BY

WILLIAM HENRY HART,

OF THE PUBLIC RECORD OFFICE ;

FELLOW OF THE SOCIETY OF ANTIQUARIES OF LONDON ;

MEMBRE CORRESPONDANT DE LA SOCIÉTÉ DES ANTIQUAIRES DE NORMANDIE.

PUBLISHED BY THE AUTHORITY OF THE LORDS COMMISSIONERS OF HER MAJESTY'S TREASURY, UNDER THE DIRECTION OF THE MASTER OF THE ROLLS.

LONDON:

LONGMANS, GREEN, READER, AND DYER.

1867.

Printed by
EYRE and SPOTTISWOODE, Her Majesty's Printers.
For Her Majesty's Stationery Office.

CONTENTS.

INTRODUCTION.

INTRODUCTION.

THAT our ancient monasteries, whose history in all the
minutiæ of detail, which though unknown to, or scarcely
heeded by the writers of the past generation, is now fully
placed at our disposal through the well-directed efforts of
modern research, did in their day exercise a vast and
powerful influence over the people of this land, both in
a religious, as well as in a political and social point of
view, is a proposition to which few persons will refuse
their assent. However much these institutions may be
unsuited to the spirit of the age (to use a familiar but
frequently misapplied expression) there can be no doubt
that in their day they were of inestimable advantage to
the localities where chance had placed them. We are
accustomed at the present time to boast of our numerous
charitable institutions, and perhaps to over-rate their
importance in comparison with the efforts of a former age ;
we have our hospitals, our infirmaries, our orphanages,
our homes, our asylums, our parochial schools, our visiting
societies ; and the benefits which flow from the judicious
administration of these charities are undoubtedly of great
magnitude ; but we must not forget that many of the
functions which are now discharged by these institutions
were the proper and special province of the monastery,
and were in most cases faithfully and honestly fulfilled.
It is thus that the monastery held an important place in
the social economy of our ancestors ; it was not only a
seminary of religion which provided for the spiritual

wants of the people, but it also looked to their material
and physical requirements, which otherwise might have
gone neglected or wholly unprovided for

The monastery was, as it were, both in its educational
and missionary aspect, what the university and the
cathedral aim at, it kept up from among its inmates a
constant and regular supply of candidates for holy orders,[1]
many of whom would go forth into the world, and carry
into their future sphere of action much of the good
governance and rule learnt in their mother monastery,
while in the ranks of its permanent adherents there would
not be wanting zealous and fervent priests to minister to
the home population, and preach to them of the paths
which lead unto peace. It was this missionary aspect
which formed so bright a feature in the monastic system,
and which even now in these days the Church of England
is beginning to understand and to appreciate

The modern school of thought teaches us to look upon
monasteries as institutions which, though once beneficial
or even necessary, are now, having done their work,
effete and useless   They were according to some writers
the authors of their own decay, and bore within themselves the seeds of dissolution, but that this is a grave
truth I think has yet to be proved   In England they
did undoubtedly fall, and the sixteenth century saw their
destruction and demolition, but why was this? not, as I
apprehend, because of their alleged inutility, or of any
inherent weakness, but because of a fatal mistake to which

---

[1] This is attested by our early
episcopal registers, some of which,
namely, those of the diocese of
Hereford, I have had the opportunity of examining, through the
kindness of the Registrar, whose
courtesy I here beg leave to ac-
knowledge   In these registers are
contained full and detailed lists of
the various persons admitted to holy
orders at each ordination, acolytes,
subdeacons, deacons, and priests,
and they are singularly interesting
and valuable, because they frequently mention the different monasteries from whence the candidates proceeded   They are well
worthy of more time and attention
than I could bestow upon them

they had for generations clung. Proud as they were in
the magnitude of their possessions, the power and
ambition of their abbots, the splendour of their churches,
and the attractiveness of their services, they yet paved
the way for their own destruction, which, not heeding
riches or power, came on slowly but steadily, and at last
did its appointed work. And the primary cause of this
was, as I take it, the overweening desire of the monasteries to free themselves from the wholesome discipline
of episcopal visitation. Papal exemptions were eagerly
sought to free them from this supposed interference, and
many and bitter were the contests which placed the
monastic and episcopal systems in unfriendly relations.
The Chronicle of Evesham and the history of St.
Augustine's Canterbury, among others, show us how this
antagonism was fostered by the abbots, who carried
things with a high hand, rendered higher still by these
papal exemptions. Of this we have an apt illustration
in the time of Richard, archbishop of Canterbury, in the
reign of Henry II. In a letter which this prelate wrote
to Pope Alexander III., about the year 1180, he com-
plains first of the abbot of Malmesbury refusing obedience
to the bishop of Salisbury, and then he inveighs bitterly
against exemptions in these strong terms :—

" Adversus primates et episcopos intumescunt abbates,
" nec est, qui majoribus suis reverentiam exhibeat et
" honorem. Evacuatum est obedientiæ jugum, in qua
" erat unica spes salutis, et prævaricationis antiquæ
" remedium. Detestantur abbates habere suorum ex-
" cessuum correctorem, vagam impunitatis licentiam
" amplectuntur, claustralisque militiæ jugum relaxant
" in omnem desiderii libertatem. Hic est, quod monas-
" teriorum fere omnium facultates datæ sunt in direp-
" tionem et prædam. Nam abbates exterius curam
" carnis in desideriis agunt, non curantes, dummodo
" laute exhibeantur, et fiat pax in diebus eorum:
" claustrales vero, tamquam acephali otio vacant et

' vaniloquio : nec enim præsidem habent, qui eos ad
' fingem vitæ melioris inclinet. Quod si tumultuosas
' eorum contentiones audietis, claustrum non mul-
" tum differre crederetis a foro. Hæc omnia, reve-
" rende pater, vestræ correctionis judicium postulant
tempestivum. Nisi enim huic malo maturius reme-
' dium adhibeatur, verendum est, ne sicut abbates ab
' episcopis, ita episcopi ab archiepiscopis, et a prælatis
" suis decani et archidiaconi eximantur. Et quæ est
' hæc forma justitiæ, aut potius juris deformitas,
" prohibere, ne discipuli magistro consentiant, ne filii
' obediant patri, ne milites sequantur principem, ne
" servi domino sint subjecti? Quid est eximere ab
" episcoporum jurisdictione abbates, nisi contumaciam,
' ac rebellionem præcipere, et armare filios in parentes?
" videant, quæso, ista, et judicent, qui judicant orbem
' terræ, ne inde emanare videantur injuriæ, unde jura
' sumuntur. Arguemur temeritatis, et dicemur os nostrum posuisse in cœlum, qui non de superbiæ spiritu,
' sed de atramentario doloris hæc scribimus. sentimus
" equidem familiares angustias, qui publicas deploramus
' nec fortitudo nostra fortitudo est lapidis, nec caro
' nostra ænea est, ut tam enormes injurias dissimulare
' possimus " [1]

The celebrated bishop Grosseteste also manfully upheld
the claims of the bishops to the visitation of monasteries,
and not without reason, as is shown in his letters [2]
Breach of monastic rules and habits of luxury found no
favour with this prelate, and when he was supposed to
be most severe and exacting, it was indeed one of his
kindest acts, because it was the uplifting of the chasten-
ing rod of an offended but not unforgiving parent,
against a wayward and headstrong child. Well had it

[1] Petri Blesensis Opera (ed Giles), vol 1 p 202.
[2] See Mr Luard's preface to Grosseteste's Letters (*Chronicles and Memorials*).

been for his spiritual children if they had listened to fatherly admonition.

And so it was that the monasteries of England laid the foundation for their own destruction which otherwise might have been averted, and the monastic system, as a recognized institution, ceased to exist.

Whether it is better for a man to accept the responsibilities of such social position as chance may have given him, and to battle boldly with life and its circumstances, or whether he should rather retire from the busy scene, and seek for happiness and peace in the tranquillity of the cloister, has often been the subject of much discussion, and as yet has never been satisfactorily answered; to many undoubtedly monasticism would be simply a trap and a snare and an occasion of falling, because it suits not their genius, neither have they a special vocation that way; while on the other hand there are those earnest and devoted persons to whom, after the practice of their religious duties, the world in its varied aspects presents but few attractions, and who would find an especial charm in a monk's life, because to them that life is one of the most noble and magnificent that can be conceived; noble for its entire abnegation and sacrifice of self, and magnificent because it is constantly marked by acts of mercy and love unheeded by mortal eye, but which yet win a smile of approbation from the Holy Angels whose seat is ever before the throne of our Father in Heaven.

However, I am not at liberty here, neither is it my wish, to discuss the lawfulness of monasticism; I have rather to deal with the fortunes and progress of the ancient and honourable abbey of Gloucester, as set before the reader in these volumes.

The present work consists of two parts, the history, and the cartulary of St. Peter's, Gloucester. The history is printed and described in volume I., and the cartulary now remains to be spoken of.

It is a finely written manuscript of the latter part of the thirteenth century, in good preservation, containing 337 leaves, of which some few, both at the commencement and the end, are mere fly leaves containing entries at various periods much later than that of the cartulary itself. The caligraphy is excellent, and the rubricated letters together with the floriated borders to the pages are worthy of remark. A fac-simile of the first page forms a frontispiece to the first volume of this work. With regard to the contents of this cartulary, the method of arrangement is anything but lucid or artistic there is a system followed, but the reason for it is not apparent, while its defects are most conspicuous.

The first part of the manuscript contains charters of donation to the monastery, classified alphabetically according to localities, this is continued to folio 180, then a blank page or two occur, where is entered an inquisition of the twenty-fourth year of Henry VIII, after which there is another collection of charters, also arranged alphabetically; this takes us to folio 228. Another section is then started containing papal bulls, and also various charters of donation, pleadings, and miscellaneous documents. Following this is a series of extents of manors belonging to St Peter's, these are valuable for the minuteness with which they describe the lands, and the services incident thereto. We then have very curious and interesting rules concerning the management of manors, and the manuscript concludes with a miscellaneous selection of pleadings and other matters written on the fly leaves before mentioned, at various times and by various hands.

These arbitrary divisions or sections are not uncommon in monastic cartularies, there is a similar arrangement in the Ramsey cartulary now preserved in the Public Record Office, but it is certainly none of the best. A simple chronological sequence would have been much more intelligible, and would have saved the scribe from the unnecessary repetitions which abound in the Gloucester cartulary. With regard to the exact period at which the manuscript in question was compiled, and by whom, it is not possible now to speak with any certainty. I am inclined, however, to ascribe it to the period of abbot John de Gamages (1284–1306). With the exception of the miscellaneous documents written on fly leaves and blank pages, about which there is no doubt whatever that they were entered at much more recent times, there is no charter in the cartulary proper of a later date than this abbot. And we find in the history of St. Peter's,[1] that among the numerous gifts of abbot Gamages to the church, there were three books mentioned, the Legend of the Saints, Transcripts of Charters, and Constitutions of King Edward. Now we may not be far wrong in seeking to identify the cartulary with the second of these volumes. The first is quite out of the question, the third will not at all accord, but the title of the second cannot be said to be otherwise than applicable, and until cause be shown to the contrary, I shall not think myself rash in assuming that the identity is fairly established. However, before disposing of this part of the subject, it will be expedient to describe briefly four other manuscript volumes which also relate to St. Peter's, and which are now in the possession of the Dean and Chapter of Gloucester Cathedral.

Nos. 1 and 2 are manuscripts compiled about the year 1393, and are most probably the registers which are referred to in the history as having been compiled afresh by abbot Froucester.[2]

No. 1 is divided into two sections, the first is composed mainly of royal charters, commencing with the foundation charter of king Ethelred, which I have

---

[1] *Ante*, vol. i. p. 40. | [2] See *ante*, vol. i. pp. 50 and 56.

already printed,[1] and ending with an inspeximus by Richard II. of proceedings in the Exchequer relating to the vacancies of the abbey ; the second section comprises private charters of donation, agreements, presentations to churches, resignations of livings, and other ecclesiastical documents, all of them having immediate relation to St. Peter's. This volume I have no hesitation whatever in identifying with the one mentioned in the history,[2] because its contents perfectly tally with what we there find specified. The history in speaking of Froucester, says, " Et pro vacatione ecclesiæ quod gratiose et mira-
" biliter fuerat magnis laboribus et sumptuosis expensis
" prosecutum, et ad finem ingeniose perductum, ac etiam
" in curia domini comitis de Stafford placitum de curia
" tenenda de tribus septimanis in Newport, necnon et alia
" diversa quæ prolonga erant narranda ut in capsa inde
" confecta, et *Walteri Froucestre* intitulata, et in archivis
" ecclesiæ condita plenius continentur." This proceed-
ing relative to the vacancies is evidently the one before referred to, and the plea concerning the holding of the court of Newport is also found in a subsequent part of the same manuscript. The old title, however, cannot be compared, because the manuscript has been recently rebound, but there can be no doubt that, had the ancient binding been preserved, we should have seen the words *Walteri Froucestre* on the back, as mentioned in the Historia; however, without this, I think the proof of identity is sufficient.

No. 2 is a thicker volume in the same hand, but compiled on a very different principle. It contains ten distinct registers, namely, those of the sacristan, the almoner of Standish, the hostillar, the sub-almoner, the master of the works, the chamberlain, the refectorar, the infirmarer, the master of the chapel, and the præcentor.

[1] Appendix to Introduction, vol. i. p. lxxi.   [2] *Ante*, vol. i. p. 55.

Altogether it comprises more than 1,000 charters relating to St. Peter's, some of them as early as William I. It would thus appear that it was not the custom to throw all the revenues of the monastery into one common fund, and then to apply them as need required, but it was in the discretion of any benefactor to specify the particular channel into which his charity should flow, be it infirmary, sacristy, or otherwise ; or if he had no choice, then the abbey itself apportioned the gift to such fund as seemed most to require augmentation.

No. 3 contains the register of abbot Braunche (A.D. 1500–1510), and is entitled thus, " Regestrum actorum " tam temporalium quam spiritualium Thomæ Braunche, " permissione divina electi in abbatem monasterii Sancti " Petri Gloucestriæ, ultimo die Augusti, anno Domini " millesimo quingentesimo, tempore Johannis Walden " capellani dicti abbatis, et Willielmi Heywode ejus " secratorii, etc."

This register contains copies or entries of numerous abbey leases, presentations to vicarages, grants of corrodies, manumissions, and other documents relating to the possessions of St. Peter's during the abbacy of Braunche.

In No. 3 is also contained the register of abbot Newton (A.D. 1510–1513), entitled thus, " Regestrum actorum " tam spiritualium quam temporalium reverendi in " Christo patris domini Johannis Newton, Sacræ Theo- " logiæ Professoris, electi in abbatem monasterii Sancti " Petri Gloucestriæ, penultimo die mensis Julii, anno " Domini millesimo quingentesimo decimo, et confirmati " vicesimo secundo die Novembris, ac installati sexto " die Decembris, anno Domini supradicto, magna con- " troversia prædicta electione inter dictum reverendum " patrem et quendam dompnum Johannem Hunteleye " adtunc commonachum et cellerarium dicti monasterii " non obstante." Its contents are similar to those of Braunche's register.

No. 4 is the register of William Malverne, the last

abbot of Gloucester (A D 1514 to the dissolution), and contains similar instruments

In the year 1800, in answer to the questions of the Commissioners on the Public Records, the Registrar of the Dean and Chapter of Gloucester replied, that "there " are no original records whatever in their possession of " the nature alluded to by order of the Committee, but " there are *four manuscript books* in the custody of the " Dean and Chapter, containing copies of the records, ' etc, herein-after mentioned" The description which then follows does not tally in every respect with the four Gloucester manuscripts of which I have before given a slight outline, indeed one I cannot at all reconcile I will take them in the order followed by the Registrar in his return

He says that the first is an ancient register, which appears to have been compiled in the year 1397, and contains copies of the royal charters and confirmations to the church of Gloucester, beginning with the original charter of the foundation of the church by king Ethelred, and continued down to the reign of Richard II This there is no difficulty in identifying with Gloucester MS. No 1.

The second book, according to the Registrar, contains copies of various writs and other legal proceedings, about the reign of Edward I, and the laws and customs for the internal regulation of the monastery.

It also contains the Statutes de Scaccario ; Districtiones Scaccarii ; Statuta de Exonia, Statuta de Itinere, Statuta de Finibus, De Presentibus vocatis ad warrantiam, Statuta de Quo warranto ; De Juratis et Assisis extra Comitatum, De Antiquo Dominico Coronæ, Circumspecte Agatis ; De Regia Prohibitione ; De vasto facto in Custodia, De Gaveleto in Londonia, De Anno et Die Bissextili, Consuetudines Kanciæ ; De Moneta ; Articuli de Tonsura Monetæ, De Cohæredibus, De Militibus faciendis ; Statuta Armorum in Tornamentis ;

De Conspiratoribus cum breve; De Conspiratoribus
aliter; Capita Itineris quæ tangunt Coronam; Officium
Coronatoris; Statutum de Petentibus Admitti; De
Terris mortuandis; De Protectionibus Domini Regis.
After this follow the proceedings on a view of Frank-
pledge; the Manner of doing Homage and Fealty; the
Assize of Bread, &c. &c.; Assize of Mort d'Auncestor;
Bastardy; The Office of Steward; Of Relief, Socage, &c.
&c. And then the first part of this book concludes with
a statement of the Liberties of England.

The second part of this book contains copies of the
statutes during the reigns of Edward III., Richard II.,
and Henry IV., and during the first and second years of
Henry V.

This book I have never seen; it certainly is not one of
the four Gloucester manuscripts now before me, but where
it now is I have not been able to discover. Its contents,
if correctly described, would be highly interesting, and
I regret that I have not been able to refer to it, particularly as it seems to relate to the internal arrange-
ments of the monastery.

The third book is said to contain copies of the grants
from several kings, and from various persons of divers
estates, fee farm rents, &c., to the abbey of Gloucester,
the originals of most of which are preserved with the
muniments of the Dean and Chapter of Gloucester, and
were made probably about the time of the Conquest.
This description, though no date is mentioned, will accord
with Gloucester Cathedral manuscript No. 2.

The fourth book is said to contain a register of the acts
of the abbot of Gloucester, as well spiritual as temporal,
between the years 1501 and 1514. This is unquestionably
the Gloucester volume No. 3, containing the registers of
abbots Braunche and Newton; but a difficulty now presents itself,—the Record Report says nothing about Malverne's register (Gloucester MS. No. 4), while it gives a
lengthy description of a book (No. 2) which I can no-

where find There is either some strange carelessness or misdescription which I cannot explain, or else Malverne's register has been substituted for the book No 2 at some period since the year 1800 But even then the book No 2 must be in existence somewhere

There was also undoubtedly an early register of which we now can find no trace, but which was in existence at some time later than the period of the cartulary now printed In the year 1380 there was a manumission of Richard le Hayward of Wottone,[1] and against this document a note is written in a later hand, stating that it was to be found in "registro Boyfeld, fol vi^{to}" This reference is precise enough, but unfortunately I cannot discover the manuscript to which it refers

Again there were without doubt registers for abbots Morton, Morwent, Boulers, and the others, but I can only chronicle their non-existence.

There is in the possession of the Dean and Chapter of Gloucester, besides the four volumes before described, a series of original deeds with seals attached, in excellent condition, all relating to St Peter's They are mounted in large books formed of cartridge paper, with cavities for the reception of the seals, and much judgment has been used in their preservation I have not been able to examine them very minutely, but I believe that among them there will be found the originals of some of the charters printed in these volumes

Again the Public Record Office possesses a small collection of original charters with seals attached, formerly belonging to St Peter's

The earliest document relating to the monastery, namely, king Ethelred's foundation charter, in the year of our Lord 681, and confirmed by Burgred, king of Mercia, in 872, is printed in the first volume of this work (App to Introduction, No I), but the text is, as will be

---

[1] Cartulary, vol iii p 268

observed, very corrupt, the names of places mentioned in it being perverted in a very gross manner, some of them almost beyond the possibility of identification.

Offa, Ethelbald, and Kynred, kings of Mercia, were in their time benefactors to St. Peter's, as appears by the calendar of donations, and in the year 821, fifteen hides in Standish "sub Ezimbury" were given by Beornulph, king of Mercia, at the time when St. Peter's was denuded of clerks. About the same period the manor of Frocester was given to St. Peter's by Rabanus Anglicus Revenswart, brother of king Beornulph. In the year 981, Elfleda, king Ethelred's sister, who was then a barren old woman and oppressed by poverty, gave to the monastery the manor of Hynetone. But when five men were required from thence to attend the king's expedition, they could not be found, and the clerks who then governed St. Peter's, came and sought for the old woman, who on Christmas day, when the king was banqueting, came and fell down at his feet, and besought him that the land should thenceforth be free from such burden, which favour was at once granted.[1]

The fortunes of St. Peter's during the first four centuries of its existence were, as we learn, considerably chequered: in its origin a nunnery, it flourished under royal protection and patronage for a time; then came a period of desolation, when national tumults and disturbances drove the nuns from their peaceful home; afterwards it was placed under the rule of secular clergy, who in their turn gave way to Benedictine monks introduced to St. Peter's in the year 1022 by Wolstan, bishop of Worcester, with the permission of king Canute. In the cartulary of Bath abbey, now preserved in the library of Corpus Christi College, Cambridge, there is a very interesting document relating to this change in the con-

---

[1] The authority for these statements is the Historia and the Calendar of Donations.

stitution of St. Peter's, it is an agreement between Wulstan, bishop of Worcester, and the abbots of Evesham,
Chertsey, Bath, Pershore, Winchcombe, and Gloucester,
and the dean of Worcester, to adopt the Benedictine
rule, and to be in unity as if all the seven monasteries
were one monastery, and to be " quasi cor unum et anima
" una " They agreed to sing two masses every week in
each monastery for all the brothers, on Monday and
Friday, and the brother who was " capitula mæsse wuca "
was to perform these masses for the brothers living,
and also for every departed brother, as if they all were
together in one monastery, thus beautifully illustrating
the doctrine of the Communion of Saints, which the
Church has ever proclaimed in her solemn creeds, teach-
ing us the belief that the righteous who pass away from
our presence here, yet are with us in spirit, mingling
their prayers with ours before the eternal throne of the
Most High The abbots also professed obedience to God
and to their bishop for their common need, that is, that
each of them should perform, and for his own account
buy a hundred masses, and bathe a hundred needy men,
and feed them and shoe them And each to sing himself
seven masses, and for thirty days set his meat before him,
and a penny upon the meat The document appears to
be incomplete, for the names of the brothers at Evesham,
Chertsey, and Bath only are appended. The following
is a copy

"On Drihtnes naman Hælendis Cristes is þ Wulstan
" ꝧ on Drihtnes naman hæfð gerædd wið his leofan
" gebroðra þe him getreowe synd · for Gode Ᵹ for
" worulde Ðæt is þonne ærest Ægelwig abꝧ on
" Eofesham Ᵹ Wulfwold abꝧ on Ceortesige Ᵹ Ælfsige
" abꝧ on Baðan Ᵹ þa gebroðra Ᵹ Eadmund abꝧ on
" Perscoran Ᵹ Rawulf abꝧ on Wincelcumbe · Ᵹ Særle
" abꝧ on Glewceastic · Ᵹ Ælfstan decanus on Wigra-
" ceastic Ðæt is · þ we willað georne gehyrsume beon
" Gode · Ᵹ Stā Marian · Ᵹ Sce Benedicte · Ᵹ us sylfe

" gerihtlæcan swa neah swa we nyhst magon þam
" rihte · ꝼ beon swa swa hit awriten is · quasi cor
" unum et anima una · ꝼ we willað urum woruld
" hlaforde Willelme cininge ꝼ Mahthilde þære hlæf-
" dian holde beon · for Gode ꝼ for worulde · ꝼ habbe
" we us geræd betweonan to ure saule þearfe · ꝼ to
" ealra þara gebroðra þe us underþeodde synd · þe
" munuchades synd · þ is þ we willað beon on annesse ·
" swylce ealle þas vii. mynstras syn an mynster · ꝼ
" beon swa hit her beforan awriten is · quasi cor
" unum, et anima una. Ðæt is þ we ælcere wucan
" singan ii. mæssan on ælcum mynstre · synderlice for
" eallum gebroðrum · monandæge ꝼ frigedæge · ꝼ wite
" se broður þe capitula mæsse wuca bið. þ þas mæssan
" gefordige for þa gebroðra þe libbende synd · ꝼ for
" ælcan forðfarenan breðer · ælc þæra þinga fore don
" swylce hig ealle ætgædere on anum mynstre wæron ·
" ꝼ nu is þara abboda cwydrædene þ hig willað beon
" Gode gehyrsume ꝼ heora bisceope · to heora ge-
" mænelicum þærfe · þ is þ heora ælc sceal don an c.
" mæssan of his agenra handa gebycge · ꝼ an c. þær-
" fendra manna gebaðige · ꝼ þa fedan · ꝼ ealle þa
" gescygean · ꝼ ælc singe himsylf vii. mæssan · and
" him foredon xxx. nihta his mete beforan him · ꝼ
" tenne pænig on uppan þam mete · God us geful-
" tumige þ we hit þus motan gelæstan · ꝼ mid suman
" Gode geeacnian. Sic fiat.

" Ðis synd þara gebroðra naman on Eofesham · þ is
" ærest.

" Ægelwig abb ꝼ Godric abb. ꝼ Ægelwine decanes ·
" ꝼ Ordmær · ꝼ Godefrið · ꝼ Þeodred · Regnold · ꝼ
" Eadric · ꝼ Ælfwine ꝼ Eadwig · Colling ꝼ Leofwine ·
" Ælfric · ꝼ Wulfwine Sired ꝼ Bruning · Ælmær ꝼ
" Ælfwine · ꝼ Ægelric ꝼ Ægelwyrd · Dunning ꝼ Sæ-
" geat · Uhtred ꝼ Eadweard · Eadmund · Ulf · Brihtric ·
" Wulfsige · Sexa · Ælfwine · Wlmær · Ægelwig.

"Ðis syndon þara broðra naman on Ceortesige þ
" is ærest

"Wulfwold abð. Ᵹ Ælfward Ᵹ Sælaf   Oter Ᵹ God-
" wine · Æþestan Ᵹ Eadgar   Eadmæi Ᵹ Godwine ·
" Ælfwine Ᵹ Benedict · Siwine Ᵹ Alfwold   Buihtnoð Ᵹ
" Ælfric · Godric Ᵹ Ælfric · Oswold Ᵹ Ælfric · Ᵹ Wulf-
" ward · Ᵹ Wulfric

"Ðis syndon þara gebroðra naman on Baðan   þ is
" ærest

"Ælfsige abb Ᵹ Ælfric · Leofwig Ᵹ Hieðewulf
" Ælfwig Ᵹ Ægelmær · Eadwig Ᵹ Godwine · Ægelwine
" Ᵹ Oswold · Ælmær Ᵹ Þeodred · Eadric · Ægelmær
" Sæwulf · Þured   Ægelric · Ᵹ Hærlewine Ᵹ Godric
" munuc or Mældmesbyrig · ealswa uie an · Ᵹ ealswa
" Wulfwerd Píces broðor on Tantûne "

The return of the possessions of St Peter's, as given in
Domesday book and also in the Calendar of donations,[1]
tells us with what success the abbacy of Serlo was attended in obtaining for the youthful Benedictine house
lands and manors in addition to those it already had
from the gift of its early benefactors, it numbered
lands in Gloucestershire, Worcestershire, Herefordshire,
and the remote region of Hampshire, and soon afterwards the church of St Martin in the Vintry in London
and lands in Essex were added

The method in which Domesday was compiled receives
a curious illustration from the Gloucester cartulary, in
fact one of the returns in that grand and memorable
record is alleged to be incorrect, and this in no unimpor-
tant degree   We are told that William I granted to St
Peter's and to abbot Wilstan Nympsfield (Nymdesfeld)
in Gloucestershire, with sac and soc, but in the year 1087
Roger de Berkeley the elder caused it to be described in

_____

[1] Vol 1 p 50

Domesday as among the king's lands, "ad mensam regis," unknown to abbot Serlo ; however in the year 1093 it was restored to the monastery by Eustace de Berkeley, " tempore Serlonis abbatis ;" thus showing evidently that whether the false return was made wittingly or not, at all events Serlo did not allow it to remain unnoticed or unremedied. To many persons this misstatement in Domesday and its subsequent correction may seem of little moment, but it really involves an important legal point, as I shall endeavour to show. It is sometimes necessary in a court of law to adduce evidence in support of land being of that peculiar tenure called "ancient de-" mesne," and the only way in which it can be established is by an appeal to Domesday. "The tenure of ancient " demesne," says Scriven in his work on Copyholds,[1] " is " confined to such lands as were held in socage of manors " belonging to the crown in the reign of Edward the Con-" fessor, and in the reign of William the Conqueror ; and " whenever a question arises as to the particular lands " being *ancient demesne*, it is to be decided by the pro-" duction of Domesday book ; wherein the lands which " were in the possession of king Edward are called *terræ* " *regis Edwardi*, and those which were in the posses-" sion of William the Conqueror are called *terræ regis.*"

Now supposing a dispute arose at the present day as to whether Nympsfield were ancient demesne or not, it is a matter for consideration how far our courts would allow the statements in this monastic chronicle to influ-ence their decision. I am quite aware of the doctrine that there can be no appeal from Domesday book, and no averment made against it, but is this rule never to admit of qualification or relaxation ? If the averment be supported strongly by collateral evidence, I see no reason why Domesday may not receive correction ; it is a valuable record, but it is not infallible.

[1] Vol. ii. p. 650.

From the period of Serlo to the dissolution the charters and other instruments relating to St Peter's are too numerous, and are frequently of too common-place an order to be described seriatim, or to be woven into a narrative, but a few are worthy of notice as illustrating in a special manner the history of the monastery. I allude to the charters of confirmation granted by kings Stephen and Henry II, by the archbishop of Canterbury, and by Gilbert de Clare, earl of Hertford[1] Each charter specifies all the possessions confirmed, thereby affording us the means of comparing the extent of the monastery property at different periods

The privileges enjoyed by St Peter's were both numerous and important The monks were to have the sole liberty of fishing in all their streams, as well in the Severn as elsewhere, and they were to have all sturgeon caught there They had also the tithes of all venison taken in the forest of Dean, and a fair and market at Northleach. Protection was granted them by king Stephen and by Henry III, and by Gilbert de Clare, earl of Gloucester Their land was to be free from all toll, carriage, summage, conduct and all other exactions, and they were to have rights of warren over all their lands. They were to have freedom from toll over all the lands of Bernard de Novo Mercato in the honour of Brecknock, and over all the lands of the earl of Mellent in Wyche, and also for whatever they purchased in the city of Bristol in the way of food, clothing, or timber under a charter of William earl of Gloucester, who also granted them a similar freedom for everything they bought or sold in Bristol, Cardiff, and Newport John earl of Mortain also freed them from toll over all his lands in the same towns

Towards the end of the reign of Henry III disputes sprang up between the municipal authorities of Glou-

---

[1] Vide vol. i pp 222 226 349 and vol. ii p 222

cester and the monastery touching the exemption from toll, which the monks claimed under royal charter. The bailiffs of the city were possibly not aware of the exemption, or, perhaps, they were oppressed with feelings of jealousy that the cattle and goods of the monastery should traverse their streets and bridges and be sold in their markets toll-free; at all events they were determined to try the question, and in the thirty-second year of king Henry III. they levied a distress upon the abbot and his men for toll, which proceeding was contested by the monastery in a court of law. William de Sumery and Thomas de Evesham, bailiffs of Gloucester, were summoned to answer the abbot for having exacted toll from his men, namely, for every horse bought or sold in the city twopence, for every ox one penny, and for five sheep one penny, and for one quarter of corn one penny, and a halfpenny if any of their men brought corn there to be sold; and the abbot proffered in evidence various royal charters of exemption from any toll, passage, or custom. The bailiffs, however, justified their proceedings, asserting that they held the city of Gloucester from the king's grant, and that they were seised of the toll in question, but there seems to have been no verdict.[1]

During the abbacy of John de Gamages (A.D. 1284–1307), various grave questions as to episcopal visitation arose between the bishop of Worcester and some of the monasteries in his diocese. In the year 1302, during the avoidance of the see of Worcester, John the prior of the same place visited the monasteries of Tewkesbury, Gloucester, and Winchcombe, and the canons of Cirencester, but they closed their doors against him, alleging that they had been visited twice before in the same year; and in the following year, the abbots of Gloucester and Tewkesbury were condemned by the Court of Arches for

---

[1] Placita de Juratis et Assisis, Gloucestria, 32 Henry III. m. 24 d.

resisting the visitation This quarrel continued for some years, for in 1309, the prior again sought to uphold his right, and the archbishop of Canterbury gave judgment in his favour But even this did not check the resistance of Gloucester, for on December 2, 1313, the prior of Worcester issued his mandate to the abbot of St Peter's, requesting him to admit the said prior with becoming reverence on the Saturday next after the feast of St Lucy The abbot replied on the 8th, that he would obey the mandate so far as he was bound by right, and not otherwise, " saving always the right of ourselves " and our monastery." This was followed by a monition from the prior, warning the abbot to permit the office of visitation to proceed, and citing him to appear at Worcester under penalty of the greater excommunication, but monitions and citations seemed to be of little avail, the last extremity was resorted to, and St Peter's was pronounced excommunicate by bishop Maidstone at his court at Kempsey, in 1314 However it seems that a composition was subsequently entered into and confirmed by the pope, by which the rights of the prior were conceded.[1]

In connexion with this dispute we find in our cartulary a curious instrument by which the four monasteries, Gloucester Cirencester, Worcester, and Lanthony, united in placing every obstacle in the way of the bishop and his officers, and engaged to pay in equal proportions the expenses of such opposition If the bishop pursued them, the defence was to be taken up in the Roman court, or that of Canterbury, or elsewhere, and they were

---

[1] These particulars I have gathered from Fosbrooke's *History of Gloucester*, and also from Noake's *Monastery and Cathedral of Worcester* (p 86) The latter work appears to be exceedingly well executed, so far as I can form an opinion without examining the original authorities, and its author deserves considerable credit for having shaped into a popular and pleasing form a large mass of valuable antiquarian material

not under any pretence to invite to dinner any officer or minister of the bishop, or to eat with him or to make him any present. Ten pounds a year were to be subscribed from the commune of each monastery, and handed over to the custody of the sub-priors, and by them placed in the monastery of St. Peter's, Gloucester, where, by permission of the abbot, a chest, secured by four locks, was to be kept for that purpose, each sub-prior having a key. Then follow the appointments of proctors for carrying out the business.[1]

In the year 1380, there was a dispute between the crown and St. Peter's, relative to the vacancies, which arose in a peculiar manner. It appears that on July 16, 34 Edward 1. (1306), they were granted by letters patent to the prior and convent, rendering for each vacancy, if it should last for four months, 200 marks, and so in proportion. But on February 28, 2 Edward III. (1328), in consideration of the expenses which the abbey had been at on the burial of king Edward II. in St. Peter's, a fresh patent was issued, granting the vacancies to the prior and convent on very reduced terms, namely, for each vacancy, if it should last for one year, 100 marks, and so in proportion for a longer or shorter time.[2]

On the resignation of abbot Horton, which took place in the year 1377, the escheator for the district claimed from the abbey 200 marks for the vacancy, according to the rate prescribed by the patent of Edward I.; he either was ignorant of the subsequent patent, or else tried to extort more from the abbey than was justly due ; at all events the law was appealed to by the crown, and in Michaelmas term, 1380, a process was issued from the Court of Exchequer against the abbot and convent for the payment of the 200 marks. The king pleaded the

[1] Vol. i. p. 140.
[2] Patent Roll, 2 Edw. 3, p. 1, m. 25.

patent of Edward I., and that it was found from the
account of Ralph Waleys, escheator for Gloucester, Hereford, and the Marches of Wales, from February 2, 51
Edward III., to November 26 following, that the abbey
became vacant on October 26, 1 Richard II (1377), by
the cession of abbot Thomas de Horton, and that on
December 31 following the king took the fealty of John
Boyfeld, and restored him the temporalties, and so
the abbey was vacant for sixty-seven days, viz, for two
months and eleven days, and it was not found that any
money was paid upon the vacancy, therefore a writ of
scire facias issued to the abbot and convent, enjoining
them to show cause why the fine should not be paid
Whereupon the abbot and convent appeared, and said
that Horton was abbot until November 8, when he resigned, and that they ought not to pay anything to the
king for the vacancy after that day, because of the patent
of Edward III., but they were prepared to satisfy the
king for the vacancy after that day proportionably, according to such letters patent

The court after taking time to consider, gave judgment
in favour of the abbot and convent, namely, that they
were not liable to pay the 200 marks, under the provisions of the patent of Edward I[1]

The following mandate prescribing special prayers to
be used for king Henry VII is interesting, it is taken
from abbot Braunche's register

" *Suffragia pro nostro illustrissimo principe Henrico*
" *rege Angliæ Septimo*

" Thomas Alcok, utriusque juris doctor, reverendi in
" Christo patris et domini domini Silvestri Dei gratia
" Wigorniensis episcopi, ipso reverendo patre extra suam

---

[1] Lord Treasurer's Memoranda Roll, Exchequer, 4 Richard II., Mich
roll 1

" diœcesim in remotis agente, vicarius in spiritualibus
" generalis, dilectis nobis in Christo abbati et conventui
" monasterii Sancti Petri Gloucestriæ, Wigorniensis
" diœcesis, salutem in Domino.

"Cum prælati et clerus Cantuariensis provinciæ in
" ultima convocatione sive sacra sinodo in ecclesia Cathe-
" drali Sancti Pauli Londoniæ, decimo sexto die mensis
" Februarii anno Domini millesimo quingentesimo tertio
" inchoato ac usque ad et in decimum octavum diem
" mensis Maii proximo extunc sequentem de diebus in
" dies continuato congregati ex eorum consensu pariter
" et assensu ordinaverunt statuerunt decreverunt atque
" concesserunt quod excellentissimus in Christo princeps
" et dominus noster dominus Henricus Dei gratia rex
" Angliæ et Franciæ et dominus Hiberniæ, ex certis
" causis et considerationibus tunc expressis, in qualibet
" missa principali ad majus sive summum altare in
" cunctis hujus regni sacris ædibus tam cathedralium
" quam regularium et collegiatarum ecclesiarum ex-
" emptis et non exemptis per inibi ministros quoscumque
" numerum tresdecim virorum clericorum habentibus
" celebranda in omnibus orationibus et suffragiis, prout
" inferius designantur, in specie pro ipsius nostri regis
" salute et incolumitate prosperoque statu et felici
" successu dum in humanis egerit, et postquam ab hac
" luce migraverit, particeps esset et quod celebrans
" ipse quicunque pro tempore fuerit singulis diebus
" dum regia majestas superstes fuerit, pro sacratissimæ
" suæ majestatis salute et incolumitate prosperoque
" statu et felici successu solenniter et cum nota leget
" et cantabit ad majus sive summum altare supra-
" dictarum ecclesiarum tam cathedralium quam regu-
" larium ac collegiatarum numerum tresdecim virorum
" clericorum habentium orationem sequentem.[1] Quæ-

---

[1] See Maskell's *Ancient Liturgy of the Church of England*, second edition, p. 184, where similar prayers for Henry VIII. are printed.

" sumus Omnipotens et misericors Deus ut rex noster
" Henricus Septimus, qui tua miseratione regni
" suscepit gubernacula virtutum omnium percipiat
" incrementa, quibus decenter ornatus vitiorum vora-
" ginem devitare, corporis incolumitate gaudere, hostes
" superare, et in tranquilla pace, dum in huma-
" nis aget, tam [feliciter] possit sua tempora per-
" transire, ut post hujus vitæ decursum, ad Te, qui
" Via, Veritas, et Vita es, gratiosus valeat pervenire ;
" una cum hoc secreto, Munera quæsumus Domine
" oblata sanctifica, ut nobis Unigeniti tui Corpus et
" Sanguis fiant, et famulo tuo Henrico Septimo regi
" nostro ad obtinendum animæ corporisque salutem ;
" et ad peragendum in firma fide et solida pace
" injunctum sibi officium, Te largiente, usquequaque
" proficiant ; et cum hac postcommunione, Hæc quæ-
" sumus Domine salutaris sacramenti perceptio fa-
" mulum tuum Henricum Septimum regem nostrum
" ab omnibus tueatur adversis, quatinus diuturnam
" et prosperam vitam in tranquillitate ecclesiasticæ
" pacis obtineat, et post hujus vitæ decursum ad
" æternam beatitudinem, tua gratia cooperante, per-
" veniat.

" Cum vero ab hac luce migraverit, deinde in qua-
" libet principali missa ad majus sive summum altare
" ecclesiarum tam cathedralium quam regularium et
" collegiatarum prædictarum per ministrum quemcun-
" que celebranda celebrans ipse quicunque pro tem-
" pore fuerit singulis diebus imperpetuum pro salute
" animæ suæ solenniter et cum nota leget et dicet
" orationem sequentem, videlicet, Inclina Domine au-
" rem tuam ad preces nostras quibus misericordiam
" tuam supplices deprecamur ut animam famuli tui
" regis Henrici Septimi, quam de hoc sæculo migrare
" jussisti, in pacis ac lucis regione constituas, et
" Sanctorum tuorum jubeas esse consortem ; et cum
" secreto, Animam famuli tui regis Henrici Septimi

" *ab omnibus vitiis et peccatis humanæ conditionis*
" *quæsumus Domine hæc absolvat oblatio, quæ tibi*
" *inviolata totius mundi tulit peccata;* et cum hac
" postcommunione, *Annue nobis Domine ut anima*
" *famuli tui regis Henrici Septimi remissionem quam*
" *optavit mereatur percipere peccatorum.*

" Concesserunt insuper prælati et clerus antedicti
" eidem sacratissimæ regiæ majestati ut in qualibet
" missa capitulari ad aliquod altare tam ecclesiarum
" cathedralium quam regularium et collegiatarum præ-
" dictarum per ministrum quemcumque celebranda
" statim post fractionem hostiæ et decantationem vel
" lectionem *Per omnia sæcula sæculorum,* et ante in-
" choationem *Pax Domini,* celebrans ipse una cum
" sibi assistentibus ministris inter se et chorus prostra-
" tus solenniter inter se pro salute et incolumitate ac
" prospero et felici statu majestatis suæ serenissimæ
" singulis diebus dum vixerit psalmos et suffragia
" sequentes dicet et leget, videlicet, *Exaudiat te Domi-*
" *nus in die tribulationis,* etc., et psalmum *Domine*
" *in virtute tua lætabitur rex,* etc., cum versibus
" *Gloria patri,* etc. *Sicut erat,* etc., ad finem utriusque,
" unacum *Kyrie eleison, Christe eleison, Kyrie eleison,*
" *Pater noster,* et *Ave Maria.* Deinde celebrans ipse
" dicet, et chorus, ut moris est, respondebit, *Et ne nos,*
" etc. *Sed libera nos,* etc. *Exurgat Deus et dissi-*
" *pentur inimici ejus: et fugiant qui oderunt eum*
" *a facie ejus. Domine salvum fac regem nostrum*
" *Henricum Septimum. Et exaudi nos in die qua*
" *invocaverimus te. Mitte ci auxilium de Sancto. Et*
" *de Syon tuere eum. Esto ei Domine turris fortitu-*
" *dinis. A facie inimici. Nihil proficiat inimicus in*
" *eo, et filius iniquitatis non apponat nocere ei.*
" *Dominus conservet eum, et vivificet eum, et beatum*
" *faciat eum in terra: et non tradat eum in ani-*
" *mam inimicorum ejus. Domine fiat pax,* etc. *Et*
" *abundantia,* etc. *Domine exaudi,* etc. *Et clamor*

" etc *Dominus vobiscum Et cum spiritu tuo.*
" *Oremus Da quæsumus, Omnipotens Deus, famulo*
" *tuo regi nostro Henrico Septimo salutem mentis et*
" *corporis et de hostibus triumphum, ut bonis operi-*
" *bus inhærendo, tua semper mereatur protectione*
" *defendi per Christum,* etc.

" Cum vero ab hac luce migraverit extunc in omni
" supradicta missa capitulari conventuali aut alia missa
" cum nota celebranda in qua commodius fieri possit, ad
" quodlibet majus sive summum altare, tam in ecclesiis
" cathedralibus quam regularibus ac collegiatis per minis-
" trum quemcumque celebranda statim post fractionem
' hostiæ et decantationem *Per omnia sæcula sæculo-*
" *rum,* et ante inchoationem *Pax Domini,* celebrans
" ipse unacum sibi assistentibus ministris inter se, et
" chorus prostratus similiter inter se, pro animæ suæ
" salute singulis diebus imperpetuum legent et dicent
" psalmos et suffragia sequentes, videlicet, *Voce mea ad*
" *Dominum clamavi,* et *De profundis clamavi,* etc
" cum *Gloria patri,* etc *Sicut erat,* etc, ad finem
" utriusque psalmi unacum *Kyrie eleison, Christe eleison,*
" *Kyrie eleison, Pater noster,* et *Ave Maria.* Deinde
" celebrans dicet, et chorus, ut moris est, respondebit,
" *Et ne nos* [etc.] *Sed libera,* etc *Requiem æternam,*
" etc *Et lux,* etc *A porta,* etc *Erue,* etc *Credo videre*
" *In terra viventium. Domine exaudi,* etc *Et clamor,*
" etc *Dominus vobiscum,* et *Et cum spiritu tuo*
" *Oremus Adjuva nos Deus salutaris noster, et*
" *Beatissimæ Genitricis tuæ gloriosissimæ semper Vir-*
" *ginis Mariæ precibus exoratus, animam famuli tui*
" *regis Henrici Septimi in beatitudine sempiternæ*
" *lucis constitue, per Christum,* etc

" Ordinaverunt statuerunt atque concesserunt præ-
" lati et clerus antedicti quod cum obitus ipsius me-
" tuendissimi principis dies supradictarum ecclesiarum
" prælatis et ministris etiam parochialium ecclesiarum
" rectoribus seu eorum loca tenentibus denunciatus,

" aut aliter cognitus fuerit, in eodem die si commode
" fieri poterit, alioquin in proximo die sequente, dicti
" prælati, rectores, et ministri, exequiarum officium
" cum novem lectionibus ac laudibus cum missa de
" requie in crastino tunc sequenti, cum specialibus
" collectis nomen suæ majestatis exprimentibus, una-
" cum universis cæteris et singulis orationibus, suffra-
" giis, luminibus, campanarum pulsationibus, ac aliis
" ceremoniis in ea parte requisitis et convenientibus,
" cum nota tam solenniter et devote in hujusmodi
" ecclesiis celebrari facient, sicut aliud exequiarum
" officium vel mortuorum exequiæ quæcunque fuerint
" in ecclesiis supradictis pro regibus hactenus solennius
" et devotius celebrari tenent et celebrare consue-
" verunt.

    " Volueruntque, et auctoritate qua supra decreverunt
" et concesserunt prælati et clerus supradicti, quod
" omnes et singuli ecclesiarum cathedralium decani et
" priores, necnon abbates, priores, conventus, collegia,
" et cæteri ecclesiarum prælati supradicti, exempti et
" non exempti, qui hactenus litteras patentes de et
" super præmissis memorato serenissimo principi domino
" nostro regi sub eorum sigillis communibus non con-
" cesserunt nec tradiderunt suæ majestati serenissimæ
" litteras suas patentes in debita forma concipiendas
" suisque sigillis communibus sigillandas citra festum
" Natalis Domini proximo futurum de et super præ-
" missis omnibus et singulis concederent et realiter
" traderent et liberarent.

    " Vobis igitur, dictæ convocationis virtute et auctori-
" tate, committimus, et firmiter injungendo mandamus,
" quatinus vos omnia et singula præmissa domino
" nostro regi per prælatos et clerum Cantuariensis pro-
" vinciæ in dicta convocatione concessa, elargita, ordi-
" nata, atque statuta, bene et diligenter ac effectualiter
" in ecclesia monasterii vestri antedicti faciatis, exe-
" quamini, et observetis, fierique et exequi ac obser-

" vari demandetis, et imperpetuum perimpleatis, necnon
" litteras vestras patentes de et super præmissis omni-
" bus et singulis quatenus ipsa vobis et monasterium
" vestrum concernunt, prænominato metuendissimo
" domino nostro regi sub sigillo vestro communi in
" debita forma concipiendas et sigillatas citra festum
" Natalis Domini proximo futurum debite certificetis,
" prout eidem domino nostro regi respondere volueritis.

" Data Wigorniæ sub sigillo nostro quo in hujusmodi
" nostro vicariatus officio utimur quarto die mensis
" Novembris anno Domini millesimo quingentesimo
" quarto."

From July to November 1510 great confusion existed within the walls of St. Peter's with regard to the election of a successor to abbot Braunche. The two candidates were John Newton, D.D., and John Huntley, cellarer of the house, but after a violent opposition and an appeal to the bishop of Worcester, the contest was decided in favour of Newton, and he was duly confirmed and installed as abbot.

The proceedings on this election are contained in Newton's register, and from them we learn with certainty the number of monks in St. Peter's at that time, their names, and also how they voted, all of which is shown in the following list :—

1. John Chedworth, prior (voted for Newton.)
2. Thomas Hereford, sub-prior (do.)
3. George Baten, third prior (voted for Huntley.)
4. John Huntley, cellarer.
5. Richard Standishe, sub-cellarer (voted for Newton.)
6. William Thornebury, præcentor (voted for Huntley.)
7. Richard Frowcetur, succentor (do.)
8. Thomas Staunton, kitchener and town monk (voted for Newton.).

9. William Morwent, sacrist (voted for Newton.)
10. Richard Newman, sub-sacrist　(do.)
11. Richard Newlond, sub-almoner　(do.)
12. Edmund Hanley, infirmarer　(do.)
13. John More, refectorer　(do.)
14. John Grasewell, hostillar　(do.)
15. John Whitby, chamberlain　(do.)
16. William Notingham, master of the works (do.)
17. Thomas Hampton, master of the chapel (voted for Huntley.)
18. Thomas Bewdley, master of the church　(do.)
19. John Osborn, scholar of Oxford in priest's orders (voted for Newton.)
20. John Rodley, scholar of Oxford in priest's orders (do.)
21. Thomas Sebroke, deacon (do.)
22. Thomas Forest, deacon (voted for Huntley.)
23. John Ratclyffe, acolyte (voted for Newton.)
24. John Sockeley, acolyte　(do.)
25. Walter Stanley, acolyte　(do.)
26. John Hope　(do.)
27. Roger Compton　(do.)
28. William Motlow, B.D.　(do.)
29. Henry Brygge　(do.)
30. John Lee　(do.)
31. Robert Well, alias Wall　(do.)
32. John Arundell　(do.)
33. Thomas Bysley　(do.)
34. William Malvern　(do.)
35. Thomas Branche
36. Peter Maysmore (voted for Newton.)
37. Hugh Bowles, B.D.　(do.)
38. Robert Asplyn　(do.)
39. William Chedwell　(do.)
40. William Burford　(do.)
41. Thomas Rosse (voted for Huntley.)
42. William Arthur　(do.)

43 Thomas Excetur (voted for Huntley)
44 Robert Dursley (do)
45 John Wesbury (do)
46 Richard Skydmore (do)
47 Richard Holcott (do.)
48. Robert Gloucetur (do.)
49 Thomas Kyngeswode (do.)
50 Richard Ledbury (do)
51 John Newton, D D, prior of St. Guthlac's, Hereford (voted for William Monyngton, prior of Stanley St Leonard's)
52 Thomas Newent, sub-prior of St Guthlac's, Hereford
53. Andrew Tewkesbury, præcentor of St Guthlac's, Hereford (voted for Newton)
54 John Bromfeld, sacristan of St. Guthlac's, Hereford
55 John Stamford of St. Guthlac's, Hereford (voted for Newton)
56 Thomas Hartelond of St. Guthlac's, Hereford (do)
57. Edmund Wotton, prior of Ewenny (do)
58. William Elmeley of Ewenny (contumacious.)
59 William Brystow, of Ewenny (do)
60 Richard Wohych, prior of Bromfield (voted for Newton)
61. Ambrose Weston, of Bromfield (voted for Huntley)
62 Thomas Cole of Bromfield (contumacious)
63 William Monyngton, prior of Stanley St Leonard's (voted for Newton)
64. Hugh Morton of Stanley St Leonard's (do)
65. John Grene, of Stanley St Leonard's (do.)

Thus the majority was in favour of Newton The royal assent to the election was granted on October 30, 1510, and on the 25th of November following in the Lady Chapel of St Mary Overy, Southwark, Richard bishop of Winchester, acting as commissary for the bishop of Worcester, who was beyond the seas, received the obedience of the new abbot and gave him solemn benediction in the presence of the abbots of Reading and Winchcombe and others.

During the progress however of this election contention ran so high in the monastery that the royal authority stepped in and commanded that all disorder should at once cease, as appears by the following mandate :—

" To our trusty and welbeloved in God the prior
" nowe being president of the convent of our monastery
" of Gloucestre.

" By the king.

" Trusty and welbeloved in God we grete you well.
" And where as we be credebly enfourmed, that by
" reason of a division and parte taking in the eleccion
" lately passed within that our monastery, diverse and
" many grete excesses and enormites have ensued, and
" yet contynueth amonges sundry the brethren of the
" same, not oonely contrary to the good ordre and obser-
" vaunce of perfeite religion, lett and hindraunce of divine
" service there, but also to the clere subvercioun and
" utter destruccion of our said monastery, onles spedie
" remedie be provided and made for the reformacion and
" redresse of suche enormities nowe used there. We
" taking respect and regard that the said monastery
" is of our fundacion, and for that cause not willing the
" same to be disordred spiritually or temporally, and
" remembring that to you as president of the chapitre
" there it apperteigneth to ordre and establishe religious
" rule and governaunce within that place during the
" vacacioun of the same, considering also that by con-
" tempt and disobeisinaunce of your power and auctoritie
" audacitie and boldnes is geven to diverse religious
" persons of our said monastery insolently to neglect
" their profession of monasticall obedience and litle to
" regard their dute to God in thobservaunce of their reli-
" gioun, first on Goddis behalf, and secundaryly by

" our royall auctorite and power fundatorie, exhorte,
" charge, and comaund you that all such variaunces,
" parcialities, divisions, and debates utterly excluded,
" extinct, and sett apart, ye see God duely to be served
" with divine service there, peaseable rule and govern-
" aunce to be kept amonges you according to the rules
" of your religioun and the goodes of the house to be
" surely and saufly observed and kept to thuse, utilite,
" and profite of the same during the vacacion thereof.
" Latting you wit that we, by thadvice of our counseill
" intend to have such order, forme, and manere as have
" byn taken in your said eleccion groundely tried and
" examined, and to take suche direccion therein as to the
" lawes of God and of Holy Churche it shall appertein.
" Nevertheles in the mean tyme and season we woll
" and commaunde you to see the premisses effectuelly
" to be done within that our monastery as ye woll
" aunswere before God and avoid our highe displeasure.
" And in cace any religious persoune or persounes being
" under youre auctorite and obeisaunce shall contemp-
" tuously disobey you in thexecucion of your said auc-
" torite, we wolle that ye, setting apart all feare, mede,
" drede, and affection, see him or them condignely to be
" punished according to the rules and statutes of your
" religion.   Not failing thus to doo as ye tender our
" pleasure.

    " Yeven under our signet at our monastery of
" Beawley the twelfth day of August.

    " T. SURREY.   T. DURESME.   HARRY MARNY.
    " E. PONYNGES.   T. ENGLEFELD.   W. ATWATER.
    " THOMAS WULCY."

In the fourth year of Henry VIII. the monastery had
to furnish its quota of men toward the formation of the
navy which was being prepared against the French; the
following documents from Newton's register are printed
here in illustration :—

" The kinge's honorable letteres send unto John abbot
    " of Gloucester for twenty-five tall persons in
    " all harnesse according to serve in his werres.

" Trusty and welbeloved in God we grete you well.
" And albeit that by our othere letteres to you directed
" we willed you to prepare and putt in a redynes the
" noumber of twenty-five tall persons to serve us in oure
" werres upon the see, and to have send them to our
" manour of Grenewich by the twenty-fifth day of Feb-
" ruary next comyng, and thereupon to have certefied
" us your towardnes by the twenty-fifth day of this in-
" staunte monthe of January, yet nevertheles for certein
" considerations us movyng, we nowe wolle that ye
" sende the said nombre to be at our said manour of
" Grenewiche the eighth day of Marche next comyng
" and not before ; and in the meane sesone that ye doo
" send some persoune to receyve money for their con-
" ducte and jackettes, certefying us your mynde and
" towardnes by the fifteenth day of February next com-
" myng in any wise as ye woll have oure favour for the
" same.

" Yeven under oure signet at our manour of Grene-
" wiche the eighteenth day of January."

" This is the bill indentede betwene John Daunce,
    " servaunt to the kinges grace, and John Strad-
    " lyng, servaunt to the abbot of Gloucester.

" This indenture made the twentieth day of January,
" the fourth yere of the reigne of oure soveraigne lorde
" king Henry the eighth, betwene John Stradlyng, ser-
" vaunt to thabbot of Gloucester, on the oone partie,
" and John Daunce, servaunt to our seid soveraigne
" lord on the other partie. Witnesseth that the said
" John Stradlyng, for and in the name of the said abbot
" and to his use hathe receyvid of the said John Daunce
" by the kynges comaundment these summes of money

" foloyng by wey of prest first for twenty-five cotes
" for twenty-five sawdeours to serve our seid soveraigne
" lorde by see in his entendede armye rayall, every cote
" at four shillinges , summa, one hundred shillinges
" And for condutinge of the said twenty-five sawdiours
" from Gloucestre to Londone by one hundred myles
" affter the rate of twelve myles by the day, that is
" eighth days every of them, at six pence by the day ,
" summa, one hundred shillinges , summa totalis, ten
" poundes

      " In witnes whereof to these indentures the parties
" abovesaid sunderly have sett their seacls and subscribed
" their names the day and yere above said "

      " The kinges honorable letteres send unto the abbot
          " of Gloucestre for a hastier prepaiing of his men
          " then is above reheised

      " Trusty and welbeloved in God we grete you well
" And for as moche as we have perfite knolage that our
" enemye the Frenshe king hath prepared a stronge
" navey furneshid with men of warr to enter and londe
" in diverse parties of this our realme in this next
" monthe of Februarye, for to brenne, slee, robbe, and
" distroy all that they may overcome , we entending
" to prevente his conspired malice and to defende our
" realme and subgiettes from all suche invasions by
" strength of a navey to be sett shortly to the see, wolle
" therefore and commaund you, that all maner excuses
" utterly set apart, ye furthwith upone the sight hereof,
" doo to be prepaired and arredied the nombre of twenty-
" five hable persons sufficiently harneissede to serve us
" on the see, soo that they be here at Greuewiche by
" the fifteenth day of February next comyng at the
" farthest, any our former writinges to the contrarye
" notwithstondyng And in the meane seasoun ye sende
" unto us some persounne to reseyve money for their
" jackettes and conducte, and that ye faill not hereof as

" ye tender our honour, the suertie and defence of this
" our realme, and woll aunsware therefore unto us at
" your uttermost perille.

" Yevene under oure signet at our manour of Grene-
" wiche the thirtieth day of January."

" The kynges honorable letteres regraciatorie to John
    " abbot of Gloucestre for his harneyssed men
    " that he send to his grace for his warres.

" Trusty and welbelovid in God we grete you well.
" Thanking you for the good dyligence that ye have
" made in the preparing and sendyng unto us at this
" tyme of the nombre of twenty-five persons, according
" to our letteres to you in that behalf directed, for to
" serve us on the see amonges othere; which persons be
" right tall men and verrey well appoynted in every
" thing for the warre, to our singular contentation,
" whereby we evedently perceyve your benivolent and
" kinde mynde towardes us, which we shall remembre
" accordingly hereaffter.

" Yeven under our signet at our manour of Grene-
" wich the eighteenth day of February."

In the fifth year of Henry VIII. there were serious
disturbances at Gloucester concerning rights of common,
the servants of the abbot and convent being violently
assaulted and ill-used by order of the municipal authorities of Gloucester; but the dispute was settled by a reference to the abbot and prior of Winchcombe, who, in the
month of October in the same year, made their final
award, which, with the articles of complaint and other
documents, are here printed from Newton's register.

" Articles to the king and his counsell, ageinst the
    " burgesses of Gloucestre for misdemeanour done
    " ageinst the abbot and his servauntes.

" In primis, the Monday in the Whitsoun weke last
" past, the burgesses of the said toune assembled them

" self to gethur to the nombre of thuty persons and
" above, with sweides and bucklers and other wepins in
" to a certein grounde of the seid abbottes without the
" west yate of the toune of Gloucestre entred, and then
" and there with force and ryote drave out the catell of
" the said abbottes there pasturyng

" Item, the Wenseday in the same woke, certein of
" the said burgesses, to the nombre of sixty or above,
" whose names of the principalles of the same folouth,
" Robert Webb, John Whitingham, Lewys Barbour,
" Robart Hyntone, William Wythui, William Edwardes,
" Harry Whytingham, Richarde Turnour Sadler, Thomas
" Mathewe Tayloui, and Thomas Cornishe, the house of
" John Barboui, houshold servaunt unto the said abbot,
" brake and entred as well by the wyndouse as the
" dores, pulling doune his basons there hangyng, and
" brake them almost to peces and also brake and cast a
" wey his wax and tapurs in the same shopp being, not
" yet being so contented, but also with sweides, buck-
" lers, billes, and staves, into the said John Barbur and
" Robert Coher, housholde servauntes unto the said
" abbot, being in the house of the said John Barbour,
" made assaute, and them bete and the said Robert Coher
" sore wounded and evell entreted, contrary to the
" kinges peace

" Item, the Thurseday then next foloing, the burgesses
' by the mayntenaunce of the mare and aldermen to
" the nombre of one hundred and forty and above, with
" force and ryote, with staves and knives, shovils, spitils,
" and mattockes, in the soile of the said abbot without
" the said west yate entred, and there digged and
" trenched a diche of eight fotes brede and ten fotes depe,
" contejnyng in length one hundred perche and above,
" going furth in the mornyng and comyng home at nyght
" with tabuis and hornys bloing and piping, and also
" sett barels of ale at the High Crosse, there drinking
" and eating with grete shoutes and cryes in maner of

" tryhumphe, and so contynued till the Fryday night
" then next foloing.

" Item, the foresaid Thursday night, aboutes the
" houre of twelve of the clock at midnight, came
" Robart Webbe, Leonard Osburne, Thomas Cornishe,
" Lewys Barbour, John Whitingham, Robart Hynton.
" William Patrike, John a Yorke, with mony othere,
" with jackes, sallettes, bowes and arowes, swerdes and
" bucklers, in maner of warr arraed, and in oone Richard
" Frenshe, houshold servaunt unto the said abbot, and
" then being sworne in the kinges wache, made assaute,
" and him then and there sore wounded so that he was
" by long space in dispair of his life, and likely for to
" dye."

    " The kinges comaundement directed to the mayr,
        " aldermen, and shereffes of the toune of Glou-
        " cestre.

    " To the mayr, aldermen, and shereffes of our toune
" of Gloucestre, and to every of them.

            " By the king.
" Trusty and welbeloved we grete you well. And
" where as we be enformed, that upon certein contro-
" versie depending betwixt our welbeloved chaplein,
" John abbot of our monasterie of Seint Petir, in Glou-
" cestre, and his convent one the oone partie, and you
" with the commonaltie of that oure toune of Gloucestre
" on the othere partie, touching thoccupyyng and using
" of certein common besides our seid toune, diverse
" persons of the said commonaltie, whose names be
" specified in a bill herin closed,[1] have with othere

<hr />

[1] " The names conteyned in the " forsaid bill bere inclosed, Lewys " ap Rice, Richard Thomsoun, " Thomas Cornyshe, Robart Webbe, " Leonarde Osburne, William Ed- " wardes, John Whitingham, Wil- " liam Wythur, Harry Whyting- " ham, John Dodde, Richard Mete- " calf, Robert Hynton, with their " adherentes as affore is saide."

" their adherentes by their procuryng, to the nombre of
" two hundred persons or there a boutes, lately made
" sundry riatous assembles, insurrections, and affrays
" within the precincte of your libertie and fraunches,
" contrarie to our peace and lawes, and diverse of them
" have sore hurte the servauntes of the said abott, to
" the grete distourbaunce of our peace and subversion of
" good rule within our seid tonne, and as it is seid ye,
" not regarding the due execucion of the liberties and
" privilages to you graunted for the ministracioun of
" justice, suffre the said misruled persouns to goo at their
" libertie unpunyshed, which causeth them to be moche
" the more embolded to persever in their riotous assem-
" bles and confideracies, to the pernicious example of all
" othere misdoers, and to our no litell miscontentacioun
" and displeasur, with your slack and remisdealing in
" this behalf. Wherefore we woll and straitly comaunde
" you, that ye, by auctoritie of your seid liberties and
" privilages, do sitt and enquere of the seid riotouse
" assembles and affrais with diligence upon the sight
" herof. And therupon that ye do cause suche and as
" mony persons as by enquerie, certificat, or othrewise
" shalbe founde offendours in the same, to be attached
" and committed to ward without any favour or par-
" cialitie, so to remayne unto the tyme that they shall
" have founde before you by recognisaunce good and
" sufficient sureties for the observyng of our peace
" ageinst all our liege people. And that ye do make
" due certificat of the same in to our court of Chauncerie
" by the twentieth day of this present month. And as
" touching the controversie for thusing of the said
" comou, we woll that the same be peaseably occupied,
" as it hath byn customably used in tyme past without
" any thing to be attempted to the contrarie, unto the
" tyme that the said controversie be finally discussed
" and determined, eythir by thorder of our lawes or
" othirwise. And ellis we woll and straytly charge you

" that ye and every of you for lack of observaunce of
" the premises come and personally appere in our Sterr
" Chaumbour, at Westminster, before our chauncelour of
" Englonde and othre our lerned counsell with diligence
" affter the sight hereof, to aunswere to suche maters as
" shalbe there leide unto your charges, not failyng thus
" to do upon pein every of you of one hundred pounds.
" And besides that to renn in to the daungeour of for-
" faytour of your said liberties and privilages at your
" forther perells.

" Yeven under our privey seall at our manour of
" Grenewiche, the ninth day of June."

"Articles to the king and his counsell ageinst the
    " mayr of Gloucestre and the burgesses of the
    " same for diverse misdemeanours don by them
    " contrary to the kinges comaundment to the
    " said mayr and othir directed.

" In primis, the said mayr and othir of the same
" toune, the day next affter the deliveraunce of the said
" comaundement, that is to say, the eighteenth day of
" June, the fifth yere of king Henry the eighth, in the
" affternone, went into the comon nowe being in
" variaunce betwene the abbot of Seint Petirs in Glou-
" cestre and the mayr and burgesses of the same toune,
" and their contrarie to the kinges comaundment toke
" and drave awey three horses of the tenauntes of the
" said abbotes of his manor of Maysemore, the which
" tenauntes of tyme out of mynde have be custumable
" used to have comon there, and impounded them by
" the space of a day and a night.

" Item, the nineteenth day of the same month then
" next foloing, the said mayr and burges went unto the
" same comon, and ther as well drave a wey the shepe
" of the said abbotes then there being as the shepe of
" his tenauntes of Maysmore, the whiche they drave
" in to the pounde and kept them there by the space of

" thirty-one houres without mete, and wold in no wise
" deliver them by replevey upon sufficient suretres to
" them proflerd, nor othir wise, except they wold pro-
' mise they shude not cum in to the said comon affter
' that tyme, and upon that condicioun they were
" delivered, the which contrary to the kinges comaund-
" ment

"Item, the twenty-first day then next foloing, the
" said mayr and burges went efftsones into the same
" comon, and there drave out an oxe of the same
" abbotes unto the pounde and him there kept by the
" space of two days and oone night, contrary to the
" said comaundment

" Item, the eleventh day of Jule then next foloing, the
" same mayr and burges drave out agein out of the
" said comon the shepe of the said abbot and conventes
" into a nothir feld there next adjoynyng, contrary to
" the said comaundment.

" Item, the fourteenth day of Jule then next foloing,
" the sherefles of the toune drave the said comon, and
" there toke and marked two mare coltes as strcyers
" owt of the hundred of Dudstone, the rialtie whereof
" perteyneth unto the king, and the said abbot hath it
" in fee ferme for evir.

" Item, the sixteenth day of the said monthe, certein
' of the burges of the same toune putt into a mede of
" the said abbotes called Archedecane mede, certein horses
" and kyne, the said mede at the same tyme stonding
' full of cockes of hey redy to be carried, and upon that
" the heyward of the said medowse by reason of his
" office wold have dryven out the said catell unto the
" pounde without the west yate. And as he wold have
" dryven them thider there mett him by the wey at the
" said yate John Dodde, one of the burges of the said
" toune, the which stondeth bound upon his good
" abering, and shitt the yate ageinst him, and seid if
" he wold dryve any catell that way he should nevir

" dryve no more, for feere whereof the said heyward
" retourned back with the said catell, and wold have
" dryven them ovir at the Bartone bruge toward the
" pynfold called Kinges barton, at the whiche bruge stode
" oone Richard Metecalf, also burges of the said toune,
" with othir moo with him, which Richard Metecalf
" lykewise stondith bounden upon his good abering, and
" seid unto the heyward in like maner as thoder didd.
" And upon that the said catell remayned ther still to
" the grete hurte of the said abbot.

" Item, the nyght then foloing the said burges drave
" in to the same medowe agein, the kinges juges being
" here present, twenty horses and above, and kept them
" there by foorce among the hey, not regardyng the
" kinges comaundment to them directed, ne yet the
" presence of the said juges."

" The arbitrement made by the right reverend fathers
" in God Richard, by the permission of God
" abbot of Wynchecombe, and Edmunde by the
" same permission prior of Lanthony by Glou-
" cestre, betwene John abbot of Gloucestre and
" the mayr with the comynaltie of Glocestre
" foresaid.

" Memorandum, that where of late hath growen and
" sprong diverse maters of discorde, displeasure, and
" division, betwene the right reverend fathre in Almightie
" God John abbot of Seint Petyrs in Gloucestre, and the
" honorable convent his bredren of the same, on the oone
" partie, and mastre mayr with his bredren and alder-
" men and burgenses of the honorable toune of Glouces-
" tre byfore named on the othere partie, for and upon
" the use of diverse pastures and libertez which the said
" mayr, aldermen, and burgenses don clayme to have in
" Oxlesowe oderwise Noonham, in Presham, Pullemede,
" Comynham, Meanham, and Archedecons lesowe,
" belongyng unto the said abbot and convent as parcells

' of the possessions of their monastery in eschewing of
" grete costes of the comoun lawe and of mony othre grete
" inconveniences which might happene to ensue in bothe
" parties without som hasty remedie in the same, and for
" the increesse and good continuaunce of charitie, unitie, and
" pece to be hadd betwixt all the parties before named,
" hit hath pleased the said reverend fathere abbot for him
' self and his brederen, and the before named mastre
" mayr and aldermen for them self and the burgenses of
" their said honorable toune, to stond and abyde the
" arbitrement, lawd, award, and determinacioun, in all
" the premisses of us Richard and Edmunde by permis-
" sioun of Almightie God abbote of Wynchecomebe and
" priour of Lanthony indifferently chosen and admitted
" to the same by the consent and agrement of bothe
" parties, which so admitted and autorised by them, the
" grace of the Holy Gost first desired and invocate, we
" alawde, order, juge, and determe, that the newe diche
" and digging late made and cast by the burgenses of
" the foresaid toune of Gloucestre to the grete unquiet-
" nesse of the abbot and convent before named, be cast
" and leyd a downe by the fest of Seint Andrewe is tyde
" next ensuyng, and that done we furthremore alawd
" and determe, that the foresaid mastre meyr, aldermen,
" and burgenses of the foresaid toune of Gloucestre,
" have and enjoy from hens forward all maner use and
" liberties in all the pastures and medowse before re-
" hersed, in as good large maner as ever it hath byn
" rightwisly and lawfully used in the days or tymes of
" any of the predecessours of the said reverend fathre
" John abbot above rehersed, without interrupcioun or
' impediment hereaffter to be made by him or by his
" bretherne, or by any othere in their name   And if it
" shall fortune any of the said pastures by the kechnar
" or eny officers of the monastery so to be overchardged
" with beesses and catall, so that the said men, aldermen,
" and burgenses can not ne may not have and enjoy

" their lawfull profeit by their entircommyns in the said
" pasturis, that then in any suche case if the said meir
" or aldermen by them self or any othre honest messinger
" cheritable and lovingly geve knolage thereof to the
" reverend fathre abbot of Gloucestre foresaid and
" lovingly desiring him of som remedy in the same,
" Then he dothe promise of his cheritable goodnes to se
" hasty direccioun and modificacioun therein to be made
" to their comford as he may lawfully do according to
" justice and good conscience. And if affter suche infor-
" macioun made, the said reverend fathre John abbot of
" the said monastery do not refourme and modefie the
" premisses, then by the assent and grement of the said
" abbot and convent we will and decree, that we the
" said arbetrours or oone of us shall resonable modefie
" and ordre the said kechenar and othre officers as is
" above rehersed.

" In witnesse of all the premisses truely and justly
" to be observed and kept betwene the foresaid parties
" we the foresaid arbetrours have subscribed our names
" and the foresaid fathere abbot, for him and his bredren
' and master Thomas Taylowe mayr, William Cole, John
" Coke, William Hanshawe, John Natton, Thomas
" Hertland, Williame Goldsmithe, Rauf Sanky, aldermen,
" for them self, their brederen the aldermen, and the
" burgenses of Gloucestre beforesaid, in like maner have
" subscribed their names; this jugement, laude, and
" determinacioun to be kept to the comforde of bothe
" parties indifferently within the monastery and priory
" of Lanthony afforesaid.

" Written at Gloucestre the twenty-seventh day of
" Octobre the yere of the reigne of our soveraigne lord
" king Henry the eighth the fifth."

The proceedings on the election of William Malverne,
the last abbot, are entered in his register, and from them

the following list of the inmates of St. Peter's, together
with their votes, has been compiled :—

1. John Chedworth, prior (voted for Malverne.)
2. Thomas Hereford, sub-prior   (do.)
3. John Rodley, B.D., third prior   (do.)
4. William Notyngham, cellarer   (do.)
5. John Grene, sub-cellarer   (do.)
6. William Thorneburye, præcentor   (do.)
7. Richard Skydmore, succentor   (do.)
8. Thomas Stauntone, kitchener and town monk (do.)
9. John Lee, sacrist   (do.)
10. Richard Newman, sub-sacrist   (do.)
11. William Bristow, third sacrist   (do.)
12. John Osburne, sub-almoner   (do.)
13. Edmund Hanley, infirmarer   (do.)
14. William Burford, refectorer   (do.)
15. Robert Asplyn, hostillar   (do.)
16. William Motlowe, B.D., chamberlain   (do.)
17. William Malverne, B.D., master of the works (voted
        for William Thornebury, præcentor.)
18. George Baten, master of the chapel (voted for
                                        Malverne.)
19. William Morwent, master of the church (do.)
20. Thomas Bysley, chaplain   (do.)
21. Thomas Sebroke, sub-chaplain   (do.)
22. John Suckley, scholar of Oxford   (do.)
23. Hugh Bowles, B.D. (voted for . . . . Chaundeler,
        D.D., monk of Christ Church, Canterbury.)
24. Robert Newlond, acolyte (voted for Malverne.)
25. John Evisham,   do.   (do.)
26. Richard Worcetter, do.   (do.)
27. Thomas Tutburye,   do.   (do.)
28. Philip Oxford,   do.   (do.)
29. William Newport,   do.   (do.)
30. Walter Stanley   (do.)
31. Robert Wall   (do.)

32. John Arundell (voted for Malverne.)
33. Richard Holcott   (do.)
34. Thomas Kyngiswode   (do.)
35. Richard Ledbury   (do.)
36. Andrew Tewkesburye   (do.)
37. John Bromfeld   (do.)
38. Thomas Hertlond   (do.)
39. Ambrose Weston   (do.)
40. John More   (do.)
41. John Redclyff   (do.)
42. William Monyngton, prior of St. Guthlac's, Here-
                                    ford (do.)
43. John Stanford, sub-prior of the same   (do.)
44. Richard Frocettur, præcentor of the same (do.)
45. Robert Gloucetter, of the same   (do.)
46. Thomas Foreste, of the same   (do.)
47. Thomas Cole, of the same   (do.)
48. Edmund Wotton, prior of Ewenny   (do.)
49. Thomas Bewdley, of the same   (do.)
50. William Elmeley, of the same   (do.)
51. John Huntelcy, prior of Bromfield   (do.)
52. Thomas Hamptone, of the same   (do.)
53. John Wesbury, of the same   (do.)
54. Richard Wolryge, prior of Stanley St.
                              Leonard's (do.)
55. Robert Dursley, of the same   (do.)
56. Thomas Branche, of the same   (do.)

And now the story of St. Peter's, Gloucester, draws
rapidly to a close. Having existed for more than eight
centuries under different forms, in poverty and in wealth,
in meanness and in magnificence, in misfortune and in
success, it finally succumbed to the royal will; the day
came, and that a drear winter day, when its last mass
was sung, its last censer waved, its last congregation
bent in rapt and lowly adoration before the altar there,
and doubtless as the last tones of that day's evensong
died away in the vaulted roof, there were not wanting

those who lingered in the solemn stillness of the old
massive pile, and who, as the lights disappeared one by
one, felt that for them there was now a void which could
never be filled, because their old abbey, with its beautiful
services, its frequent means of grace, its hospitality to
strangers, and its loving care for God's poor, had passed
away like an early morning dream, and was gone for
ever   So, probably, thought St Peter's last abbot,
William Malverne, who, when the time came for his
resignation, had not the heart himself to make the
necessary surrender, but shrank from the business, and
left it to the conduct of the prior, thereby losing a
pension from the king, that monarch, as Willis says,
" being not willing to oblige one whom he found so
" stiff in maintaining the rights of the abbey."

The instrument testifying the acknowledgment of the
royal supremacy is still preserved in the Public Record
Office ; the following is a copy . —

" Quum ea sit non solum Christianæ religionis et
" pietatis ratio, sed nostræ etiam obedientiæ regula
" domino regi nostro Henrico Octavo (cui uni et soli
" post Christum Jesum Servatorem nostrum debemus
" universa) non modo omnimodam in Christo et ean-
" dem sinceram, integram, perpetuamque animi devo-
" tionem fidem et observantiam, honorem, cultum,
" reverentiam præstemus, sed etiam de eadem fide et
" obedientia nostra rationem, (quotiescunque postula-
" bitur,) reddamus, et palam omnibus, (si res poscat,)
" libentissime testemur , noverint universi ad quos
" præsens scriptum pervenerit, quod nos Willielmus,
" permissione divina abbas monasterii Sancti Petri
" Gloucestriæ et ejusdem loci conventus ordinis Sancti
" Benedicti Wigorniensis diœcesis, uno ore et voce,
' atque unanimi omnium consensu et assensu, hoc
" scripto nostro sub sigillo nostro communi in domo
" nostra capitulari dato, pro nobis et successoribus
" nostris omnibus et singulis imperpetuum profitemur
" testamur, ac fideliter promittimus et spondemus, nos

" dictos abbatem et conventum et successores nostros
" omnes et singulos, integram, inviolatam, sinceram,
" perpetuamque fidem, observantiam, et obedientiam
" semper præstaturos erga dominum regem nostrum
" Henricum Octavum, et erga Annam reginam uxorem
" ejusdem, et erga sobolem ejus ex eadem Anna legi-
" time tam progenitam quam progenerandam, et quod
" hæc eadem populo notificabimus, prædicabimus, et
" suadebimus ubicumque dabitur locus et occasio.

" Item quod confirmatum ratumque habemus sem-
" perque et perpetuo habituri sumus, quod prædictus
" rex noster Henricus est caput Ecclesiæ Anglicanæ.

" Item quod episcopus Romanus, qui in suis bullis
" Papæ nomen usurpat, et Summi Pontificis princi-
" patum sibi arrogat, non habet majorem aliquam
" jurisdictionem a Deo sibi collatam in hoc regno
" Angliæ quam quivis alius externus episcopus.

" Item quod nullus nostrum, in ulla sacra concione
" privatim vel publice habenda, eundem episcopum
" Romanum appellabit nomine Papæ aut Summi
" Pontificis, sed nomine episcopi Romani vel Ecclesiæ
" Romanæ, et quod nullus nostrum orabit pro eo tan-
" quam Papa sed tanquam episcopo Romano.

" Item quod soli dicto domino regi et successoribus
" suis adhærebimus, et ejus leges ac decreta manutene-
" bimus, episcopi Romani legibus, decretis, et canonibus
" qui contra legem divinam et Sacram Scripturam, aut
" contra jura hujus regni esse invenientur imperpetuum
" renunciantes.

" Item quod nullus nostrum omnium, in ulla vel
" privata vel publica concione, quicquam ex sacris
" scripturis desumptum ad alienum sensum detorquere
" præsumat, sed quisque Christum, ejusque verba et
" facta, simpliciter, aperte, sincere, et ad normam seu
" regulam Sacrarum Scripturarum et vere catholicorum
" atque orthodoxorum doctorum prædicabit catholice
" et orthodoxe.

" Item quod unusquisque nostrum in suis orationibus
" et comprecationibus de more faciendis, primum
" omnium regem, tanquam supremum caput Ecclesiæ
" Anglicanæ, Deo et populi precibus commendabit,
" deinde reginam Annam cum sua sobole, tum demum
" archiepiscopos Cantuariensem et Eboracensem, cum
" cæteris cleri ordinibus, prout videbitur.

" Item quod omnes et singuli nos prædicti abbas et
" conventus et successores nostri conscientiæ et juris
" jurandi sacramento nosmet firmiter obligamus, quod
" omnia et singula prædicta fideliter imperpetuum
" observabimus.

" In cujus rei testimonium huic scripto nostro com-
" mune sigillum nostrum appendimus, et nostra nomina
" propria quisque manu subscripsimus.

" Data in domo nostra capitulari, ultimo die mensis
" Augusti, anno regni regis nostri prædicti Henrici
" Octavi vicesimo sexto.

> " Willielmus Malverne abbas.
> " Dompnus Ricardus Skydmore.
> " Willielmus Marwent.
> " Johannes Lee.
> " Ricardus Newman.
> " Richard Frowcetur.
> " Dompnus Willielmus Austen.
> " Willielmus Ambrose.
> " Domnus R. Dursley.
> " Edmundus Wotton.
> " Philippus Oxforde.
> " Johannes Rodley.
> " Johannes Wygmore.
> " Willielmus Newport.
> " Dan Rychart Anselme.
> " Edwardus Benet.
> " Thomas Forest.
> " Rychard Motlowe.
> " Thomas Kyngiswode.

" Willielmus Gamege.
" Willielmus Gregorye.
" Wyllielmus Brystow.
" Edwardus Elmeley.
" Robertus Jerome.
" Willielmus Burforde.
" Walterus Stanley.
" Humfridus Barkeley.
" Rogerus Notyngham.
" Gabriell Morton.
" Ricardus Holcot.
" Henricus Hastun.
" Johannes Clyfforde.
" Jacobus Standysch.
" Johannes Newton.
" Ricardus Wolrych.
" Robert Asplynge."

The surrender of which I have before spoken cannot be found among the Augmentation Office records, neither does it appear to be enrolled on the Close Roll as was customary with these instruments; I must therefore depend upon Browne Willis's authority for the statement that abbot Malverne refused to make the surrender, and so lost his pension; but I have no doubt of its correctness, for it is confirmed by the following list of pensions granted in the thirty-first year of Henry VIII., wherein the abbot's name is expressly omitted.

" Seint Petors ⎫ Pencions assigned to diverse religious
" in Gloucestor ⎬ of the seyd late monastery now dis-
" late monastery. ⎭ charged owt of the same by Robert
" Southwell esquier and others the kinges highenes com-
" missioners appoynted for thalteracion of the same
" house, the 5th day of January in the xxxi[th] yere of the
" reigne of oure soveraigne lorde kinge Henry the VIIIth,
" yerely to be payde at the feastes of thannunciation of
" oure Lady and Seint Michell tharchaungell by evyn
" portions.

	£	s.	d.
" Gabriell Morton, late prior ther -	20	0	0
" Edward Benett, late receyvour ther -	20	0	0
" William Morwent - - -	10	0	0
" Thomas Kingeswood - - -	13	6	8
" Edmunde Wotton - . -	10	0	0
" Thomas Harteland, hosteler - -	8	0	0
" John Wigmore, chamberer - -	10	0	0
" Walter Stanley - - -	10	0	0
" William Newporte - - -	6	13	4
" Humfrey Barkeley - - -	8	0	0
" William Augusteyn - - -	6	0	0
" Richard Anselme, kechinner - -	8	0	0
" Thomas Lee, professed and noo prist -	5	0	0
" William Symmes, alias Deane - -	5	0	0

" Summa, £140.

" Robert Southwell.

" Richard Gwent.

" John London.

" Rycharde Poulet.

" William Berners.

" John Arnold.

" John ap Rice." [1]

The fine book, now preserved in the Public Record Office, and known as Cardinal Pole's Pension Book, contains a list of pensions payable to the late monks and officers of St. Peter's, and forms an interesting sequel to the former list. It is dated in the month of February 1556, and is the last record which tells us aught of the inmates of the monastery of Gloucester. The following is an extract :—

" Sancti Petri Gloucestriæ nuper monasterium.

" *Feoda.*

" Willielmi Walter et Thomæ Parker
" auditorum omnium terrarum et pos-

[1] Augmentation Office Miscellaneous Book, No. 245.

	£	s.	d.
" sessionum monasterii prædicti per "annum - - -	5	6	8
" Thomæ Parker clerici scaccarii ibidem "per annum - - - -	13	6	8
" Nicholai Arnolde militis senescalli om-"nium possessionum dicti nuper mo-"nasterii per annum - - -	14	5	10

" *Annuitates et Corrodia.*

	£	s.	d.
" Johannis Ayleworth assignati Ricardi " Cromwell pro termino triginta anno-"rum per annum - - -	10	0	0
" Edmundi ap Hoell per annum - -	1	6	8
" Thomæ Sherle per annum - -	2	0	0
" Johannis Machine per annum - -	2	13	4
" Willielmi Chedworthe alias Bathorne -	6	0	0
" Johannis Greves et Thomæ filii sui -	5	0	0
" Johannis Stradling per annum -	2	13	4
" Nicholai Cockes per annum - -	2	13	4
" Thomæ Veale et Johannis filii sui -	6	13	4
" Johannis Pye per annum - -	6	13	4
" Johannis Reade et filii ejus per annum	4	6	8
" Roberti Ayldsworthe per annum -	7	6	8
" Willielmi Barners per annum - -	2	0	0
" Anthonii Huddelstoune per annum -	2	0	0
" Thomæ Hale per annum - -	2	13	4
" Anthonii Kingeston militis per annum -	6	13	4

" *Pensiones.*

	£	s.	d.
" Thomæ Hartelond per annum - -	8	0	0
" Willielmi Newporte per annum -	6	13	4
" Humfridi Barkeley per annum - -	8	0	0
" Willielmi Austen per annum - -	6	0	0
" Ricardi Anselme per annum - -	8	0	0
" Willielmi Symmes per annum - -	5	0	0
" Johannis Etheldred per annum -	6	0	0

	£	s.	d.
" Thomæ Saybroke per annum - -	13	6	8
" Willielmi Burfforde per annum -	8	0	0
" Willielmi Gamage per annum - -	6	0	0
" Thomæ Baskarvyle per annum -	6	0	0
" Willielmi Ambrose per annum -	6	0	0
" Christoferi Horton per annum -	6	0	0
" Johannis Ferreys alias Clifford per			
" annum - - - -	10	0	0
" Gabrielis Moreton per annum - -	20	0	0

As to the inner life of St. Peter's, and its everyday
duties and occupations, we have but very slender materials to deal with. The rule of St. Benedict, which we
know was there followed, is well known to scholars in
all its details, but it was subject to additions or qualifi-
cations both general and special; general, as when Lanfranc issued his celebrated statutes for the regulation of
Benedictine monasteries, which, although nominally and
primarily addressed to Christ Church, Canterbury, yet
were intended to apply to the whole kingdom; and
special, as when certain monasteries received from the
pope or archbishop of the province injunctions for their
guidance. In Lanfranc's preface to his statutes he says
that he has added and changed a few things, and those
principally with regard to the celebration of certain
feasts with greater excellence in the cathedral of Canterbury, but he allows great liberality in the adoption of
any change, because of the difficulty of ensuring a perfect
uniformity among the churches, from various causes,
" hinc est quod nulla fere ecclesia imitari aliam per om-
" nia potest."

The archbishop, however, looks to the spirit rather
than to the letter, for he tells the monks that the one
thing needful is to preserve inviolate those things necessary to salvation, that is faith, contempt of the world,
charity, chastity, humility, patience, obedience, repen-
tance for sins and humble confession of the same, fre-

quent prayers, a becoming silence, and such like ; where these are observed, there may the rule of St. Benedict be said to be best observed, whatever variations might exist in minor details.[1]

But to return to St. Peter's. Abbot Reginald de Homme (1263–1284) made the following ordinance relative to the obits of his monks. Immediately upon the death of any professed brother letters were to be written and delivered to the interior almoner (elemosinario intrinseco), who by means of suitable messengers should cause the same to be sent without delay to all the dependent priories of St. Peter's and other neighbouring houses of whatever order, and especially to those confederated with St. Peter's. And because this could not be done speedily without some expense, it was ordered that these obedientiaries should make a small contribution among themselves, namely, the cellarer twelvepence, the almoner twelvepence, the chamberlain sixpence, the sacrist sixpence, the sub-almoner sixpence, the præcentor threepence, the infirmarer threepence, and this money was to be paid to the sub-almoner on the day of such deceased brother's burial, without any excuse or delay, and in default to be doubled. The whole affair also to be under the direction of the sub-almoner.[2]

On July 28, 1301, the archbishop of Canterbury issued injunctions for the governance of the monastery, in which, after stating that on visiting the monastery he found certain ordinances laid down which the abbot and convent besought him to confirm, he says that with a few additions and alterations which he saw fit to make, he would adopt these ordinances as his own, and confirm them to the monastery.

First, none were to be admitted to the monastic order unless they were of approved life and manners, for the

[1] Lanfranci Opera, ed. Giles, vol. i. p. 85.   [2] Historia, vol. i. p. 32.

examination of whom prudent and skilful men were to
be appointed, who would without favour try the appli-
cants, as well in letters as in song,[1] and the other conditions required under such circumstances The abbot
also, with the prior and others, was to inquire diligently
concerning other conditions, namely secular debts, bodily
infirmities contagious or incurable, solemn vows, defect
or mutilation of members, and other particulars None
of the brethren were to make use of the secular power,
either secretly or openly, in order to compel the reception
of any candidate, and any offender in this respect was
to be gravely punished by the abbot

Secondly, that anyone revealing the secrets of the
chapter should, on his first and second conviction, be
punished at the will of his superiors, and on his third
conviction be excluded from the chapter while secret
affairs were being considered, and if an habitual offender
he was to be excluded from the chapter for the remainder
of his life during the discussion of secret affairs No
secular servant of the monastery was to intermeddle with
things relating to the chapter, or to obtain the performance of anything by monks which should be done by
the chapter Anyone convicted of a breach of this rule
was to be removed from his office, whatever it might be
Also when the affairs of the monastery were treated of,
both great and small, the rule of St Benedict was in this
respect to be observed

Thirdly, the common seal was never to be affixed to
any instrument except in the chapter and in the presence
of the greater number of the brethren Pensions and
allowances were not to be granted except upon a very
manifest and urgent necessity to be approved by the
bishop, after a competent deliberation held by the
brethren The deeds and writings concerning these things
were not to be signed except in the presence of the whole

---

[1] The plain song of the ancient church

monastery, and they were all to be registered before being delivered out, transcripts being made by the abbot's chaplain, and preserved carefully in the treasury.

Fourthly, the abbot to have only five squires,[1] each to be provided with a horse. The first to be steward of the household, prudent, skilful, and wise. The second to be marshal, who should every day see to the account of the expenses in the abbot's house before the chaplain and the cook, when the abbot was at home; and also see to the number of those dining in the hall, that there be equality in the number of dishes, to be computed by the abbot's cook. The third squire to be cook. The other two to be at the disposal of the abbot, both at table and in the chamber, one however to attend specially to his bed. But he was not to have an under-chamberlain with a robe of the suit of valets, because the palfridary[2] he had was sufficient for that purpose. The abbot was also to have one pantler, one butler, one under cook, who should also be "salsarius;" and a walking smith or farrier (ferrarium peditem[3]) without a horse, and a messenger without a horse. And he was to have only four palfridaries for himself and his chaplains, with as many horses, and more, as should seem necessary; so that the number of "garciones "ad robas" should not be thereby increased. The abbot also was to have only one long cart, so that the second cart should be entirely let out as of old.[4]

---

[1] See note in Hale's Register of Worcester Priory (Camden Society), p. xxxvi.

[2] I have ventured upon thus translating *palefridarius*. See Hale's Register, p. xxxvii.

[3] Compare a line in Dryden, " The smiths and armorers on pal- " freys ride." The *ferrarius pedes* in the text is evidently a smith or farrier who does not ride.

[4] The abbot seems to have been somewhat unfortunate with regard to his carts, for we find a memorandum (vol. iii. p. 276) that he lost in the king's service in Scotland a long cart well ironed, with four horses and three men; again, a good cart, with three horses and two men, were lost in the retinue of Gilbert de Clare while serving the king; and finally, a cart with three horses and two men were lost in the retinue of Hugh le Despencer, while in the king's service.

Fifthly, the abbots were not to have any separate goods or property against the custom of the monastery, and whatever lands or other possessions were acquired by any abbot were on his death or resignation to fall to his successor and thus become a part of the common stock.

Sixthly, when the abbot visited his priories and cells he was not to have with him more than nineteen horses, and no prior was to give money to him or any of his retinue. These things concerning the common seal and the disposition of the house and retinue of the abbot were to be strictly observed under pain of excommunication.

Seventhly, that the reading of the Holy Scriptures be more attended to at the abbot's table. All frivolous and unbecoming words to be totally prohibited in the abbot's presence, and any person speaking in such a manner to be restrained by the monks present. The abbot was to have eight sporting dogs and four harriers, who were to be kept by one attendant skilled in hunting, with one page only. No sporting dogs were to enter the abbot's hall, and all such intruders were to be turned out by the door keepers.

Eighthly, the fragments from the tables in the abbot's hall, the infirmary, the refectory, and from the table of the lay brethren, and other places where refreshments were held, were to be fully and faithfully collected by an honest servant sworn to the sub-almoner and prior. And because one person was not sufficient for this task clerks were to be had from the almonry chamber as required in order that the alms might be faithfully collected and distributed.[1] Those who defrauded

[1] According to Martene (De Antiqis Monachorum Ritibus, vol. iv. p. 32) the crumbs were to be removed from the table before the monks rose: " Mox hebdomadarii " micas panis prius de mensa abba- " tis, deinde diversarum mensarum " cum reverentia mundent; quæ " micæ cum per singulas mensas " mundando levantur, una voce " hebdomadarii dicant *Deo gratias,* " quas quotidie in unum, ut dixi-

the alms, or gave them away without licence, or wasted them, were to be punished gravely, and were to be kept for three consecutive Fridays fasting on bread and water, or to undergo such other condign punishment as the abbot or the president of the chapter should inflict.

Ninthly, the brethren eating flesh in the infirmary were to be waited upon by a lay brother or monk only, and not by a secular person, unless from great necessity, and then he was to be one who had grown old in the service and was likely to continue there always, as had been ordained previously by archbishop Killewardby. No clamorous voices were to be heard, or contentions, or wranglings, but conversation at dinner was allowed in a moderate degree, each brother confining his talk to his immediate neighbour. Offenders were to be proclaimed on the morrow in the chapter, and, when convicted before the president, they to be deprived of their "solatium."[1] Whenever the monks ate in the refectory for recreation, they were to consume two portions at the least in the refectory.

Tenthly, when any of the brethren were sent to cells to stay for a time, it was only to be done by the authority of the abbot, prior, sub-prior, the third prior, præcentor, and five cloistered monks, and when they were recalled the same authority was to be appealed to. They were not to remain in a cell more than a year, nor were they, in the same year when they were recalled, to be again sent to cells, unless strifes and contentions arose in those cells from which they retired, or unless it were

---

"mus, vas collectas hebdomadarii "cellerario consignent reverenter "servandas, de quibus in exitum "hebdomadæ suæ patellæ coquan- "tur." In this case the fragments appear to have been utilized at the end of the week, but at Gloucester they seem to have been devoted entirely to charitable uses.

[1] I can find no proper equivalent for this word, therefore I leave it in its original Latin. *Solatium* appears to be the allowance of an aid to any monk to enable him the better to discharge the duties of his office, whatever it might be. *Vide* Ducange *sub voce*.

necessary on account of bodily infirmity that they should
be sent out of the monastery   Outside priors also (*priores
forinseci*), that is, priors of houses dependent upon St
Peter's, were, under a heavy penalty to be inflicted at
the will of the abbot, to give to all brethren both sound
and infirm all necessaries according to the exigence of
their state, including clothing and shoes if it had been
customary to receive them from the principal monastery.   The provisions of this article with regard to
cells to be observed under pain of the greater excommunication

Eleventhly, no brother, without leave first obtained
from the abbot, or in his absence the prior, was to enter
any house in the town of Gloucester but for good cause
to be shown to his superior, and with a proper companion, nor was he to travel about the country unless
accompanied by a brother, or clerk, or honest squire
The day for his return also was to be fixed, and if the
time were exceeded he was to be punished gravely, unless
excused by manifest necessity

Twelfthly, all those who were detected playing at
chess, dice, crossbows, archery, or such like, were to be
punished by being deprived for the two following days
of their "solatium," also the use of silken purses, extra-
vagant girdles, pointed knives, and all other things
repugnant to holy religion, was wholly interdicted under
a penalty to be fixed at the will of the guardian of
the order according to the measure of the delinquent's
offence   And if an officer of the monastery saw any of
these things worn by the brethren he was to cause them
to be removed without delay

Thirteenthly, 'aids"[1] were to be offered to the brethren
as well within by the abbot and prior, as without by
the obedientiaries in turns according as their behaviour
and the honesty of their conversation, and the amount

---

[1] These aids seem to have been in the light of *solatia*   See *ante*

of their work in the choir and in the cloister, rendered them worthy.

Fourteenthly, the almonry of Standish was to be continued and kept up according to the ordinance made by abbot Thomas and confirmed by the bishop, and the manor was to be sustained, so that there might be no alterations unless from urgent necessity, and the whole assise due from that manor was to be distributed by the sub-almoner among the poor every week without diminution, and the sumptuous table kept at that manor, by which the alms were defrauded, was to be entirely abolished.

Fifteenthly, the brethren were to be supplied from the chamber with tunics[1] both coarse and fine, pilches[2] and shoes, stamins[3] and breeches,[4] and leggings thick and thin,

---

[1] These were under-garments in the fashion of shirts, sometimes with sleeves like those of coats, only fitting closer to the body. They resembled a mail-jacket in form, the longer reaching to the ankles, the shorter to the knees.

[2] A garment made of skins. *Vide* Ducange sub voce *Pellicea*. I am not quite prepared to say what particular part of the Benedictine dress is hereby meant; it was most probably a kind of cloak.

[3] A shirt made of woollen and linen, an under-garment used instead of hair-cloth. *Vide* Abingdon Chronicle (Chron. and Mem.) vol. ii. p. 405. " Omnia sua vestimenta " vetusta pauperibus erogabit, nul- " lumque (exceptis femoralibus et " *staminibus*) camerario resignabit." *Vide* also the Evesham Chronicle (Chron. and Mem.), p. 238, where we are told how the brethren were obliged to remain in the infirmary for want of frocks and cowls. " Unde ad probandum verbum is-

" iud, ut ego opinabar," says the chronicler, " capellanum abbatis vo- " cavit ad se, et eo palpato invenit " eum in sola *staminea* et cuculla, " hiemis, ut erat, tempore." *Vide* also a tract, " De Professione Mona- " chorum," printed in Martene's De Antiquis Ecclesiæ Ritibus, vol. ii. p. 172. " Cilicinum vero vesti- " mentum quod subtus ad carnem " gestat monachus, communi locu- " tione vocatur *staminia*, signat " propriæ carnis mortificationem." Consult also Ducange *sub voce*. In the description of the first monastery at Abingdon (Abingdon Chronicle, ii. 273), the following passage occurs bearing upon our subject. " Habebant " nigros pannos, sed non utebantur " *stamineis*; pellicias habebant: " jacebant super cilicia; habebant " coopertoria cattina."

[4] See the Evesham Chronicle (p. 238), where it is said that masses were neglected for want of *breeches* for the celebrants. " Præterea, pa- " ter sancte, quum secundum tra-

and those in the old style when a change was needed.
Each monk was to have a frock and cowl once every
year at the least, and a pair of travelling shoes every
year and a half, and a pair of nailed boots every five
years, and a couple of woollen garments [1] every four
years at the least. Twelve coverlets were to be distributed by the chamberlain among the monks every year,
and materials for the same when necessary, but the
abbot and prior were at liberty to change oftener for the
honour of the monastery. And in order that these dis-
tributions should be carried on properly, the priors, in
company with the chamberlain, should ascertain which
of the monks stood most in need of them. The cloth to
be of a russet colour and no other. The cloaks [2] of the
monks were to be of lambskin, dog skin, or rabbit
skin, and the cut and the stitching of all these garments
were to be uniform throughout the monastery. All old
garments were to be given back when new ones were
furnished, except pilches and leggings, which the monks
had been accustomed to give away. The chamberlain
was also to see that the garments were not too short, or

" ditionem nostram non liceat nobis
" absque *femoralibus* missas cele-
" brare et multi ex nobis eodem
" careant vestimento, ob defectum
" eorum multorum sacramentorum
" celebratio est omissa, quorum
" numerum propter multitudinem
" ignoro. Proh pudor ! Capellanus
" etiam abbatis, non ille quem
" modo probastis sed ille alius (ex
" nomine illum designans quum
" esset ibi præsens) quum missam
" coram abbate celebrare deberet et
" *femoralibus* careret, accommoda-
" vit ei abbas *femoralia* sua, quum
" missam celebrasset restituenda."
And in a former part of the same
Chronicle (p. 105) we have this
passage respecting the misgovern-
ment of the monastery by abbot
Roger Norreys : " Ita nos spoliavit
" aliquando camera quod per multa
" tempora multi fratres ob defectum
" froccorum, nec chorum nec capi-
" tulum sequi poterant, alii, quod
" pejus erat, ob defectum cuculla-
" rum et *femoralium* nec divina
" celebrare nec in conventum in-
" trare poterant."

[1] See Ducange sub voce *Langeo-
lum*. It seems to be a woollen under-
garment reaching to the knees.
I do not understand the distinction
between this and the *stamen*.

[2] *Pennla*. This seems to be a
winter cowl for cold and rainy
weather.

narrow, or common, so that the honour of the monastery might not suffer, and the monks were to be careful to use their clothes properly and not to tear them. If any of the monks accepted garments from their friends as presents, or provided them for themselves, they were to mind that they matched in every respect, in cut, stitching, and colour, those furnished by the chamberlain. This and the last article were to be scrupulously observed under pain of the greater excommunication.

Sixteenthly, the hostillar was to see to the guests, and principally to the religious, that they were properly entertained in the hostillary. Those brethren who arrived early were to be entertained at the abbot's table or the infirmary, but those who arrived late were to be taken to the hostillary, and the hostillar was to give them proper attendance, eating and drinking with them if opportunity allowed, the under cellarer and the kitchener visiting them to see that nothing was wanting. And in order that the provisions delivered out for the use of the guests should not be wasted or pilfered by the attendants, as had used to be done, the hostillar was to have the charge of the bread and beer, so that the guests might be served quickly, and he was to have a companion with him to attend to the secular guests.

Seventeenthly, the account of the stewards of the community was to be audited on the morrow of All Souls, and the audit was to be continued until completion; four of the monks being appointed by the abbot and convent for this purpose, two of them being the least number before whom any account was to be rendered. Immediately after this, the account of the community was to be rendered and audited in like manner. And then, according to the receipts, an estimate was to be made of the expenditure for the following year as well in the kitchen as in the cellar for the abbot and the obedientiaries. Afterwards, the kitchener, the " magister

" villæ,"[1] the chamberlain, and other officials were in their order to render their accounts, all of which were to be completed before the Annunciation. All the accounts of stewards, the obedientiaries, and the community, were to be written by two sworn clerks, and were to follow one form, always beginning and ending at the same time. In order also that these accounts might be the more minutely examined, extents and rentals of all the manors were to be made and deposited in the treasury, and after the completion of an account it was to be committed to writing and read before the abbot and convent in chapter, that those who acquitted themselves well might be commended, while the ill-behaved and negligent were gravely punished, and deprived entirely of the hope of future office.

Eighteenthly, none of the officials of the monastery, either within or without, were to encumber their offices by sales of tithes or lands or grants of corrodies for terms or in perpetuity in any way, unless under pressing necessity, and then with the knowledge of the abbot and the consent of the chapter. Whosoever procured anything of this kind to be done fraudulently, pretending that he was burdened with debts when he was not, was, upon conviction, to be gravely punished, and suspended from office. The obedientiaries were not to be allowed the sale of tithes, wool, or similar goods, but for one year only, and such sale was to be made, not under the vendor's own seal, but under the common seal, with the knowledge of the abbot, and by the advice of the senior monks. The profits of each cure (alluding to the different departments of sacrist, chamberlain, hostillar, and others, as exemplified in the register B. before men-

---

[1] This *magister villæ* is most probably that officer of the monastery who is designated in later times "the town monk," that is, I presume, the monk who went about the town to purchase provisions.

tioned [1]), as well in money as in horses and flocks and in other things, were, on the death or resignation of its administrators, to remain without any diminution, nor was any one on dismissal from his office to presume to transfer any of its revenues elsewhere. No monk or servant of the monastery was to have superfluous dogs, or to encourage troublesome whelps within the monastery or any of its manors, nor was any one to burden the manors with any animals without the knowledge of the abbot, the prior, or the cellarer. The obedientiaries also, whether within the monastery or without in the places pertaining to their offices, were not to be troublesome. They were not to have sporting dogs or harriers, nor more horses than were necessary ; and all offenders in this respect were to be reprimanded ; but if after the second time they did not reform they were to be suspended from office, and if contumacious to be dismissed altogether. All transgressors of this article were *ipso facto* excommunicate. Those also who had been guilty of mal-administration in their offices, or had unduly burdened the same with debts, were to be dismissed thence without hope of recall.

Nineteenthly, the infirmarer was to furnish the sick liberally with all necessaries, according to the requirements of each case, and according to the advice of the doctor, and if his provisions fell short, he was to appeal to the abbot or prior, who, if need be, would lose no time in making up the deficiency by a generous supply from the common stock, and the kitchener and under-cellarer were to visit the sick every day in order to learn what diet was prescribed them by the doctors. The infirmary servants and others were to abstain from making a noise when they passed from the infirmary to the garden, and another entrance to the garden was to be made so that there might be nothing to disturb the sick wards.

---

[1] *Ante.* p. xiii.

Twentiethly, these ordinances were to be read openly in the chapter in the presence of all, four times a year, and copies sent to all the priors of cells, so that no person might plead ignorance of them, and thus set up an excuse for their infraction ; and all trangressors were to be punished sharply, according to the gravity of their offence. Priors of cells neglecting the observance of the ordinances so far as they were applicable, were to be deposed from their office by the abbot at his visitation. If the prior or other officers of the monastery were deficient in their duty, they were to be warned twice, but if they offended a third time they were to be expelled without hope of ever again obtaining office.

Lastly, if the abbot, against whom accusations were not to be lightly admitted, were convicted of any breach of the foregoing ordinances, and could show no plain necessity or unavoidable excuse for the same, he was to be punished by perpetual deprivation, his rank giving him no privileges over the ordinary monks.

By a subsequent ordinance (Nov. 8, 1301) the number of squires, which had been fixed at five, was increased to six on the petition of the abbot.

In Fosbrooke's History of Gloucester are printed, from Harleian MS. No. 913, some scandalous verses concerning an abbot of St. Peter's, probably Henry Foliot (A.D. 1228–1243) : they are amusing, and are worth reproducing here, though I am not inclined to rate their historical value at any very high standard. They arose, as it seems, out of some alleged irregularities in the monastery which were brought under the notice of the bishop of Worcester at one of his visitations. He visited St. Peter's in 1239, and again in 1242, when, after a particular examination, the prior and others were removed. The verses are as follows :—

> " Quondam fuit factus festus,
> " Et vocatus ad commestus,
> " Abbas prior de Glowcestrus,
>   " Cum tota familia.

" Abbas ire sede sursum,
" Et prioris juxta ipsum,
" Ego semper stavi dorsum,
    " Inter rascalilia.

" Vinum venit sanguinatis,
" Ad prioris et abbatis,
" Nihil nobis paupertatis,
    " Sed ad dives omnia.

" Abbas bibit ad prioris,
" Date vinum ad majoris,
" Post sit esse de minoris,
    " Si se habet gratia.

" Non est bonum sic potare,
" Et conventus nihil dare,
" Quia volunt nos clamare,
    " Durum in capitula.

" Surge cito recedamus,
" Hostes nostros relinquamus,
" Et currino jam precamus,
    " Ibimus in claustria.

" Post completum redeamus,
" Et currinum combibamus,
" Atque simul conletamus,
    " In talia convivia.

" Est ne aliquid in currino,
" Immo certe plenum vino,
" Ego tibi nunc poino,
    " De bona concordia.

" Dixit abbas ad prioris,
" Tu es homo boni moris,
" Quia semper sanioris,
    " Mihi das consilia.

" Post completum rediere,
" Et curinum combibere,
' Potaverunt usque flere,
     " Propter potus plurima

' Prior dixit ad abbatis,
' Ipsi habent vinum satis,
" Vultis dare paupertatis
     '· Nostei potus omnia

" Quia nos spectat paupertatis,
" Habet parum habet satis,
" Postquam venit non vocatis,
     " Ad nostra convivia

" Si nutritum esset bene,
" Nec ad cibus nec ad coenæ,
" Venisset pro marcis dene,
     " Nisi per præcaria

" Habet tantum de hic potus,
" Quod conventus bibit totus,
" Et cogatus et ignotus,
     " De ægris cervisia

" Abbas vomit et priori,
" Vomis cadit super floris,
" Ego pauper steti foris,
     " Et non sum lætitia

" Rumor venit ad antistis,
" Quod abbatis fecit istis,
" Totum monstrat ad ministris,
     " Quod fecit convivia.

" Hoc est meum consulatis,
" Quod utrumque deponatis,
" Et prioris et abbatis,
     " Ad sua piloria.

" Post hæc erit castigatis,
" Omnis noster subjugatis,
" Prior clerus et abbatis,
 " Ne plus potent nimia.

" Absit dicit alter clerus,
" Quia bibit parum merus,
" Quod punitur tam severus,
 " Per nostra consortia.

" Esset enim hic riotus,
" Quod per stultus horum potus,
" Sustineret clerus totus,
 " Pudor et scandalia.

" Volunt omnes quidem jura,
" Quod per meum forfectura,
" Alter nullus fert læsura,
 " Sed per sua vitia.

" Sed sic instat in privatis,
" Bis sex marcas det abbatis,
" Prior denis et est satis,
 " Ut non sit infamia.

" Placet hoc ad nos antistis,
" Dent ad præsens nummos istis,
" Sed si potant ut audistis,
 " Nunquam habet supera.

Dixit abbas ad prioris,
" Date mihi de liquoris,
" Status erit melioris,
 " Si habebit gratia.

" Dixit prior ad abbatis,
" Habes modo bibe satis,
" Non est bonum ebriatis,
 " Ire post in claustria.

" Unus monachum de majoris,
" Bonus lector et cantoris,
" Irascatus ad prioris,
          " Dixit ista folia.

" Prior vos non intendatis,
" Quantum sumus laboratis,
" Incantare et legatis,
          " Per ista festalia.

" O abbatis et priore,
" Nihil datis de liquore,
" Non est vobis de pudore,
          " Tu es avaritia.

" Vos nec nobis nihil datis,
" Nec abbatem permittatis,
" Facit noster sociatis,
          " Sua curialia.

" Qui stat videt ne cadatis,
" Multos enim de prælatis,
" Stat deorsum deponatis,
          " Propter avaritia.

" Propter cordis striccitatis,
" Stat superbi descendatis,
" Et sic propter parvitatis,
          " Perdere magnalia.

" Rogo Deus majestatis,
" Qui vos fecit et creatis,
" Ut hoc vinum quod bibatis,
          " Possit vos strangulia.

" Ad hoc verbum prior cursus,
" Furabatur sicut ursus,
" Unam vicem atque rursus,
          " Momordavit labia.

" Tandem dixit ad [   ],
" [   ] sic vilis garcione,
" Quondam discus de pulmone,
     " Fuit tibi gaudia..

" Nunc tu es canonicatus,
" Et de nihil elevatus,
" Sicut regem vis pascatus,
     " Et in major copia.

" Habes justum et micheam,
" Et cervisiam fruménteam,
" Unde regis possit eam,
     " Bibit cum lætitia.

" Nullum carnes commedatis,
" Neque pisces perfruatis,
" Lactem quoque denegatis,
     " Sic te facit sobria.

" Nullum tibi sit tabellum,
" Neque tibi sit scabellum,
" Mensa tibi sit patellum,
     " Non habens mappalia.

" Super terram sic sedebis,
" Nec abinde removebis,
" Volens nolens sic manebis,
     " In hoc refectoria.

" Post hunc diem accedatis,
" Ad prioris et abbatis,
" Disciplinas assumatis,
     " Fac flectamus genua.

" Sic devote prosternatis,
" Ac deinde lacrimatis,
" Dorsum nudum extendatis,
     " Caret te lætitia.

" Ibi palam confiteris,
" Quod tu male delinqueris,
" Et sic pardonem consequeris,
        " In nostra capitula.

" Tunc proinde tu cavebis,
" Malum loqui sic tacebis,
" Prælatores non spernebis,
        " Contra tuum regula."

In Malverne's Register are entered the Statutes of the
general chapter of the Benedictine order held at Coven-
try in the year 1516, and though it does not appear
on what particular occasion these statutes were passed,
yet as they still further illustrate the interior life of the
house, a summary of their provisions is here given.   The
original version is printed in the Appendix.

First, the brethren, both seniors and juniors, who
were present at compline, were not, after they had
retired to the dormitory, to come down again to gossip
and drink.

No monk, unless by the previous consent of the sub-
prior, was to introduce any [   ]¹ into the infirmary,
or any places contained in it, and none of the brethren
were to presume in any way to use immoderate drinking
there.

No brother, on a day when he had dined and supped
in the refectory, was to presume to eat meat elsewhere,
unless in the presence of his officer, by his direction and
special license.

No monk, having a double pittance of food, was
allowed to sell or give away the whole or any part of
it without the subprior's license.

At dinner or supper time, at the table of the brethren,
whether in the misericord,² or in the places appointed in

---

¹ A word is here omitted.

² The misericord is said by Fosbrooke (British Monachism, p. 357)
to be a hall in which were tables
and a dresser; a place distinct from
the refectory.

the monastery for refreshment, there was always to be reading, which was to be listened to with strict attention, and conversation there was to be held in a low voice, or entirely in Latin.

No one was to take refreshment out of the refectory on fish days, except those to whom the officers had, on account of their infirmity, or any reasonable cause given dispensation.

The monks were to abstain entirely from hunting and hawking, according to the council held by Clement V., and they were not to keep sporting dogs, or birds of prey within the precincts of the monastery ; but they were to restrain themselves honestly and religiously in their recreations, wholly avoiding any scandal to religion.

And as it becomes professors of the same religion to be uniform and of one habit, it was directed that no monks of this chapter should use finer or more ornate dresses, but only tunics, amysses,[1] sleeves, and black pilches, "as our fathers of old had decreed."

Moreover, it was ordained that the twenty-third chapter of the constitutions of Benedict XII., entitled "Concerning leave of absence from the house," should be

---

[1] Amyss (Almutium) ; a large fur cape, entirely overspreading the shoulders and breast, reaching down as far as the elbows, and having a large roomy hood hanging down from all around the neck. It is not to be confounded with the *amice* or the fine linen vestment worn by priests on the shoulders and under the chasuble. The amyss formerly worn by rectors was made usually of the skin of the grey squirrel, the "amice gray," as Milton incorrectly spells it.

" Thus passed the night so foul.
" till morning fair

" Came forth, with pilgrim steps,
" in *amice* gray ;
" Who with her radiant finger
" still'd the roar
" Of thunder, chas'd the clouds,
" and laid the winds."
Paradise Regained, Book 4.

Again in Bale's *Image of both Churches*, part 3, " Men, knowing " yᵉ worde of God, thinke also that " their costly gray *amices* of cala- " ber, are very superfluous and " vayn."

more diligently and strictly observed ; and every abbot
present at the chapter, and the proctors of those absent,
were upon their return to the monastery to cause these
statutes to be transcribed, and read before the whole
convent.

In the year 1516 abbot Malvern founded a fraternity
in St. Peter's, in honour of the Holy Cross, for thirteen
poor men to be called Peter's Men, and he also issued
certain ordinances for their government, describing their
duties in detail.   These ordinances are entered in Malvern's Register in English as well as in Latin, and
as they contain interesting particulars concerning the
monastery at a late period of its career, I print them
here verbatim.

    " Histe meis cœptis assit rogo Spiritus almus,
     " Auxilio cujus perficiatur opus.

" Quoniam omni in negotio debito ordinatoque finalis
" causa in intentione primum in effectu vero novissi-
" mum emergit inficias ne posse puto neminem quin
" reges illustrissimi hujus antiqui percelebrisque cœnobii
" primi fundatores, benefactoresque reliqui, divino spi-
" rito afflati præmeditabantur, prudenti etiam consilio
" sagacique providebant Deum immortalem suis terrenis
" opibus semper esse per hujus loci administratores
" non minus honorifice quam humiliter venerandum
" pietatis insuper opera hic indies fore magis magis-
" que exercenda diligenter inter quæ (non ab re
" quidem) et orationem et elymosinam (quibus sibi
" facilius tum commissorum satisfactionem tum delic-
" torum veniam assequerentur) obtinuisse principatum
" existimabant.   Ut hæc igitur eorum piæ intentionis
" finalis causa firmiter inviolabiliterque (cum effectu)
" observetur in ævum, placuit reverendis in Christo
" patribus hujus almi monasterii administratoribus
" abbatibus (inquam) ex suorum unanimi fratrum con-
" sensu, juxta temporis expostulationem ordinare de-

" cernere statuere simul et commutare ac disponere,
" prout melius convenire conducere congruereque arbi-
" trati sunt præsertim ut totius domus elemosina in
" granis¹ dispergeretur (elemosinario illud officium
" exequente) ex proventibus (videlicet) redditibusque
" dominii de Standysch, cujus valor annuus ut pluri-
" mum in nummum libras excrescit sexdecim, unacum
" aliis elemosynis parvis, vestibus (scilicet) tresdecim
" de crassiori panno (quem *fryse* vocant) totidem pau-
" peribus per manus monachi oppidani erogandis non
" sine solidis duobus quos unicuique pauperum tres-
" decim celerarius quot annis distribuentur præter
" abbatis ferculum, *thabbotes almes dische* vulgo nun-
" cupatum, singulis hebdomadis denarios octo valens.
" Quæ quidem elemosina antehac ad summam usque
" de Standish antedictam in pecunia primum, deinde
" in pane, postea vero infra cœnobium confluentibus
" quibuscunque in granis distributa est, sed quoniam
" ex tanta illuc concurrentium turba variæ provenire
" incommoditates, veluti jurgia, rixa, contentiones,
" juramenta, blasphemia, sæpenumero etiam pugnæ,
" cum per languidarum infectarumque personarum ac-
" cessum contagione quamplurima, ad non mediocrem
" monachis, officiariis, aliisque ministris ac cœnobitis
" omnibus, molestiam, satietatem, perturbationem. Cu-
" piens igitur huic tanto malo obviare, reverendus in
" Christo pater ac dominus dominus Gulielmus Mal-
" verne permissione divina abbas hujus monasterii, ex
" suorum unanimi fratrum consensu, quandoquidem
" penes eos sit (quod suum sit) in melius commutare,
" anno Salutis millesimo quingentesimo sextodecimo,
" et Henrici Octavi Dei gratia Angliæ regis invic-
" tissimi octavo, (invocata prius atque exoptata Spiritus
" Sancti gratia,) ad Dei Omnipotentis laudem, ac pro

---

¹ Over this word is written *fru:* which is rendered in the translation *corn.*

" benignissimorum fundatorum simul et benefactorum
" fratrum et sororum vivorum atque defunctorum,
" animarum redemptione salutifera, ordinavit statuit
" et stabilivit quandam fraternitatem in Sanctæ Crucis
" honorem pauperum tresdecim, *Petyrs Menn* vulgariter
" appellandorum, qui cotidie jugiter pro animabus fun-
" datorum benefactorum fratrum et sororum hujus
" monasterii preces fundere haudquaquam prætermit-
" tent, quique ad hoc ex prædicta elemosyna hactenus
" perperam dispersa jamque in melius e frumento in
" pecuniam scilicet, cum copiosiori (per dicti abbatis et
" conventus provisionem) adminiculo commutata, sus-
" tentabuntur, ordinando eisdem statuta (cum probatis
" sanctionibus) congesta, authorisata, necnon inviola-
" biliter modo qui sequitur perpetuo observanda.

" In Dei nomine, Amen. Quin absque debito rec-
" toque ordine diuturnum esse potest nihil, nos Gu-
" lielmus, permissione divina abbas monasterii Divi
" Petri Gloucestriæ et ejusdem loci conventus, per hoc
" præsens institutum statuimus, decernimus, et ordina-
" mus tresdecim pauperes honestos per abbatem (qui
" pro tempore fuerit) assignandos et deligendos, im-
" primis sui conventus genitores et fratres præ cæteris
" anteponendos deinde fidedignos hujus cœnobii mi-
" nistros, qui hic longo tempore diligenter famulantes
" ætatis suæ florem consumpserunt, post vero hujus
" monasterii villicos (quos tenentes vocitamus) ad in-
" opiam redactos, et suis opibus aut industria vitam
" tueri suaque tenementa (villas dico) manutenere
" minime valentes, præcipue dominii nostri de Stan-
" dische (justitia id postulante), postremo generaliter
" omnis illius oppidi colonos et modo supradicti desint
" circumvicinos, quorum quidem pauperum honestis-
" simus (abbate jubente) prior eligatur omnibus in
" locis reliquis præferendus, et is quidem, ut ab aliis
" discrepet, nigro semper vestitur scapulari, recipietque
" unaquaque hebdomada post meridiem sabbato dena-

' rios novem, reliqui vero duodecim denarios octo
" bonæ legalisque monetæ Angliæ e manibus (qui
" pro tempore fuerit) supprioris, cui nos abbas et
" conventus committimus et commendamus eorum
" curam, regimen, gubernationem, correctionem, necnon
" et denariorum receptionem ac solutiones per præ-
" sentes litteras perpetuo duraturas. Gaudebit igitur
" quot annis dictus supprior in aliquam priorum suo-
" rum laborum compensationem dimidiata parte om-
" nium pœnarum quibus accusati et convicti mulcta-
" buntur, facta tum abbati, in Sancti Archangeli
" Michaelis festo, debita ratione ; alteram vero pœnarum
" partem abbas præcentori assignabit in librorum chori
" reparationem applicandam. Deinde statuimus et as-
" signamus ut monachus oppidanus eisdem pauperibus,
" erga Divi Johannis Baptistæ festum annis singulis,
" perspiciat honestas vestes tresdecim, unico cum sca-
" pulari de nigro panno qualibet lata (ut aiunt) vir-
" gata haud citra denarios viginti empta. Habeat-
" que unusquisque ad minus in togam et capicium
" (præter scapulare) latas virgatas tres aut amplius si
" corporis statura exigerit. Aptentur itaque ejusmodi
" vestes talares (inquam) manicis clausis, in anteriore
" etiam parte inferius consuetæ. Ad hoc semper circum
" colla utantur tum capiciis largis, tum sacris calculis
" (nisi quoties fundunt revera preces) grossioribus.
" Insignia quoque monasterii polimito opere contexa
" singula dico pretio denariorum sex in dextris hu-
" meris affixa gestabunt, una cum cruce e rubro hia-
" cinthinoque colore super pectus prominente, omni-
" bus in his (ut præfertur) prospiciendis. Monachum
" oppidanum volumus esse oneratum omnino etiam pro-
" videntem, ut exterior vestis non sine capicio tum
" nigra sit tum honesta quæ quidem cum capicio,
" si quando fatis eorum quispiam forte concesserit,
" pauperi successuro infra cœnobium reservetur, ad hoc
" adjicientes ut in primo unius cujusque ingressu, capi-

" cium et calculi ad Sanctæ Crucis aram a suppriore,
" seu ab alio quovis monacho illic missam celebrante
" consecrentur (paupere interim in veste genuflexo)
" facta tandem missa, statim capicio sacrisque calculis
" indutus a suppriore ad sua loca deducantur, ibidem
" de celandis monasterii secretis juramentum præsta-
" turus corporale. Novissime etiam intromissus novis-
" simum inter socios locum (tantisper donec succedat
" alius) occupabit. In primo quidem ingressu mane
" ad longam primæ pulsationem extra sedilia omnes
" stent, prioris sui fundatorum nomina in tabula ibi-
" dem dependente contenta perlegentis vultum intuen-
" tes lecta quoque advertentes diligenter fusis inde
" ab imo pectore precibus pro eisdem sedilia intrent,
" ibique et genibus minores et calculos in manibus
" sacros tenentes quamdiu prima solvitur humiliter
" orent ; qua exacta priorem suum præcedentem bini
" sequantur et bini donec ad summum sit altare lente
" modesteque perventurum, in cujus infimo gradu
" genua omnes curvent, priore medium occupante, pro
" dictorum fundatorum omnium fidelium defunctorum
" animabus sedulo ad finem usque missæ deprecaturi.
" Qua finita, ita uti progressi fuerant ad sedilia red-
" eant, ubi dictis Oratione Dominica, Salutatione An-
" gelica, et Apostolorum Symbolo, quocunque velint
" (præterquam in communibus ludis) usque ad sum-
" mam missam (animos laxandi gratia) deambulare
" licenter poterint. Habent præterea interesse princi-
" piis missarum omnium pro defunctorum (qui in
" tabula jam dicta recensentur) animabus omnium
" quoque monasterii nostri abbatum (veluti in summa
" missa de die) donec compleantur sacra in suis sedi-
" libus (ut est præmissum) assidue orationibus insis-
" tentes. Hoc tum dato ut Eucharistiam in elevatione
" sacra tam ad summum altare quam ad altaria reli-
" qua in templi nave (ut fertur) constructa impune
" extra suas sedes contemplari valeant et adorare.

" Curet etiam præcentor aut saltem ejus vice fungens
" ut in solemnibus defunctorum exequiis et missis,
" ante earundem inchoationem ad pauperum sedes se
" conferat eorum priori (recensendo) ejus eorumve
" nomen aut nomina pro quo quibusve tunc justa per-
" solvenda sunt denunciaturus, quibus rite peractis,
" eant in Christo ubi volent usque ad primam officii
" vespertini pulsationem. Quam cum primum audie-
" rint in refectorium omnes conveniant, ibique in
" infimo scanno ex ordine accumbentes, in æstate a
" prima Quadragesimæ Dominica ad festum usque
" Archangeli Michaelis bis quilibet (si libeat), reliquo
" vero anni tempore semel dumtaxat bibant, unicum
" panem (*holyer* vulgo dictum) a promo nostro panario
" recipientes. Quo facto, confestim ad ædem sacram
" maturantes ab ipso officii vespertini seu exequiarum
" exordio in sua sese sedilia recipiant, dumque Divæ
" Virginis canticum (*Magnificat*, inquam) psallitur,
" assurgendo usquequaque consistant finito tandem
" officio vespertino ab Archangeli Michaelis festo ad
" primam usque Quadragesimæ Dominicam, quod diei
" reliquum est ad vota conterant, at cæteris anni
" diebus completorio interfuere oportet. Volumus in-
" super omnino ut ante initium primæ missarum
" officii vespertini exequiarum et completorii sedilia
" semper petant. Præterea omnibus in processionibus
" circa templum aut claustrum aliisve in locis ubilibet
" celebratis bini et bini ex ordine suo præcedente
" priore procedant novissimi; quibus peractis, rursum
" sedilia repetant. Quoties autem in templo, claustro,
" refectorio, dormitorio, seu alio in loco celebri deam-
" bulaverint, quiete constanter non confabulando, sed
" cum silentio absque strepitu aut risu dissoluto ince-
" dant. Nihil eis a confratrum aliquo aut quovis alio
" laboris operisve quicquam imponatur vel exigatur
" ab eisdem, præterquam quod per præsentes statutum
" est et definitum, nisi abbas cum consilio utile dux-

" erit et opportunum. Item septem festis principalibus
" illis in abbatis aula discumbentibus primo ministra-
" bitur, dictis prius ab abbate gratiis, si affuerit, a quo
" tum singuli singulis denariis donabuntur. Quod si
" forte aliquem infirmitatis causa per hebdomadam
" aut dies aliquot abesse contigerit, pro tempore illo
" dimidiato sit contentus stipendio. Nullo etiam pacto
" extra urbem aliquo sese conferant aut recedant abs-
" que speciali abbatis vel (eo absente) prioris mona-
" sterii potestate petita pariter et obtenta. Sicque
" illo absentiæ intervallo nihil stipendii quicquam sunt
" percepturi. A prima autem, missa, exequiis, vesperis,
" completorio, aut processionibus, vel ab eorum divi-
" norum aliquo, si toto abfuerint, toties quoties mulc-
" tabuntur obolo ; sin vero aperte inurgeat necessitas,
" puta evacuandæ vesicæ causa seu alia consimili,
" quadrante. Etiam si debito habitu aut sacrisve cal-
" culis (sicuti prælibatum est) uti postposuerint et
" negligant, quoties ita notantur transgredientes obolo
" toties omissa luant. Ad hæc eorum prior omni sa-
" bato de eorundem transgressibus, absentiis, aliisque
" delictis quibuscunque, debitam magistro eisdem sti-
" pendia soluturo faciat denunciationem atque ratio-
" nem sub pœna denariorum quatuor ut facilius ergo
" perferantur illiusmodi prædicta onera et tollerentur,
" decernimus celerarium in recompensationem panis
" pecuniarumque pro cervisia receptarum, cum aliis
" oneribus ad se attinentibus, ad duos anni terminos,
" Annunciationis, videlicet, Divæ Mariæ et Sancti Arch-
" angeli Michaelis, libras sex, solidos tres, et denarios
" quatuor, per æquales portiones, in manus elemosi-
" narii esse soluturum ; reliqua vero omnia et singula
" onera ac necessaria superius memorata per elemosi-
" narium ex redditibus et proventibus dominii nostri
" de Standische supportentur, et supradicto magistro
" solutura, id est suppriori ante mensem, postposita
" omni dilatione seu excusatione aliquavis contra-

" veniente, legali in moneta reddantur et persolvantur ;
" cui quidem suppriori (sicuti ab initio est dispositum)
" cura et administratio rerum istiusmodo omnium de-
" bite observandarum commissa est. Tandem conclu-
" dendo volumus (non est enim id quovismodo præter-
" mittendum) ut jam memoratus supprior et magister
" pauperibus eisdem nostram hanc ordinationem in
" cujuslibet trimestris fine, nequando hujusmodi (quod
" Deus prohibeat!) ignorantiam prætendere videantur
" aut oblivionem, sine ulla ejusdem additione, subtrac-
" tione, vel interpretatione, apte, aperte, et distincte
" legat, explanet, et declaret.

" *Operis apex.*

" Obsecro felices vivant, vivantque beati
" Pauperibus normam qui hanc statuere novam,
" Præcipue pius ille pater (quo præside) sanctum
" Propositum finem cepit habere suum.
" Nuper pauperibus bona sunt dispersa nocenter,
" Nunc veteri posito sunt bene sparsa modo.
" Hoc ita qui primum fieri decreverit abbas,
" Degat Nestoreos ad sua vota dies,
" Maverno debent inopes multum Gulielmo
" Qui pia (sponte sua) dona paravit eis ;
" Majores etiam debent ea qui tribuere
" Quæ sua perpetuas æra ciere preces :
" Huic igitur magno cum fœnore dona parabit
" Grata satis, sed post plurima sæcla Deus."

" Forasmuche as the fynall cause of every processe
" ordynary ys fyrste ande princypally intended and
" laste in execusyon by actuall exercyse, hyt ys not to
" be dowtyd but noble kynges wyth other benefatours
" and fundatours of thys solempne monastery were
" gostely moved prudently to provyde by ther temporal
" possessyons Almyghty God honorably and devoutly
" to be contynually servede by mynystratours of the

" same, and all the werkes of pytey there allso by dayly
" practys to be excersyde benyngly amongyste other
" prayer with almys don they supposede beste for satis-
" factyon ande therby sonyste of Almyghty God of
" ther offence to opteyne remyssyon The very prīcy-
" pall and fynall cause of ther intencion wych for ever
" the fīrmylyor to be observede hyt hath pleasyd the
" honorable fhathers and governers abbats of thys holy
" monastery, with consent of ther bretherne, as the
" worlde hath requyrede for ther tyme and sesons to
" order decre altre and dyspose as ther have supposyd
" expedyente, and for the tyme most convenyent, as
" the almes of the hole house to be distrybutyde by the
" handys of the amner of the yssuys of the maner of
" Standysche in corne, whyche comyn yeres amontyth
" to the sum of sixteen pounds, also with other pety
" almes, as thirteen fryse gownes by the handes of the
" towne monke, and two shillings in money to every of
" thirteen pore mene yerely, to be payde by the handes
" of the celerer by syde the abbats almes dyshe, wych
" amontyth to the sum of eight pence by the weke
" And for as muche as tymes paste the seyde almes of
' Standyshe to the sum afore seyde hathe be dystributed
" fyrste in money and then after in brede and nowe
" laste in corne wythin the sayde monastery, the
" customable resorte wherof hath caused many incon-
" venyens and inordynate behavyor, as brawlynge,
' swerynge, blasephemynge, and fyghtynge, with in-
" fectyffe resorte of sycke and unthryfty persons, to the
" grete dysquyetnesse of the sayde monastery and noyfull
" dysturbance to the offycers and inhabytouns of the
" same, in remedyouse consideratione wherof, and for
" as muche hyt ys lefte and standyth at ande in the
" dyspositione and plesure of the abbatte for the tyme
" beynge wyth consente of hys bretherne alteratione and
" reformation as aforesayde, hyt hath pleasyd William
" by Goddes permyssyon abbat of the sayde monastery,

" by hole assent and consent of the convent there, the
" yere of oure Lorde God one thousand five hundred
" sixteen, the eight yere of the reygne of kynge Henry
" the eight, the grace of the Holy Gooste fyrste invocate
" and desyred, to the laude of God and for redemptioun
" of the fundatours soules, with other benefactours bre-
" therne and systerne both quycke and dede, to ordeyne,
" assygne, and stablyshe a certeyne fraternyte in the
" honor of the Holy Crosse, of thirteen pore men comynly
" to be called Peters Men, devoutly to pray dayly for
" the fundatours and benefactours bretherne and systerne
" of the sayde monastery, and to be founde and mayn-
" taynede of the sayde mysorderd yssuys alterde frome
" corne to money with further ayede and helpe therto
" added by provysyon of the sayde abbat and convent
" by resonable statutes and discrete ordinance com-
" pylede and auctorysede for the umyclabull observance
" of the same, and ever to be observede in forme and
" maner as after fowlowyth.

" In Dei nomine, Amen.   For as muche as eny thynge
" withoute discrete ordre may not longe contynew ne
" endure, we ordre decre and auctoryse by thys presente
" ordynance and statute thirteen pore men honeste to be
" assignede and electe by the abbat for the tyme beynge,
" fathers and bretherne of hys covent fyrst and pryncy-
" pally to be preferride to the same, secundaryly sarvan-
" tes wych by contynuance of longe tyme have spende
" well ther yowth in true sarvyce of thys monastery,
" thirdely tenantes of the saide monastery empovirys-
" shed and decayed and not abull to contynew and
" maynteyne ther tenuris, and namely of the Lordeshipe
" of Standishe, and not withowt cause resonable, and
" after them generally of the towne and contrey nyghe
" aboute in defaute of other as afore sayde, of the wyche
" on of the discretyst and honestest shalbe by the abbat
" assigned prior of them, and to be preferryd by them in
" all places, and for a dystyncyon from them contynually

" shall were a scaplary of blacke, wyche on the Saturday
" after none wekely shall receyve nine pence, the other
" twelve eight pence the peece yn goode money by the
" handes of the supplyor for the tyme beynge, whome
" we abbat and convent as aforesaide enyone the charge,
" oversyght, governance, rewle, and paymentys, receytes,
" collections, as presynted by thys presentys for ever
" to endure, wyche in parte of hys recompens of hys
" cherytable laboures shall enyoy and annually perceyve
" halffe of all maner forisfactuirys, mercementes, paynes,
" taxed by thys presentys apone a true acompte made
" unto the abbat of the sayde monastery for the tyme
" beynge at the feste of Mychaelmas, the other parte of
" the sayde forisfacturis to be delyverde to the handes
" of the chauntour by the saide abbat to be emplyede
' for the reparacioun of bokes of the quere   Further-
" more we ordeyne and assigne the towne monke for
" the tyme beynge to prepare and ordeyne for the saide
" brethers ayenste the feste of Saynte John Baptyste
" yerely thirteen honest gownes and on scaplary of
" blacke cloth not under the price of 20 pence the brode
" yearde, every man recevynge for hys gowne and hode
" three brode yerdys at the leste, or more if ther stature
" shall so requyre, bysyde the scaplary, and the seyde
" gownes to be made with close sclevys and closse afore,
" weryng a large hode aboute ther neckys countynually,
" and a grette peyre of bedys lyckewys at all sesons
" they be nat actually prayng, with the armys of the
" monastery broderede and affixed on ther ryght shulders,
" the value of iche six pence, and a crosse of redde and
" blew on ther brestes patent ; and soo for all this as
" aforesayde we wyll the sayde towne monke for the
" tyme beynge stande chargyde, provydyng allway that
" ther uttermeste vesture and hode be allways black and
" honeste, and to remayne yf they departe for them that
" shall succede in the sayde monastery, and the hode
" and bedys of every of them at ther fyrst entrynge to

" be consecrate at the rowde auter by the suppryor or on
" for hym ther seyng masse of the holy crosse, the pore
" man ther knelyng in his gowne duryng the masse, and
" after masse with hode and hys bedys enduede ymme-
" diatly browght downe unto ther place by the sayde
" supprior and ther to be sworne to observe the secrets
" of the monastery, and at hys fyrste entre to sytt
" lowyst of all hys company, and so to contynew at all
" sesons tyll another entre, and at hys fyrste begynnyng
" to enter with hys company at the longe pecle of prime
" standyng withoute ther stallys ther facys to the prior
" attendyng to the names of the fownderres redde by hym
" conteyned in a table ther, and for them specyally to
" pray, after that entryng into ther stallys, and ther
" knelyng in ther ordre with there bedys in ther handys
" devoutly prayng the tyme of prime, wyche done shall
" folow ther prior two and two up to the hyght auter
" and ther to knele on the lower gree, the prior yn the
" myddys lycwyse, prayng devoutly duryng the masse
" ther saide for the foundarres, and so come downe agayne
" to ther stallys, and ther to say a Pater Noster, Ave, and
" Credo, and then to departe and goo att ther lybertes tyll
" the hye masse comynly the laste masse, the comen
" playes except, and furthermore to be at the begynnynge
" of all masses of requiem for the fundatours contaynyde
" and notyde in ther table, and for all abbattes of
" the monastery as of the hygh masse of that day,
" and in ther stallys as aforesayde to contynew till the
" sayde masses be endyd savyng the tyme of the eleva-
" cioune of the Blessede Sacramente at the hyghe
" auter and the awters yn the body of the churche.
" Provydyd allway the chaunter or hys depute of every
" solempne masse of requiem and diryge as ys aforesayde
" at the begynnyng therof cum downe to ther stallys
" expressynge to the prior of them the name or names
" of them for whom the sayde dyryge and masse be
" songe. And the masses as aforesayd endyd so departe

" tyll the fyrste peele of evynsonge, and then to cum
" into the frater, and ther syttynge on the bynche in
" the loweste ende in ther ordre, and ther to drynke
" every day in the somer twyes tyll Michaelmas from
" the fyrste Sonday in Lente, and other sesons of the
" yere but onys, recevyng every day an holyer by the
" delyverance of the panter, and after they have dronke
" quyckely to departe and prepare themselffe in ther
" stallys at the fyrste begynnynge of evensong or dirige,
" the seson of Magnificat standynge upp, and so evensong
" ended to departe for all day fro the feste of Mychelmas
" to the fyrst Sonday in Lente, and other dayes in the
" yere to be at complayne. Provydyng allway that
" thei enter ther stallys afore the begynnyng of pryme,
" massys, evensong, dirige, and complene, as aforesayde.
" Furthermore, in all processyons aboute the churche,
" cloyster, or other wayes, we wyll they go two and
" two in order behynde all other meni, the prior
" procedyng them, and so retorne into ther stallys, and
" at all sesons when thei walke as in the churche,
" cloyster, frater and dorter, and in other ordinary places
" quietly to procede in discrete sylens sadly, without
" laughyng or janlyng at any seson. Provyded all
" wayes that ther be no serves ne further bondage
" requirede of the saide pore men by any of owre
" bretherne or any other otherwyse then ys assignede
" and enactyd by this presents, les then the abbat for
" the tyme beyng with the consente of his bretherne
" shall suppose necessary. Furthermore in oure seven
" principall festes to be servede fyrste, and grace to be
" seyde by the abbat in his hall, yefe he be presente; and
" there to receve every of them one penny by the
" handys of the saide abbat. Ande yefe hit shall fortune
" any of the saide pore men by reson of actuall syckenes
" to be absent any weke or dayes, for that tyme so
" beynge to receve and take but halffe ther wages, and
" evermore that thei ne departe ne goo out of the towne

" withoute expressyd lycens axede and optayned of the
" seide abbat, or prior of the monastery in his absens,
" and duryng the tyme of ther absens nether to receve
" ne to be payde wages. And furthermore, for every
" prime, masse, dirige, evenson, complen, processyons,
" as aforesayde, yeff thei be absent from the hole or
" any of them for every tyme to loesse halfpenny ; and
" for ther absens from parte of the saide houres other-
" wyse then afore lymmyt, without urgente necessyte
" as makyng of water or suche other causys necessary,
" every tyme to loese farthing ; and for not weryng
" the saide abbyt, hode, or bedys as afore assigned, for
" every tyme spyede so transgressyng to loese halfpenny :
" and that the prior of them make dewe reporte and
" acompte on the Saterday to ther paymaster of all and
" singler of ther transgressyons and forysfacturys in
" payne of loesyng foure pence : and to the furthur per-
" formance of the same and charges aforesaide the
" celerer for to pay in recompence of hys brede, ale, and
" mony with other of his charges, shall pay yerely at
" the feste of the Annunciacione of owre Lady and Saynte
" Mychell tharchangell six pounds three shillings foure
" pence by equall portions to the handys of the amner,
" and the resydew, with all other charges necessary as
" aforesaide, to be borne by the amner of his yssues of
" the maner of Standyshe delyverede and payed to the
" sayde supprior and paymaster at all tymes a moneth
" aforehande, without any delay or excuse to the con-
" trary, in good mony, to whome as aforesayde the charge
" of this truly to be observede ys commyttede, and to
" rede and declare the saide ordinance to them at the
" ende of every quarter in the yere playnly, so that
" they shall pretende no ygnorance therin, without
" any further addycyon, subtraction, or interpretacion of
" the same."

From the Quo Warranto and Assize Rolls I have col-

lected a few particulars relative to St. Peter's which
may not be uninteresting.

In the fifty-fourth year of Henry III. Robert Syde
of Eastleach killed with a stone at Eastleach Henry
Fitz John, a servant of the abbot of Gloucester.[1]

By an inquisition taken at Gloucester in the second
year of Edward I. it was found that Giles de Berkeley
had about the festival of the Ascension last past placed
a chest containing seventy pounds and certain charters
underneath St. Paul's altar in the monastery, leaving it
in charge of one of the monks, but shortly afterwards it
was found broken open, and the money stolen. It was
also found that John Fitz Roger le Bedel of Yarkele,
one of the monastery servants, Henry de Kerewent, and
John, his brother, were the guilty parties, having committed the theft while the monks were either at dinner
or supper; but they made good their flight, and nothing
more was heard of them.[2]

In the eighth year of Edward I. Richard Marshal of
Clifford killed with a knife, at Clifford, Walter, a servant
of the abbot of Gloucester.[3]

In the tenth year of Edward I. Walter Alfrege, a
mower of the abbot of Gloucester, killed with a hatchet,
at Aldsworth, one of his fellow servants, William Cleura,
a shepherd.[4]

On Saturday, the feast of S. Clement, 33 Edward III.,
it happened that a certain John Penzard was found
killed in the "ostulrie" of the abbey, in a chamber
there called Penzarduschaumbre. Thereupon an inquisition was taken before the coroner on the Monday
following, and it was found that on the Thursday next
before the feast of S. Luke, in the same year, a certain

---

[1] Quo Warranto Roll, 15 Edw. I., m. 14.

[2] Assize Roll, Gloucester, No. 5, m. 3, d.

[3] Quo Warranto Roll, 15 Edw. I., m. 13.

[4] Same Roll, m. 15.

William Sely met the deceased at Barnwood, near
Gloucester, and a contention having arisen between them,
Sely feloniously struck the deceased with a sword on the
right side of the head, and then fled ; and that the
deceased lingered from that time until the Saturday
following, when he died. The malefactor could not be
found, and the sword was valued at sixpence, which was
charged upon the vill of Barnwood.[1]

The next and last judicial proceeding to be noticed is
interesting as concerning the privileges of an officer of
the monastery called the " serjeant monk collector of the
rents." The following is a copy :—

" Placita assisarum apud Gloucestriam coram Johanne
" Hulle et Henrico Broune, justiciariis domini regis, ad
" assisas in comitatu Gloucestriæ, una cum Hugone
" Huls, hac vice capiendas assignatis die Veneris proxi-
" mo post clausum Paschæ, anno regni regis Henrici
" quarti post Conquestum secundo, præsentia prædicti
" Hugonis non exspectata virtute brevis domini regis,
" quod si non omnes, etc.

" Assisa venit recognitura si Walterus abbas monas-
" terii Beati Petri Gloucestriæ et frater Willelmus
" Bryt et frater Willelmus Uptone, commonachi ejus-
" dem abbatis, et Thomas Warde de Gloucestre injuste,
" etc. disseisiverunt Willielmum de Estenore de libero
" tenemento suo in Gloucestre post primam, etc. Et
" unde queritur quod disseisiverunt eum de officio
" serjanti monachi collectoris redditus religiosorum
" virorum abbatis et conventus monasterii Sancti
" Petri Gloucestriæ, in villa Gloucestriæ, percipiend' in
" prædicto monasterio de dictis religiosis et successori-
" bus suis singulis annis in omnibus et singulis, prout
" serjanti in dicto officio solebant percipere ab antiquo ;
" videlicet, singulis diebus per annum duos panes voca-
" tos Tweynbred, duo fercula coquinæ vocata Spenda-

---

[1] Coroner's Roll, 26–37 Edw. III., m. 8.

" blemesses, unam lagenam cervisiæ vocatam Serjantale,
" et quolibet die Sabbati annuatim unum panem voca-
" tum Holyere, et unam mensuram melioris cervisiæ
" conventualis continentem tres potellas cervisiæ, unam
" cameram de officio prædicto in monasterio prædicto
" et viginti solidos per annum. Et ultra hoc singulis
" diebus unum parvum panem vocatum Donwhyt, et
" unam lagenam cervisiæ conventualis de pistrino et
" braceria religiosorum prædictorum in villa prædicta,
" cum pertinentiis, etc.

" Et prædictus abbas et alii non veniunt, sed quidam
" Johannes atte Donne respondet pro eis tanquam
" eorum ballivus. Et super hoc veniunt burgenses
" villæ Gloucestriæ per Willelmum Bridelepe attorna-
" tum suum ad omnes libertates suas calumniandas,
" prosequendas, et defendendas, et petunt inde curiam
" suam. Et quia hujusmodi libertas præfatis burgen-
" sibus alias, scilicet die Lunæ proximo post festum
" Sancti Mathiæ Apostoli, anno regni domini regis
" nunc Angliæ primo, coram præfatis justiciariis hic
" allocata fuit, ut patet in quadam assisa novæ dissei-
" sinæ quam Henricus abbas de Heylys arrainavit
" versus Johannem Bannebury et Ricardum Baret de
" tenementis in Gloucestre. Quæsitum est a partibus
" prædictis si quid dicere sciant quare prædicti bur-
" genses libertatem suam in assisa ista habere non
" debeant, qui dicunt quod non. Ideo consideratum
" est quod iidem burgenses habeant libertatem suam
" in assisa ista. Et super hoc prædictus attornatus
" prædictorum burgensium præfixit diem partibus præ-
" dictis coram ballivis villæ prædictæ Gloucestriæ, apud
" Gloucestriam, in le Gildehalle ejusdem villæ, die Lunæ
" proximo post festum Sanctæ Trinitatis proximo futu-
" rum. Et dictum est eidem attornato quod partibus
" prædictis plena et celeris justitia inde exhibeatur,
" alioquin redeant, etc."[1]

---

[1] Roll de Juratis et Assisis, Gloucester, 1 Henry IV., m. 2, d.

There now remain for consideration many charters and documents in the Gloucester cartulary, illustrative, more or less, of the social condition of mediæval times ; but it would be impossible to treat of them seriatim. I propose, therefore, to adopt a classification of the subjects to which they relate, whereby all the salient points of interest will be readily placed before the reader. The following plan will be observed :—

    1. Agriculture, and management of manors.
    2. Tenures, rents, and services.
    3. Divine service, and matters connected therewith.
    4. Bells.
    5. Wills.
    6. Architecture.

1. *Agriculture, and management of manors.*

As agriculturists and judicious managers of property the monks of a Benedictine house had no equals. They were businesslike, exact, and prompt in their dealings. They required from their tenants and servants a just and faithful performance of their different services and tasks ; but while they did so they were not hard or ungrateful masters. .The constitutions and regulations contained in the Gloucester cartulary with regard to the management of their manors are remarkable for the minuteness with which the details of work are considered, and when viewed by persons of a candid and unbiassed mind they must furnish something of an answer to the charges of careless living, wasting of revenues, and general profligacy which are so broadly and so recklessly brought against the monasteries. They are, as I firmly believe, the production, not of a parcel of drunken and besotted monks, but of intelligent landlords and agriculturists, who had a due care for the stewardship of the things committed to their charge. Agriculture was one of the leading features of the Benedictine order, and in this art the monks achieved a great success.

g

The following is a summary of the Gloucester regulations contained in vol 3, pp 105 and 213 Their date is unknown

No money belonging to the commune was to be paid anywhere else but at the exchequer, and this in the presence of the bursars or receivers, nor was any money received from them to be spent, except by their hands And if any one, whether steward or other officer of the monastery, received money for the use of the house by order of the abbot or cellarer, he was to go to the exchequer as soon as he returned home, to account for his receipts and expenses before the receivers

The receivers were, oftener than they had been accustomed, to view the state of the receipts and expenses, that they might learn the arrears of rents, fines, amercements, pensions, and other things, whereupon they were to write to the bailiffs to send home such arrears. Concerning the arrears of pensions the receivers were to request the abbot to procure them to be paid and accounted for

The receivers were not to pay money to creditors having tallies against the cellarer, sub-cellarer, or kitchener, unless they held counter tallies, and were certain that such tallies were good, and this in the presence of the cellarer, sub-cellarer, or kitchener

Nothing was to be paid in respect of the kitchen unless the kitchener showed a tally written with his own hand, or admitted his liability by word of mouth

Transcripts of obligations, of acquittances of money, and other things, and of charters for term of life were to remain with the receivers under lock and key, and the obligations, acquittances, and charters themselves were to be replaced in the treasury in a particular pouch, and a memorandum made at the exchequer in which pouch they were placed, and numbered

The sub-cellarer was to see that the bread and malt and corn for the anniversaries of abbots were brought home properly, and received by some trustworthy person, who should strike a tally against the reeves for such things. The sub-cellarer and pantler were not to presume to sell corn or malt on any pretence; nor was corn or malt to be retained by them in any of the manors: but if they could make any spare thereof, it was to be replaced and kept in the great house within the monastery. Nothing was to be taken thence or expended unless with the knowledge of the cellarer. And whatever was sold or reserved in the house, it was always to be done through the medium of the cellarer.

The cellarer and kitchener were to buy cattle, pigs, geese, chickens, and such like necessaries without the town of Gloucester by means of faithful bailiffs or servants, according to the different seasons of the year, as necessity should require.

The kitchener was to see that he had in the kitchen the necessary cooks, servants, and lads, faithful, diligent, and careful, and not superfluous in number, who would do all things in the kitchen at his bidding (*ad nutum suum*) without murmuring or excuse. He was also to see to those whose business it was to prepare good soup to be placed before the brethren, as well in the refectory as in the infirmary; and if any of the cooks were negligent in their duty, or contrary, or rebellious, and did not make amends after correction, they were to be removed.

The purchasers of fowl and fish at Bristol or elsewhere were immediately upon their return home to repair to the exchequer, and render a faithful account of their receipts and expenses (they being sworn to perform their service faithfully); and as often as large purchases were made, whether of cattle or other things, some prudent monk or lay brother was to be sent with the purchaser to testify to the receipts and expenses.

The same purchasers also were, immediately after they had bought any beasts, to place some mark upon them, so that when they came home they might be checked by the cellarer or kitchener; and the purchasers were to render an account at the exchequer of each head of cattle or other beast, and its price; and these beasts were to be delivered by tallies to the kitchener or to the bailiffs of manors for the plough, a memorandum being made at the exchequer: and so it would appear at the end of the year how many beasts the kitchener received from purchases, and how many from the manors. Tallies also were to be struck against the bailiffs concerning the purchase of these beasts, that they might answer upon their account.

The cellarer and sub-cellarer were to inquire diligently if the forester and the hedgers in Wivelrugge conducted themselves faithfully in their work, and the forester was to be frequently examined by the sub-cellarer, because it was alleged that both he and the hedgers committed frauds, as well concerning the thorns as in their work.

The carters of Wivelrugge were also to be frequently examined concerning these things by the sub-cellarer, as well by personal inspection as by inquisition, and the same to be done with regard to the "marinatores."

The cellarer and sub-cellarer were to provide one or two carts, with the requisite horses, for the purpose of carrying bushwood in the summer time from Frocester and Buckholt and elsewhere from the groves, as should be ordained, lest there should be a deficiency in the winter in the monastery, as had theretofore been the case.

The cellarer was to provide from the nearest manors, every week, trusses of litter to be placed under the horses in the stables, when necessary, so that there should not be such a waste of hay as formerly.

The sub-cellarer was more frequently than he had been accustomed to visit and examine the millers in the great house, the brewers in the brewery, and the bakers in the bakery, to see whether they were faithful and skilful and sufficient in their work. And he was to warn the brewer not in any way to use bad or useless malt for the convent beer, on pain of dismissal. But if by chance any bailiff sent bad malt to the brewery, the brewer was to retain it, and to purchase a corresponding quantity of good malt in the town, making a tally thereof. And the bailiff who sent the bad malt was, by way of punishment, to pay out of his own pocket for the good malt which the brewer was forced to buy. And the sub-cellarer was, as far as possible, to see that the monastery was always supplied with clear strained beer.

When the cellarer went from the monastery to visit any manor, he was to inquire whether the bailiff was discreet and diligent, and careful about the wain-house, and whether proper reverence and respect were paid him by the servants and workmen; also whether the reeve, keeper of the grange, or reaper managed their offices to the advantage of the monastery, concerning which they were to be examined by virtue of process or attachment.

The cellarer was on every visit to a manor to reduce to writing, before he left, a state of its receipts and expenses, and when he left he was to enjoin the reeve and the keeper of the grange that every month, at the least, and oftener if possible, they should account for their receipts and expenses before the bailiff of the manor, and commit them to writing, that the cellarer at his coming might be certified thereof.

Bailiffs of manors were not to have as many lads as formerly, nor were they to have foals, sheep, oxen, or pigs, or any other beast in any of the manors belonging to the monastery, at the monastery's expense, without the special licence of the abbot or cellarer.

We then have a still more interesting code of rules concerning the management of manors, entitled " Scrip-" tum quoddam super dispositione domus et familiæ." The following is a summary :—

The reeve was once every month, at the least, to cause

these articles to be recited openly before him and his
companion the reaper , and he was to observe to the best
of his power, with diligence and care, on pain of resti-
tution, the precepts contained therein, unless excused by
some manifest or urgent or reasonable cause, to be shown
before his superior when required

Firstly, one month before Michaelmas all the bondmen
of the different manors were to be summoned to that
manor where they were born, and there before the " loci
serviens " it was to be ascertained who were fit to be
retained in the lord's service, and in what service, and
where, and at what wages , it being understood that
whenever the bailiff of the place chose they were to be
removed from one place to another at the lord's con-
venience, saving to them their former wages   No one was
to be admitted to the lord's service without finding good
pledges for his faithful service and for the performance
of neglected duties.

The servants were to take charge of the horses, and to
perform such other offices as should be assigned them, on
festival and ferial days , nor were they to absent themselves from the court without special licence

No servants in any way related to the " serviens,"
reeve, bedel, or other superior were to serve under them,
but, if found fitting, they were to be sent to some other
place in the lord's service

The servants at the proper hour of the day, according
to the season, were to be at their ploughs, and to plough
without injuring or distressing the beasts , nor were they
to employ substitutes at this work without the special
leave of the " serviens " or reeve, and this leave was not
to be given without manifest cause

No iron or nails were to be delivered out to the carters
unless they previously returned the old iron, or gave a
reasonable excuse for not so doing   The ploughmen also
were not to have any iron delivered out to them for the
ploughs before the reeve had ascertained, by his own

personal inspection, for what it was required, and the necessary quantity.

Also no dairywoman,[1] taking her full wages or allowance, was to carry on her own work within the lord's court, but having dispatched the affairs relating to her office, she was to apply herself to other work in the court.

Also no servant to be in the court without some special work being assigned to him, and if that should not be sufficient to occupy his time, then other work to be added.

Also one servant, of tried fidelity and care was to sleep in the hall of the court every night, and at the end of every day's work he was to close the outer door and keep the key in his own custody, so that he might re-open it the first thing on the following morning. He was also to swear that he would not let any one in or out without good and approved cause.

Also there were to be within each ox-stall " cordellæ " of equal length, containing sufficient hay for each team of oxen or horses every night.

No useless or unprofitable beasts were to be kept throughout the winter to the waste of hay and fodder.

No sale of corn to be made without special direction.

No steward to ride any bullock belonging to the court at any time, or to lend him for riding, unless for good and reasonable cause.

Also no new buildings or other works to be commenced, nor any servant to be engaged, or horse put in the stable, without permission.

---

[1] *Daya*, a daywoman or dairy-maid, from *daieria*, a dairy. See note to Hale's Worcester Priory, p. xcvi.

" For she was as it were a manner *dey*."—Chaucer, *The Nonnes Preestes Tale*, v. 14,851.

" For this damsel, I must keep her " at the park ; she is allowed for " the *day-woman*." — Shakspeare, *Love's Labour's Lost*, Act 1, Sc. 2. In a Statute of Richard the Second regulating wages there is mentioned " a swine-herd, a female labourer, " and *deye*."

Salt and flour were to be distributed to the servants in proper quantities, and also to the dairywoman, who should be sworn to keep it safely, and to distribute it properly

No money, or anything else belonging to the manor, to be delivered to any one but the steward, or to be received by any other person, he having the entire charge of the receipts and expenses

Also every fortnight, at the least, the steward was to inquire of the dairywoman concerning the fowls, eggs, and chickens, and the geese and ducks under her care

The steward in all his account to have due regard to economy.

All the workmen to come early to work with proper tools, and to perform their labour faithfully, and to go away at the accustomed and stated hours, and none to be allowed to work who were under age or not of sufficient strength

Every steward winnowing corn was to measure it with the same bushel as was used in the market

All calves, young pigs, lambs, and colts to be marked

The accounts of the various stewards to be on rolls of parchment with proper titles

Then follow certain other injunctions, to which the stewards were not sworn, they apply principally to agricultural affairs, and their provisions are very numerous and minute   According to them boundaries were not to be altered without reasonable cause, the demesne lands were to be properly ploughed, and sown with the choicest seed, no exchanges of lands were to be made, waste and uncultivated places were to be reclaimed, the stubble in the fields was to be collected for thatching roofs and for the oven, the ground, after sheep had been penned there or dung had been strewed, was to be turned over once and the dung dug in, so that it might not be washed away by the rain, together with many other regulations which will be found interesting

2. *Tenures, rents, and services.*

In the manor of Littleton a virgate of land held in villenage was let to farm for five shillings a year, and besides this the tenant was to plough for the lord twice in the year (value 4*d.*). He was on those days to eat at the lord's table, and to give five bushels and a quarter of barley for chirsaec (value 3*s.* 3*d.*). He was to harrow the lord's land at Lent until it was entirely sown (value 4½*d.*) ; to hoe the lord's corn for three days (value 2½*d.*) ; to carry the lord's hay (value 2*d.*), to plant beans for one day (value ½*d.*) ; to wash and shear the lord's wethers (value ½*d.*) ; to make a stack of hay[1] in the court (value ½*d.*); to perform summage at Andover and Lutegareshale (value 3*d.* per annum) ; to mow two acres and a half every week during the autumn (value in the whole 3*s.* 2½*d.*) ; to perform three bederipes in the autumn with two men subsisting at the lord's table (value 3*d.*, such subsistence being deducted) ; to carry the lord's corn in the autumn (value 4*s.*) ; and if he did not reap or carry, then to thrash the lord's corn to the same value ; to gather nuts for half a day (value ½*d.*) : thus making the value of these services beyond the farm of five shillings, 12*s.* 2½*d.*

The tenant of a half virgate of the same land was to plough for the lord twice in the year (value 2*d.*) ; he was also on those days to eat with the lord, and to give chirsaec according to his portion (value 19*d.*) ; to harrow (value 4½*d.*) ; to hoe (value 2½*d.*) ; to perform operations relating to hay as if he held an entire virgate (value 2*d.*) ; to plant beans (value ½*d.*) ; to wash and shear the lord's sheep (value ½*d.*) ; to make a stack (value ½*d.*) ; to perform summage (value 1½*d.*) ; to mow, as for one virgate (value 3*s.* 2½*d.*) ; to perform three bederipes (value 3*d.*) ; to eat with the lord on those days, and to carry his corn in the autumn (value of such carriage 4*s.*),

---

[1] facere mullonem.

or to thrash to the same value ; to collect nuts (value
½d.) : sum total of the work, 10s. 3d.

In the manor of Linkenholt the tenant of a virgate in
villenage was subject to perform the following services:
to plough twice in the year for the lord, and on such
occasions to eat at his table (value of the ploughing 4d.) ;
to harrow the lord's land between Christmas and the
Purification (value 4½d.) ; to hoe the lord's corn for three
days (value 1½d.) ; to give one penny towards mowing
the lord's meadow, and to be at the carrying whenever
it took place (value 6d.) ; to plant beans for a day
(value ½d.) ; to clear out the forage from the different
houses of the lord's court for a day (value ½d.) ; to wash
and shear the lord's sheep for two days (value 4d.) ; to
perform summage thrice in the year (value 3d.) ; to mow
every week in the autumn (value 3s. 2½d.) ; to perform
two bederipes with one man ; and to eat with the lord
(value 2d.) ; to carry the lord's corn in the autumn
(value 2s. 8d.) ; and to have one sheaf the day he
ploughed : sum total of the work, 8s. 1½d.

In the manor of Bulley the holder of a messuage with
a curtilage and three acres of land paid 3s. 6d. a year ;
and he was to perform three bederipes in the autumn
with one man, namely two bederipes at his own cost
(value 3d.), and the third, the lord providing food (value
beyond such food 1d.) ; to give one fowl at Christmas
(value 1d.) ; to collect and carry the lord's hay for one
day (value ½d.) ; and on his death his best beast to be
given to the lord as a heriot : sum total of the rent with
customs, 3s. 11½d.

In the manors of Clifford, Bocland, Guting, and
Hynetone the holder of a messuage with a curtilage and
two acres of land paid three shillings a year, and was to
give aid according to the number of beasts; to give
pannage, namely for a pig more than one year old one
penny, and for a younger pig one halfpenny until he
was able to be separated ; and if he brewed for sale, then

to give twelve gallons of beer as toll, or its value; to redeem his son and daughter; not to sell horses or oxen without licence; and on his death the lord to have his best beast as a heriot.

Richard de Porta, who held a virgate of land and half an acre of meadow (the virgate consisting of 36 acres), was subject to perform these services; to plough half an acre in winter, and half an acre in Lent, and to harrow the same at seed-time (value 4d.); to perform manual labour with one man for four days every week from Michaelmas to the feast of S. Peter ad Vincula (value of each day ½d.); to perform summage at Gloucester twice a year (value 8d.); also on the fifth or sixth day each week, according to the lord's will, to perform summage at Hinetone or Boclande (value of each day 1½d.); to wash and shear the lord's sheep for two days (value 1d.); to mow the lord's meadow for four days (value of each day, beyond the work due, 1d.); to collect and carry the lord's hay for three days and longer, if necessary (value of each day ½d., the work not being allowed); to carry the lord's hay for one day (value 2d. beyond the manual work of that day, which is extended at ½d.); to carry bushwood wherever the lord wished, the work of one day being allowed; to perform two bederipes before S. Peter ad Vincula with two men (value 3d.); and from the feast of S. Peter ad Vincula to Michaelmas to work with one man for five days every week in the lord's harvest (value of each day 1½d.); to perform eight bederipes with two men (value 2s.); to carry the lord's corn twice a week for four weeks (value of each day, beyond the manual work, 1½d.); to carry mows of corn to the lord's grange for one day (value ½d.); to give aid according to the quantity of land and the number of beasts; and if he brewed for sale, to give twelve gallons of beer for toll, or its value; to give pannage, namely for a pig more than one year old one penny, and for a younger pig one halfpenny, until he was able to be separated ; not to sell horses or oxen without licence ; to redeem his son and daughter ; and on his death the lord to have his best beast as a heriot: value of the works in the autumn, 8s. 0½d.

This service gives us an interesting view of the agricultural labours performed by the different tenants during one year, which, for this purpose, is divided into two unequal portions, the first beginning on Michaelmas Day (September 29), and ending on the feast of S. Peter ad Vincula (August 1), during which period sheep-shearing and haymaking are prominent, the second running from August 1 to September 29, when all the operations of harvesting and brewing are performed.

Certain tenants of the manors belonging to St. Peter's were at one time subject to perform this service ; namely, when any monk rode anywhere on the business of the church the tenant was to find a squire with a proper horse to follow him throughout England, and to serve him from the time of his departure from the monastery until his return, and to carry upon his own horse the furniture of such monk's bed, also a book, cresset, candles, two loaves, and half a sextary of wine or beer ; and they were to be ready to perform this for half a year, as often as they were summoned ; and when the squire tarried within the monastery on account of such service he was to receive every day two squire's loaves with beer and one dish from the kitchen. If his horse died in the service ten shillings were to be allowed by the monastery. At various times this service was by mutual agreement between the abbot and the tenants commuted for others ; thus it fell to the lot of William de Ocholte, a tenant in Upton, to attend every year in the monastery on the festival day of SS. Peter and Paul, and after dinner before the washing of hands to cover the table with white towels in the presence of the abbot, and after washing then to remove the same. Another tenant commuted his service for that of pouring out the water for the abbot to wash his hands in the great hall; another was to bring the knife to table with which the abbot's food was cut, and another tenant was to hold the towel which he received from the steward while the abbot washed his hands.[1]

In the manor of Hartpury a very curious rent was reserved. Walter Fremon held there six acres of land with a messuage, and rendered annually on the feast of SS. Peter and Paul one sheep of the value of twelve pence or more, with twelve pence tied round its neck.[2]

The tenants of the manors belonging to St. Peter' may be thus enumerated:—

1. Liberi tenentes.
2. Consuetudinarii.
3. Lundinarii.
4. Tenentes Honilond.
5. Ferendelli.
6. Tenentes Penilond advitam et ad voluntatem domini.
7. Med'.
8. Cotlandarii, cotarii, coterelli.
9. Tenentes Forlonde.
10. Akermanni.

1. Liberi tenentes are freeholders, those who hold by a free service as opposed to a base or uncertain service.

2. Consuetudinarii are customary tenants, or those who hold lands according to certain customs.

3. Lundinarii are those tenants who perform certain services on the Monday, and are so named from the French word *Lundi*. They may in fact be termed Monday men. In the extent of Linkenholt [3] William Newemon is returned as the holder of a lundinar of land, and among his services he was bound to mow " *quolibet die*

---

[1] See charters Nos. 769, 770, 771, and 826.

[2] Vol. iii. p. 77.

[3] Vol. iii. p. 44.

" *Lunæ in autumno*" for the lord.   In a lease granted
by abbot Malverne, February 1, 10th Henry VIII., of
lands in Barnwood,[1] the demised premises are thus described :—" Tres acras terræ arrabilis de dominicali
" manerii eorum barton Wotton, vocatas Wantesfurlong,
" jacentes in campo vocato Chamwelfild, et unam acram
" prati de dominicalibus prædictis jacentem in Drimede,
" cum dimidia acra terræ jacente in Pedmershfild, qua-
" tuor mesuagia, tres farendellas terræ, duo crofta, cum
" duabus *lundinariis* terræ, vocata *Mundais land* de
" custumariis terris manerii prædicti ; quas tres acras
" terræ, et cætera præmissa dictus Johannes Robertes
" (the lessee) nuper habuit et tenuit per copiam curiæ,
" secundum consuetudinem manerii prædicti." I have
extracted this at length, not only because it still further
illustrates the meaning of *lundinar* or *Monday's land,*
but because it shows that the lundinars were part of the
customary land of the manor and not of the demesne,
though they were both held by copy of court roll.   We
are, however, still in ignorance of the extent of a lundinar as a measure of land.

4. Tenentes Honilond are those tenants who render
a certain quantity of honey yearly for their holdings.

5. Ferendelli are the holders of a fardel of land.
Spelman says, upon the authority of an old MS., that a
fardel of land is the quarter of a virgate.   Ten acres of
land make a fardel, and four fardels make a virgate, and
four virgates make a hide, and four hides make one
knight's fee.   Or the fardel may be the fourth part of an
acre ; but this it is apprehended makes the quantity too
small, for in the Domesday Survey of Somersetshire we
find this return " Huic manerio pertinent consuetudines
" istæ de ferdingel xxx. den, &c.," and it is obvious that
a quarter of an acre would never have yielded so large a
return as thirty pence.   Noy, in his Compleat Lawyer

---

[1] See Malverne's Register.

(p. 57), says that the fardel is an eighth part only of a virgate; according to him two fardels of land make a nook, and four nooks a yardland or virgate. The term is used as late as the reign of Henry VIII. In Atkyns's Gloucestershire, second edition, p. 310, it is stated that Edward Lord Stafford, Duke of Buckingham, was seised of the manor of Olviston, and by his attainder it came to the crown, whereupon the manor (except a messuage called a *farndel* of land, and the passage called Framilody, and excepting all woods) was granted to Thomas Heneage and Catherine his wife, 23rd Henry VIII. In Hale's Register of Worcester Priory, p. 62 *a*, this measure is mentioned frequently, and on p. 62 *b* we have this passage, "Quælibet virgata tenet iij[ea]. feorthendeles de " bruera, et dimidia virgata j. feorthendell et dimid'." We have in the Gloucester cartulary materials for determining the extent of the fardel, so far at least as concerns one manor, that of Frocester; there the virgate contains 48 acres, and the fardel 12 acres.[1] As the virgate varies, so does the fardel also.

6. Tenentes Penilond ad vitam et ad voluntatem domini.—These are most probably tenants who pay their rent in money. The term is used as late as the reign of queen Elizabeth. In a chancery suit brought by William Hamond and others, copyholders of the manor of Sherborne in Yorkshire, against William Hungate, lord of the manor, for relief against excessive fines upon deaths and alienations, and to establish ancient manorial custom, it is stated that part of the manor had been from time immemorial called *Pennyland* and Oxgangland.[2]

7. Med'.—I know neither the extension nor the meaning of this word.

8. Cotlandarii, cotarii, and coterelli, so named from holding cotlands or cottages with land attached, are said

---

[1] Vol. iii. p. 94.
[2] Chancery Proceedings, Elizabeth, S. s. 1, n° 60.

to be servile tenants, and according to Spelman are identical; but this is not quite correct. The cotarius had a free socage tenure, and paid a stated farm or rent in provisions or money, with some occasional customary services; whereas the coterellus seems to have held in mere villenage, and his person, issue, and goods were disposable at the pleasure of the lord. See Hale's Register of Worcester Priory, p. xlvi., respecting this distinction, and also p. lvii., where are mentioned cotarii belonging to the liberi and dwelling on their lands.

9. Tenentes Forlonde are most probably tenants of the " Utland " of the manor. The *Forland* and the *Inland* of a manor would seem to bear the same relation to each other as the *boscus forinsecus* and *boscus intrinsecus*. The *Inland* and *Utland* are described by Lambarde as the demesne of the lord, and the land of the tenants (Hale's Domesday of St. Paul's, p. lxxii.) See also the Register of Worcester Priory, p. xlvi.

10. Akermanni, or akermen, are mentioned in the Gloucester cartulary; but there is no means of ascertaining the quality of their tenure. They occur also in the St. Paul's Domesday and Worcester Priory Register, and the learned editor of those volumes seems to think that they are on the same level as to service with the cotarii. Wright in his Provincial Dictionary says that an akerman is a husbandman, but this definition is far too vague.

A few words here with regard to the measures of land made use of in the Gloucester cartulary will not be out of place. I am not going to define, or to attempt to define, in an elaborate manner the extent of the hide, the carucate, the virgate, the quarentena, or such like, for the simple reason that they are not fixed measures. They vary not only from one county to another, but also in the same county; and, moreover, they frequently vary in different parishes and manors, and sometimes in the same manor, so uncertain was the area which they comprized. We can only deal with them according to the documentary evidence before us ; if an extent or survey of any particular manor do not tell us how many acres the virgate contains, we have no right to lay down any fanciful rules, even from the manor immediately adjacent. Such a proceeding is both rash and unjustifiable, and it is a rock upon which some of the commentators on Domesday have hopelessly wrecked their little bark. Those who are interested in the ancient measures of land used in England will find some very useful and pertinent remarks on the subject in the Domesday of Northamptonshire, extended and translated by Mr. Stuart A. Moore, a book which reflects great credit on its editor for having so carefully investigated this important question.

The several virgates mentioned in the cartulary before us are found to differ considerably ; thus in the extent of the manors of Clifford, Boclande, Gutinge, and Hynetone [1] the virgate is sometimes 48 acres, sometimes 40, sometimes 38, sometimes 36, and sometimes 28. In the manor of Hynetone four virgates are said to make one hide, each virgate containing 40 acres. And so throughout the book all these measures will be found to vary.

3. *Divine service, and matters connected therewith.*

Abbot Gamages gave to the high altar of the monastery a large gilt chalice ; also an ivory image of the Blessed Virgin, and a glass vessel with a silver foot for holding relics ; also a precious "culcitra ;" also three embroidered vestments, with as many chasubles ; also a cope of baudkin, and an embroidered cope. Edward III. gave to St. Peter's, as a thank offering for delivery from shipwreck, a ship [2] of gold. Edward the Black

---

[1] Vol. iii. p. 49.

[2] *i.e.,* a navicula or incense-boat ; the vessel containing the incense.

Prince gave a gold cross of great value, containing a piece of the true cross; and a necklace with a ruby was given by the Queen of Scotland. Queen Philippa also gave a heart and ear of gold. Abbot Horton gave four silver basons for the use of the high altar, namely, two large ones for the abbot, and two small ones for the priest celebrating there; also two silver candlesticks for the same altar, and a gold chalice; also a silver vessel for the holy water, with a silver sprinkler; also a silver cross gilt, to place on the altar while the abbot celebrated; also a silver pastoral staff. Two sets of vestments of red and white cloth worked with gold were also purchased during Horton's abbacy. His anniversary was directed to be solemnly commemorated year by year with the office for the dead, as was usual for abbots, and the mass for him was to be celebrated in the vestments of red velvet worked with gold moons and stars which he had himself provided, and the " tabula desuper " altare," (the reredos) with the images which he had caused to be constructed were to be covered up.

4. Bells.

The following document relative to the placing of chimes in the tower of the monastery is interesting. It is taken from Malverne's Register :—

" This Indenture made the sixteenth day of July, the " seventeenth yere of the regne of kinge Henry the " Eighth, bitwene William, by the sufferaunce of God " Abbott of Seint Peters, in Gloucettour, one the oone " partye, and Thomas Loveday, burgeys and blaksmyth " of Gloucettour, in the Countye of the Towne of " Gloucettour, one the other partye, witnessithe that " the seid Thomas Loveday hathe covenaunted and " bargayned with the seid abbott to make newe and " repayre a chyme gonge uppon eight belles within the

" seid monastery, and uppon two ympnes, that is to say,
" *Christe Redemptor omnium*, and *Chorus Novæ Jeru-*
" *salem*, well, tuynably, and workemanly in all thinges
" necessary by hym to the same to be founde as yerne-
" werke and wyer, by the fest of All Sayntes next
" ensuynge the date of thyes presentes. And furthermore,
" yerely after to repayre and mayntayne the seid chyme
" and the clok there in all the seid yrenwerke and wyer,
" duringe his life, at his propre costes and expenses, so
" that the stuffe to the same belonginge after the first
" newe repayre thereof amount not at oone tyme to the
" somme of twelve pence ; for the whiche newe repayre
" and maynteynaunce of the seid chyme and clok in
" maner and fourme before specifyed by the seid Thomas
" Loveday well and workemanly to be doone the seid
" abbott promyseth to content and pay unto the seid
" Thomas Loveday four mares sterlinge at the fynisshe-
" ment of his seid newe repayre, and yerely after duringe
" the liffe of the seid Thomas Loveday, for the maynte-
" naunce of the seid chyme and clok, to content and
" pay unto hym at the fest of Michelmas six shillings
" eight pence sterlinge, by thandes of the sextene of the
" monastery for the tyme beinge, and yerely at the fest
" of the Nativite of our Lorde oone lyvery for a coote
" or a gowne of suche livery as the seid abbott to his
" houscholde servauntes at that tyme dothe giffe, at the
" charge of the cellerer for the tyme beinge. In wit-
" nesse whereof, etc."

The two hymn-tunes specified in this contract were
most probably used as morning and evening chimes ; the
Christe Redemptor in the morning, and the *Chorus Novæ
Jerusalem* in the evening. To those ecclesiastical
musicians who have happily succeeded in restoring the
hymnody of the Church of England to its ancient
grandeur and simplicity these tunes will be no strangers.
They will be found both in ancient and modern musical
notation in Helmore's " Hymnal noted."

5. *Wills.*

The following extract from a letter of Gilbert Foliot, abbot of Gloucester, to Robert, bishop of Hereford, gives us an outline of the will of Gunni de Stantuna, a benefactor to the church of Hereford, as well as that of Gloucester: " Notum præterea sanctitati vestræ faci-
" mus, quia clericus vester Gunni de Stantuna, in
" novissimis agens, a vobis, ut patre et pastore animæ
" suæ, sanctarum orationum vestrarum suffragium
" expetit, ut vestro interventu communitus, jamjam
" exiturus, Domini misericordiam possit securius expec-
" tare. Rerum vero suarum dispositio hæc est, quam
" in conscriptorum testium præsentia ipse subscripsit.
" Quantum annonæ in domo sua est, hæc servientibus
" suis et his quibus aliquo debito obligatus est con-
" cedit. Reliquorum omnium tertiam vobis legavit, et
" ecclesiæ nostræ, in qua habitum monasticum sus-
" cepit, duas reliquas consignavit. Hujus extremæ
" voluntatis suæ testes hi sunt, Nicholaus sacrista,
" Grimpater, Walterus. Et quia nihil magis debetur
" humanitati quam quod extremæ voluntatis liber sit
" stilus, et licitum quod ultra non redit arbitrium,
" suppliciter petit ut, quod a se pietatis intuitu actum
" est, auctoritate vestra stabiliatis, vel si vobis aliter
" visum fuerit, voluntati vestræ sua non præjudicet.
" Valete."[1]

Here also are two wills taken from one of the early cathedral registers before described.

" In Dei nomine Amen.

" In nomine Patris et Filii et Spiritus Sancti Amen,
" ego Gilbertus dictus Thorkil capellanus condo testa-
" mentum meum. In primis Deo animam meam com-
" mendo ; lego corpus meum ad sepeliendum in cimi-

---

[1] Gilberti Foliot Epistolæ (ed. Giles), vol. i. p. 81.

" terio Beati Petri Gloucestriæ. Lego etiam domum
" meam cum toto curtilagio quam emi de Joele Hut,
" burgense Gloucestriæ, quæ est contra bertonam
" domini regis, extra portam orientalem Gloucestriæ,
" inter domum quæ fuit Willielmi Dod capellani et
" domum quæ fuit Ricardi Hut, Aliciæ et Agneti,
" sororibus Gilberti alumni mei; ita quod Cecilia mater
" dictarum puellarum, libere inhabitet et habeat dic-
" tam domum cum toto curtilagio ad totam vitam
" suam, reddendo inde annuatim domino feodi duo-
" decim denarios ad duos anni terminos. Omnia alia
" bona mea committo in dispositione dicti Gileberti,
" alumni mei, ut det pro anima mea et animabus
" fidelium secundum sibi melius videtur; et ad meam
" ultimam voluntatem exequendam dictum Gilebertum
" meum constituo executorem."

" In nomine Patris et Filii et Spiritus Sancti
" Amen. Ego I. Brommere in primis lego animam
" meam Deo et tuitioni Beatæ Mariæ Virginis, et corpus
" meum sepeliendum apud magnam ecclesiam Sancti
" Petri Gloucestriæ. Item lego capellæ Beatæ Mariæ
" juxta eandem ecclesiam redditum septemdecim soli-
" dorum, ad sustentationem duorum cereorum coram
" imagine Beatæ Mariæ in eadem capella; ita quod
" custos ecclesiæ qui pro tempore fuerit annuatim
" recipiet illum redditum et exhibebit inde septem
" solidos Adæ le Bakere et Christianæ, matri meæ,
" singulis annis, ad vitam eorum tantum, et post
" eorum decessum totus prædictus redditus remaneat
" capellæ imperpetuum. Item lego magno altari Sancti
" Audoeni, etc."

6. Architecture.

The short chronicle printed in Vol. I. gives us many
illustrations of the architectural history of the abbey,
and from it we learn the exact period at which the principal parts of the building were called into existence.

It is not one of the least interesting features of this history that the old abbey church, now the cathedral of the see of Gloucester, still remains in its integrity, with cloister and chapter-house, to testify to the zeal, the piety, and the skill of the monks, who though now lying dead, but not forgotten, in the abbey churchyard, yet live in their work, in this case literally the work of their own hands, the noble and splendid edifice in which all the glories of Gothic architecture are crowded together in one magnificent triumph of the builders' art. May it be that these workers in stone, who reared and who worshipped in this material edifice, are now dwelling in the brightness of celestial bliss, in a tabernacle not made with hands, eternal in the heavens, a house which shall endure for ever.

In the year 1860, when the Archæological Institute visited Gloucester, the cathedral was carefully examined and described by Professor Willis, and I cannot do better than refer my readers to the report of the learned Professor's remarks printed in the "Gentleman's Magazine" for September 1860 (page 270). The building combines beautiful examples of Norman, Early English, Decorated, and Perpendicular work, and the general character which it presents is that of a Norman cathedral complete nearly from one end to the other, but subjected to various alterations in consequence of repairs and faults of construction. Two or three points of special architectural interest may be noticed here, of which perhaps the most striking is the statement that the vault of the nave was completed by the monks themselves, or as the chronicle says in simple words, "Et anno Domini millesimo " ducentesimo quadragesimo secundo completa est nova " volta in navi ecclesiæ, non auxilio fabrorum ut " primo, sed animosa virtute monachorum item in ipso " loco existentium."[1]

---

[1] Historia, vol. i. p. 29.

The Perpendicular style is supposed by Professor Willis to have received its first development in our abbey church. The earliest specimen in which the style is complete is the great west window of Winchester, built in 1350 or 1360. But at Gloucester we have a Perpendicular design essentially the same, but of an earlier date. It is in the south transept, which we are told by our chronicle was recased during the abbacy of Wigmore (A.D. 1329–1337). This recasing or pannelling has much of Perpendicular character, but it is wanting in one chief characteristic of that style, inasmuch as the mullions are not carried straight up to the head of the arch, but branch off into arches before reaching it. Although the style is not fully developed, yet the change from Decorated is most conspicuous ; it is undoubtedly the stepping-stone to that complete development which is shown in other parts of the building. To use Professor Willis's own words, " It must have begun somewhere ; " in some place the mullion must have been carried up " for the first time ; and he knew no place so likely as " Gloucester to have produced the change of style."

Finally, the cloisters, which may justly be styled one of the wonders of this country, present to us an exquisite example of fan-vaulting, an architectural feature peculiar to England, and of which England may well be proud. These cloisters were commenced in the time of abbot Horton, and carried on to the door of the chapter-house ; but the work was taken up and completed by abbot Frocester.

The building has recently undergone considerable repair and restoration, which have been carried out well and discreetly, and St. Andrew's chapel is now being decorated by the skilful hand of Mr. Gambier Parry in such a way as to leave nothing to be desired. Let us hope that the gorgeous ornamentation which is thus introduced may not stop at St. Andrew's chapel, but be extended to other parts of the cathedral, and particularly to the choir and the sanctuary : and not to pause here, let us hope that when the outer case as it were has received its adornments, there may be restored that which the building can then fitly enshrine, namely, the magnificent and expressive ritual which our mother the Church of England has for her undoubted heritage, a ritual which is from Heaven because it speaks, feebly it may be, but none the less truly, of that Golden City, the Holy Jerusalem, bright as a jasper stone, clear as crystal, where there is no night, because the throne of God rests there for ever and ever.

W. H. HART.

Public Record Office.

CORRIGENDA.

VOL. I.

Page 33, line 9, *insert a comma after* absit.

,, 67, line 24, *for* fortunio *read* infortunio.

,, 76, line 12, *for* Diveles *read* de Ewyas.

,, 83, line 8, *for* movuerat *read* moverat.

,, 89, line 26, *for* incassore *read* intassare.

,, 106, line 2, *for* illius *read* illis.

,, 176, line 18, *for* Rogeri . . . concessit *read* Rogeri de Jureio, meo [assensu] concessit.

,, 187, line 5, *for* alteram *read* unam.

,, 206, line 27, *for* in futurum *read* in factum, *and dele note.*

,, 210, line 18, *for* recognoscere *read* recognitura.

,, 240, line 10, *for* liberari *read* liberam.

,, 255, line 3, *for* noverint *read* voverunt.

VOL. III.

Page 30, line 27, *for* el e *read* e le.

,, 52, line 27, *for* tondet *read* tondebit.

,, 54, line 30,　　　　do.

,, 58, line 18,　　　　do.

,, 59, line 5 from bottom, do.

,, 63, line 28,　　　　do.

,, 119, line 36, *for* tres *read* tria.

,, 131, line 30, *for* Hulle- *read* Hulle,

,, 138, line 20, *for* quod vocatur radbedripam *read* quæ vocatur radbedripa.

,, 257, line 4, *for* Zawan *read* Johanne.

,, 298, line 17, *insert* ad *after* refecerit.

CARTULARIUM MONASTERII
S. PETRI GLOUCESTRIÆ.

CARTULARIUM MONASTERII S. PETRI GLOUCESTRIÆ.

TRANSCRIPTA PRIVILEGIORUM ECCLESIÆ SANCTI PETRI GLOUCESTRIÆ.[1]

DCCCCIX.

Innocentius, episcopus, servus servorum Dei, dilectis filiis abbati monasterii Sancti Petri Gloucestriæ, ejusque fratribus, tam præsentibus quam futuris, regularem vitam professis in perpetuum.

A.D. 1200, March 8. Of privileges.

Religiosam vitam eligentibus, apostolicum debet adesse præsidium, ne forte cujuslibet temeritatis incursus aut eos a proposito revocet, aut robur, quod absit, sacræ religionis infringat. Ea propter, dilecti in Domino filii, vestris justis postulationibus clementer annuimus, et præfatum monasterium, in quo divino mancipati estis obsequio, sub Beati Petri et nostra protectione suscipimus, et præsentis scripti privilegio communimus.

In primis siquidem statuentes ut ordo monasticus qui secundum Dominum et Beati Benedicti regulam in eodem loco institutus esse dinoscitur, perpetuis ibidem temporibus observetur.

Præterea quascunque possessiones, quæcunque bona idem monasterium in præsentiarum juste et canonice possidet, aut

---

[1] After this title the MS. gives the following fragment, against which *vacat* is written in the margin :—

[*I*]*n nomine Domini, Amen, anno ejusdem millesimo ducentesimo octogesimo quinto, indictione quartadecima, et pontificatus domini Honorii Papæ* quarti anno primo, die septimo mense Februarii, universis transcriptum publicum inspecturis appareat evidenter, quod constitutus in præsentia mei infrascripti notarii et testium infrascriptorum ad hæc specialiter vocatorum et rogatorum. Vir re.

in futurum concessione pontificum, largitione regum vel principum, oblatione fidelium, seu aliis justis modis, præstante
Domino, poterit adipisci, firma vobis vestrisque successoribus
et illibata permaneant; in quibus hæc propriis duximus ex-
primenda vocabulis; locum ipsum in quo præfatum monasterium situm est, cum pertinentiis suis; monasterium Herefordiæ, cum pertinentiis suis; prioratum de Bromfelde, cum
pertinentiis suis; prioratum de Kilpeke, cum pertinentiis
suis; prioratum de Ewyas, cum pertinentiis suis;[1] prioratum
de Uggemore, cum pertinentiis suis; prioratum de Stanleya,
cum pertinentiis suis; ecclesiam Beatæ Mariæ ante portam
abbatiæ, cum pertinentiis suis; ecclesiam Beati Johannis
Baptistæ infra portam de North; ecclesiam de Stanedys;
ecclesiam de Froucestria, cum pertinentiis earum; ecclesiam de Churchehamme; ecclesiam de Rodeforde; ecclesiam de Hardepirer;[2] ecclesiam de Prestone; ecclesiam de
Novo Burgo in Wallia, cum pertinentiis earum; ecclesiam
Sancti Paterni in Wallia; ecclesiam de Glasburia in Wallia;
ecclesiam de Hynetone; ecclesiam de[3] Boclaunde; ecclesiam
de Clifforde; ecclesiam de Nortona supra montes; ecclesiam
de Northlecche; ecclesiam de Culna Sancti Aylwini, cum pertinentiis earum; ecclesiam de Culna Rogeri; ecclesiam de
Duntesburne; ecclesiam de Linkeholte; ecclesiam de Wyrar-
desbury; ecclesiam Sancti Martini in Londonia ubi vina ven-
duntur; ecclesiam de Kynemeresforde; ecclesiam de Eythrop;
ecclesiam de Burenham, cum omnibus pertinentiis earum;
annuum censum viginti solidorum sterlingorum infra muros
urbis Oxenfordiæ; villam quæ dicitur Berthona; villas[4] de
Bernewode, de Abbelade, de Hinehamme, de Churchehamme,
et de Bromptone, cum omnibus pertinentiis suis; villas[4] de
Ullingewike, de Hyda, de Prestone, de Rudele, de Boxwella,
de Froucestria, de Stanedis, de Rugge, cum omnibus ad easdem
pertinentibus; villas[4] de Brocprop, de Tuffeleya, de Hynetone,
de Clifforde, de Boclande, de Northlecche, de Aldesworpe,
de Estlecche, cum pertinentiis earum; Culnam Sancti Aylwini;
Culnam Rogeri, cum pertinentiis suis; villas[4] de Duntesburne,
de Linkeholte, de Lutletone, de Sulftona, de Petsawe, de
Cuthbrithleya, cum omnibus ad easdem villas spectantibus.

Sane novalium vestrorum quæ propriis manibus aut sumptibus colitis, sive de nutrimentis animalium vestrorum nullus a

---

[1] *suis*] repeated in MS.

[2] *Hardepuri* is inserted here in
the margin in a later hand.

[3] *Hynetone* is inserted in the MS.

before *Boclaunde*, but with the sign
of erasure.

[4] *villas*] villam, MS.

vobis decimas exigere vel extorquere præsumat; liceat quoque vobis clericos vel laycos, liberos et absolutos, e sæculo fugientes, ad conversionem recipere, et eos in ecclesia vestra sine contradictione qualibet retinere.

Prohibemus insuper ut nulli fratrum vestrorum, post factam in eodem loco professionem, fas sit absque sui abbatis licentia de claustro vestro, nisi arctioris religionis obtentu, discedere; discedentem vero absque communium litterarum cautione, nullus audeat retinere.

Cum autem generale interdictum terræ fuerit, liceat vobis clausis januis, exclusis excommunicatis et interdictis, non pulsatis campanis, suppressa voce divina officia celebrare.

Chrisma vero, oleum sanctum, consecrationes altarium seu basilicarum, ordinationes clericorum qui ad sacros ordines fuerint promovendi a dyœcesano episcopo siquidem catholicus fuerit, et gratiam et communionem Apostolicæ Sedis habuerit, vobis volumus sine pravitate qualibet exhiberi.

Prohibemus insuper, ut infra fines parochiæ vestræ, nullus sine assensu dyœcesani episcopi et vestro, capellam seu oratorium de novo construere audeat, salvis privilegiis Romanorum Pontificum.

Sepulturam quoque ipsius loci liberam esse discernimus, ut eorum devotioni et extremæ voluntati qui illic sepeliri deliberaverint, nisi forte excommunicati vel interdicti sint, nullus obsistat; salva tamen justitia illarum ecclesiarum a quibus mortuorum corpora assumuntur.

Obeunte vero te nunc ejusdem loci abbate, vel tuorum quolibet successorum, nullus ibi qualibet surreptionis astutia seu violentia præponatur, nisi quem fratres communi consensu, vel fratrum major pars consilii sanioris, secundum Dominum et Beati Benedicti regulam præviderit eligendum; libertates præterea et immunitates ecclesiæ vestræ concessas, necnon antiquas et rationabiles consuetudines hactenus observatas habemus, et eas futuris temporibus illibatas manere censemus.

Decernimus ergo ut nulli omnino hominum liceat præfatum monasterium temere perturbare, aut possessiones auferre, vel ablatas retinere, minuere, seu quibuslibet vexationibus[1] fatigare; sed omnia integra conserventur, eorum, pro quorum gubernatione ac sustentatione concessa sunt, usibus omnimodis profutura, salva Sedis Apostolicæ auctoritate et diœcesani episcopi canonica justitia.

Si qua igitur in futurum ecclesiastica sæcularisve persona

---

[1] *vexationibus*] originally written *exactionibus*, but subsequently altered.

hanc nostræ constitutionis paginam sciens, contra eam temere venire temptaverit, secundo tertiove commonita, nisi reatum suum congrua satisfactione correxerit, potestatis honorisque sui careat dignitate, reamque se divino judicio existere de perpetrata iniquitate cognoscat, et a sacratissimo Corpore ac Sanguine Dei et Domini Redemptoris nostri Jhesu Christi aliena fiat, atque in extremo examine districtæ ultioni subjaceat. Cunctis autem eidem loco sua jura servantibus sit pax Domini nostri Jhesu Christi, quatinus et hic fructum bonæ actionis percipiant, et apud districtum Judicem, præmia æternæ pacis inveniant. Amen. Amen. Amen.

Data Laterani per manum Blasii Sanctæ Romanæ Ecclesiæ subdiaconi et notarii, octavo idus Martii, indictione quarta, Incarnationis Dominicæ anno millesimo ducentesimo, pontificatus vero domini Innocentii papæ tertii anno quarto.

DCCCCX.

Of Wraysbury.

Robertus,[1] episcopus Lincolniensis, clero et populo de Bukinghamsyra, salutem et benedictionem.

Sciatis me concessisse et confirmasse abbati et monachis ecclesiæ Sancti Petri Gloucestriæ, ecclesiam de Wirardesburia, et ecclesiam de Laverkestoke, cum omnibus quæ ad eas pertinent, quas Robertus Gernun eis dedit meo assensu in perpetuam elemosinam, libere et quiete tenendas, salva dignitate episcopali, et jure clerici qui eas modo tenet, etc.

DCCCCXI.

A.D. 1125 –1150. Of Cerney.

Symon,[2] Dei gratia Wygorniensis episcopus, omnibus Sanctæ Matris Ecclesiæ filiis, salutem, gratiam, et benedictionem.

Noverit fraternitas vestra quod ego, episcopali auctoritate, concessi abbati et conventui Sancti Petri Gloucestriæ, plenum personatum in ecclesia Omnium Sanctorum de Cerneya, cum capella Sanctæ Helenæ de Helkestan, et terris, et decimis, et omnibus rebus ad eas pertinentibus, quas ex dono Walterii de Gloucestria multis jam annis quiete et inconcusse possederant, quas etiam Milo[3] filius ejus et hæres per manum meam in

---

[1] A repetition, with variations, of No. DCCIII. (*ante*, vol. ii. p. 165).

[2] A repetition, with variations, of No. CLXX. (*ante*, vol. i. p. 247).

[3] *Cerney Milonis* is inserted here in the margin in a later hand.

perpetuam elemosinam, liberas et quietas ab omni sæculari servitio et exactione eisdem concessit et confirmavit; salvo jure et dignitate episcopali.

Hoc quia ratum et inconvulsum in perpetuum manere volo, præsenti scripto et sigilli mei impressione confirmo. Hiis testibus.

DCCCCXII.

Notum[1] sit tam præsentibus quam futuris, quod ego Bernardus de Novo Mercato dedi Deo, et Sancto Petro, et Serloni abbati et monachis Gloucestriæ, Glasburiam, cum omnibus ad eam pertinentibus, liberam et quietam ab omni sæculari servitio et consuetudine, in perpetuam elemosinam; et ecclesiam Sancti Kenedri in eadem villa, cum omnibus pertinentiis suis. Concedo etiam eis, et carta mea confirmo, totam decimam totius dominii mei per totam terram meam de Brekeniauc, in bosco et in plano, quicunque dominium meum habuerint vel coluerint, scilicet annonæ, pecorum, caseorum, venationis, et mellis, et de omnibus aliis rebus de quibus decimæ dari debent; insuper etiam ecclesiam de Coura, cum tota decima illius parochiæ, et terram ad ipsam ecclesiam pertinentem, et unam hydam quæ vocatur Beche.

Quæ omnia sigilli mei impressione confirmo. Hiis testibus.

A.D. 1088. Of Glasbury.

DCCCCXIII.

Notum sit tam præsenti ætati quam futuræ posteritati, quod ego Gilbertus, Dei gratia Herefordensis episcopus, concedo ecclesiæ Sancti Petri Gloucestriæ plenum personatum ecclesiæ Beatæ Mariæ de Coura, et in ecclesia Beati Laurentii de Teyntona, cum capella, et terris, et decimis, et omnibus pertinentiis, et unam virgatam terræ quam Matilda de Teyntona ecclesiæ Beati Laurentii pro anima sua et pro animabus antecessorum [suorum] in perpetuam elemosinam donavit. Concedo etiam abbati de Gloucestria ut in prædictis ecclesiis pro voluntate sua vicarios mittat, et si ei legitimo non servierint, sub conscientia episcopi amoveat.

Hoc quia ratum et inconvulsum manere volo, præsenti scripto et sigilli mei attestatione confirmo.

A.D. 1148 –1163. Of Cowarne.

---

[1] A repetition, with variations, of No. CCLXXXI. (*ante*, vol. i. p. 314).

DCCCCXIV.

A.D. 1148
–1163.
Of the
same.

Omnibus[1] fidelibus Ecclesiæ G[ilbertus] Folioth, Herefordensis episcopus, W. decanus, cum toto capitulo Herefordensi, salutem in Domino.

Noveritis nos, episcopali dignitate et auctoritate Herefordensis ecclesiæ, ex dono nobilis viri Bernardi de Novo Mercato, et ad instantiam multorum nobilium, dilectos filios nostros in Christo abbatem et conventum Beati Petri Gloucestriæ in ecclesia Sanctæ Mariæ de Coura impersonasse, atque plenum personatum eisdem concessisse, ad luminaria et ornamenta dictæ ecclesiæ Beati Petri invenienda per manum sacristæ qui pro tempore fuerit, ita quod idem sacrista de præfata ecclesia de Coura nomine personatus quindecim marcas annuas percipiet donec dicta ecclesia vacaverit, qua vacante, licebit præfato sacristæ illam ingredi et pacifice possidere absque alicujus impedimento, dummodo capellanus sive vicarius ibidem ministrans sufficientem atque honestam habeat sustentationem ad valentiam decem marcarum, et totum residuum convertatur in usus proprios dicti sacristæ secundum quod melius disposuerit. Concedimus etiam eidem ut quietus sit ab omni decimatione de manerio suo de Rudele, similiter et de Hyda, præter duos solidos annuos ecclesiæ de Parchulle ex antiquo persolvendos. Volumus etiam et concedimus ut abbas Gloucestriæ quietus sit ab omni nostra synodo, et qualibet procuratione spectante ad episcopum Herefordensem ratione ecclesiarum habitarum in episcopatu Herefordensi.

Et hoc facimus propter fervorem honestæ religionis quam florere novimus et non sine fructu in monasterio Gloucestrensi. Ex decreto itaque totius synodi nostræ in ecclesia Herefordensi sollemniter celebratæ publice excommunicavimus omnes qui aliquo tempore contra istam nostram ordinationem atque confirmationem dictis monachis concessam veniunt vel venire præsumpserint, unde et hanc cartam nostram sigillis nostris ita communivimus, præsenti et teste tota nostra synodo Herefordensi.

---

[1] A repetition, with variations, of No. CLXXIX. (ante, vol. i. p. 252).

DCCCCXV.

Universis Sanctæ Matris Ecclesiæ filiis, Hugo Folioth, divina permissione Herefordensis episcopus, R. decanus,[1] cum toto capitulo Herefordensi, salutem.

Sciatis nos inspexisse cartam bonæ memoriæ G[ilberti] Folioth, quondam Herefordensis episcopi, cum assensu capituli nostri, in qua continetur ipsos ecclesiam Beatæ Mariæ de Coura monasterio Beati Petri Gloucestriæ concessisse, et in proprios usus confirmasse ad luminaria et ornamenta ejusdem monasterii invenienda per manus sacristæ ejusdem loci. Et cum nostrum sit rigare quod prædecessores nostri plantaverunt, sic enim eadem gratia quæ plantatori et debetur nutritori. Ratam ergo habentes illam donationem auctoritate qua freti sumus et potestate, eandem firmiter concedimus et confirmamus omnino eo modo quo carta illa protestatur in omnibus. Et cum aliquantulum hæsitaremus an ut persona vel ut vicarius magister Willelmus de Gloucestria dictam ecclesiam de Coure possideret, idem magister super hiis diligenter a nobis requisitus, sub gravi juramento fatebatur se tantum vicarium existere, et de dicta ecclesia in xxxv. marcis annuis se obligari sacristæ Gloucestriæ, et illi in tanta pecunia annuatim respondere ; ut igitur nulli posteritati istud vertatur in dubium, dicimus, volumus, et concedimus, ut memoratus sacrista ecclesiam suam de Coura ingrediatur, et in manu sua retineat quandocunque voluerit, salva sufficienti et honesta sustentatione unius capellani seu vicarii in dicta ecclesia ministrantis. Et sint[2] prædicti abbas et conventus quieti a synodo nostra sequenda, similiter ab omni procuratione quæ spectet vel spectare possit ad episcopum Herefordiæ visitando ecclesias ad dictum monasterium pertinentes in dyœcesi Herefordiæ.

In cujus rei concessione et confirmatione huic præsenti scripto sigilla nostra fecimus apponi.

Et inhibemus ex parte Dei ne quis contra istam nostram concessionem et confirmationem obviare præsumat sub pœna illa quæ expressa est in carta illa quam prædiximus a domino G[ilberto] Folioth prædecessore nostro sæpefato monasterio confecta et collata.

Teste toto capitulo nostro.

A.D. 1219 –1234. Of the same.

---

[1] Ralph de Maidstone, dean, September 22, 1231–November 12, 1234.

[2] *sint*] sin, MS.

DCCCCXVI.

A.D. 1271,
March 11.
Of the
same.

Omnibus [1] Sanctæ Matris Ecclesiæ filiis, Johannes, Dei gratia Herefordensis ecclesiæ minister humilis, salutem in Domino.

Quoniam religiosorum loca pio semper affectu et benigno sunt prosequenda favore, ac ab illorum quorum interest provida dispositione, ita viris religiosis in necessariis est providendum ut contemplationi et orationi libere vacare, et hospitalitatem, quæ comes religionis esse debet, tam effectu sectari possint quam affectu, pensatis dilectorum filiorum abbatis et conventus Sancti Petri Gloucestriæ meritis præclaris et caritate fervida, qui bona sibi a Domino collata in usus pauperum et hospitum susceptionem, tam in monasterio Sancti Petri prædicto, quam de Herefordia, Bromfelde, et Kilpec prioratibus nostræ dyœcesis eidem monasterio subjectis liberaliter effundere solent, ut ipsi liberius divinis quibus se voverunt obsequiis intendant, et cum diffusioris amplificatione virtutis bonum foveant caritatis, licet per prædecessores nostros eisdem religiosis super appropriatione ecclesiæ de Magna Coura sufficienter videatur esse prospectum, sicut ex ipsorum instrumentis inspeximus evidenter, ex abundanti tamen auctoritate pontificali dictis abbati et conventui concedimus et confirmamus dictam ecclesiam de Magna Coura nostræ dyœcesis in proprios usus perpetno possidendam, ac etiam concessiones et confirmationes eisdem a prædecessoribus nostris prius super eadem factas, quantum in nobis est, ex certa conscientia confirmamus. Non obstante quod iidem religiosi ad memoratam ecclesiam de Coura clericos sæculares præsentasse dicuntur, vel compositione aliqua seu quorumcumque possessione vel alio quovis impedimento, ita tamen quod vicarius ibidem ministrans sufficientem et honestam habeat sustentationem ad valorem decem marcarum, et totum residuum in proprios usus dictorum religiosorum convertatur. Præterea dictos prioratus de Herefordia, Bromfelde, et Kilpeke, et ecclesias de Churchehamme et Prestone cum omnibus suis libertatibus et pertinentiis, et omnes ecclesias, pensiones, decimas majores et minores, quas in nostra dyœcesi obtinent in præsenti, insuper collationes, concessiones, confirmationes, et omnes alias libertates tam a prædecessoribus nostris quam ab aliis quibuscumque eisdem religiosis in nostra dyœcesi concessas eisdem abbati et conventui Sancti Petri Gloucestriæ absque nostra succes-

---

[1] A repetition of No. CLXXXII. (ante, vol. i. p. 254).

sorumve nostrorum reclamatione, contradictione, seu qualibet perturbatione, episcopali auctoritate in usus proprios concedimus, et nunc et prius concessa [1] confirmamus, salva episcopali et Herefordensis ecclesiæ dignitate.

Data Herefordiæ quinto idus Martii anno Domini millesimo ducentesimo septuagesimo primo, pontificatus nostri anno tertio.

DCCCCXVII.

Universis præsentes litteras inspecturis, decanus Herefordiæ et ejusdem loci capitulum, salutem in Domino. Of the same.

Noveritis nos inspexisse litteras venerabilis patris domini Johannis, Dei gratia Herefordensis episcopi, non cancellatas, non abolitas, nec in aliqua sui parte vitiatas, subscriptum tenorem verbo ad verbum continentes :

Omnibus Sanctæ Matris Ecclesiæ filiis, Johannes, Dei gratia Herefordensis ecclesiæ minister humilis, salutem in Domino.

Quoniam religiosorum loca pio semper affectu et benigno sunt prosequenda favore, etc., ut supra.

Has igitur collationes, concessiones, et confirmationes ratas et firmas habentes, easdem unanimi capituli nostri consensu confirmamus, et præsentis scripti patrocinio communimus.

Data die et anno ut supra.

DCCCCXVIII.

Omnibus Christi fidelibus ad quos præsens scriptum pervenerit, Savaricus, Dei gratia Bathoniensis et Glastoniensis episcopus, salutem in Domino. A.D. 1192 –1205. Of Burnham.

Attendentes honestam religionem dilectorum filiorum prioris et monachorum apud Ewyas in monastico habitu, sub ordinatione abbatis et conventus Gloucestriæ, Domino famulantium, decimas totius dominii de Burenham, quas in proprios usus hucusque noscuntur habuisse, eis auctoritate episcopali confirmamus, in usus proprios perpetuo habendas, et eisdem decimis rationabiliter æstimatis in eadem ecclesia quindecim marcas per manum vicarii perpetui qui in eadem ecclesia per nos vel per successores nostros instituetur annuatim in proprios usus in perpetuum percipiendas concedimus. Ita tamen quod

---

[1] *as* is inserted in the MS., after "concessa," but with the sign of erasure.

prædictarum decimarum æstimatio in numero prædictarum quindecim marcarum computabitur. Prædictus autem vicarius qui in eadem ecclesia pro residua parte ministraverit, de omni onere episcopali diœcesano et officialibus suis respondebit.

Ut autem hæc donatio et concessio rata sit in perpetuum, præsenti scripto, sigillo nostro munito, eam duximus roborare. Hiis testibus.

DCCCCXIX.

Of the
same.

Omnibus Christi fidelibus præsens scriptum inspecturis, Thomas prior Bathoniæ et ejusdem loci conventus, salutem in Domino.

Ad universitatis vestræ notitiam volumus devenire nos cartam bonæ memoriæ domini Savarici, quondam episcopi nostri, inspexisse in hæc verba.

Omnibus Christi fidelibus ad quos præsens scriptum pervenerit, Savaricus, Dei gratia Bathoniensis et Glastoniensis episcopus, salutem in Domino.

Attendentes honestam religionem, etc., ut supra.

Nos igitur præfatæ concessioni et confirmationi prædicti episcopi nostri nostrum præbemus assensum, et hoc præsentibus litteris nostris sigillo nostro munitis, protestamur.

DCCCCXX.

A.D. 1268
–1302.
Exemplification of
bulls.

Universis Christi fidelibus ad quos præsens scriptura pervenerit, G[odefridus][1] divina miseratione Wygorniensis ecclesiæ minister humilis, abbas Wynchecumbiæ, prior Sancti Oswaldi de Gloucestria, salutem in Domino sempiternam.

Supplicarunt nobis abbas et conventus Sancti Petri Gloucestriæ, ordinis Sancti Benedicti, Wygorniensis dyœcesis, quod cum ipsi tam in curia Romana quam alibi in locis diversis et remotis propter varia suæ domus ac ipsorum negotia necesse habeant quædam instrumenta sua frequentius exhibere, ac eisdem valde sit periculosum sua instrumenta originalia propter casus fortuitos et viarum discrimina quotiens opus fuerit propalare, nos, ad ipsorum abbatis et conventus Sancti Petri instantiam, pro eo quod pium sit perhibere testimonium veritati, quædam dictorum abbatis et conventus tam Romanorum pontificum quam multorum aliorum privilegia et in-

---

[1] Godfrey Giffard.

strumenta non cancellata, non abolita, nec in aliqua parte sui
vitiata, eisdem[1] abbati et conventui Sancti Petri indulta et concessa subscriptum tenorem de verbo ad verbum continentia,
inspeximus, intelleximus, et plenissime examinavimus, ac
dictorum privilegiorum et instrumentorum transcripto sigilla
nostra apposuimus. Hoc idem omnibus quorum interest sig-
nificamus.

DCCCCXXI.

Celestinus,[2] episcopus, servus servorum Dei, dilectis filiis abbati et conventui Sancti Petri Gloucestriæ, salutem et apostolicam benedictionem.

A.D. 1191,
Aug. 29.
Bull of
privileges.

Justis potentium desideriis dignum est nos facile præbere
consensum, et vota quæ a rationis tramite non discordant,
effectu prosequente complere. Ea propter, dilecti in Domino
filii, vestris justis postulationibus grato concurrentes assensu,
obventiones ecclesiæ de Coura, et ecclesiæ Sanctæ Mariæ quæ
est ante portam abbatiæ vestræ, et obventiones ecclesiæ de
Froucestria, et ecclesiæ Sancti Aylwini de Culna, ad luminaria
monasterii vestri in proprios usus convertere, et obventiones
ecclesiarum[3] de Nortona et de Wirardesburia, cum pertinentiis
suis, et ecclesiam de Kinemaresforde, cum pertinentiis suis, et
[obventiones] ecclesiæ de Cerneya, et de Eythrop, et ecclesiæ
Sancti Martini de Londonia, et obventiones ecclesiæ de Clifforde, et de Boytuna, et de Boclande, et de Hynetone, ad
sustentationem hospitalitatis domus vestræ in proprios usus
convertere cum præscriptas ecclesias vacare contigerit, non
obstante dyœcesani episcopi vel Lateranensis concilii prohibitione, ex clementia Sedis Apostolicæ dispensative vobis indulgemus, et memoratas ecclesias auctoritate vobis apostolica
confirmamus, et præsentis scripti patrocinio communimus. Ad
hæc subscriptos prioratus ex principum vel quorumlibet rationabili largitione monasterio vestro canonice pertinentes, videlicet prioratum de Herefordia, et de Bromfelde, et de Ewyas,
et prioratum de Stanle, et de Kylpeke, et de Uggemore, cum
omnibus ad eosdem prioratus de jure pertinentibus, auctoritate
vobis apostolica confirmamus. Obventiones ecclesiarum quæ
monachis in prædictis locis Deo devote famulantibus, ad sui
sustentationem sunt canonice collatæ, in proprios usus convertere ad bonum hospitalitatis inibi ampliandæ, cum jam dictas

---

[1] eisdem] repeated in MS.
[2] Most probably Celestine III.

[3] ecclesiarum] ecclesiæ, MS.

ecclesias vacare contigerit, et nominatim obventiones præbendæ
de Berkeleya, quam monachi de Stanleya, ex donatione patronorum et confirmatione regum, archiepiscopi, et episcopi
dyœcesani canonice dicuntur adepti, in proprios usus convertere,
non obstante Lateranensi vel dyœcesani episcopi prohibitione,
ex solita Sedis Apostolicæ clementia sæpedictis monachis
dispensative in perpetuum indulgemus. Nulli ergo omnino
hominum liceat hanc paginam nostræ concessionis seu confirmationis[1] infringere, vel ei ausu temerario contraire.

Si quis autem hoc attemptare præsumpserit, indignationem
Omnipotentis Dei, et Beatorum Petri et Pauli Apostolorum ejus,
se noverit incursurum.

Data Romæ apud Sanctum Petrum, quarto kalendas Septembris, pontificatus nostri anno primo.

DCCCCXXII.

A.D. 1195,
July 31.
Bull of
privileges.
Celestinus,[2] episcopus, servus servorum Dei, dilectis filiis
abbati et fratribus monasterii Sancti Petri Gloucestriæ, salutem
et apostolicam benedictionem.

Quotiens illud a Sede Apostolica postulatur quod rationi
conveniat, et a juris ordine non discordet, decet nos id animo
libenti admittere, ac postulantium vota utili effectu prosequente
complere. Ea propter, dilecti in Domino filii, vestris justis
postulationibus grato concurrentes assensu, auctoritate apostolica statuimus, ut nemini liceat ecclesias vestras ad usus
monasterii vestri et ad sustentationem fratrum et hospitum
susceptionem provida dispositione collatas vel assignatas alieni
assignare, vel ad alios usus transferre; sed eisdem usibus
quibus rationabiliter deputatæ sunt, perpetuis temporibus inviolabiliter conserventur. In parochialibus autem ecclesiis
quas tenetis, licitum sit vobis presbyteros vel clericos eligere,
et electos episcopo præsentare, quibus, si idonei fuerint, episcopus curam animarum committat, ut ipsi ei de spiritualibus,
vobis autem de temporalibus debeant respondere; ita tamen
quod non liceat episcopo illos qui fuerint præsentati eidem
sine rationabili et manifesta causa repellere. Prohibemus insuper ne alicui liceat ecclesias vestras indebitis vexationibus
gravare, vel eis novas et indebitas[3] consuetudines imponere, aut

---

[1] *confirmationis*] concefirmationis
in MS., but the fourth and fifth
letters have the sign of erasure.

[2] Most probably Celestine III.
[3] *indebitas*] debitas MS.

consuetos census vel pensiones ad vos vel ad monasterium
vestrum pertinentes, injuste minuere, subtrahere, aut sibi
temeritate qualibet usurpare. Ad hæc autem auctoritate apostolica inhibemus ne archiepiscopus qui pro tempore fuerit,
episcopus, archidiaconus, vel eorum officiales in te, fili abbas,
quem sub protectione Beati Petri et nostra suscipimus, vel in
ecclesias ad usus monasterii vestri deputatas, excommunica-
tionis, suspensionis, seu interdicti sententiam, sine manifesta et
rationabili causa specialiter examinata et cognita, promulgare
præsumat, et si præsumptum fuerit, viribus careat et ipso
jure penitus evanescat.

Decernimus ergo ut nulli omnino hominum liceat hanc
paginam nostræ constitutionis infringere, vel ei ausu temerario
contraire.

Si quis autem hoc attemptare præsumpserit, indignationem
Omnipotentis Dei, et Beatorum Petri et Pauli Apostolorum
ejus, se noverit incursurum.

Data Laterani secundo kalendas Augusti, pontificatus nostri
anno quinto.

DCCCCXXIII.

Celestinus,[1] episcopus, servus servorum Dei, venerabilibus Bull of
fratribus archiepiscopis, episcopis in quorum dyœcesibus privileges.
dilecti filii abbas et conventus Gloucestrensis ecclesiæ ecclesias
habent, salutem et apostolicam benedictionem.

De statu religiosorum locorum in melius promovendo curam
nos convenit gerere diligentem, et fratribus qui sunt in eis
divino obsequio mancipati, tanto attentius tenemur in suis
necessitatibus providere, quanto confidentius speramus quod
opera ipsorum et piæ orationes debeant Altissimo complacere.

Accepimus siquidem, et vos latere non credimus, quam
laudabiliter prædicti abbas et conventus G[ilbertus] Gloucestrensis monasterii hospitum receptioni et obsequio insistant
pauperum. Et licet pro frequentia hospitum, quos caritative
suscipiunt, eos ultra facultatem suam multotiens onerari contingat, volentes in hoc sicut pii ministri perseverare constanter, ad ecclesiæ Romanæ subsidium confugerunt. Quibus, ex
consueta Sedis Apostolicæ clementia, dispensative indulsimus,
ut liceat eis ecclesias suas, cum pertinentiis suis, in manu sua
cum eas vacare contigerit retinere, et convertere in proprios
usus ad sustentationem hospitalitatis domus suæ, obventiones

---

[1] Qu. which Celestine.

earum et fructus exinde proventuros, non obstante diœcesani
episcopi vel Laterauensis concilii prohibitione ; districtius inhi-
bentes ne quis archiepiscopus, episcopus, vel aliqua ecclesiastica sæcularisve persona jam dicti monasterii fratres aut
ministros eorum super concessione nostra vexare, aut eis impe-
dimentum inferre præsumat. Sed nec claves ipsarum ecclesiarum quasi vacantium decedentibus vicariis qui pro tempore
in ipsis ecclesiis ministraverint, a monachis seu clericis suis
aliquis exigere, vel ab eis bona temporalia aliquatenus audeat
extorquere. Dicto etiam abbati concessimus ut in præsump-
tores illos qui contra hoc venire præsumpserint, sententiam
ecclesiasticam possit promulgare, quam ratam haberi censemus
et volumus usque ad condignam satisfactionem firmiter observari. Mandamus itaque fraternitati vestræ, et in virtute
obedientiæ præcipimus, quatinus ecclesias ad prædictos fratres
pertinentes post decessum personarum quibus modo sunt
assignatæ faciatis ipsos cum omni integritate proventuum per
censuram ecclesiasticam nostra freti auctoritate et vestra
sublato appellationis obstaculo, pacifice possidere. Nec vos
ipsi contra indulgentias aut privilegia eisdem fratribus ab
Apostolica Sede indulta aliquid attemptetis, nec permittatis
ab aliquo quantum in vobis fuerit attemptari.

Data Romæ apud Sanctum Petrum, quinto kalendas Septembris, pontificatus nostri anno primo.

DCCCCXXIV.

Bull of
privileges.

Clemens,[1] episcopus, servus servorum Dei, dilectis filiis
abbati et conventui Sancti Petri de Gloucestria, salutem et
apostolicam benedictionem.

Justis petentium desideriis dignum est nos facilem præbere
consensum, et vota quæ a rationis tramite non discordant,
effectu prosequente complere. Ea propter, dilecti in Domino
filii, vestris justis postulationibus grato concurrentes assensu,
obventiones ecclesiæ de Coure, et ecclesiæ Sanctæ Mariæ quæ
est ante portam abbatiæ vestræ, et obventiones ecclesiæ de
Froucestria, et ecclesiæ Sancti Aylwini de Culna, ad luminaria
monasterii vestri in proprios usus convertere, et obventiones
ecclesiarum[2] de Nortona et de Wirardesburia, cum pertinentiis
suis, et ecclesiæ de Corneye, et de Eythrop, et ecclesiæ Sancti
Martini de Londonia, et obventiones ecclesiæ de Clifforde, et de

---

[1] Qu. which Clement. | [2] ecclesiarum] ecclesiæ, MS.

Boytuna, et de Boclaunde, et de Hynetone, ad sustentationem hospitalitatis domus vestræ in proprios usus convertere cum præscriptas ecclesias vacare contigerit, non obstante diœcesani episcopi vel Lateranensis concilii prohibitione, ex clementia Sedis Apostolicæ dispensative vobis indulgemus, et memoratas ecclesias auctoritate vobis apostolica confirmamus, et præsentis scripti patrocinio communimus. Ad hæc, subscriptos prioratus ex principum vel quorumlibet rationabili largitione monasterio vestro canonice pertinentes, videlicet prioratum de Herefordia, de Bromfelde, et de Ewyas, et prioratum de Stanleye,[1] et de Kylpeke, et de Uggemore, cum omnibus ad eosdem prioratus de jure pertinentibus, auctoritate vobis apostolica confirmamus. Obventiones autem ecclesiarum quæ monachis in prædictis locis Deo devote famulantibus, ad sui sustentationem sunt canonice collatæ, in proprios usus convertere ad bonum hospitalitatis inibi ampliandæ, cum jam dictas ecclesias vacare contigerit, et nominatim obventiones præbendæ de Berkeleye, quam monachi de Stanleye, ex donatione patronorum et confirmatione regum, archiepiscopi, et episcopi dyœcesani canonice dicuntur adepti, in proprios usus convertere, non obstante Lateranensis concilii vel diœcesani episcopi prohibitione, ex solita Sedis Apostolicæ clementia sæpedictis monachis dispensative indulgemus. Nulli ergo omnino hominum liceat hanc paginam nostræ concessionis seu confirmationis infringere, vel ausu temerario contraire.

Si quis autem hoc attemptare præsumpserit, indignationem Omnipotentis Dei, et Beatorum Petri et Pauli Apostolorum ejus, se noverit incursurum.

Data Laterani duodecimo kalendas Decembris, pontificatus nostri anno tertio.

DCCCCXXV.

Alexander,[2] episcopus, servus servorum Dei, dilectis filiis abbati et fratribus monasterii Sancti Petri Gloucestriæ, salutem et apostolicam benedictionem. *Bull of privileges*

Quotiens aliquid a Sede Apostolica postulatur quod rationi conveniat, et a juris ordine non discordet, decet nos id animo libenti concedere, ac postulantium vota utili effectu prosequente complere. Ea propter, dilecti in Domino filii, vestris justis postulationibus grato concurrentes assensu, apostolica

---

[1] *Stanleye*] The *t* in this word is interlined in the MS.

[2] Qu. which Alexander.

auctoritate statuimus, ut nemini liceat ecclesias vestras quas
de assensu dyœcesani episcopi usibus monasterii vestri rationabiliter deputastis, alicui assignare, vel ad alios usus transferre ; sed eisdem usibus quibus deputatæ sunt, perpetuis
temporibus inviolabiliter conserventur. In parochialibus autem
ecclesiis quas tenetis, liceat vobis clericos eligere, et dyœcesano
episcopo præsentare, a quo, si idonei fuerint, curam recipiant
animarum, ut sibi de spiritualibus, vobis autem de temporalibus debeant respondere. Prohibemus insuper ne alicui
liceat ecclesias vestras indebitis exactionibus gravare, vel eis
novas et indebitas consuetudines imponere, aut consuetos
census vel pensiones ad vos et ad monasterium vestrum pertinentes, minuere, subtrahere, vel temeritate qualibet usurpare.
Decernimus ergo ut nulli omnino hominum liceat hanc paginam
nostræ constitutionis infringere, vel ei aliquatenus contraire.

Si quis autem hoc attemptare præsumpserit, indignationem
Omnipotentis Dei et Beatorum Petri et Pauli[1] Apostolorum
ejus, se noverit incursurum.

Data Anagniæ duodecimo kalendas Julii.

DCCCCXXVI.

Alexander,[2] episcopus, servus servorum Dei, dilectis filiis
abbati et conventui Sancti Petri Gloverniæ, ordinis Sancti
Benedicti, Wygorniensis dyœcesis, salutem et apostolicam
benedictionem.

Solet annuere Sedes Apostolica piis votis, et honestis petentium precibus favorem benivolum impertiri. Exhibita siquidem
nobis vestra petitio continebat quod nobilis vir, Bernardus de
Novo Mercato, patronus ecclesiæ Beatæ Mariæ de Coura,
Herefordensis dyœcesis, jus patronatus quod in eadem ecclesia
obtinebat, vobis pia liberalitate donavit, et bonæ memoriæ
G[ilbertus], Herefordensis episcopus, loci dyœcesanus, capituli
sui accedente consensu, postmodum vobis ecclesiam ipsam ad
dicti episcopi collationem spectantem in proprios usus concessit,
reservata congrua portione de ipsius ecclesiæ proventibus
perpetuo vicario inibi servituro pro sustentatione sua et oneribus ejusdem ecclesiæ supportandis, ac bonæ memoriæ H[ugo]
episcopus,[3] et R., decanus[4] et capitulum Herefordense, donationem ac concessionem hujusmodi confirmaverunt,[5] prout in

---

[1] *Pauli*] Pauli et, MS.

[2] Alexander IV.

[3] Hugh Foliot.

[4] Ralph de Maidstone, dean, September 22, 1231–Nov. 12, 1234.

[5] *confirmaverunt*] confirmavit, MS.

litteris inde confectis plenius dicitur contineri. Nos igitur,
vestris supplicationibus inclinati, quod ab episcopis, decano,
et capitulo, ac nobili antedictis super hoc provide factum est,
ratum et gratum habentes, illud auctoritate apostolica confirmamus, et præsentis scripti patrocinio communimus. Nulli ergo
omnino hominum liceat hanc paginam nostræ confirmationis
infringere, vel ei ausu temerario contraire.

Siquis autem hoc attemptare præsumpserit, indignationem
Omnipotentis Dei, et Beatorum Petri et Pauli Apostolorum
ejus, se noverit incursurum.

Data Laterani secundo nonas Januarii, pontificatus nostri
anno septimo.

DCCCCXXVII.

[H]onorius,[1] episcopus, servus servorum Dei, dilectis filiis
abbati et conventui Sancti Petri Gloverniæ, salutem et apostolicam benedictionem.

A.D. 1223,
April 6.
Bull of
privileges.

Cum multis monasterii vestri negotiis occupati ad alienas
causas intendere nequiatis, ut asseritis, pertractandas, devotionis vestræ precibus inclinati, auctoritate vobis præsentium
indulgemus, ut auctoritate litterarum nostrarum non cogamini
cognoscere de aliqua quæstione, nisi forte in litteris de indul-
gentia hujusmodi mentio habeatur.

Data Laterani octavo idus Aprilis, pontificatus nostri septimo.

DCCCCXXVIII. *Justiciarii domini regis Eadwardi anno ejusdem quinto decimo.*

Assisa[2] de Edbolleya, coram dominis Willelmo de Saham,
Johanne de Metingham, clericis, et Rogero Loveday, et
Ricardo de Boilounde, militibus.

A.D. 1286
–1287.
Of Edbol-
leya.

Johannes Pykoth[3] petit versus Johannem[4] abbatem Sancti
Petri Gloucestriæ unam virgatam terræ et dimidiam, cum pertinentiis, in Edbolleya,[5] ut jus suum, in quas idem abbas non
habet ingressum nisi post dimissionem quam Beatrix, quæ fuit

---

[1] Honorius III. This instrument
is added at the foot of the page in a
different and less precise hand.

[2] This pleading will also be found
upon a roll at the Public Record
Office, entitled " Placita de juratis

" et assisis," &c., Gloucester, 15
Edw. I. m. 11, from which the collation is derived.

[3] *Pykoth*] Pycot, Roll.

[4] John de Gamages.

[5] *Edbolleya*] Ebolleye, Roll.

uxor Gilberti Pikot,[1] quæ illas tenuit in dotem de dono prædicti
Gilberti, quondam viri sui proavi prædicti Johannis, cujus
hæres ipse est, inde fecit fratri Johanni de la Felde, quondam
abbati Sancti Petri Gloucestriæ, etc.

Et abbas per attornatum suum venit, et dicit quod non
debet prædicto Johanni inde respondere, quia dicit quod prædictus Gilbertus proavus ipsius Johannis, cujus hæres ipse
est, dedit, concessit, et carta sua confirmavit cuidam Henrico,
quondam abbati Sancti Petri Gloucestriæ, prædecessori ipsius
abbatis et ecclesiæ[2] Sancti Petri, et monachis ibidem Deo
servientibus, prædicta tenementa, cum pertinentiis, in liberam,
puram, et perpetuam elemosinam; tenenda ipsi abbati et successoribus suis et ecclesiæ[2] prædictæ, de prædicto Gilberto et
hæredibus suis, et obligavit se et hæredes suos ad warantiam.
Et profert quandam cartam sub nomine prædicti Gilberti
proavi, etc., quæ prædictas[3] warantiam et concessionem testatur,[4] desicut[5] idem Johannes per prædictum factum prædicti
Gilberti proavi, etc., teneretur ei prædicta tenementa waranti-
zare, si ab alio implacitaretur. Petit judicium si contra factum
prædictum actionem habere possit, etc.

Et Johannes bene cognovit[6] prædictam cartam et quicquid
in ea[7] continetur, sed dicit quod per factum illud ab actione
repelli non debet, quia dicit quod qualecunque factum proferat
sub nomine prædicti Gilberti, quod idem Gilbertus se de
tenementis prædictis nunquam dimisit, nec aliquem statum
prædicto Henrico abbati, prædecessori, etc., de tenementis
prædictis fecit. Dicit etiam quod prædictus Gilbertus obiit
seisitus de prædictis tenementis, post cujus mortem eadem
tenementa prædictæ Beatrici assignata fuerunt in dotem, quæ
quidem Beatrix tenementa illa postea prædicto Johanni abbati,
prædecessori, etc., dimisit. Et quod ita sit petit quod inquiratur per patriam et abbas similiter. Ideo fiat inde jurata,
etc.

Juratores dicunt super sacramentum suum quod prædicta
tenementa fuerunt prædicti Gilberti Pikot,[8] qui quidem Gilbertus de eisdem tenementis feoffavit prædictum Henricum,
quondam abbatem[9] prædecessorem prædicti abbatis, tenenda

---

[1] *Pikot*] Pycot. Roll.

[2] *ecclesiæ*] ecclesiæ suæ, Roll.

[3] *prædictas warantiam et concessionem*] prædictam concessionem et
prædictam warantiam, Roll.

[4] *testatur*] testatur, etc., Roll.

[5] *desicut*] unde desicut, Roll.

[6] *cognovit*] cognoscit, Roll.

[7] *ea*] eo, Cartulary.

[8] *Pikot*] Pycot, Roll.

[9] *abbatem*] abbatem Gloucestriæ,
Roll.

sibi et successoribus suis, et ecclesiæ suæ prædictæ,[1] in liberam, puram, et perpetuam elemosinam, et ipsum inde in seysinam posuit, per quod feoffamentum idem Henricus abbas seysinam suam per quadraginta dies continuavit,[2] et postea idem abbas eadem tenementa prædicto Gilberto et Beatrici[3] uxori suæ[4] dimisit, tenenda ad terminum vitæ utriusque ipsorum Gilberti et Beatricis. Et dicunt quod prædicta Beatrix prædictum[5] Gilbertum supervixit, et post mortem prædicti Gilberti per aliquantum temporis[6] seisinam suam continuavit, et postea tenementa prædicta prædicto Johanni, quondam abbati, etc., reddidit. Et quia convictum est per juratam istam[7] quod prædictus Gilbertus, proavus prædicti Johannis, prædictum Henricum, quondam abbatem, etc., de prædictis tenementis feoffavit, et quod idem Gilbertus die quo obiit nihil habuit in eisdem nisi liberum tenementum tantum, ideo[8] consideratum est quod prædictus abbas eat inde sine die, et prædictus Johannes nihil capiat per juratam istam, sed sit in misericordia pro falso clamio, etc.[9]

Hæc sunt nomina juratorum, dominus Robertus de Meysi miles, dominus Willelmus de la Mare miles, Henricus de Leye dominus de Sapertone, Willelmus de Pembroke, Henricus de Rues, Rogerus de Quedesleye, Robertus de Sudle, Willelmus Basseth, Ernys de Broeworþe, Willelmus de la Forde, Johannes de la Hyde de Winestone, Petrus Damoisele.

DCCCCXXIX.

Inquisitio[10] facta die Veneris proxima ante festum Apostolorum Petri et Pauli, anno regni regis Eadwardi decimo quinto, coram magistro H[enrico] de Bray, eschaetore domini regis, in præsentia domini Johannis de Metingham, tunc justiciarii domini regis, per sacramentum Willelmi de Astone, Johannis Bourne,

A.D. 1287. Of the king's rights during vacancies.

---

[1] *prædictæ*] omit. Roll.

[2] *per quadraginta dies continuavit*] continuavit per quadraginta dies, Roll.

[3] *Beatrici*] prædictæ Beatrici, Roll.

[4] *suæ*] ejus, Roll.

[5] *prædictum*] ipsum, Roll.

[6] *post . . . temporis*] aliquantulum, Roll.

[7] *tenementa prædicta . . . juratam istam*] reddidit prædicta tenementa eidem Johanni abbati, etc. Et quia per assisam istam convictum est, Roll.

[8] *ideo*] omit. Cartulary.

[9] The pleading on the Roll ends here.

[10] *Nota bene pro tempore vacationis abbatiæ Gloucestriæ*, is inserted here in the margin in a later hand.

Willelmi de la Grene, Nicholai de Staveleye, Henrici de Brochamptone, Ricardi le Mareschal, Hugonis de Astone, Petri de Culne, Willelmi le Husser, Adæ Heym, Johannis Sampson, Johannis de Beckeforde, Roberti de la Felde, Rogeri de Quedesleye, Henrici le Fremon, Nicholai le Parker, Willelmi le Fauconer, Henrici Cadel, Ricardi de Pultone, et Willelmi de Haydone, ad inquirendum utrum dominus rex solebat tempore vacationis abbatiæ Sancti Petri Gloucestriæ habere exitus de maneriis obedientiariorum dictæ abbatiæ, videlicet de obedientia camerarii, sacristæ, elemosinarii, et magistri operis ecclesiæ; qui dicunt per sacramentum suum quod tempore vacationis dictæ abbatiæ nullus eschaetor domini regis maneria dictorum obedientiariorum ingredi, seu exitus aliquos de dictis maneriis ad opus ejusdem domini regis percipere consuevit.

DCCCCXXX.

A.D. 1287.
Of Beverstan.

Johannes [1] filius Anselmi de Gurney summonitus fuit ad respondendum abbati Sancti Petri Gloncestriæ de placito, quod teneat ei conventionem factam inter ipsum abbatem et Anselmum de Gurney patrem ipsius Johannis, cujus hæres ipse est, de sex [3] solidatis terræ cum pertinentiis in Beverstan, et de advocatione ecclesiæ ejusdem villæ etc.

Et Johannes venit, et concordati sunt. Et prædictus abbas dat dimidiam marcam pro licentia concordandi. Et est concordia talis, quod prædictus Johannes recognovit

Hæc [2] est finalis concordia facta in curia domini regis apud Gloucestriam a die Sanctæ Trinitatis in tres septimanas, anno regni regis Eadwardi filii regis Henrici decimo quinto, coram Willelmo de Saham, Ricardo de Boylonde, Rogero Loveday, et Johanne de Metingham, justiciariis itinerantibus et aliis domini regis fidelibus tunc ibi præsentibus, inter Johannem de Gamages abbatem Sancti Petri Gloucestriæ querentem, et Johannem filium Anselmi de Gurnay deforciantem, de quinque solidatis terræ et

---

[1] This pleading, which is taken from a Roll at the Public Record Office, entitled, " Placita de juratis " et assisis et corona coram Willi- " elmo de Saham et sociis justicia- " riis itinerantibus apud Glouces- " triam in crastino clausi Paschæ " anno regni regis Edwardi filii regis

" Henrici quinto decimo," (m. 9 d.) I have thought desirable to place in juxtaposition with the fine as given in the cartulary.

[2] *Nota bene pro Beverstone* is inserted here in the margin in a later hand.

[3] *sex*] quinque in other places.

prædictam terram et advocationem prædictæ ecclesiæ esse jus ipsius abbatis et ecclesiæ suæ Sancti Petri Gloucestriæ, ut illas quas idem abbas habet de dono prædicti Anselmi patris prædicti Johannis, cujus hæres ipse est; habenda et tenenda eidem abbati et successoribus suis et ecclesiæ suæ prædictæ de prædicto Johanne et hæredibus suis in liberam, puram, et perpetuam elemosinam in perpetuum. Et prædictus Johannes et hæredes sui warantizabunt, acquietabunt et defendent etc. Et quia nuper statutum fuit quod nulla tenementa ad manum mortuam extunc devenirent, quæsitum est ab ipso abbate si quid habeat per quod concordia ista in curia domini regis sit affirmanda, qui cartam domini regis profert in hæc verba:

Edwardus, Dei gratia etc., omnibus ad quos præsentes litteræ pervenerint, salutem.

Licet de communi consilio regni nostri providerimus quod non liceat viris religiosis seu aliis ingredi feodum alicujus, ita quod ad manum mortuam deveniat sine licentia nostra et capitalis domini de quo res illa immediate tenetur, volentes tamen dilecto et fideli nostro Anselmo de Gurney gratiam facere specialem, dedimus ei licentiam, in quantum nobis est, quod ipse quinque solidatas terræ et redditus in Beverstan, et advocationem ecclesiæ ejusdem villæ, cum pertinentiis, dare possit et assignare dilectis

redditus, cum pertinentiis, in Beverestan, et de advocatione ecclesiæ ejusdem villæ; unde placitum conventionis summonitum fuit inter eos in eadem curia, scilicet quod prædictus Johannes recognovit prædicta tenementa et prædictam advocationem prædictæ ecclesiæ cum pertinentiis esse jus ipsius abbatis vel ecclesiæ Sancti Petri de Gloucestria, ut illa quæ idem abbas et ecclesia sua prædicta habuerunt de dono Anselmi de Gurnay patris prædicti Johannis, cujus hæres ipse est; habendum et tenendum eidem abbati et successoribus suis et ecclesiæ suæ prædictæ de prædicto Johanne et hæredibus suis in liberam, puram, et perpetuam elemosinam in perpetuum. Et prædictus Johannes et hæredes sui warantizabunt, et aquietabunt et defendent eidem abbati et successoribus suis et ecclesiæ suæ prædictæ prædicta tenementa et prædictam advocationem prædictæ ecclesiæ cum pertinentiis, ut liberam, puram, et perpetuam elemosinam suam contra omnes homines in perpetuum. Et idem abbas recepit prædictum Johannem et hæredes suos in singulis beneficiis et orationibus quæ de cætero fient in ecclesia sua prædicta in perpetuum.

Et hæc concordia admissa fuit eo quod constabat justiciariis de assensu et voluntate ipsius domini regis per inspectionem cartæ suæ nuper confectæ Anselmo de Gurnay nobis in Christo abbati et conventui Sancti Petri Gloucestriæ; tenenda et habenda sibi et successoribus suis in perpetuum; et eidem abbati et conventui quod prædictam terram, et redditum, et advocationem, ab eodem Anselmo recipere possint, tenore præsentium, similiter licentiam concedimus specialem; nolentes quod idem Anselmus, seu prædicti abbas et conventus, ratione statuti prædicti, per nos vel hæredes nostros inde occasionentur in aliquo seu graventur. Salvis tamen capitalibus dominis feodi illius servitiis inde debitis et consuetis.

In cujus rei testimonium etc.[1]

Ideo prædictus abbas habeat inde cyrographum, etc.

patri prædicti Johannis, in qua continetur quod idem Anselmus libere possit prædicta tenementa cum advocatione prædicta conferre prædictis abbati et conventui, et similiter per inspectionem cartæ ejusdem domini regis eodem tempore, scilicet post statutum confectæ prædictis abbati et conventui, quod prædicta tenementa et advocationem prædictæ ecclesiæ libere possint recipere, non obstante statuto ipsius domini regis edito ne terræ vel tenementa ad manum mortuam devenirent.

DCCCCXXXI.

A.D. 1284, Sept. 28. Election of abbot.

Memorandum, quod quarto kalendas Octobris, anno Domini millesimo ducentesimo octogesimo quarto, citati fuerunt Johannes de Gamages prior Herefordiæ, Johannes de Worme dictus prior de Bromfelde, Willelmus de Schrivenham dictus prior de Kilpeke, Henricus de Wigemore dictus prior de Ewenni, Thomas de Tyringham dictus prior de Stanleya, et Ricardus de Beyburia dictus prior de Ewyas, fratres et monachi Beati Petri Gloncestriæ, ad electionem futuri abbatis faciendam, per litteras prioris et conventus monasterii prælibati sub forma subscripta.

A.D. 1284, Sept. 27. Citation to appear.

Frater Philippus, prior monasterii Beati Petri Gloucestriæ, et ejusdem loci conventus, dilectis sibi in Christo fratribus et commonachis suis Johanni de Gamages priori Herefordiæ, Johanni de Worme priori Bromfelde, Willelmo de Schrivenham

---

[1] This licence was granted on April 20, 1286. It is enrolled on the Patent Roll, 14 Edward I., m. 17.

dicto priori de Kilpck, Henrico de Wiggemore dicto priori de Eweny, Thomæ de Tyringham dicto priori de Stanleya, et Ricardo de Beyburia dicto priori de Ewias, salutem et sinceram [1] in Domino caritatem.

Cum, bonæ memoriæ Reginaldo de Hamme nuper abbate nostro viam universæ carnis ingresso, ac ipsius corpore, prout decet, ecclesiasticæ tradito sepulturæ, diem Dominicam proximam post festum Sancti Michaelis proximo subsequentem præfixerimus, ut ad electionem futuri abbatis in nostro capitulo faciendam, annuente Domino, procedatur; vos citamus peremptorie, monemus, et exhortamur in Domino, firmiter injungentes quatinus dicta die in nostro capitulo pro dicta electione celebranda una nobiscum personaliter intersitis. Si autem, quod absit, canonice fueritis impediti, vel si nolueritis interesse, litteras vestras patentes nobis super hoc dirigatis, vices vestras aliquibus de commonachis nostris, si libeat, committentes, alioquin nos dictis die et loco ad electionem faciendam, non expectata vestra præsentia, invocata Spiritus Sancti gratia procedemus.

Data Gloucestriæ in nostro capitulo, quinto kalendas Octobris, anno Domini millesimo ducentesimo octogesimo quarto

Acta in præsentia dominorum Philippi prioris monasterii antedicti, Hugonis subprioris, Henrici præcentoris, et aliorum monachorum ejusdem loci.

In cujus rei testimonium sigillum commune monasterii antedicti hiis litteris est appensum.

DCCCCXXXII.

In nomine Patris, et Filii, et Spiritus Sancti, Amen.

Omnibus Christi fidelibus ad quos præsens scriptura pervenerit, frater Philippus de Kayrwent, prior monasterii Sancti Petri Gloucestriæ, et ejusdem loci capitulum seu conventus, salutem in Auctore salutis.

Ecclesia nostra Gloucestriæ, per mortem bonæ memoriæ Reginaldi de Hamme, nuper abbatis nostri, pastoris solatio destituta, ac ipsius corpore tradito sepulturæ, convenientes in capitulo nostro omnes qui debuerunt secundum juris exigentiam et ecclesiæ seu monasterii nostri consuetudinem voluerunt et potuerunt commode interesse, tractavimus de die electionis faciendæ de futuro abbate, statuentesque diem ad eligendum,

A.D. 1284. Proceedings on the same.

---

[1] *sinceram*] scinceram, MS.

diem videlicet Dominicam proximam post festum Sancti Michaelis, anno Domini millesimo ducentesimo octogesimo quarto, omnium assensu monachorum praesentium concurrente, quo die adveniente, praesentibus omnibus in nostro capitulo qui debuerunt secundum juris exigentiam et consuetudinem antedictam voluerunt et potuerunt commode interesse, invocata Sancti Spiritus gratia, lectaque constitutione generalis concilii, quapropter placuit omnibus et singulis per viam procedere compromissi. Et ita electi fuerunt quinque de capitulo nostro fidedigni, videlicet Thomas de Lokinthone sacrista, Johannes de Worme dictus prior de Bromfelde, Henricus de Wiggemore dictus prior de Ewenny, Willelmus de Schrivenham dictus prior de Kilpek, Thomas de Tyringham dictus prior de Stanleya, fratres et monachi monasterii nostri, quibus unanimiter potestatem contulimus, ut omnes vel major pars eorum per electionem dummodo de gremio monasterii antedicti providerent viduatae ecclesiae de abbate, fideliter promittentes quod illum reciperemus in abbatem quem omnes vel major pars eorum ex se vel ex aliis de ipsius ecclesiae gremio eligerent. Praedicti vero compromissarii habito super hoc diligenti tractatu, consensu unanimi vice nostra et sua elegerunt concorditer fratrem Johannem de Gamages nostrum commonachum, priorem Herefordiae, in abbatem monasterii Beati Petri Gloucestriae, virum scilicet religiosum, litteratum, honestum in spiritualibus et temporalibus, circumspectum, valentem et scientem ecclesiae nostrae jura tueri. Cui electioni nos Philippus prior et capitulum sive conventus praedicti consensum praestitimus et assensum. Quam electionem frater Thomas de Tyringham dictus prior de Stanleya, unus ex compromissariis antedictis, de mandato sociorum suorum fecit in scriptis vice omnium per haec verba.

In nomine Patris, et Filii, et Spiritus Sancti, Amen.

Cum nos Thomas de Lokintone sacrista, Johannes de Worme dictus prior de Bromfelde, Henricus de Wiggemor dictus prior de Ewenni, Willelmus de Schrivenham dictus prior de Kilpek, et Thomas de Tyringham dictus prior de Stanleya, fratres et monachi monasterii Beati Petri Gloucestriae, a priore et capitulo sive conventu ejusdem loci speciale mandatum habeamus per electionem de gremio monasterii antedicti providendi viduatae ecclesiae de abbate; ego frater Thomas de Tyringham dictus prior de Stanleya, unus ex compromissariis antedictis, vice dictorum priorum et conventus Gloucestriae et nostra, fratrem Johannem de Gamages priorem Herefordiae commonachum nostrum nostri monasterii in pastorem eligo et abbatem. Quo facto idem electus cum instantia requisitus, assensum praestitit electioni praedictae.

In quorum testimonium præsens decretum electionis nostræ impressione sigilli nostri communis fecimus roborari.

Actum in capitulo monasterii Beati Petri Gloucestriæ, die Dominica proxima post festum Sancti Michaelis, anno gratiæ millesimo ducentesimo octogesimo quarto.

In nomine Patris, et Filii, et Spiritus Sancti, Amen.

Omnibus Christi fidelibus ad quos præsens scriptura pervenerit, Philippus de Kayrwent, prior monasterii Beati Petri Gloucestriæ, et ejusdem loci capitulum seu conventus, salutem in Auctore salutis.

Ecclesia nostra Gloucestriæ, per mortem bonæ memoriæ Reginaldi de Hamme, nuper abbatis nostri, pastoris solatio destituta, ac corpore ipsius tradito sepulturæ, convenientes in capitulo nostro omnes qui tunc temporis præsentes fuimus, tractavimus de die electionis futuri abbatis faciendæ, statuentesque diem ad eligendum, diem videlicet Dominicam proximam post festum Sancti Michaelis, omnium assensu monachorum tunc præsentium concurrente, fratres et commonachos nostros absentes, qui ad eamdem electionem vocari debuerunt, juxta juris formam et ecclesiæ seu monasterii nostri consuetudinem, ad eundem diem per litteras et nuncium fecimus evocari, quo die adveniente, præsentibus omnibus in capitulo nostro qui debuerunt secundum consuetudinem antedictam voluerunt et potuerunt commode interesse, invocata Spiritus Sancti gratia, lectaque[1] constitutione generalis concilii, quapropter placuit omnibus et singulis per viam procedere compromissi. Et ita electi fuerunt quinque de capitulo fidedigni, scilicet Thomas de Lokintone sacrista, Johannes de Worme dictus prior de Bromfelde, Henricus de Wiggemore dictus prior de Ewenny, Willelmus de Schrivenham[2] dictus prior de Kilpeke, et Thomas de Tyringham dictus prior de Stanleya, fratres et monachi monasterii nostri, quibus unanimiter potestatem contulimus, ut omnes vel major pars eorum per electionem dummodo de gremio monasterii antedicti providerent viduatæ ecclesiæ de abbate, promittentes quod illum reciperemus in abbatem quem omnes vel major pars prædictorum ex se vel ex aliis de ipsius ecclesiæ gremio eligerent. Prædicti vero compromissarii, habito super hoc diligenti tractatu, unanimi consensu vice nostra et sua elegerunt concorditer fratrem Johannem de Gamages priorem Herefordiæ in abbatem monasterii Beati Petri Gloucestriæ, virum scilicet religiosum, litteratum, honestum in spiritualibus et tempora-

---

[1] *lectaque*] the *a* in this word is interlined in the MS.

[2] *Schrivenham*] the first *h* in this word is interlined in the MS.

libus, circumspectum, valentem et scientem ecclesiæ nostræ
jura tueri. Cui electioni tam nos Philippus prior et capitulum
seu conventus quam idem electus consensum præstitimus et
assensum. Quam electionem frater Thomas de Tyringham
dictus prior de Stanleya, unus ex compromissariis antedictis,
de mandato sociorum suorum fecit in scriptis vice omnium
per hæc verba.

In nomine Patris, et Filii, et Spiritus Sancti, Amen.   ·

Cum nos Thomas de Lokintone sacrista, Johannes de Worme
dictus prior de Bromfelde, Henricus de Wiggemore dictus
prior de Ewenny, Willelmus de Schrivenham dictus prior de
Kilpek, et Thomas de Tyringham dictus prior de Stanleya,
fratres monachi Beati Petri Gloucestriæ, a priore et capitulo
sive conventu ejusdem loci speciale mandatum habeamus per
electionem de gremio monasterii antedicti providendi viduatæ
ecclesiæ de abbate; ego frater Thomas dictus prior de Stanleya, unus ex compromissariis antedictis, vice dictorum prioris
et conventus et nostra, fratrem Johannem de Gamages priorem
Herefordiæ commonachum nostrum nostri monasterii eligo in
pastorem et abbatem.

In quorum testimonium præsens decretum electionis nostræ
subscriptionibus priorum et monachorum et impressione sigilli
nostri communis fecimus roborari.

Actum in capitulo monasterii Beati Petri Gloucestriæ, die
Dominica proxima post festum Sancti Michaelis, anno gratiæ
millesimo ducentesimo octogesimo quarto. ,

[E]go Philippus prior huic electioni consentio et ascribo. ✠

[E]go Thomas prior de Stanleya huic electioni interfui, vidi,
consensi, et subscripsi. ✠

[E]go Henricus prior de Ewenny huic electioni interfui,
consensi, et subscripsit pro me Thomas de Stanleya prior. ✠

[E]go Hugo subprior huic electioni consentio et subscribo. ✠

Item nos J[ohannes] prior de Bromfelde, H. præcentor,
Thomas tertius prior, Willelmus prior de Kilpeke, Thomas de
Lokintone sacrista, R[icardus] prior de Ewias, H. prior de
Oxonia, Walterus de Þaneworþe, Willelmus de Londonia, R. de
Kayrwent, Thomas de Estintone, R. de Codeleye, Willelmus
de Sancto Johanne, H. de Bromfelde, Gilbertus de la Berewe,
Johannes de Wychio, N. de Monemuta, Johannes de Helion,
Johannes de Dormintone, N. de Þaneworþe, Thomas de Leche,
N. de Lanthoral, H. de Bernwode, Walterus de Dodeforde, Jo-
hannes de Actone, G. de Driffelde, Johannes de Monemuta, R.
de Temedeburia, Thomas Carbonel, Manselmus, Willelmus de
Monemuta, Johannes de Sarum, Johannes de Dukestone, Jo-
hannes de Felda, Johannes de Hyda, Stephanus de Brineshope,
Hugo de Matheme, Johannes Toky, Johannes Thoney, Wil-

lelmus de Wormbrugge, Willelmus de Fontaynes, Johannes de Evesham, Walterus de Avenechurche, Philippus Wyper, Johannes Revel huic electioni interfuimus, consensimus, nostro nomine subscribi.[1] ✠

DCCCCXXXIII.

Abbas[2] Gloucestriæ venit coram justiciariis hic, et per bilettum suum clamat habere liberam warennam in maneriis suis de Maismore, Hardepirie, Upledene, Hineham, Chircham, et Prestone, et liberam warennam in bosco suo de Tuffeleye quod est ultra Sabrinam, et mercatum et feriam in manerio suo de Northleche, et visum franci plegii in Hinetone; et gratis vult respondere sine brevi.

Et quoad warennam, dicit quod illam clamat habere per cartam regis Henrici primi quam profert, et quæ testatur quod idem rex concessit monachis de Gloucestria ut habeant warennas in tota terra eorum ultra Severnam in bosco et plano etc. Teste Willelmo de Rochella apud Saresburiam. Et quia ostendit cartam prædictam, et testatum est

Abbas[3] de Gloucestria venit coram justiciariis hic, et per bilettum suum clamat habere liberam warennam in maneriis suis de Maysmore, Hardepiri, Upledene, Hyneham, Chircham, Prestone, et in bosco suo de Tuffeleye quod est ultra Sabrinam, et mercatum et feriam in manerio suo de Northleche, et visum franci plegii in Hynetone; et gratis vult respondere sine brevi.

Et quoad warennam, dicit quod clamat eam per cartam regis Henrici primi quam profert, et quæ testatur quod idem rex concessit monachis de Gloucestria ut habeant warennas suas in tota terra eorum ultra Severnam in bosco et plano etc. Teste Willelmo de Rocella apud Sarum. Et quia ostendit cartam prædictam, et testatum est quod ea utitur

A.D. 1287.
Of free-warren and other liberties.

---

[1] Qu., some omission after this word.

[2] This version I have taken from a Roll at the Public Record Office, entitled, "Placita domini regis de " quo warauto et Ragemann' coram " Willelmo de Saham, Rogero " Loveday, et Johanne de Meting-" ham justiciariis itinerantibus in

" comitatu Gloucestriæ in crastino " clausi Paschæ anno regni regis " Edwardi filii regis Henrici quinto " decimo." (memb. 6 d.) This pleading is also printed in the Record Commission volume of "Placita de " quo warranto," page 247.

[3] *Hardpuri* is inserted here in the MS. in a later hand.

quod ea utitur sicut decet, ideo quoad warennam inde sine die, salvo jure regis, etc.

Et quoad feriam et mercatum, dicit quod ea clamat habere per cartam regis Henrici patris domini regis nunc, quam profert, et quæ testatur quod idem rex concessit abbati Sancti Petri Gloucestriæ et monachis ibidem Deo servientibus, quod habeant singulis annis unam feriam apud manerium suum de Northleche per tres dies duraturam, scilicet in vigilia, in die, et in crastino Apostolorum Petri et Pauli, et quod habeant ibidem singulis septimanis unum mercatum per diem Mercurii, ita tamen quod prædicta feria et prædictum mercatum non sint ad nocumentum, etc. Data per manum venerabilis patris Radulphi Cicestrensis episcopi, cancellarii regis, apud Westmonasterium, vicesimo secundo die Martii, anno regni sui undecimo. Et quia testatum est quod est in seisina de prædictis feria et mercato, ideo eat inde sine die ad præsens, salvo jure regis cum alias, etc.

Et quoad visum franci plegii, dicit quod quatuor et præpositus de Hynetone veniunt ad turnum vicecomitis ad præsentandum cum aliis villis vicinis præsentationes de hiis quæ emergunt extra villam suam de Hynetone, sed omnia ea quæ emergunt infra villam

sicut decet, ideo quoad warennam inde sine die, salvo jure, etc.

Et quoad feriam et mercatum, dicit quod clamat ea per cartam regis Henrici patris domini regis nunc, quam profert, et quæ testatur quod idem rex concessit abbati Sancti Petri Gloucestriæ et monachis ibidem Deo servientibus, quod habeant singulis annis unam feriam apud manerium suum de Northlech[1] per tres dies duraturam, scilicet in vigilia, in die, et in crastino Apostolorum Petri et Pauli, et quod habeant ibidem singulis septimanis unum mercatum per diem Mercurii, ita tamen quod prædicta feria et prædictum mercatum non sint ad nocumentum, etc. Data per manus venerabilis patris Radulphi Cycestrensis episcopi, cancellarii regis, apud Westmonasterium, vicesimo secundo die Martii, anno regni sui undecimo. Et quia testatum est quod est in seisina de prædictis mercato et feria, ideo quoad hæc ad præsens inde sine die salvo jure, etc.

Et quoad visum franci plegii, dicit quod quatuor et præpositus de Hynetone veniunt ad turnum vicecomitis ad præsentandum simul cum aliis vicinis villatis de hiis quæ emergunt extra villam suam de Hynetone, sed omnia quæ emergunt infra villam de Hy-

---

[1] *Northleche* is inserted here in the margin in a later hand, and a little lower down *Hynetone.*

suam de Hinetone sunt præsentata in visu prædicti abbatis apud Hinetone. Et quæsitus si habeat furcas et alia judicialia, dicit quod furcas et tumberellos habet. Et dicit quod ipse et omnes prædecessores sui a tempore quo non extat memoria extiterunt in seisina de prædicto visu, et tali warento clamat habere prædictum visum, etc.

Et Willelmus Inge, qui sequitur pro rege, dicit quod ex quo prædictus abbas cognoscit quod quatuor et præpositus veniunt ad turnum vicecomitis satis concedit seisinam domini regis, et ideo præceptum est vicecomiti quod manuteneat dominum regem in seisina sua de prædictis adventibus, et permittat prædictum abbatem gaudere seisina sua de libertate sua sicut hactenus usus fuit, etc.

netone sunt præsentata in visu prædicti abbatis apud Hynetone. Et quæsiti si habeant judicialia, dicunt quod furcas et tumbrellos habent. Et dicit quod ipse et omnes prædecessores sui a tempore quo non extat memoria extiterunt in seisina de prædicto visu, et tali warento clamat prædictum visum.

Et Willelmus Inge, qui sequitur, etc., dicit quod ex quo prædictus abbas cognovit quod quatuor et præpositus veniunt ad turnum vicecomitis satis concedit seisinam domini regis, et ideo præceptum est vicecomiti quod manuteneat dominum regem in scisina sua de prædictis adventibus, et permittat abbatem prædictum gaudere seisina sua de libertate sua sicut hactenus usus est, etc.

DCCCCXXXIV.

Le Lundi le xix. jour del moys de Maii, en lan du regne le rey Edward fitz au rey Edward onzieme, aconvint entre labbe et le covent de Seint Piere de Gloucestre de une part, et Roberd de Stauntone seigneur de Stauntone juste Cors dautre part. A.D. 1337,
May 19.
Of Ledene.

Cum les avaunt ditz abbe e covent furent plusurs fietz grevez e desturbez par le avaunt dit Roberd de Stauntone qe il ne poyent repariller[1] le estang del cours de lewe qe est appele Ledene qe court a lur molyn de lur maner de Upledene a les fiezes qe la dite ewe se bruisa sus le pree lavaunt dit Roberd en Stauntone entre le pree qe Johan de Elkeston tynt le jour de la fesaunce de cest escrit de la priourte de Lantone juste Gloucestre de une part, et le pree Watier Morice de

---

[1] *Robert de Staunton* is inserted here in the margin in a later hand.

Stauntone dautre part. Cest asaver qe le avaunt dit Roberd
de Stauntone graunte par cest escrit, pur ly e pur ces heirs a
touz jours, a les avaunt ditz abbe e covent e lur successurs,
quil pussent par eux e par lur gentz fraunchement e quitement
saunz desturbaunce, tote les fiezes qe lewe avaunt dite debruise
sus le pree le avaunt dit Roberd en Stauntone avaunt nome,
par cretine ou en autre manere cele bruisure estoper, e fraunchement e quitement aler, e venir, e maynoverir, e terre e maerim
porter, e carier, e estaches ficher en laoure de xii. pees en la
terre le dit Roberd del pree avaunt nome pur le estang de lewe
avaunt dite enhaucier e affermer en laoure de xii. pees
avaunt ditz tote la longgure du dit pree juste lewe avaunt
nome, solonc ceo qe les avaunt ditz abbe e covent e lur successurs e lur gentz verrunt plus pleynement le cours de lewe
avaunt nome meyntenir a lur moliu avaunt dit en la longgure
e la laoure avaunt ditz. Et si avingne qe les avaunt ditz abbe
e covent plauntent saudz ou autre manere plaunsuns des arbres
en le soyl lavaunt dit Roberd en laoure de xii. pees avaunt
ditz, les avaunt diz abbe e covent grauntent pur eux e pur
lur successurs qe le dit Roberd de Stauntone e ces heirs
prengnent le profit issaunt des diz arbres ensi cressauntz.

En tesmoinaunce de que chose a cest escrit endente etc.

DCCCCXXXV. *Ledene.*

A.D. 1337,
May 19.
Of the
same.
Le Lundi le xix.[1] jour del meys de Maii, en lan du regne
le rey Edward fitz au rey Edward onzieme, acovynt entre
labbe el e covent de Seint Piere de Gloucestre de une part,
e Watier Morice de Stauntone juste Cors dautre part.

Come les avaunt diz abbe e covent furent plusurs fietz
grevez e desturbez par lavaunt dit Watier qe il ne poyent
repariller lur estang del cours de lewe qe est appele Ledene
que court a lur molyn de lur maner de Upledene a les fiez
qe la dite ewe se bruisa sus le pree lavaunt dit Watier
Morice en Stauntone entre le pre Roberd seignur de Stauntone
de une part, e le pree de les avaunt diz abbe e le covent de
autre part. Cest[2] asaver qe lavaunt dit Watier Morice graunta
par cest escrit, pur li e pur ces heyrs a touz jours. a les
avaunt ditz abbe e covent e lur successurs, quil puissent par
eux e par lur gentz fraunchement e quitement saunz desturbaunce, tote les fiezes qe lewe avaunt dite se bruise sus le
pree lavaunt dit Water Morice avaunt nome, par cretine ou en

---

[1] *xix.*] xxix., MS.
[2] *Robertus de Stauntone seygnour* is inserted here in the margin in a later hand.

autre manere cele brusure estoper, e fraunchement e quitement aler, e venir, e mainoverir, e terre e merim porter, e
carier, e estaches ficher en laoure de xii. pees en la terre
le dit Water Morice del pre avaunt nome pur le estang de
lewe avaunt dite enhaucier et affermer en laoure de xii.
peez avaunt ditz tote la longgure le dit pre juste lewe
avaunt nome, solonc ceo qe les avaunt ditz abbe e le covent
e lur successurs e lur gentz verrunt plus pleynement meyntenir le cours de lewe avaunt nome a lur molyn avaunt dit
en la longgure e la laoure avaunt ditz. Et si avingne qe
les avaunt ditz abbe e covent plauntent saudz ou autre
manere plaunsuns des arbres en le soil le avaunt dit Watier
Morice en laoure de xii. piez avaunt ditz, les avaunt ditz
abbe e covent grauntent pur eux e pur lur successurs qe le
dit Watier Morice e ces heirs prengnent le profit issant des
ditz arbres ensi cressauntz.

En tesmoinaunce de que chose a cest escrit endente, etc.

DCCCCXXXVI. *Ecclesiæ et vicariæ de advocatione abbatis monasterii Sancti Petri Gloucestriæ.*

In diœcesi Wygorniensi.

Ecclesia Sancti Johannis Bap-
  tistæ in Gloucestria.
Ecclesia Sancti Michaelis in
  eadem.
Cantaria Sanctæ Margaretæ.
Capella de Mattesdone.
Ecclesia de Nymdesfelde.
Ecclesia de Kamme.[1]
Ecclesia de Yweleye.
Ecclesia de Newentone.[2]
Ecclesia de Boxwelle.
Ecclesia de Oselwurthe.
Ecclesia de Dountesbourne.
Ecclesia de Culna Rogeri.
Ecclesia de Boclonde.
Ecclesia de Hynetone.
Ecclesia de Clifforde.

Ecclesia de Dodyntone.
Ecclesia de Beverston.
Ecclesia de Hathorope.
Vicaria de Cerneye.
Vicaria Beatæ Mariæ ante
  portam.
Vicaria de Hardepiria.
Vicaria de Broethrope.
Vicaria de Herlingham.
Vicaria de Froucestre.
Vicaria de Coveleye.
Vicaria de Stanedisshe.
Vicaria de Kynemersforde.
Vicaria de Northleche.
Vicaria de Culna Sancti Ayl-
  wyni.

Of the churches belonging to St. Peter's.

---

[1] After this item, *Ecclesia de Durseleye* is inserted in the MS., but the entry has been run through with the pen.

[2] *In Pagpathe* is inserted in the MS. in a different hand after *Newentone*.

In diœcesi Herefordensi.

Ecclesia Sancti Audoeni in eadem.
Ecclesia Sancti Nicholai in eadem.
Ecclesia de Mordeforde.
Ecclesia de Lassyndona.[1]
Ecclesia de Stokelacy.
Ecclesia de Sancta Keyna.
Ecclesia de Toyntone.
Ecclesia de Rodeforde.
Ecclesia de Parva Cowerne.
Vicaria de Chyrchame.

Vicaria de Prestone.
Vicaria de Ocle Pichard.
Vicaria de Homme Lacy.
Vicaria de Feltone.
Vicaria Sancti Petri in Herefordia.
Vicaria de Malmeshulle.[2]
Vicaria de Dewychirche.
Vicaria de Bromfelde.
Vicaria de Cowerna.
Vicaria de Foy.
Vicaria de Dormyntone.

In diœcesi Menevensi.

Ecclesia de Penbray.
Ecclesia de Oystremuthe.
Ecclesia Sancti Ysmaelis.
Ecclesia de Carwatlau.

Ecclesia Sancti Paterni.
Vicaria de Glasburia.
Vicaria de Devennoke.

In diœcesi Lyncolniensi.

Ecclesia de Wyrrardesburia.[3]   Ecclesia de Northone.[4]

In diœcesi Londoniensi.

Ecclesia Sancti Martini in Vinitria.

In diœcesi Northwyche.

Ecclesia Beati Petri in Mancroft.

In diœcesi Wyntoniensi.

Ecclesia de Lynkenholte.   Ecclesia de Boytone.[5]
Ecclesia de Astone Grey.

---

[1] This item is added at the foot of the page in a different hand.

[2] After this item *Gamahie* is inserted in the MS. in a later hand.

[3] Against this item *vacat* is written in the margin.

[4] After this item *Chepyng Nortone* is inserted in the MS. in a later hand.

In diœcesi Bathoniensi.

Ecclesia de Burnham.[1]

In diœcesi Landavensi.

Vicaria de Novo Burgo.	Vicaria de Sancta Brigida.
Vicaria de Lancarvan.	Vicaria de Landonodoke.
Vicaria de Clemestona.	[V]icaria de Colvistona.[2]

DCCCCXXXVII. *Redditarius de Glasburia factus per Willelmum Fagan tunc ibidem [3] celerarii ballivum anno regni regis Edwardi filii regis Edwardi quintodecimo.*

Prior de Brechonia debet per annum tres solidos in festo Sancti Michaelis.

Of rents of Glasbury.

Tulyglas debet per annum quinque solidos in festo Sancti Andreæ.

Curtilagium apud Pipertone quatuor solidos in festo Paschæ et Sancti Michaelis.

Prior de Clifforde per annum quatuor solidos in festo Paschæ et Sancti Michaelis.

Thomas Poleyn pro terra cantoris de Talgar sex solidos in festo Paschæ et Sancti Michaelis.

Molendinum de Pipertone tres solidos unum denarium in festo Purificationis Beatæ Mariæ et Sancti Michaelis.

Cronow sutan buder duos solidos ad festum Paschæ et Sancti Michaelis.

Willelmus Vaghan cum participibus suis duos solidos ad Pascha et Sancti Michaelis.

Griffinus capellanus cum participibus suis octo denarios in festo Sancti Michaelis.

Willelmus ap Adam cum participibus suis octo denarios in festo Sancti Michaelis.

Johannes ap Howel sex denarios in festo Sancti Michaelis.

Walterus Fippesone unum denarium obolum in festo Sancti Michaelis.

David Præpositus duos denarios in festo Sancti Michaelis.

---

[1] Against this item *vacat* is written in the margin.

[2] This item is added in a different hand.

[3] *ibidem*] ibidem per, MS.

Johannes clericus unum denarium obolum in festo Sancti Michaelis.

Wladusa quatuor denarios in festo Sancti Michaelis.

Terra quam Ivor tenuit unum denarium in festo Sancti Michaelis.

Placea juxta monasterium quam Agnes Waties tenuit unum denarium in festo Sancti Michaelis.

Nicholaus Ruddoke obolum in festo Sancti Michaelis.

Adam capellanus obolum in festo Sancti Michaelis.

Willelmus ap David unum denarium in festo Sancti Michaelis.

Willelmus Skylful unum denarium in festo Sancti Michaelis.

Rees ap Meurek duos denarios in festo Sancti Michaelis.

Eynon molendinarius duos denarios in festo Sancti Michaelis.

Willelmus filius Griffin Wyth obolum in festo Sancti Michaelis.

Philippus filius Lucæ[1] obolum quadrantem in festo Sancti Michaelis.

Philippus Powys unum denarium in festo Sancti Michaelis.

David filius Daykyns unum denarium in festo Sancti Michaelis.

Lewelinus Voyl unum [denarium] in festo Sancti Michaelis.

Ivor ap Iago obolum in festo Saucti Michaelis.

Henricus serviens Huelli unum denarium in festo Sancti Michaelis.

Penketlyn per Tulencrim duos solidos in festo Sancti Michaelis.

> Summa redditus per annum triginta quatuor solidi decem denarii obolus quadrans.
>
> Unde terminus Sancti Michaelis viginti quatuor solidos quatuor denarios quadrantem.
>
> Unde terminus Paschæ decem solidos sex denarios obolum.

Lucæ] Lucas, MS.

I. Lutletone.[1]
III. Lynkenholte.
IIII. Ryndewyk.
V. Bulleya.
VI. Clifforde, Boelonde, Gut-
    inge, Hynetone.
XIII. Berthona regis.
XVI. Hardepirye.
XX. Froucestre.
XXIIII. Boxwelle.
XXIX. Hynehame.
XXXIII. Bernwode.
XXXIIII. Bocholte.
XXXVI. Ledene.

XXXVIII. Chirchame.
XLI. Brocthrope.
XLIII. Rugge.
XLIIII. Berthona abbatis.
L. Abbelode.
LII. Maiesmor.
LIIII. Northleche.
LVII. Aldeswurthe.
LVIII. Estleche.
LX. Downtesbourne.
LXI. Culna Sancti Aylwyni.
LXIIII. Culna Rogeri.
LXVI. Aumeneye.
LXVII. Cubberleye.

DCCCCXXXVIII. *Extenta de Lutlethone.*

Extenta manerii de Lutletone, facta coram dominis R. de
Sondhurste celerario, et Thoma de Tyringhame, anno quinquagesimo, quid et quantum idem manerium valeat in omnibus
exitibus per annum, per sacramentum seniorum et discretiorum
hominum ejusdem manerii. Qui dicunt super sacramentum
suum quod in campo de Middelforlong et Orcherdforlong et
Medforlonge sunt octoginta et quatuor acræ arabiles.

Et in þursbrakedenelonde et in Six Acre et in Schepeslande
sunt viginti quatuor acræ arabiles.

Et in Fernfurlonge sunt viginti sex acræ arabiles.

Et in Waterdelle sunt septendecim acræ arabiles.

Et [in] Oppeþobutten sunt sex acræ arabiles.

Et in Langelonde et in Pikedelonde juxta Donnam sunt
novem acræ arabiles.

Et in Wodeforlonge sunt octo acræ arabiles.

Omnes dictæ particulæ jacent pro uno campo.

Summa centum septuaginta quatuor acræ arabiles, pretium
acræ sex denarii.

Et est summa centum undecim solidi sex denarii.[2]

Item in prædicto campo in quadam cultura quæ vocatur
Foxenchulle sunt sexaginta sex acræ arabiles, pretium acræ
tres denarii.

A.D. 125?
-1266.
Of Lutle-
tone.
f. 1.

---

[1] This commences a fresh section
of the Cartulary, containing, as will
be seen, extents of various manors
belonging to St. Peter's The foliation also, which had been suspended
at f. 228, is now commenced afresh.

[2] This sum total does not tally
with the preceding acreage.

c 2

Et est summa sexdecim solidi sex denarii.

Et de prædicto campo possunt inhokari quolibet secundo anno quadraginta acræ, et valet inde commodum eo anno decem solidos, et sic inde possunt sumi ad commodum annuum decem solidi.

Item dicunt per sacramentum suum quod in la Leya sunt viginti acræ arabiles.

Et in la Dene sunt tredecim acræ arabiles.

In Willewelande sunt octo acræ arabiles.

Et in Stallingforlonge sunt duodecim acræ arabiles.

Et in Stomdene sunt quatuor acræ.

Et in la Dounhalf sunt sex acræ arabiles.

Summa acrarum sexaginta tres acræ, et valet acra septem denarios.

Et est inde summa valoris triginta sex solidi novem denarii.

Dicunt etiam quod de dictis sexaginta tribus acris possunt quolibet secundo anno inhokari viginti acræ, et valet inde commodum eo anno undecim solidos octo denarios, et sic inde possunt sumi ad commodum annuum quinque solidi decem denarii.

Item dicunt quod in Langepornesforlong sunt quinquaginta acræ arabiles.

Et in Stallingforlonge sunt octo acræ arabiles.

Et ad caput illius campi sunt septem acræ arabiles.

Et super Witehulle sunt novem acræ arabiles.

Item ad caput de Witehulle sunt novem acræ arabiles.

In Mushulle sunt quatuordecim acræ arabiles.

In Helinglonde sunt novem acræ arabiles.

Et in Pikedelonde juxta viam sunt tres acræ arabiles.

Et est inde summa centum novem acræ, pretium acræ tres denarii.

Et est inde summa valoris viginti septem solidi et tres denarii.

Et est summa totalis omnium acrarum arabilium quadringentæ et duodecim.

Et est summa dictarum acrarum in valore denariorum novem libræ duodecim solidi.

f. 1 b. De quibus subtracta tertia parte pro campo jacente ad warectam, sexaginta quatuor solidi scilicet, remanent ad extentam annuam de puro sex libræ et octo solidi, et de commodo terræ quæ singulis annis potest inhokari quindecim solidi decem denarii.

Item dicunt quod sunt ibidem quatuor acræ prati et dimidia, et valent tredecim solidos sex denarios.

Et pastura super Dounam potest vendi communibus annis pro quinque solidis.

Est ibi pastura ad novem boves, et valet sex solidos novem denarios.

Et pastura ad sex afros, et valet octodecim denarios.

Et pastura ad quinque vaccas, et valet duos solidos sex denarios.

Et pastura ad quinque averia, et valet quindecim denarios.

Et pastura ad viginti porcos, et valet duos solidos sex denarios.

Et pastura ad quadringentos bidentes per annum, et valet triginta tres solidos quatuor denarios.

Summa sexaginta sex solidi et quatuor denarii.

Item dicunt quod Rogerus de Chenne clericus reddit pro terra de Radenham de libero redditu per annum tredecim solidos quatuor denarios.

Auxilium consuetudinariorum est per annum octodecim solidi.

Pannagium porcorum et animalium valet in denariis et in aruris faciendis per annum quindecim solidos tres denarios.

Collecta denariorum Sancti Petri valet per annum viginti denarios.

Commodum gardini cum ipsius herbagio et cum commodo curtillagii valet per annum triginta tres solidos.

Et columbarium valet communibus annis duos solidos.

Et commodum bosci sine vasto valet per annum decem solidos.

Et quædam consuetudo quæ vocatur Schernselver valet communibus annis duodecim denarios.

Summa quatuor libræ quatuordecim solidi et tres denarii.

Sunt etiam ibidem in villenagio tredecim virgatæ terræ et dimidia, quarum quælibet posita est ad firmam, et reddit per annum quinque solidos.

Et est summa quinquaginta [1] septem solidi et sex denarii.

Et ex hiis tredecim et dimidia virgatis terræ Mathæus de Schottesdene tenet unam virgatam terræ, et debet præter firmam prædictam bis arare domino in anno, et valet dicta arura quatuor denarios.

Et diebus ipsis comedet in mensa domini quibus araverit, et dabit quinque bussellos et quartam partem unius busselli frumenti de [2] chirsbec, et valent tres solidos et tres denarios.

Et debet herciare terram domini ad Quadragesimalia quousque de toto terra domini fuerit seminata, et valet hersura quatuor denarios et obolum.

Et sarculabit bladum domini per tres dies, et valet duos denarios et obolum.

---

[1] *quinquaginta*] Qu. sexaginta. | [2] *de*] repeated in MS.

Et levabit et cariabit fœnum domini, et valet duos denarios

Et plantabit fabas per unum diem, et valet obolum

Item lavabit et tondebit bidentes domini, et valet obolum

Et faciet mullonem in curia, et valet obolum

Et debet summagiare apud Andevere et Lutegareshale, et valet tres denarios per annum

Et debet metere duas acras et dimidiam qualibet septimana in autumno, et valet in toto tres solidos duos denarios et obolum

Et faciet tres bederipas in autumno cum duobus hominibus stantibus in mensa domini, et valet tres denarios, subtracto commestu ipsorum hominum

Et cariabit bladum domini in autumno et valet quatuor solidos

Et si non messuerit nec cariaverit, tritruabit bladum domini ad æqualem valorem.

Et debet colligere nuces per dimidium diem, et valet obolum

Summa operis istius virgatarii, præter firmam prædictam, duodecim solidi duo denarii obolus

Robertus Bissop tenet unam virgatam, et eadem opera faciet præter firmam prædictam, et valet duodecim solidos duos denarios obolum

Willelmus de Hegge tenet unam virgatam terræ, et eadem opera faciet præter firmam prædictam, et valet duodecim solidos duos denarios obolum

Robertus Præpositus tenet unam virgatam terræ, et eadem opera faciet præter eandem firmam, et valet duodecim solidos duos denarios obolum

Willelmus Witemon tenet unam virgatam terræ, et eadem opera faciet præter eandem firmam, et valet duodecim solidos duos denarios obolum

Rosa de la Putte tenet unam virgatam terræ, et eadem opera faciet præter eandem firmam, et valet duodecim solidos duos denarios obolum

Et est summa operis harum sex virgatarum terræ, præter firmam prædictam, in toto septuaginta tres solidi tres denarii

Thomas Bonvallet tenet dimidiam virgatam terræ, et arabit domino bis in anno, et valet duos denarios

Et comedet cum domino ipsis diebus, et dabit chirshec pro portione sua, et valet novemdecim denarios

Et herciabit, et valet quatuor denarios et obolum.

Et sarculabit, et valet duos denarios obolum.

Et debet fenissare ut virgata, et valet duos denarios

Et plantabit fabas, et valet obolum

Et lavabit oves domini et tondebit, et valet obolum.

Et faciet mullonem, et valet obolum.

Et summagiabit, et valet unum denarium obolum.

Et debet metere ut virgata, et valet tres solidos duos denarios obolum.

Et faciet tres bederipas, et valet tres denarios.

Et manducabit cum domino ipsis diebus, et cariabit bladum domini in autumno, et valet idem cariagium quatuor solidos ; seu triturabit ad eumdem valorem.

Et colliget nuces, et valet obolum.

Et est operis istius summa decem solidi tres denarii.

Ricardus King tenet dimidiam virgatam terræ, et eadem opera faciet, et valet decem solidos tres denarios.

Johannes Cupere tenet dimidiam virgatam terræ, et eadem opera faciet, et valet decem solidos tres denarios.

Robertus le Frense tenet dimidiam virgatam terræ, et eadem opera faciet, et valet decem solidos tres denarios.

Galfridus le Strutere tenet dimidiam virgatam terræ, et f. 2 b. eadem opera faciet, et valet decem solidos tres denarios.

Michael de Schottesdene tenet dimidiam virgatam terræ, et eadem opera faciet, et valet decem solidos tres denarios.

Isabella relicta le Bloware tenet dimidiam virgatam terræ, et eadem opera faciet, et valet decem solidos et tres denarios.

Johannes Barnabe tenet dimidiam virgatam terræ, et eadem opera faciet, et valet decem solidos tres denarios.

Walterus de la Mede tenet dimidiam virgatam terræ, et eadem opera faciet, et valet decem solidos tres denarios.

Et est summa harum novem dimidiarum virgatarum terræ præter firmam prædictam quatuor libræ decem[1] solidi tres denarii.

Henricus Bigge tenet decem acras terræ, et præter firmam prædictam dabit tres gallinas, et unum gallum, et chirshee, et valent quatuor denarios.

Et herciabit, et valet quatuor denarios[2] obolum.

Et sarculabit, et valet duos denarios obolum.

Et levabit fœnum domini, et valet unum denarium.

Et plantabit, et valet obolum.

Et lavabit et tondebit oves domini, et valet obolum.

Et faciet mullonem in curia domini, et valet obolum.

Et metet in autumno, et valet duos solidos duos denarios obolum.

---

[1] *decem*] Qu. duodecim.

[2] *et herciabit, et valet quatuor denarios*] repeated in MS., but the redundancy is marked with the sign of erasure.

Et faciet tres bederipas cum uno homine, et valet tres denarios.

Et triturabit postquam messuerit in autumno ad valorem messionis.

Et colliget nuces per dimidium diem, et valet obolum.

Summa operis istius valet quatuor[1] solidos septem denarios et obolum.

Juliana relicta Randulphi tenet decem acras terræ, et eadem opera faciet, et valet quatuor solidos septem denarios obolum.

Johannes de la Hurne tenet decem acras terræ, et eadem opera faciet, et valet quatuor solidos septem denarios obolum.

Emma relicta Willelmi Maidens tenet decem acras terræ, et eadem opera faciet, et valet quatuor solidos septem denarios obolum.

Johannes Maidens tenet decem acras terræ, et eadem opera faciet, et valet quatuor solidos septem denarios et obolum.

Robertus Aylard tenet decem acras terræ, et eadem opera faciet, et valet quatuor solidos septem denarios obolum.

Johannes Bucke tenet decem acras terræ, et eadem opera faciet, et valet quatuor solidos septem denarios et obolum.

Johannes le Paumer tenet decem acras terræ, et eadem opera faciet, et valet quatuor solidos septem denarios et obolum.

Summa triginta duo solidi quatuor denarii obolus.

Willelmus Chicheli tenet duas acras terræ, et faciet alias minutas consuetudines, et valent octo denarios.

Et metet in autumno quolibet die Lunæ et quolibet die Veneris, et valet sexdecim denarios per totum autumnum.

Et faciet unam bederipam qualibet hebdomada cum uno homine, et valet quatuor denarios.

Et colliget nuces, et valet obolum.

Summa duo solidi[2] quatuor denarii obolus.

Ricardus Carpentarius tenet duas acras terræ, et eadem opera faciet.

Summa duo solidi quatuor denarii obolus.

f. 3.   Walterus de Cruce tenet sex acras terræ, et valent ejus opera per annum, præter viginti denarios quos reddet ad prædictam firmam, quinque solidos tres denarios obolum.

Et dabit unam gallinam et unum gallum ad chirshee, et valet duos denarios.

Michael Staymor tenet unam domum cum curtillagio, et reddit per annum duos solidos.

Et faciet unam bederipam, et valet unum denarium.

---

[1] quatuor] Qu. tres. | [2] solidi] denarii, MS.

Lavabit et tondebit oves domini, et valet obolum.

Et colliget nuces, et valet obolum.

Walterus Faber tenet unum mesuagium, et reddit per annum duodecim denarios.

Summa undecim solidi.

Et est summa totius extentæ in certo valore de Lutlethone per annum viginti octo libræ undecim solidi duo denarii.

DCCCCXXXIX. *Extenta manerii de Linkeholte.*

Extenta manerii de Linkeholte, facta coram dominis R. de Sondhurste celerario, et Thoma de Tyringham, anno quinquagesimo, quid et quantum idem manerium valeat in omnibus exitibus per annum, per sacramentum seniorum et discretiorum hominum ejusdem manerii.

A.D. 1265 -1266. Of Linkeholte.

Qui dicunt super sacramentum suum quod in campo de Vaucham sunt centum viginti octodecim acræ arabiles, pretium acræ sex denarii.

Et est earum in universo summa valoris sexaginta novem solidi.

Item in campo qui vocatur Breitlonde sunt ducentæ et duæ acræ arabiles, pretium acræ octo denarii.

Et est summa sex libræ quatuordecim solidi octo denarii.

Item in campo qui vocatur Roucombesdene sunt septuaginta duæ acræ arabiles, pretium acræ sex denarii.

Et est summa triginta sex solidi.

Item in campo qui vocatur Hydene sunt quinquaginta acræ arabiles, pretium acræ tres denarii.

Et est summa duodecim solidi sex denarii.

Et est summa acrarum terræ arabilis in universo ibidem quadringentæ sexaginta duæ acræ.

Et est summa valoris totaliter in denariis duodecim libræ duodecim solidi duo denarii, unde subtrahendæ sunt pro tertio campo jacente ad warectum quatuor libræ quatuor solidi obolus.

Et sic remanent inde ad extentam annuam octo libræ octo solidi unus denarius obolus.

Summa octo libræ octo solidi unus denarius obolus.

Item dicunt quod ibidem sunt octo acræ prati falcabilis, pretium acræ duo solidi.

Et pastura illius prati, post falcationem communibus annis, valet quatuor solidos, et est inde commodum annuum per totum [annum] viginti solidi.

Item dicunt quod est ibi pastura in bosco, planis, et pascuis, ad viginti quatuor boves, et valet duodecim solidos.

Et pastura ad duodecim vaccas, et valet sex solidos.

Et pastura ad quingentas oves, et valet sexaginta duos solidos et sex denarios.

Et pastura ut in bosco et alibi ad viginti porcos, et valet sex solidos octo denarios.

Dicunt etiam quod dominus habet ibidem boscum, et inde potest habere ad commodum annuum sine vasto seu destructione facienda ad valentiam, communibus annis, sex solidorum octo denariorum.

Item dicunt quod gardinum cum curtillagio valet communibus annis decem solidos.

Summa sex libræ novem solidi decem denarii.

Robertus le Fremon reddit per annum de libero redditu ad Annunciationem Beatæ Virginis quatuor solidos, et ad festum Beati Michaelis quatuor solidos.

Item auxilium consuetudinariorum est annuatim duodecim solidi.

Item molendinum ad ventum valet per annum viginti solidos, et sustinebit seipsum.

Item pannagium porcorum et animalium valet per annum quatuor solidos sex denarios.

Item[1] placita et perquisita valent per annum sex solidos octo denarios.

Summa quinquaginta unus solidi et duo denarii.

Sunt etiam ibidem in villenagio decem virgatæ terræ et dimidia, quarum quælibet præter opera subscripta reddit per annum quinque solidos, et est inde summa quinquaginta duo solidi sex denarii.

Ex hiis decem virgatis terræ et dimidia Ricardus Coc tenet unam virgatam terræ.

Et debet bis in anno arare domino, et stabit in mensa domini ipso die quo araverit, et valet arura quatuor denarios.

Et debet herciare terram domini inter Natale et Purificationem, et valet quatuor denarios et obolum.

Et sarclabit bladum domini per tres dies, et valet unum denarium et obolum.

Et dabit unum denarium ad falcandum pratum domini, et erit ad levandum illud quousque levetur, et valet sex denarios.

Et debet plantare fabas per unum diem, et valet obolum.

Et extrahet foragium a domibus curiæ per unum diem, et valet obolum.

Et lavabit et tondebit oves domini per duos dies, et valet quatuor denarios.

---

[1] *Item*] originally written *ita* in the MS., but afterwards altered.

Et summagiabit ter in anno, et valet tres denarios.

Et metet qualibet[1] septimana in autumno, et valet tres solidos duos denarios obolum.

Et faciet duas bederipas cum uno homine, et manducabit cum domino, et valet duos denarios.

Et cariabit bladum domini in autumno, et valet duos solidos octo denarios.

Et habebit unam garbam ipso die quo araverit.

Summa ipsius operis octo solidi unus denarius obolus.

Willelmus in la Hasele tenet unam virgatam terræ, et eadem opera faciet, et valet octo solidos unum denarium obolum.

Ricardus de Cruce tenet unam virgatam terræ, et eadem opera faciet, et valet octo [solidos] unum denarium obolum.

Johannes de Cruce tenet unam virgatam terræ, et eadem opera faciet, et valet octo solidos unum denarium obolum.

Henricus Fray tenet unam virgatam terræ, et eadem opera faciet, et valet octo solidos unum denarium obolum.

Summa harum quinque virgatarum in valore operis per annum quadraginta solidi septem denarii obolus.

Symon et Herebertus tenent unam virgatam terræ, et arabunt domino bis in anno, et manducabunt cum domino, et valet quatuor denarios.

Et herciabunt ut prædicta virgata, et valet quatuor denarios obolum.

Et eodem modo sarculabunt,[2] et valet unum denarium obolum. f. 4.

Et dabunt duos denarios ad falcandum pratum domini, et erunt ad levandum illud, et valet sex denarios.

Et debent metere ut prædicti virgatarii, et valet tres solidos duos denarios obolum.

Et debent facere mullonem per unum diem, et valet obolum.

Et lavabunt et tondebunt oves domini per duos dies cum uno homine,[3] et valet quatuor denarios.

Et facient duas bederipas cum uno homine, et valet duos denarios.

Et debent plantare fabas, et valet obolum.

Et die quo messuerint, habebunt duas garbas, et die quo fecerint bederipas, manducabunt cum domino, et fugabunt animalia apud Lutletone, et valet duos denarios.

Et habebunt unum panem ipso die, et dabunt chirshec, scilicet sex gallinas et duos gallos, et valet octo denarios.

---

[1] *qualibet*] quælibet, MS.
[2] *sarculabunt*] serculabunt, MS.
[3] *homine*] hominibus, MS.

Summa sex solidi unus denarius obolus.

Elias et Henricus Carectarius tenent unam virgatam terræ, et eadem opera facient, et valet sex solidos unum denarium obolum.

Walterus Huwe et Eadwardus tenent unam virgatam terræ, et eadem opera facient, et valet sex solidos unum denarium obolum.

Walterus Wine et Johannes Crol tenent unam virgatam terræ, et eadem opera facient, et valet sex solidos unum denarium obolum.

Thomas Banz et Nicholaus Careter tenent unam virgatam terræ, et eadem opera facient, et valet sex solidos unum denarium obolum.

Ricardus Messerius tenet dimidiam virgatam terræ et unum lundinarium terræ, et reddit pro omni servitio sex solidos.

Willelmus Newemon tenet unum lundinarium terræ et reddit per annum duodecim denarios.

Et debet sarculare, et valet tres obolos.

Et lavabit et tondebit bidentes, et valet duos denarios.

Et plantabit fabas per unum diem, et valet obolum.

Et faciet mullonem ut superius, et valet obolum.

Et levabit fœnum, et valet sex denarios.

Et debet metere quolibet die Lunæ in autumno, et valet sexdecim denarios.

Et dabit unam gallinam et unum gallum de chirshec, et valet duos denarios.

Summa hujus operis duo solidi quatuor denarii obolus.

Summa triginta novem solidi.

Et est summa totius extentæ, in certo valore, viginti quatuor libræ et quindecim denarii.

DCCCCXL. *Extenta de Ryndewike. Vacat tota ista extenta, quia non pertinet ad abbatem.*

A.D. 1267
-1268.
Of Rynde-
wike.

Extenta terræ quæ fuit Walteri de Banse apud Ryndewike, die Sabbati proxima ante festum Sancti Nicholai facta anno regni regis Henrici quinquagesimo secundo.

Terra arabilis remanens ad partem custodis terræ et hæredis apud Rindewike.

Primo in Blakemonescrofte et Phispolesfurlong sunt quinque acræ.

Item in Hawepete sunt duæ acræ et dimidia.

In Calvecroft sunt duæ acræ et dimidia, et quarta pars unius acræ et dimidia pertica.

Item super Egge in diversis parcellis sunt sex acræ et dimidia et quarta pars unius acræ.

In Cumba sunt duæ acræ et dimidia.

In Hallecroft sunt tres acræ.

In la Sete sunt tres acræ et dimidia, et una sellio et una[1] gara in duabus parcellis.

In Ruyforlonge sunt tres acræ.

In Cluntescrofte in duobus locis sunt septem acræ et dimidia.

In Edmundesleye sunt in quinque parcellis duodecim acræ et quarta pars unius acræ.

In Smokeacre est una[1] acra.

Item in Morfelde sunt in quinque locis quindecim acræ et dimidia.

Item in Eustaceforlonge in quatuor locis sunt tredecim acræ.

Item in Scharepacre est dimidia acra.

Item in Alrebroke sunt tria quarteria[2] unius acræ.

In Yvemore est quarta pars unius acræ.

Item in Middelhulle est dimidia acra et quarta pars unius acræ.

Item in Cokeslinche est dimidia acra in duobus locis.

Item in Suberesburia sunt in duobus locis duæ acræ.

Item in Calvecroft in duobus locis est una acra et dimidia.

Item in Clipperewelle est dimidia acra.

In Godefraieclive est dimidia acra.

In Holehiche est dimidia acra.

Item in Chelewoldesleye in quinque locis sunt tres acræ et quarta pars unius acræ.

In croftis de Oxlinche in tribus parcellis sunt tres acræ et dimidia.

In Hunterstile in duobus locis sunt[3] duæ acræ.

In Otrudinge est una acra.

In Berdesleye est dimidia acra.

In Newerdinge est una acra.

In Longeleya est dimidia acra.

In Wrokeshale est una acra et dimidia.

Et prope juxta Wrokeshale est una acra.

Item octo acræ quas Reginaldus Claviger tenuit, ut patet inferius.

Et est summa acrarum arabilium centum et octo acræ quarta pars unius acræ, una sellio, una gara, et dimidia pertica.

---

[1] acræ] repeated in MS. [3] sunt] sun, MS.
[2] quarteria] quarteriis, MS

Et est pretium cujuslibet acræ in certo valore octo denarii.

Et est summa totius valoris in denariis septuaginta duo solidi et quatuor denarii.

Pratum falcabile remanens ad partem custodis terræ et hæredis.

In diversis locis sunt septem acræ et dimidia, pretium cujuslibet acræ duo solidi.

Et est summa quindecim solidi.

In quadam mora juxta Hoxlinche est quoddam alnetum continens[1] dimidiam acram et quartam partem unius acræ, et valet ad commodum annuum tres solidos.

In Hallecroft est una parva grava, et quædam pastura quæ valet ad commodum annuum duodecim denarios.

In Grenehulle est quarta pars unius acræ pasturæ, et valet per annum tres denarios.

Item habetur apud Rindewike, ut in boscis, planis, pascuis, et diversis locis et pratis, pastura ad quatuor afros, octo boves, viginti animalia otiosa, quadraginta porcos, et trecentas oves, quæ valet per annum viginti solidos, exceptis dotibus.

Commodum gardini valet communibus annis, præter dotes, decem solidos.

f. 5. Custos terræ et hæredis habet apud Ryndewike ad partem suam, præter dotes, quindecim acras bosci et dimidiam, et tertiam partem unius acræ, cujus commodum sine vasto et exilio valet per annum quindecim solidos.

Summa omnium præcedentium in certo valore annuo sex libræ sex solidi septem denarii.

Ricardus Page tenet quartam partem unius virgatæ terræ per cartam hæreditarie, et reddit inde per annum tres denarios et unum par calcarium ad festum Sancti Michaelis, et debet sectam ad curiam de Ryndewike de tribus septimanis in tres septimanas.

Et cum obierit, dominus habebit melius averium ipsius Ricardi ad herietum et custodiam terræ et hæredis cum maritagio.

Jordanus Frend tenet dimidiam virgatam terræ cum mesuagio per cartam hæreditarie, et reddit inde per annum tres solidos, scilicet medietatem ad Annunciationem Beatæ Mariæ, et aliam medietatem ad festum Sancti Michaelis, et facit in omnibus sicut prædictus Ricardus.

Radulphus de Banse tenet unum mesuagium et sex acras terræ ad terminum vitæ suæ tantum, et reddit inde per annum

---

[1] *continens*] continentem, MS.

quinque denarios in vigilia Natalis Domini, et facit in omnibus
sicut dictus Ricardus.

Thomas Lefsi tenet unum mesuagium et unam acram terræ
per cartam hæreditarie, et reddit inde quinque denarios ad
prædictos duos terminos, et facit in omnibus sicut dictus
Ricardus.

Johannes le Kew tenet per antiquam tenuram unum ferndellum terræ cum mesuagio, et reddit inde per annum duos
solidos sex denarios ad prædictos duos terminos, et facit in
omnibus sicut prædictus Ricardus.

Symon le Kew tenet unum mesuagium et unum ferndellum
terræ ad terminum vitæ suæ tantum, et reddit inde per annum
quatuor solidos ad prædictos duos terminos, et facit in omnibus
sicut prædictus Ricardus.

Ricardus Amieth tenet dimidiam virgatam terræ ad terminum
vitæ suæ et vitæ Ceciliæ uxoris suæ, et reddit inde per annum
quinque solidos ad prædictos duos terminos, et facit in omnibus
sicut prædictus Ricardus.[1]

Agatha Pikemumele tenet quatuor acras terræ cum mesuagio
ad terminum vitæ suæ tantum, et reddit inde per annum tres
solidos ad prædictos duos terminos, et facit sectam ad curiam
domini sui.

Et faciet unam bederipam cum uno homine, et valet tres
obolos.

Et levabit fœnum domini per unum diem, et valet obolum.

Quam quidem consuetudinem ut in bederipis et fœni levatione
facient omnes prædicti qui tenent ad terminum vitæ, et dabunt
auxilium ad voluntatem domini.

Editha Falc tenet unum mesuagium cum curtillagio ad
voluntatem domini, et reddit inde per annum duodecim denarios
ad prædictos duos terminos et [faciet] unam bederipam.

DCCCCXLI. *Extenta de Bulleya.*

Johannes Gamel tenet unum mesuagium cum curtillagio et Of Bulleya.
tres acras terræ, et reddit inde per annum tres solidos sex f. 5 b,
denarios ad duos anni terminos.

Et faciet tres bederipas in autumno cum uno homine,
scilicet duas bederipas omnino ad custum suum proprium,
et valent tres denarios, et tertiam bederipam ad cibum domini,
et valet ultra cibum unum denarium.

---

[1] *Ad terminum vitæ et dabunt* | inserted in the MS. after Ricardus,
auxilium ad voluntatem domini is | but with the sign of erasure.

Et dabit unam gallinam ad Natale Domini, et valet unum denarium.

Et adunabit et levabit fœnum domini per unum diem, et valet obolum.

Et cum obierit, dabit domino melius averium suum nomine hericti.

Et tenet ad voluntatem domini.

Summa redditus cum consuetudinibus tres solidi undecim denarii et obolus.[1]

Ricardus de Sideham tenet unum mesuagium cum curtillagio, et quatuor acras terræ, et reddit inde per annum tres solidos sex denarios ad duos anni terminos, et facit in omnibus sicut prædictus Johannes Gamel.

Summa redditus cum consuetudinibus tres solidi undecim denarii obolus.

Johannes Molendinarius tenet unum mesuagium cum curtillagio, et reddit inde per annum duodecim denarios ad duos anni terminos, et facit in omnibus sicut prædictus Johannes Gamel.

Summa redditus cum consuetudinibus septendecim denarii obolus.

Et est summa certi redditus prædictorum per annum præter consuetudines octo solidi.

Et est summa consuetudinum prædictarum[2] in valore per annum sexdecim denarii obolus.

Et est summa prædictorum, tam de redditibus quam consuetudinibus, per annum novem solidi quatuor denarii obolus.

Abbas Gloucestriæ habet apud Edbulleyam in dominico unam virgatam terræ et dimidiam, inclusis in illa virgata et dimidia prædictis septem acris terræ quas prædicti Johannes Gamel et Ricardus de Sidenham tenent.

Et virgata terræ continet sexaginta quatuor acras, et est summa acrarum in dominico exceptis dictis septem acris et duabus acris prati quaterviginti septem acræ, pretium cujuslibet acræ octo denarii.

Item dominus abbas habet ibidem duas acras prati, et valent communibus annis quinque solidos.

Commodum gardini valet communibus annis duodecim denarios.

Summa totius extentæ cum valore operis septuaginta tres solidi quatuor denarii.

---

[1] *obolus*] obolum, MS.   [2] *prædictarum*] prædictorum, MS.

DCCCCXLII. *Extenta maneriorum Cameræ, scilicet de Clifforde, de Boclande, de Gutinge, et de Hynetone, facta anno quinquagesimo primo.*

Robertus le Freman tenet quatuor virgatas terræ et duas acras prati per cartam, qualibet virgata existente de triginta sex acris.

Et tenet per cartam hæreditarie.

Et reddit inde per annum viginti quinque solidos sex denarios ad duos anni terminos.

Et si obierit, dominus habebit equum suum cum hernesio et arma, si quæ habuerit.

Et si hæres ejus infra ætatem sit, dominus habebit ipsius custodiam et terræ ejus cum maritagio.

Et si legitimæ fuerit ætatis in obitu patris sui faciet homagium, et dabit relevium domino suo pro terra sua, et faciet forinseca servitia quæ ad terram suam pertinent.

Radulphus de Eylestone tenet unam virgatam terræ continentem quadraginta octo acras, et reddit inde per annum non redditum aliquem, sed sequetur comitatum Warwici et hundredum de Kingtone pro domino, et curiam de Clifforde pro omni servitio.

Et si obierit, fiet de herieto et de custodia terræ et hæredis ipsius sicut superius in servitio Roberti le Freman.

Henricus filius Fabri tenet unam virgatam terræ continentem quadraginta octo acras [pro] eodem servitio in omnibus sicut prædictus Randulphus.

Et si pro defalta dictorum Randulphi et Henrici dominus distringatur, ipsi in toto debent dominum indemnem conservare.

Willelmus filius Symonis tenet unam virgatam terræ continentem quadraginta octo acras per cartam, et reddit inde per annum septem solidos ad duos anni terminos.

Et sequetur curiam de Clifforde.

Et si obierit, fiet in omnibus sicut de[1] prædicto Randulpho.

Et faciet forinseca servitia quæ ad terram suam pertinent.

Willelmus filius Roberti tenet unam virgatam terræ per cartam continentem quadraginta octo acras, et reddit inde per annum septem solidos ad duos anni terminos, et faciet in omnibus sicut prædictus Randulphus.

Duo molendina quæ solebant reddere sexaginta solidos et

A.D. 1266 -1267.

Of Clifforde and others.

f. 6.

---

[1] *de*] repeated in MS.

sex denarios ad quatuor anni terminos erunt ad Annunciationem Beatæ Mariæ proximo futuro in manibus domini, quia tunc terminus prædictorum molendinorum ad firmam positorum præteriet.

Willelmus Molendinarius tenet duodecim acras terræ ad terminum vitæ suæ et uxoris suæ tantum, et reddit inde per annum decem solidos ad quatuor anni terminos.

Et facit minutas consuetudines non taxatas quæ ad terram suam pertinent.

Tota villa de Clifforde dat in communi de annuo redditu pro quadam parva pastura scilicet [in] quadam via sex denarios.

Nicholaus Hentelove tenet unum mesuagium cum curtillagio et duas acras terræ, et reddit inde per annum tres solidos ad duos anni terminos.

Et dabit auxilium secundum numerum animalium.

Et dabit pannagium, scilicet pro porco superannato unum denarium, et pro juniori porco obolum, dummodo separatus sit vel habilis ad separandum.

Et si braciaverit ad vendendum, dabit duodecim lagenas cervisiæ ad tonnutum, vel pretium earum.

Et debet redimere filium et filiam.

Non potest vendere equum nec bovem sine licentia.

Et cum obierit, dominus habebit melius averium suum nomine herieti.

Adam Textor tenet unum mesuagium cum curtillagio, et reddit inde per annum duodecim denarios ad duos anni terminos.

Et levabit fœnum domini per quatuor dies, et valet duos denarios.

Et faciet tres bederipas, et valent quatuor denarios obolum.

Et alias consuetudines faciet sicut prædictus Nicholaus.

Willelmus Marescallus tenet unum mesuagium cum curtillagio et unam acram terræ, et reddit inde per annum duodecim denarios ad duos anni terminos.

Et faciet in omnibus sicut dictus Nicholaus.

Alexander Siune tenet unum mesuagium cum curtillagio et unam acram terræ, et reddit inde per annum duos solidos sex denarios ad duos anni terminos.

Et facit tres bederipas, et valent quatuor denarios obolum.

Et adunabit[1] et levabit fœnum domini per quatuor dies, et valent duos denarios.

Et omnes alias consuetudines faciet sicut prædictus Nicholaus.

Hugo filius Laurentii tenet unum mesuagium cum curtil-

---

[1] *adunabit*] adjuvabit, MS.

lagio et unam acram terræ, et reddit inde per annum duos solidos sex denarios ad duos anni terminos.

Et facit tres bederipas, et valent quatuor denarios et obolum.

Et adunabit[1] et levabit fœnum domini per quatuor dies, et valent duos denarios.[2]

Et omnes alias consuetudines non taxatas faciet sicut dictus Nicholaus.

Thomas le Careter tenet unum mesuagium cum curtillagio et unam acram terræ, et reddit inde per annum duos solidos sex denarios ad duos anni terminos.

Et adunabit[1] et levabit fœnum domini per quatuor dies, et valent duos denarios.

Et facit tres bederipas, et valent quatuor denarios obolum.

Et faciet in omnibus sicut prædictus Nicholaus.

Cristina Widye tenet simile tenementum, et facit adunationem[3] fœni per quatuor dies, et valent duos denarios.

Et facit tres bederipas, et valent quatuor denarios obolum.

Et reddit de annuo redditu ad duos anni terminos duos solidos sex denarios.

Et in omnibus aliis idem faciet sicut prædictus Nicholaus.

Matilda relicta Galfridi tenet simile tenementum, et reddit inde per annum duos solidos sex denarios.

Et adunabit[1] et levabit fœnum domini per quatuor dies, et valent duos denarios.

Et faciet tres bederipas, et valent quatuor denarios obolum.

Et omnes alias consuetudines non taxatas faciet sicut prædictus Nicholaus.

Johannes Lasteles tenet unum mesuagium cum curtillagio, et reddit inde per annum duos solidos sex denarios.

Et adunabit[1] et levabit fœnum domini per quatuor dies, et valent duos denarios.

Et facit tres bederipas, et valent quatuor denarios et obolum.

Et omnes alias consuetudines non taxatas faciet sicut dictus Nicholaus.

Adam Bruggemon tenet unum mesuagium cum curtillagio et cum quadam pastura, et reddit inde per annum duos solidos ad duos anni terminos.

Et sustinebit pontem pro omni servitio. f. 7.

Et est ibi quædam collecta annua de tota villa de Cliffordo, scilicet quindecim solidi, et inde liberantur annuatim hundredo de Theuk[esburia] decem solidi, et quinque remanebunt domino.

---

[1] *adunabit*] adjuvabit, MS.

[2] *et facit tres bederipas, et valent quatuor denarios et obolum*, is inserted in the MS. after *denarios*, but with the sign of erasure.

[3] *adunationem*] adjuvationem, MS.

Willelmus de Winnecote tenet quinque cotagia de feodo domini, et percipit inde novem solidos annuos, et nihil inde domino reddit nisi sectam ad curiam de Clifforde.

Et debet homagium domino abbati Gloucestriæ.

Et cum obierit, dominus abbas habebit custodiam redditus prædicti, si hæres infra ætatem fuerit, usque ad legitimam ætatem ipsius.

Summa certi redditus per annum, præter firmam molendinorum, septuaginta sex solidi sex denarii.

Consuetudinarius; memorandum quod plus tenet.[1]

Ricardus de Porta tenet unam virgatam terræ et dimidiam acram prati, virgata existente de triginta sex acris.

Et debet arare dimidiam acram ad yemale et dimidiam acram ad Quadragesimale, et illam terram herciare tempore seminis.

Et valet in summa quatuor denarios.

Et a festo Sancti Michaelis usque ad festum Sancti Petri ad Vincula debet qualibet septimana operari opus manuale per quatuor dies cum uno homine, et valet quælibet dieta obolum.

Et summagiabit apud Gloucestriam bis in anno, et valet octo denarios.

Et etiam debet qualibet septimana quinto die vel sexto, pro voluntate domini, summagiare apud Hinetone vel Boclande, et valet quælibet dieta unum denarium obolum.

Et lavabit et tondet bidentes domini per duos dies, et valet unum denarium, allocato ei opere illius diei.

Et debet falcare pratum domini per quatuor dies, et valet quælibet dieta ultra operationem debitam unum denarium.

Et adunabit[2] et levabit fœnum domini per tres dies et amplius si necesse fuerit, et valet quælibet dieta obolum, non allocata operatione.

Et debet cariare fœnum domini per unum diem, et valet duos denarios ultra operationem illius diei manualem, quæ extenditur ad obolum.

Et debet cariare buscam ubicumque dominus voluerit, et allocabitur ei pro opere unius diei.

Et debet facere duas bederipas ante ad Vincula Sancti Petri cum duobus hominibus, et valent tres denarios.

Summa valoris operationum ante autumnum quatuordecim solidi sex denarii obolus.

Et a festo Beati Petri ad Vincula usque ad festum Beati Michaelis, debet qualibet septimana operari in messe domini

---

[1] This sentence is written in red ink. [2] *adunabit*] adjuvabit, MS.

per quinque dies cum uno homine, et valet quælibet dieta unum denarium obolum.

Et faciet octo bederipas cum duobus hominibus, et valent in summa duos solidos.

Et debet bis in hebdomada per quatuor septimanas cariare bladum domini, et valet quælibet dieta ultra operationem manualem unum denarium obolum.

Et debet portare tassa in grangia domini per unum diem, et valet obolum.

Et dabit auxilium secundum quantitatem terræ et numerum animalium.

Et si braciaverit ad vendendum, dabit duodecim lagenas f. 7 b. cervisiæ ad tonnutum vel pretium earum.

Et debet pannagiare porcos, scilicet pro porco superannato unum denarium, et pro juniori porco obolum, dummodo fuerit separatus vel habilis ad separandum.

Et non potest vendere equum nec bovem sine licentia.

Et debet redimere filium et filiam.

Et cum obierit, dominus habebit melius averium suum nomine herieti.

Summa valoris operationum in autumno octo solidi et obolus.

Walterus filius Yvonis tenet unam virgatam terræ continentem triginta sex acras, et facit in omnibus sicut prædictus Ricardus. Memorandum quod plus tenet.[1]

Henricus de Wilicote tenet unam virgatam terræ, et facit in omnibus sicut prædictus Ricardus.

Alicia Willames tenet unam virgatam terræ, et facit in omnibus sicut dictus Ricardus.

Nicholaus de Middeltone tenet unam virgatam terræ, et facit in omnibus sicut dictus Ricardus.

Matilda Adam tenet unam virgatam terræ, et facit in omnibus sicut dictus Ricardus.

Relicta Johannis Rondulf tenet unam virgatam terræ, et facit in omnibus sicut dictus Ricardus. Memorandum quod plus tenet.[1]

Willelmus le Orl tenet unam virgatam terræ, et facit in omnibus sicut prædictus Ricardus.

Ricardus Palmerius tenet unam virgatam terræ, et facit in omnibus sicut prædictus Ricardus. Memorandum quod plus tenet.[1]

Ricardus de Ovetone tenet unam virgatam terræ, et facit in omnibus sicut dictus Ricardus.

---

[1] *Memorandum . . . tenet*] written in red ink.

Thomas Rawe tenet unam virgatam terræ, et facit in omnibus sicut prædictus Ricardus.

Nicholaus le Orl tenet unam virgatam terræ, et facit in omnibus sicut prædictus Ricardus.

Bertram Belami tenet unam virgatam, et facit in omnibus sicut prædictus Ricardus.

Robertus filius Willelmi tenet unam virgatam terræ, et facit in omnibus sicut dictus Ricardus.

Sampson Neweman tenet unam virgatam, et facit in omnibus sicut prædictus Ricardus.

Willelmus Neweman tenet unam virgatam, et facit in omnibus sicut dictus Ricardus.

Johannes filius Willelmi tenet unam virgatam terræ, et facit in omnibus sicut prædictus Ricardus.

Item apud Ailestone.[1]

Galfridus de Forde tenet unam virgatam continentem viginti octo acras, et debet a festo Sancti Michaelis usque ad festum Sancti Petri ad Vincula qualibet septimana per quatuor dies operari opus manuale cum uno homine, et valet quælibet dieta obolum.

Et summagiabit bis in anno ad Gloucestriam, et valet octo denarios.

Et quinto die vel sexto qualibet septimana summagiabit apud Hynetone aut Boclande, et valet quælibet dieta unum denarium obolum.

Et debet arare dimidiam acram et illam herciare tempore seminis, et erit quietus per totam illam hebdomadam qua araverit dimidiam acram.

Et lavabit et tondet oves domini per duos dies, et valet unum denarium obolum.

Et falcabit pratum domini per quatuor dies, et valet quælibet dieta ultra operationem debitam duos denarios.

Et adunabit[2] et fœnum levabit per quatuor dies, et valet quælibet dieta ultra operationem debitam obolum.

Et cariabit fœnum, et valet duos denarios ultra operationem manualem illius diei quæ extendit[ur] ad obolum.

Et debet cariare buscam ubicumque dominus voluerit, et allocabitur ei pro opere diei.

Et faciet duas bederipas ante Gulaustum cum duobus hominibus, et valent tres denarios.

Et a festo Sancti Petri ad Vincula usque ad festum Sancti Michaelis debet qualibet septimana operari in messo domini

f. 8.

---

[1] *Item apud Ailestone*] written in red ink.   [2] *adunabit*] adjuvabit, MS.

per quatuor dies cum uno homine, et valet qualibet dicta unum denarium.

Et debet quinto die summagiare, et valet dicta unum denarium obolum.

Et faciet octo bederipas cum duobus hominibus, et valent in summa duos solidos.

Et debet bis in hebdomada per quatuor septimanas cariare bladum domini, et valet dicta ultra operationem manualem unum denarium obolum.

(Et cætera quoque faciet sicut dictus Ricardus de Porta.)

Willelmus de Rye tenet unam virgatam terræ, et facit in omnibus sicut prædictus Galfridus.

Thomas le Orl tenet unam virgatam terræ, et facit in omnibus sicut prædictus Galfridus.

Rogerus Silvestre tenet unam virgatam terræ, et facit in omnibus sicut dictus Galfridus.

Radulphus Frankeleyn tenet unam virgatam, et facit in omnibus sicut dictus Galfridus.

Alicia Mauger tenet unam virgatam terræ, et facit in omnibus sicut prædictus Galfridus.

Ricardus Newcomene tenet unam virgatam terræ, et facit in omnibus sicut dictus Galfridus.

Robertus de Forda tenet unam virgatam, et facit in omnibus sicut dictus Galfridus.

Cristina relicta Carectarii tenet dimidiam virgatam terræ, et facit medietatem servitii in omnibus, sicut prædictus Galfridus de Forda.

Omnes prædicti consuetudinarii dant annuatim de auxilio viginti solidos, et omnes debent cariare molas, scilicet petras molares ad molendinum domini, vel dabunt in communi tredecim denarios quadrantem.

Item apud Clifforde sunt quatuor carucæ arantes in dominico, et sunt ibidem triginta sex boves, scilicet cuilibet carucæ octo boves et quatuor ultra.

Hynetone.

Robertus filius Thomæ de Hinetone tenet quatuor virgatas terræ continentes unam hidam, qualibet virgata existente de quadraginta acris, et reddit inde per annum tredecim solidos quatuor denarios ad duos anni terminos.

Et sequitur curiam de Hinetone et liberam curiam Gloucestriæ bis in anno.

Et tenebit tualliam dummodo dominus abbas vel alius qui præsidet laverit die Sanctorum Petri et Pauli.

f. 8 b.

Et si obierit, dominus habebit equum suum cum hernesio et arma si qua habuerit, et wardam terræ et hæredis cum maritagio si hæres infra ætatem fuerit, et si fuerit legitimæ ætatis, faciet homagium, et dabit relevium, et forinseca servitia faciet

Henricus Capellanus tenet unam virgatam et tria quarteria unius virgatæ terræ, et reddit inde per annum unum denarium ad festum Sancti Michaelis pro omni servitio ad terminum vitæ

Robertus de Arundel tenet quartam partem unius virgatæ terræ ad voluntatem domini, et reddit inde per annum duos solidos sex denarios ad duos anni terminos

Et faciet sexdecim bederipas in autumno, et valent in summa duos solidos octo denarios

Et inveniet unum hominem ad lavandum et tondendum oves domini per duos dies, et valent duos denarios

Et adunabit[1] et levabit fœnum domini per duos dies et amplius si necesse fuerit, et valet unum denarium

Et si braciaverit ad vendendum, dabit tres lagenas cervisiæ vel pretium pro tonnuto

Et pannagiabit porcos suos si dominus voluerit

Et debet redimere filium et filiam

Et si obierit, dominus habebit melius averium suum nomine hericti, et de vidua similiter

Ricardus Morice tenet unam virgatam terræ continentem quadraginta acras, et debet arare unam acram ad yemale et unam acram ad Quadragesimalia, et hercare tempore seminis, et arabit unam acram ad warectum, et valet tota dicta arura quindecim denarios

Et a festo Sancti Michaelis usque ad festum Sancti Petri ad Vincula debet qualibet altera septimana per[2] unum diem summagiare ad Gloucestriam, Teuk[esburiam], Clifforde et alibi, pro dispositione ballivi, et valet unum denarium et obolum

Et debet qualibet altera septimana per prædictum tempus operari opus manuale per quatuor dies, et valet quælibet dicta obolum quadrantem

Et si deputatus fuerit ad triturandum, triturabit de frumento duos bussellos, et totidem de fabis, pisis et Lordeo vel de avena sex bussellos

Et debet falcare pratum domini per quatuor dies ad minus,

---

[1] *adunabit*] adjuvabit, MS

[2] *prædictum tempus operari opus manuale per quatuor dies et valet* | *quælibet dicta obolum quadrantem* is inserted in the MS before *unam*, but with the sign of erasure

et valet quælibet dieta duos denarios præter operationem debitam, scilicet manualem illius diei in prima allocatione.

Et adunabit[1] et levabit fœnum domini per tres dies ad minus, et[2] valet obolum quadrantem.

Et sarculabit bladum domini, et allocabitur ei pro opere diei, et inveniet unum hominem ad lavandum et tondendum oves domini per duos dies, et valet duos denarios.

Et a festo Beati Petri ad Vincula usque ad festum Sancti Michaelis debet qualibet septimana operari in messe domini per quinque dies cum uno homine, festivis diebus allocatis, et valet quælibet dieta duos denarios.

Et faciet octo bederipas cum duobus hominibus, et valent in summa duos solidos octo denarios.

Et dabit auxilium secundum quantitatem terræ et numerum animalium.

Et si braciaverit ad vendendum, dabit tres lagenas cervisiæ vel pretium pro tonnuto.

Et non potest vendere equum nec bovem sine licentia.

Et debet redimere filium et filiam pro voluntate domini.

Et si obierit, dominus habebit melius averium suum nomine herieti, et de vidua similiter.

Summa virgatarum terræ in opere viginti solidi quinque denarii obolus.

Adam Coquinarius tenet unam virgatam terræ, et facit in omnibus sicut dictus Ricardus.

Robertus Kec tenet unam virgatam terræ, et facit in omnibus sicut prædictus Ricardus.

Henricus Kensi tenet unam virgatam, et facit in omnibus sicut dictus Ricardus.

Willelmus Edwarde tenet unam virgatam terræ, et facit in omnibus sicut prædictus Ricardus.

Nicholaus le Warre tenet unam virgatam terræ, et facit in omnibus sicut dictus Ricardus.

Johannes Frebern tenet unam virgatam terræ, et facit in omnibus sicut prædictus Ricardus.

Alicia Noble tenet unam virgatam terræ, et facit in omnibus sicut prædictus Ricardus.

Johannes Rogeres tenet unam virgatam terræ, et facit in omnibus sicut prædictus Ricardus.

Willelmus Adam tenet unam virgatam, et facit in omnibus sicut dictus Ricardus.

---

[1] *adunabit*] adjuvabit, MS.
[2] *ad* is inserted in the MS.

before *valet*, but with the sign of erasure.

Walterus de Merxe tenet unam virgatam terræ, et facit in omnibus sicut prædictus Ricardus.

Willelmus Grene tenet unam virgatam, et faciet in omnibus sicut dictus Ricardus.

Walterus Frebern tenet unam virgatam, et faciet in omnibus sicut prædictus Ricardus.

Robertus Croylin tenet unam virgatam, et facit in omnibus sicut prædictus Ricardus.

Henricus de Porta tenet unam virgatam terræ, et facit in omnibus sicut prædictus Ricardus.

Jordanus le Felawe tenet unam virgatam, et facit in omnibus sicut dictus Ricardus.

Walterus Ailwarde tenet unam virgatam, et facit in omnibus sicut prædictus Ricardus.

Johannes Anphelise tenet unam virgatam, et reddit inde per annum quindecim solidos ad quatuor anni terminos.

Et adunabit[1] et levabit fœnum domini, et lavabit et tondet bidentes, et valet ut superius.

Et faciet bederipas et alias consuetudines non taxatas sicut prædictus Ricardus.

Willelmus de Fladeburia tenet unam virgatam terræ, et reddit inde per annum quindecim solidos, et faciet in omnibus sicut prædictus Johannes Amfelise.

Johannes Schyreburne tenet unam virgatam, et facit in omnibus sicut dictus Ricardus.

Matilda Tude tenet unam virgatam terræ, et facit in omnibus sicut dictus Ricardus.

Galfridus de Dumbeltone tenet unam virgatam, et facit in omnibus sicut dictus Ricardus.

Robertus Ausi tenet unam virgatam, et facit in omnibus sicut prædictus Ricardus.

Willelmus Walkelin tenet unam virgatam, et facit in omnibus sicut prædictus Ricardus.

Willelmus Dernel tenet unam virgatam, et facit in omnibus sicut prædictus Ricardus.

Thomas Prophete tenet unam virgatam terræ, et faciet in omnibus sicut dictus Ricardus.

Walkelinus tenet unam virgatam, et facit in omnibus sicut prædictus Ricardus.

Willelmus Raulves tenet unam virgatam, et facit in omnibus sicut prædictus Ricardus.

Willelmus Grundel tenet unam virgatam, et facit in omnibus sicut prædictus Ricardus.

---

[1] *adunabit*] adjuvabit, MS.

Ricardus Margerie tenet unam virgatam, et facict in omnibus sicut prædictus Ricardus.

Stephanus le Duk tenet unam virgatam, et facit in omnibus sicut prædictus Ricardus.

Johannes Cnotte tenet unam virgatam, et facit in omnibus sicut prædictus Ricardus.

Duce Moyses tenet unam virgatam, et facit in omnibus sicut prædictus Ricardus.

Willelmus Cnotte tenet unam virgatam, et facit in omnibus sicut prædictus Ricardus.

Willelmus Rogeres tenet unam virgatam, et facict in omnibus sicut predictus Ricardus.

Ricardus Wulfs et Johannes de Hervertone tenent unam virgatam terræ, et faciunt in omnibus sicut prædictus Ricardus, hoc addito quod uterque eorum in tonsione bidentum, fœni falcatione, et levatione bladi, sarculatione, et in bederipis facient sicut unus virgatarius.

Thomas Russel et Osbertus tenent unam virgatam, et faciunt in omnibus sicut prædicti Johannes de Hervertone et Ricardus Wulf.

Nicholaus Gardinarius et Henricus Traci tenent unam virgatam, et faciant in omnibus sicut prædicti Ricardus et Johannes.

Ricardus Rede et Robertus Noble tenent unam virgatam terræ, et faciunt in omnibus sicut prædicti Ricardus et Johannes.

Stephanus Balle et Galfridus de Cherlethone tenent unam virgatam terræ, et faciunt in omnibus sicut prædicti Ricardus et Johannes.

Robertus Hamund et Johannes Norman tenent unam virgatam, et faciunt in omnibus sicut prædicti Ricardus et Johannes.

Willelmus de Herefordsire tenet dimidiam virgatam terræ, et facit in omnibus sicut dimidius virgatarius.

Willelmus Molendinarius tenet de domino quoddam torallum, et reddit inde per annum tres denarios.

Willelmus Schephurde tenet unum mesuagium, et unam acram terræ, et debet a festo Sancti Michaelis usque ad festum Sancti Petri ad Vincula qualibet septimana per unum diem operari opus manuale cum uno homine, et valet qualibet dieta obolum quadrantem.

Et lavabit et tondet bidentes domini, et valet unum denarium.

Et levabit fœnum domini per tres dies, et valet unum denarium obolum.

Et sarculabit bladum domini, et valet obolum.

Et in autumno faciet octo bederipas cum duobus hominibus, et valent in summa duos solidos octo denarios.

Et dabit auxilium.

Et faciet omnes alias consuetudines non taxatas sicut prædictus Ricardus Morice.

Hawisia vidua tenet simile tenementum, et facit in omnibus sicut prædictus Willelmus.

Item eadem Hawisia tenet unum parvum forlandum, et facit inde opus manuale per tres dies, et valent duos denarios obolum quadrantem.

f. 10.   Willelmus Molendinarius tenet simile tenementum sicut prædictus Willelmus Schephurde, et idem servitium facit in omnibus.

Henricus Gardinarius tenet simile tenementum, et facit in omnibus sicut prædictus Willelmus.

Johannes Balle tenet simile tenementum, et facit in omnibus sicut prædictus Willelmus.

Frebern Kensi tenet simile tenementum, et facit in omnibus sicut[1] prædictus Willelmus.

Ricardus Balle, Johannes Haule, relicta Adæ Hopere, Martinus Molendinarius, similia tenent tenementa, et faciunt in omnibus sicut prædictus Willelmus.

Willelmus Molendinarius tenet unam acram terræ, et reddit inde per annum tres denarios ad duos anni terminos, et nihil inde aliud facit servitium.

Henricus Gardinarius tenet duas acras terræ, et reddit inde per annum duodecim denarios ad duos anni terminos pro omni servitio.

Osbertus Stephene tenet decem acras terræ, et reddit inde per annum viginti unum denarios ad duos anni terminos.

Et dat auxilium.

Et facit quatuor bederipas, et valent octo denarios pro omni servitio.

Thomas Russel simile tenet tenementum, et facit in omnibus sicut prædictus Osbertus.[2]

Robertus Hamund tenet duas acras terræ, et reddit inde per annum duodecim denarios ad duos terminos.

Robertus Hausi tenet pro quadam placea in horto suo,[3] et reddit inde per annum sex denarios ad duos anni terminos.

Molendinum fullonicum reddit per annum viginti sex solidos octo denarios ad quatuor anni terminos.

---

[1] *sicut*] interlined in MS.

[2] Against this and the preceding item, *Memorandum de hiis* is written in the margin.

[3] This clause is evidently incomplete.

Et sciendum quod omnes prædicti consuetudinarii debent cariare molas molendini de Hinethone usque Boclande, vel dabunt in communi octodecim denarios, et debent portare tassa in grangiam domini quotiens summoniti fuerint pro voluntate domini.

Memorandum de novis bordellis sine licentia levatis quæ de novo ponuntur ad annuum redditum, qui quidem redditus debet inseri in istam extentam.

Summa certi redditus prædictorum præter auxilium et expernum operis per annum quinquaginta solidi octo denarii.

Apud Hinetone sunt tres carucæ in dominico arantes quibus competunt triginta et unus boves,[1] scilicet cuilibet carucæ decem boves et unus ultra.

Extenta de Boclande.

Nomina juratorum ad istam extentam de Boclande faciendam, *Of Boc-Stephanus de Molendino, Willelmus Attepate, Thomas in la lande.* Hale, Stephanus de Ablintone.

Alicia vidua tenet unam virgatam terræ continentem triginta sex acras, et debet a festo Sancti Michaelis usque ad festum Sancti Petri ad Vincula qualibet altera septimana operari opus manuale per quatuor dies cum uno homine, et valet quælibet dicta obolum.

Et arabit unam acram ad yemale, et aliam ad Quadragesimale, et duas acras ad warectum, et valet illa arura in summa viginti denarios.

Et quinto die qualibet altera septimana debet summagiare *f. 10 b.* apud Gloucestriam, Theokesburiam, Evesham, Campedene, Clifforde, vel apud Wygorniam, et valet quælibet dicta unum denarium obolum.

Et si deputata sit ad triturandum, triturabit duos bussellos frumenti, pisarum, fabarum, vel hordei, aut de avena quatuor bussellos.

Et si falcaverit, falcabit pratum domini per quatuor dies ad minus, et valet quælibet dicta tres denarios, opere diei infra allocato.

Et levabit et adunabit[2] fœnum domini per quatuor dies, non allocato opere diei, et valet quælibet dicta obolum.

---

[1] *boves*] bos, MS. | [2] *adunabit*] adjuvabit, MS.

Et lavabit et tondebit bidentes domini per duos dies, et valet dieta obolum.

Et debet cariare fœnum cum dimidio carro vel unica careta, allocato opere manuali, [et] valet duos denarios.

Et si sarculaverit, allocabitur ei pro opere manuali, et debet triturare ter in anno contra adventum domini abbatis præter operationem manualem, et valet in summa unum denarium obolum.

Et portabit tassa in grangiam domini quotiens necesse fuerit, et valet in summa duos denarios.

Et debet triturare duos bussellos frumenti ad semen, et valet obolum.

Et præterea debet sarculare bladum domini per sex dies, non allocato opere diei, et valet tres denarios.

Et dabit unam gallinam, et valet unum denarium.

Summa undecim solidi.

Et a festo Sancti Petri ad Vincula usque ad festum Sancti Michaelis debet qualibet septimana operari in messe domini per quinque dies cum uno homine, et valet quælibet dieta unum denarium obolum.

Et faciet duas bederipas qualibet septimana cum duobus hominibus præter operationem computatam, et valent in hebdomada sex denarios.

Et debet cariare bladum domini cum carro aut carecta, et allocabitur ei pro opere manuali.

Et dabit auxilium secundum quantitatem terræ et numerum animalium.

Et si braciaverit ad vendendum, dabit de tonnuto unum denarium vel cervisiam ad valorem unius denarii.

Et dabit pannagium, scilicet pro porco superannato unum denarium, et pro juniori porco obolum dummodo fuerit separatus vel habilis ad separandum.

Non potest vendere equum nec bovem sine licentia.

Et non potest filium alienare nec filiam [maritare] sine redemptione pro voluntate domini.

Et si obierit, dominus habebit melius averium suum nomine herieti.

Summa valoris operationum in autumno novem solidi.

Willelmus de Porta tenet unam virgatam terræ, et facit in omnibus sicut prædicta Alicia.

Edelina vidua tenet unam virgatam terræ, et facit in omnibus sicut prædictus Willelmus.

Hamundus Faber, Walterus le Þunge, Nicholaus Godefrai, Philippus subtus villam, Willelmus subtus villam, Ricardus de Hamptone, Thomas in la Hale, Walterus Goddot, Alicia

Brentes, Willelmus Kee, Stephanus Præpositus, Nicholaus in f. 11
la Hale, Matilda Wigoth, Walterus Roe, Willelmus de Cimiterio, Robertus de Cimiterio, Wygoth junior, Jacobus, Henricus Wigoth, Ricardus filius Præpositi, item idem R[icardus],
Juliana Wodeward, Walterus de Wrinintone, Walterus le Blake,
Walterus Willames, Robertus le Rede, et Alexander subtus
villam, similia tenementa tenent, et in omnibus faciunt sicut
prædictus Willelmus.

Juliana vidua et Nicholaus le Wite tenent unam virgatam
terræ, et faciunt in omnibus sicut prædictus Willelmus.

Lovekoc Ricardes, et Adam Godriche, Thomas in la Hale,
et Nicholaus Bovetone, Thomas Knyth, et Thomas Attewelle,
Willelmus Hope, et Johannes Cnyth, Simon Molayn, et Willelmus Careter, Ricardus Loviare, et Stephanus præpositus,
duo conjunctim similia tenementa tenent, et in omnibus faciunt
sicut dictus Willelmus.

Et notandum quod utraque virgata quotquot superius jen-
guntur dabit unam gallinam.

Et virgatarius non nisi unam gallinam.

Walterus Carpentarius tenet quamdam particulam terræ, et
reddit inde per annum duos capones.

Idem Walterus Carpentarius tenet unum mesuagium cum
curtillagio, et unam acram terræ, et debet a festo Sancti
Michaelis usque ad festum Sancti Petri ad Vincula, qualibet
septimana operari opus manuale per unum diem cum uno
homine, et valet quælibet dieta obolum.

Et lavabit et tondet bidentes domini per duos dies, et valet
unum denarium.

Et adunabit[1] et levabit fœnum domini per quatuor dies, et
valet duos denarios.

Et dabit unam gallinam ad Natale Domini, et valet unum
denarium.

Et portabit tassa in grangiam domini quotiens necesse est,
et valet dieta obolum.

Et a festo Beati Petri ad Vincula usque ad festum Sancti
Michaelis debet qualibet septimana per duos dies operari in
messe domini cum uno homine, et valet quælibet dieta unum
denarium obolum.

Et dabit pannagium, tonnutum, herietum.

Et alias consuetudines non taxatas faciet ut superius dictum
est.

Et non potest vendere equum nec bovem sine licentia.

---

[1] adunabit] adjuvabit, MS.

Et debet redimere filium et filiam.

Willelmus Ferping, Nicholaus Jones, Willelmus Chalone, Willelmus Couhirde, Willelmus Brodewebbe, Margeria Bissop, Willelmus Alured, Nicholaus Lorimer, Walterus Textor, Walterus Hapulf, Philippus Pucke, Walterus de Fraxino, Rogerus Buffarde, Matilda Ginlyttest, Agnes Stuperes, similia tenent tenementa, et faciunt in omnibus sicut prædictus Walterus.

Edelina vidua tenet simile tenementum, et idem deberet facere servitium, sed modo reddit tres solidos ad duos anni terminos.

Adam Faber tenet simile tenementum, et idem deberet facere servitium, sed modo reddit tres solidos ad duos anni terminos.

f. 11 b. Robertus Capellanus tenet unam domum cum curtillagio, et reddit inde per annum duodecim denarios,[1] ad voluntatem domini.

Walterus le Mou tenet unam domum cum curtillagio ad voluntatem domini, et reddit inde per annum duodecim denarios, et alias minutas consuetudines non taxatas facit.

Walterus Carpentarius tenet unam acram terræ ad emendationem utensilium dummodo dominus voluerit.

Ricardus de Hamptone tenet quatuor acras terræ, et reddit inde per annum quatuor solidos ad quatuor anni terminos, et dat auxilium, et alias minutas consuetudines non taxatas facit.

Hamundus Faber tenet unum mesuagium cum curtillagio, et sex acras terræ quæ vocatur Mulelonde, et duo molendina, et reddit inde per annum triginta duos solidos ad quatuor terminos anni.

Auxilium consuetudinariorum de Boclonde est per annum tres marcæ et dimidia. Et de Gutinge dimidia marca.

Omnes prædicti consuetudinarii habebunt tempore falcationis unum multonem qui vocatur madschep post tonsionem, et quilibet eorum eo die quo ligaverit per totum diem habebit unam garbam ejusdem generis bladi terminato opere sero. Et quando cariaverit similiter.

Apud Boclonde sunt quatuor carucæ in dominico arantes, quibus competunt quadraginta quatuor boves, scilicet [cuilibet] carucæ decem boves. Et præter hoc unicuique carucæ unus bos ultra.

---

[1] *et alias minutas consuetudines non taxatas facit* is inserted in the MS. after *denarios*, but with the sign of erasure.

Gotinge.

Symon Alewi tenet unam virgatam terræ continentem triginta octo acras, et reddit inde per annum quatuor solidos ad duos anni terminos, et dat auxilium secundum quantitatem terræ et numerum animalium.

Et si obierit, dominus habebit melius averium suum nomine herieti.

Et non potest vendere equum nec bovem sine licentia.

Et debet redimere filium et filiam.

Et pannagiabit porcos, et nihil ut dicitur aliud facit pro dicta virgata terræ.

Item idem Symon tenet unam virgatam terræ consuetudinariæ continentem triginta octo acras, et debet a festo Sancti Michaelis usque ad festum Sancti Martini, qualibet septimana, operari opus manuale per quatuor dies cum uno homine, et valet quælibet dieta obolum.

Et debet arare tres selliones et dimidiam ad yemale, et valent in summa octo denarios.

Et a festo Sancti Martini usque ad Vincula Sancti Petri debet qualibet septimana per duos dies operari opus manuale cum uno homine, et valet quælibet dieta obolum.

Et triturabit de frumento duos bussellos, aut de hordeo duos bussellos, vel de avena dimidium quarterium, et allocabitur ei pro opere manuali, et falcabit pratum domini per quatuor dies cum uno homine, et valent in summa octo denarios, allocata sibi operatione manuali quæ extenditur ad obolum.

Et adunabit [1] et levabit fœnum domini per duos dies præter f. operationem debitam, et valet unum denarium.

Et sarculabit bladum domini, et allocabitur ei pro opere diei.

Et a festo Sancti Petri ad Vincula usque ad festum Sancti Michaelis debet qualibet septimana per duos dies operari in messe domini cum duobus hominibus, et valet [2] quælibet dieta quatuor denarios, et per duos dies cum uno homine, et valet quælibet dieta duos denarios.

Et si summagiaverit, allocabitur ei pro opere unius hominis stantis in messe domini.

Et dabit auxilium secundum quantitatem terræ et numerum animalium.

Et pannagiabit porcos, scilicet pro porco superannato unum

---

[1] *adunabit*] adjuvabit, MS. | [2] *valet*] valet qualibet, MS.

denarium, et pro juniori porco obolum dummodo fuerit separatus vel habilis ad separandum.

Et non potest vendere equum nec bovem sine licentia.

Et debet redimere filium et filiam.

Et si obierit, dominus habebit melius averium suum nomine hericti, et de vidua si supervixerit maritum similiter.

Summa valoris operationis virgatæ existentis ad opera tredecim solidi septem denarii.

Willelmus Præpositus tenet unam virgatam terræ continentem triginta octo acras, et facit in omnibus sicut prædictus Symon Alewy.

Relicta Willelmi David tenet unam virgatam terræ continentem triginta octo acras, et facit in omnibus sicut prædictus Symon.

Johannes de Lecche tenet unam virgatam continentem quadraginta acras, et facit in omnibus sicut dictus Symon.

Ricardus in la Lone tenet unam virgatam continentem quadraginta acras, et facit in omnibus sicut prædictus Symon.

Willelmus Præpositus tenet unum mesuagium cum curtillagio et unam acram terræ, et reddit inde per annum duos solidos ad duos anni terminos, et dat auxilium pro omni servitio.

Walterus Galianemon tenet unum mesuagium cum curtillagio et unam acram terræ, et a festo Sancti Michaelis usque ad Vincula Sancti Petri debet qualibet septimana per unum diem operari opus manuale cum uno homine, et valet quælibet dieta obolum.

Et adunabit[1] et levabit fœnum domini per duos dies, et valet unum denarium.

Et sarculabit bladum domini, et allocabitur ei pro opere diei.

Et a festo Beati Petri usque ad festum Sancti Michaelis debet qualibet septimana per duos dies operari in messe domini cum uno homine, et valet quælibet dieta duos denarios.

Et dabit auxilium secundum quantitatem terræ et numerum animalium.

Et facit alias consuetudines non taxatas sicut prædicti.

Adam de Hervertone et Robertus de Hynetone similia tenent tenementa, et faciunt in omnibus sicut prædictus Walterus Galianemon.

Est ibi quoddam columbare quod reddit per annum septem solidos.

---

[1] *adunabit*] adjuvabit, MS.

Auxilium consuetudinariorum est ibi per annum dimidia marca.

DCCCCXLIII. *Extenta de Berthona regis.*

Inquisitio facta per viginti quatuor juratores hundredi de Dudestone de capitulis receptis super extenta manerii de Berthona extra Gloucestriam, quot acræ arabiles in dominico, et quantum quælibet valet per se.

Of King Barton. f. 12 b.

Dicunt quod dominus rex habet in dominico Berthonæ extra Gloucestriam, ducentas septuaginta quinque acras terræ arabilis, pretium cujuslibet octo denarii.

Et est summa novem libræ tres solidi quatuor denarii.

Item de prato dicunt quod rex habet quinquaginta octo acras prati in eodem manerio, pretium acræ duo solidi.

Et est summa centum sexdecim solidi.

De pastura separabili dicunt quod rex habet quamdam moram quæ continet quatuor acras et dimidiam, et valet quatuor solidos, et potest sustinere duodecim boves per unum mensem, et valet pastura unius bovis per idem tempus quatuor denarios.

Item de pastura inseparabili dicunt quod abbas Gloucestriæ debet invenire pasturam ad octodecim boves domini regis, et ad duas vaccas, et duos afros, a vigilia Pentecostes quousque prata sint falcata, levata, et cariata.

Item manerium potest sustinere ducentos multones et viginti quatuor porcos a Pascha usque ad festum Sancti Martini.

Item dicunt quod commodum gardini valet sex denarios.

Item dicunt de piscaria quod nihil habetur in manerio.

Item de molendino dicunt quod antecessores Dyonisiæ uxoris Henrici de Lasseberia tenuerunt quoddam molendinum de manerio Berthonæ pro decem solidis, et Willelmus de Albinaco modo illud tenet pro quindecim solidis, sed nesciunt quo warento.

De boscis dicunt quod rex habet quamdam costeram bosci de fago juvene quæ continet ad æstimationem triginta acras, unde rex poterit approbare per annum dimidiam marcam, scilicet in subbosco et virgis ad clausturam, et meremium ad carucas, et alia facienda sine destructione, et ille boscus est communis omnibus vicinis ut in herbagio.

De liberis tenentibus dicunt quod hæredes Osberti Giffarde tenent tres virgatas terræ de antiqua tenura, reddendo inde quinque solidos, et debent sequi curiam Berthonæ, et dare

E 2

tallagium quando dominus rex talliat dominica sua per Angliam.

Item abbas Gloucestriæ tenet unam virgatam terræ per antiquam tenuram, reddendo inde decem solidos.

Item tenet unum puteum apud Wychium, reddendo inde quadraginta cronocos salis, pretium cronoci octo denarii.

Et est summa viginti sex solidi octo denarii.

Nicholaus de Sancta Brigida tenet unam virgatam terræ de antiqua tenura, reddendo inde per annum quatuor solidos.

Henricus Rufus tenet tres virgatas terræ de antiqua tenura, reddendo inde dimidiam marcam.

Willelmus de Valencia tenet tres virgatas terræ de eodem post mortem Roberti de Ponte Largo, reddendo inde decem solidos.

Philippus de Mattesdone tenet unam virgatam terræ de[1] antiqua tenura, reddendo inde quinque solidos.

Willelmus de la Mare dedit tres virgatas terræ Amabiliæ filiæ suæ quas Philippus de Londonia modo tenet sicut viduarius, reddendo inde viginti duos solidos.

Henricus Haket tenet unam virgatam terræ, reddendo inde per annum quinque solidos.

Prior Lanthoniæ juxta Gloucestriam tenet unam virgatam terræ de antiqua tenura, reddendo inde viginti solidos octo denarios.

Henricus de Rues tenet unam virgatam terræ, et unum molendinum de traditione Wiberti de Rues patris sui, qui habet cartam domini regis Henrici filii regis Johannis, reddendo inde viginti duos solidos quatuor denarios.

Thomas de Fabrica tenet unam virgatam terræ per cartam domini regis Henrici avi regis Johannis, reddendo inde

f. 13.

---

[1] At the foot of the page here in the MS. the following note is inserted in a later hand : *Memorandum quod in libro de Domesday, capitulo decimo, sub titulo terræ Sancti Petri de Gloucestria in hundredo de Duddestone in comitatu Gloucestriæ, sic continetur, videlicet : Abbas Sancti Petri de Gloucestria tenuit tempore regis Edwardi manerium Bartonæ cum membris Barnewood, Tuffeley, Morrewent. Ibi viginti duæ hidæ, una virgata minus. Ibi sunt in dominico novem carucæ, et quadraginta duo villani, et viginti unus bordarii, cum quadraginta quinque carucis. Ibi duodecim servi et molendinum de[1] quinque solidis, et centum viginti acræ prati et silva quinque quarentenæ longitudinis et tres latitudinis. Valuit octo libras, modo viginti quatuor libras. Hoc manerium quietum fuit semper a geldo[2] et ab omni regali servitio.*

[1] de] et, MS.
[2] geldo] gilde, MS.

ducenta ferra sagittarum barbatarum, pretium octo solidi quatuor denarii.

Robertus le Sauvage tenet unam virgatam terræ per cartam domini regis Henrici filii regis Johannis, reddendo inde quinque solidos.

Item idem Robertus[1] tenet unam virgatam terræ quam emit de Waltero de Colverdene, pro qua debet portare brevia per comitatum, reddendo decem solidos.

Radulphus de Waleworthe tenet duas virgatas terræ de antiqua tenura, reddendo inde viginti solidos, et debet portare brevia per comitatum.

Henricus de Lesseberwe et Dyonisia uxor ejus tenent unam virgatam terræ et dimidiam de antiqua tenura, tulit brevia,[2] reddendo inde duodecim solidos octo denarios, et ad quam terram quoddam molendinum quod vocatur Goswitemulne quondam pertinuit, reddendo decem solidos, et modo reddendo quindecim solidos per manum W. Daubere.

Thomas Herebert tenet unum quarterium terræ de antiqua tenura, et portat brevia per comitatum, reddendo quatuor solidos.

Willelmus Nel tenet unum quarterium terræ de antiqua tenura per idem servitium.

Johannes de Vinea tenet quatuor acras terræ de antiqua tenura, reddendo inde per annum viginti denarios, et portat brevia per comitatum.

Willelmus de Albanaco tenet unam serjantiam ut æstimant dimidiam hydam per servitium custodiendi ostium dispensatoriæ domini regis.

Item idem Willelmus tenet unam virgatam de antiqua tenura, et nihil reddit pro ea.

Galfridus de Grava tenet unam virgatam terræ per archeriam, et debet sequi regem tempore guerræ per quadraginta dies infra metas Angliæ ad custum suum proprium.

Willelmus de Parco tenet unam virgatam terræ, [reddendo] duodecim denarios, quam dominus rex Johannes dedit Willelmo avo suo, sed nescitur quo waranto.

Henricus de Bars tenet unam virgatam terræ de antiqua tenura, reddendo inde ad castrum unam marcam, et possunt omnes præscripti filios et filias maritare sine licentia domini regis.

Johannes de Peritone tenet unum pratum parvum, reddendo inde duodecim denarios, et debet sequi curiam Berthonæ bis in anno ad visum faciendum.

---

[1] *Robertus*] Ricardus, MS.   [2] This clause seems incomplete.

Radulphus de Willintone tenet quatuor acras terræ, et nihil reddit, et nesciunt quo waranto.[1]

f. 13 b.   Willelmus de Colverdene tenet unam acram terræ, reddendo inde sex denarios.

Rogerus de Cistone tenet unum mesuagium et tres acras terræ, et unam croftam quæ vocatur Digelecroft, quæ continet quatuor acras, reddendo inde novem solidos.

Juliana vidua tenet octo acras terræ, cum una crofta quæ vocatur Tokiescroft de antiqua tenura, reddendo inde tres solidos quatuor denarios.

Willelmus Parmenter tenet unum mesuagium cum uno curtillagio de antiqua tenura, et quatuor acras terræ, et reddit inde sex solidos.

Willelmus le Riche tenet dimidiam virgatam terræ, reddendo inde decem solidos, et dat unam gallinam ad Natale Domini de pretio unius denarii.

Petrus de Sandhurste tenet unam virgatam terræ, reddendo viginti octo solidos quatuor denarios.

Petrus, Walterus, et Johannes de Dudestone, tenent tria mesuagia cum quadam perticula terræ, reddendo inde sex solidos et novem bederipas de pretio novem denariorum.

Walterus Menske tenet dimidiam virgatam terræ de antiqua tenura, reddendo inde octo solidos, unam gallinam ad Natale de pretio unius denarii, et in vigilia Beati Johannis Baptistæ de Wivenesweddinge, et valet obolum.

Johannes Batele tenet quamdam particulam terræ, reddendo inde octo denarios.

Johannes Crabbe tenet unum quarterium terræ de antiqua tenura, reddendo inde quatuor solidos, et unam gallinam ad Natale Domini de pretio unius denarii et Wiveneweddinge, et valet obolum.

Robertus de Pinnecote tenet unum quarterium terræ, red-

---

[1] At the foot of the page here in the MS. the following note is inserted in a later hand :

Per serjantiam.

Memorandum de terris et tenementis de quibus rex habebit custodiam, &c., et escaetas si evenerint.

Kyngeshome tenetur de rege per serjantiam.

Pychenecombe tenetur de rege.

Unam mesuagium tres virgatæ terræ in Brokthrope quæ Henricus rex dedit Henrico Rufo.

Osbertus de Grava tenet [de] rege unum mesuagium et unam carucatam terræ in Uptone per serjantiam.

Unum mesuagium et una carucata terræ in Lechamptone.

Unum mesuagium una virgata terræ in Uptone quæ Henricus rex dedit Ysuæ Stradweye pro homagio et centum sagittas comp'.

Willelmus de Parco tenet unum mesuagium et unam virgatam terræ de domino rege in Bruer'.

dendo inde quatuor solidos et unam gallinam, ut dictum est, et in vigilia Beati Johannis Wiveneweddinge, ut dictum est, et debet custodire boscum domini regis, et debet habere plenam caretam fœni.

Prior Sancti Bartholomæi tenet unum mesuagium cum uno curtillagio de antiqua tenura, reddendo inde octodecim denarios.

Burgenses Gloucestriæ reddunt una cum aliis tenentibus ad manerium Berthonæ prædictæ per annum de coteriis cum curtillagiis in suburbio Gloucestriæ quorum nomina non recolunt viginti novem solidos septem denarios de redditu assiso.

Consuetudinarii.

Willelmus Gille tenet dimidiam virgatam terræ consuetudinariæ, et debet operari per secundam septimanam quatuor dies, et valet operatio per diem obolum quadrantem, scilicet a festo Sancti Michaelis usque ad Nativitatem Sancti Johannis Baptistæ unum denarium per diem, et est summa dictæ operationis per annum de dimidia virgata terræ quinque solidi unus denarius obolus quadrans.

Item debet arare qualibet secunda septimana dimidiam acram terræ, et valet arura illius dimidiæ virgatæ terræ per annum sex solidos sex denarios.

Item debet arare ex præcatione per unum diem per annum, et habebit pro illa arura unum denarium obolum, et valet ultra unum denarium obolum.

Item arabit semel in anno dimidiam acram terræ ex consuetudine quæ vocatur benherpe, et [debet] seminare de proprio semine, et herciare, metere, et inducere in grangium domini regis, et habebit unam garbam, et valet quindecim denarios et obolum, garba non allocabitur.

Et debet quoddam Wiveneweddinge in vigilia Beati Johannis Baptistæ, et valet obolum, et dabit unam gallinam ad Natale Domini de pretio unius denarii, et propter illam gallinam consueverunt habere de bosco domini regis unam summam bosci quæ vocatur dayesem.

Item debet per annum sexdecim bederipas, et valent sexdecim denarios.

Et est summa operationis dimidiæ virgatæ terræ quatuordecim solidi sex denarii quadrans.

Item debet dicta dimidia virgata terræ per annum octo denarios de redditu assiso qui vocatur huntereselver.

Et est summa totius quindecim solidi duo denarii quadrans.

Willelmus Frannceys, Robertus Tekel, Willelmus de la Hulle.

Thomas de la Hulle similia tenent tenementa, et faciunt in omnibus sicut prædictus Willelmus Gille

Thomas le Lung, et Robertus, tenent dimidiam virgatam terræ, et faciunt idem servitium sed dant unam gallinam magis quam dicta dimidia virgata, et faciunt Wivenewedding de pretio unius oboli

Willelmus Wiche, et Radulphus Brevel, Robertus Unwine, et Galfridus Stille, similia tenent tenementa, et faciunt sicut prædicti duo conjunctim

Johannes Telye tenet unum quarterium terræ, et facit consuetudines quantum pertinet ad unum quarterium

Johannes Carpentarius et Relicta Kammok tenent dimidiam virgatam terræ et faciunt idem quod præscripti, exceptis hunteneselver et gallina

Matilda la Coke tenet unum quarterium, et facit consuetudines ut de uno quarterio consuetudinario

Juliana vidua tenet unum quarterium terræ, et facit consuetudines ut prius

Gilbertus Riveray tenet octo acras terræ arabilis, et unam acram prati, et debet operari a festo Sancti Michaelis usque ad festum Sancti Johannis Baptistæ per quamlibet septimanam per duos dies, pretium operationis diei obolus quadrans

Item a Nativitate prædicta usque ad festum Sancti Petri ad Vincula usque ad festum Sancti Michaelis qualibet septimana quatuor dies,[1] et valet dicta unum denarium

Et est summa operationis octo solidi quatuor denarii obolus

Milo juvenis tenet dimidiam virgatam terræ per operationem manualem, et valet operatio per annum decem solidos

Omnes illi libere tenentes prænominati possunt maritare filios et filias sine licentia domini regis, tam extra manerium quam infra, et omnes consuetudinarii prænominati possunt filios et filias maritare infra manerium et non extra, sine licentia, et omnes isti prænominati debent talliari quando dominus rex talliat dominica sua per Angliam

f 14 b.
Item de placitis, merchetis, et perquisitis, et heriotis, dicunt quod sexaginta solidi de tolneto cervisiæ² per annum tres solidi de pannagio per annum viginti denarii De visu franci plegii dicunt quod commodum est una marca per annum

Dicunt etiam quod nullum hundredum injunctum est manerio

Dicunt de stauro, remanet instauratum

---

[1] This sentence appears to be incomplete

² cervisiæ] Qy this word The MS has t m's The entire clause also seems corrupt

Dominus rex habet in manerio quindecim boves, unam vaccam, unam juvencam.

Et de omnibus aliis capitalis extremis dicunt quod nihil sciunt.

De libero redditu Bertonæ domini regis.
De termino Sancti Michaelis.

De priore Lanthoniæ quinque solidi duo denarii.

De priore Sancti Bartholomæi quatuor denarii obolus.

De Rogero de Sistone duo solidi tres denarii.

De Alexandro le Parmenter octodecim denarii.

De Roberto de Honinghom tres denarii.

De Johanne de Vinea quinque denarii.

De Willelmo Neel duodecim denarii.

De Thoma Herebert duodecim denarii.

De Roberto Savage de terra de Colverdene duo solidi sex denarii.

De eodem de terra de Twige quindecim denarii.

De Radulpho de Walesworthe quinque solidi.

De Petro filio Milonis septem solidi unus denarius.

De Johanne de Pyritone tres denarii.

De Philippo de Hetherleye quinque solidi sex denarii.

De Mauricio Tinte sex denarii.

De Alicia relicta Bedelli sex denarii.

De Johanne Bitele octo denarii.

De Henrico de Lasseberwe tres solidi duo denarii.

De Juliana vidua decem denarii.

De Waltero Menske duo solidi.

De Matilda Crabbe duodecim denarii.

De Henrico de Rues sex solidi octo denarii.

De Roberto de Pinnekote duodecim denarii.

De Willelmo le Riche duo solidi sex denarii.

De Willelmo filio Henrici duo solidi sex denarii.

De Philippo de Mattesdone quindecim denarii.

De Henrico Haket quindecim denarii.

De Nicholao de Sancta Brigida duodecim denarii.

De Pichenecumbe duo solidi sex denarii.

De Henrico le Ros sex solidi octo denarii.

De Colverdene unus denarius obolus.

De Rogero Cudde tres denarii.

De Willelmo de Parco duodecim denarii.

De Saltselver tres solidi tres denarii obolus.

De Wirichesþrop duo solidi sex denarii.

De Goswitemulne duo solidi sex denarii.

De Wichio decem solidi.

Summa quatuor libræ septem solidi tres denarii obolus.[1]

De termino Sancti Andreæ.

De priore Lanthoniæ quinque solidi duo denarii.

De priore Sancti Bartholomæi quatuor denarii obolus.

De Rogero de Sistone duo solidi tres denarii.

De Alexandro le Parmenter octodecim denarii.

De Roberto de Honinghom tres denarii.

De Johanne de Vinea quinque denarii.

De Willelmo Neel duodecim denarii.

De Thoma Herebert duodecim denarii.

De Roberto Sauvage duo solidi sex denarii.

De eodem quindecim denarii.

f. 15.

De Radulpho de Walesworthe quinque solidi.

De Petro filio Milonis septem solidi unus denarius.

De Johanne de Pyrithone tres denarii.

De Philippo de Heperle quinque solidi sex denarii.

De Mauricio Tynte sex denarii.

De [Alicia] relicta Bedelli sex denarii.

De Johanne Bitele octo denarii.

De Henrico de Lasseberwe tres solidi duo denarii.

De Juliana vidua decem denarii.

De Waltero Menske duo solidi.

De Matilda Crabbe duodecim denarii.

De Henrico de Rues quinque solidi septem denarii.

De Roberto de Pinnecote duodecim denarii.

De Willelmo le Riche duo solidi sex denarii.

De Willelmo filio Henrici duo solidi sex denarii.

De Philippo de Mattesdone quindecim denarii.

De Henrico Haket quindecim denarii.

De Nicholao de Sancta Brigida duodecim denarii.

De Colverdene unus denarius obolus.

De burgensibus Gloucestriæ tredecim solidi unus denarius obolus.

De visu franci plegii sex solidi quatuor denarii.

De Goswitemulne duo solidi sex denarii.

De Wlfrichesþrope duo solidi sex denarii.

Summa quatuor libræ viginti duo denarii obolus.

---

[1] This total is incorrect.

De termino Annunciationis Beatæ Mariæ.

De priore Lanthoniæ quinque solidi duo denarii.

De priore Sancti Bartholomæi quatuor denarii obolus.

De Rogero de Sistone duo solidi tres denarii.

De Alexando le Parmenter octodecim denarii.

De Roberto de Huninghom tres denarii.

De Johanne de Vinea quinque denarii.

De Willelmo Neel duodecim denarii.

De Thoma Herebert duodecim denarii.

De Roberto Sauvage duo solidi sex denarii.

De eodem quindecim denarii.

De Radulpho de Walesworpe quinque solidi.

De Petro filio Milonis septem solidi unus denarius.

De Johanne de Piritone tres denarii.

De Philippo de Heperle quinque solidi sex denarii.

De Mauricio Tynte sex denarii.

De Alicia relicta Bedelli sex denarii.

De Johanne Bitele octo denarii.

De Henrico de Lesseberwe tres solidi duo denarii.

De Juliana vidua decem denarii.

De Waltero Menske duo solidi.

De Matilda Crabbe duodecim denarii.

De Henrico de Rues sex solidi octo denarii.

De Roberto de Pinnecote duodecim denarii.

De Willelmo le Riche duo solidi sex denarii.

De Willelmo filio Henrici duo solidi sex denarii.

De Philippo de Mattesdone quindecim solidi.[1]

De Henrico Haket quindecim denarii.

De Nicholao de Sancta Brigida duodecim denarii.

De Pichenecumbe duo solidi sex denarii.

De Colverdene unus denarius obolus.

De Rogero Cudde tres denarii.

De burgensibus Gloucestriæ tredecim solidi duo denarii obolus.

De visu franci plegii sex solidi quatuor denarii.

De Goswitemulne duo solidi sex denarii.

De Wlfricheşprop duo solidi sex denarii.

Summa quatuor libræ quinque solidi novem denarii obolus.[2]

---

[1] *solidi*] should be *denarii*.   [2] This total is incorrect.

De termino Beati Johannis Baptiste.

De priore Lanthoniae quinque solidi duo denarii.
De priore Sancti Bartholomaei quatuor denarii obolus.

15 b.

De Rogero de Siston duo solidi tres denarii.
De Alexandro le Parmenter octodecim denarii.
De Roberto de Huninghom tres denarii.
De Johanne de Vinea quinque denarii.
De Willelmo Neel duodecim denarii.
De Thoma Herebert duodecim denarii.
De Roberto Savage duo solidi sex denarii.
De eodem quindecim denarii.
De Radulpho de Walesworthe quinque solidi.
De Petro filio Milonis septem solidi unus denarius.
De Johanne de Piritone tres denarii.
De Philippo de Heperle quinque solidi sex denarii.
De Mauricio Tynte sex denarii.
De Alicia relicta Bedelli sex denarii.
De Johanne Bytele octo denarii.
De Henrico de Lasseberwe tres solidi duo denarii.
De Juliana vidua decem denarii.
De Waltero Menske duo solidi.
De Matilda Crabbe duodecim denarii.
De Henrico de Riwes quinque solidi septem denarii.
De Roberto de Pinnecote duodecim denarii.
De Willelmo le Riche duo solidi sex denarii.
De Willelmo filio Henrici duo solidi sex denarii.
De Philippo de Mattresdone quindecim denarii.
De Henrico Haket quindecim denarii.
De Nicholao de Sancta Brigida duodecim denarii.
De Colverdene unus denarius obolus.
De Goswitemulne duo solidi sex denarii.
De Wolfesprop duo solidi sex denarii.
Summa sexaginta duo solidi quinque denarii.

Summa totalis liberi redditus quindecim librae quindecim solidi novem denarii obolus, exceptis denariis qui vocantur huntenesclver, qui extenduntur in redditu operum affirmatorum, et exceptis viginti sex solidis octo denariis qui extenduntur pro Wichio.

Summa redditus operum affirmatorum novem librae septem solidi.

DCCCCXLIV. *Extenta de Hardepyrie.*

Henricus de Marewent tenet unam virgatam terræ conti- Of Hardepyrie.
nentem quadraginta octo acras, et reddit inde per annum viginti solidos ad quatuor terminos, videlicet ad festum Beati
Andreæ quinque solidos, ad Annunciationem Beatæ Mariæ
quinque solidos, ad Nativitatem Beati Johannis quinque solidos, et ad festum Beati Michaelis quinque solidos, et debet
sequi quamlibet curiam de Gloucestria et halimotum de Hardepirie.

Et si obierit, dominus habebit equum suum cum hernesio, si
habuerit, vel melius averium suum si equum non habuerit.

Et dominus percipiet relevium ab hærede, et facit forinseca
[servitia], scilicet sectas comitatus et hundredi, et alia forinseca.

Walterus de Grava tenet unam virgatam terræ continentem
ut superius, et facit in omnibus sicut prædictus Henricus,
et reddit per annum viginti solidos ad quatuor terminos.

Ricardus Toky tenet unam virgatam terræ continentem ut
supra, et reddit inde per annum octo solidos ad duos ter- f. 16.
minos, et facit in omnibus sicut prædictus Henricus.

Walterus Fremon tenet sex acras terræ cum mesuagio, et
reddit inde per annum die Apostolorum Petri et Pauli unum
multonem pretii duodecim denariorum vel ultra, cum duodecim
denariis circa collum suum ligatis.

Et debet sectam ad liberam curiam Gloucestriæ et ad halimotum de Hardepirie.

Et pertinet ejus officium ad celerarium abbatiæ.

Et si obierit, dominus habebit melius averium suum nomine
herieti.

Et dominus percipiet relevium ab hærede ad opus proprium.

Robertus de Hope apud Stanutone tenet sex acras terræ, et
reddit inde per annum duos solidos sex denarios ad festum
Sancti Michaelis.

Walterus de Upthone tenet sex acras terræ cum dimidia
acra prati ad voluntatem domini, et reddit inde per annum
duos solidos sex denarios ad quatuor terminos, videlicet ad
quemlibet terminum septem denarios obolum pro omni servitio.

Willelmus le Lung tenet unam acram terræ, et reddit inde
per annum quatuor denarios ad festum Sancti Michaelis pro
omni servitio.

Adam le Horsman tenet duas acras terræ, et reddit inde
per annum duodecim denarios ad festum Sancti Michaelis pro
omni servitio.

Item dominus habet ibidem duo molendina aquatica in una

domo, quæ valent per annum quinque marcas, deductis sumptibus.

Adam de Hale tenet sex acras terræ, et reddit inde per annum octo lagenas mellis ad festum Beati Petri ad Vincula, et valet communibus annis quatuor solidos quatuor denarios.

Symon Purgar tenet sex acras terræ, et reddit inde per annum octo lagenas mellis ad eumdem terminum, et valent quatuor solidos quatuor denarios.

Robertus le Taillur tenet sex acras terræ, et reddit inde per annum octo lagenas mellis ad eumdem terminum, et valent quatuor solidos quatuor denarios.

Johannes Grim tenet tres acras terræ, et reddit inde per annum quatuor lagenas mellis ad eumdem terminum, et valent duos solidos duos denarios.

Walterus de Hale tenet unam acram terræ, et reddit inde per annum unum vomerem ad festum Sancti Michaelis pretii octo denariorum pro omni servitio.

Gilbertus de Lamputte tenet quatuor acras terræ, et reddit inde per annum octo vomeres ad eumdem terminum pretii quinque solidorum quatuor denariorum pro omni servitio.

Randulphus de Lamputte tenet tres acras terræ, et reddit inde per annum sex vomeres ad eumdem terminum pretii quatuor solidorum.

Willelmus le Lorimer tenet octodecim acras terræ ad voluntatem domini, et reddit inde per annum septem solidos ad quatuor prædictos terminos, et dicta terra consuevit dare de auxilio quatuordecim denarios et obolum qui modo allocantur consuetudinario in solutione octo marcarum.

Et si braciaverit ad vendendum, dabit de tonnuto quatuordecim lagenas cervisiæ.

f. 16 b.
Et non potest vendere equum nec bovem sine licentia.

Et dabunt emptor et venditor equi quatuor denarios.

Et debet redimere filium et filiam pro voluntate domini.

Et debet pannagiare porcos, si quos habuerit.

Et cum obierit, dominus habebit melius averium pro herieto.

Summa certi redditus per annum septuaginta duo solidi quatuor denarii.

Walterus de Comeleye tenet unam virgatam terræ cum mesuagio et sex acras prati, et continet dicta virgata quadraginta octo acras.

Et a festo Sancti Michaelis usque ad festum Beati Petri ad Vincula debet arare qualibet septimana per unum diem, et valet quælibet dieta tres denarios obolum, et per tres dies in qualibet septimana [debet] operari opus mannale, et valet dieta obolum.

Et quarto die debet summagiare, si necesse fuerit, apud

Prestonam, Duntesburne, Bromptone, et alia maneria, et Gloucestriam, et valet quælibet dieta unum denarium.

Et debet semel per annum summagiare apud Wichium, et
valet tres denarios.

Et arabit unam acram quæ vocatur Eadacre, et [debet]
triturare semen ad eamdem acram, et valet arura cum trituratione seminis quatuor denarios.

Et faciet unam aruram quæ vocatur bencherthe, ad unicum
pastum domini, et valet ultra cibum unum denarium.

Et falcabit pratum domini per quinque dies, et amplius si
necesse fuerit, et valet dieta ultra opus manuale duos denarios.

Et levabit fœnum domini per quinque dies, et[1] valet ultra
operationem manualem, quæ propter fœni levationem non allocabitur, duos denarios obolum.

Et debet sarculare bladum domini per unum diem præter
operationem consuetam cum uno homine, et valet obolum.

Et faciet unam bederipam ante autumnum cum uno homine,
et valet unum denarium obolum.

Et a festo Beati Petri ad Vincula usque ad festum Beati
Michaelis debet operari in messe domini qualibet septimana
per quinque dies cum duobus hominibus, et valet in qualibet
hebdomada quindecim denarios.

Et [faciet] unam bederipam quæ vocatur bondenebedripam
cum quatuor hominibus, et valet sex denarios.

Et faciet unam hersuram in anno quæ vocatur londegginge,
et valet unum denarium.

Et dabit auxilium ad festum Sancti Michaelis trium solidorum
trium denariorum.

Et debet pannagiare porcos, scilicet pro porco superannato
unum denarium, et pro juniori porco obolum dummodo fuerit
separatus vel habilis ad separandum.

Et si braciaverit ad vendendum, dabit quatuordecim lagenas
cervisiæ ad tonnutum.

Et non potest vendere equum neque bovem sine licentia.

Et venditor et emptor infra manerium pro equo vendito
dabunt de tonnuto quatuor denarios.

Et debet redimere filium et filiam pro voluntate domini.

Et si obierit, dominus habebit melius averium suum nomine f. 17.
herieti, et de vidua similiter si supervixerit maritum.

Walterus Teste tenet unam virgatam terræ continentem
eamdem quantitatem, et facit in omnibus sicut prædictus Walterus de Comeleye.

---

[1] *amplius* is inserted in the MS. after *et*, but with the sign of erasure.

Walterus Aillet tenet unam virgatam terræ, et facit in omnibus sicut prædictus [Walterus].

Agnes de Stiele tenet unam virgatam terræ, et facit in omnibus sicut prædictus Walterus.

Walterus de Uptone tenet unam virgatam terræ, et facit in omnibus sicut prædictus Walterus.

Walterus de Ulmo tenet dimidiam virgatam terræ continentem viginti quatuor acras et unum mesuagium et tres acras prati.

Et a festo Sancti Michaelis usque ad festum Beati Petri ad Vincula debet qualibet altera septimana uno die arare quamdiu dominicæ carucæ araverint, et valet quælibet dieta tres obolos.

Et debet unam aruram quæ vocatur radaker, scilicet arare unam acram ad semen yemale, et triturare semen ad eamdem acram, scilicet duos bussellos frumenti, et valet cum herciatura et trituratione quatuor denarios.

Et faciet unam aruram quæ vocatur bencherpe ad unicum cibum domini, et valet ultra cibum unum denarium.

Et debet herciare per unum diem, et valet unum denarium.

Et debet uno die in eadem septimana summagiare ubi ei jussum fuerit, et valet dieta unum denarium.

Et debet semel in anno summagiare apud Wichium, et valet tres denarios.

Et debet in eadem septimana quatuor dies operari opus manuale cum uno homine, et valet quælibet dieta obolum.

Et falcabit pratum domini per quinque dies, et valet quælibet dieta ultra operationem manualem duos denarios.

Et levabit fœnum domini per quinque dies, et valet in summa duos denarios obolum.

Et faciet unam bederipam ante festum Beati Petri ad Vincula, et valet unum denarium obolum.

Et sarculabit per unum diem præter operationem debitam, et valet obolum.

Et a festo Beati Petri ad Vincula usque ad festum Beati Michaelis debet qualibet septimana operari in messe domini per quinque dies cum uno homine, et valet quælibet dieta unum denarium obolum.

Et faciet unam bondenebedripe cum duobus hominibus, et valet tres denarios.

Et dabit de auxilio novemdecim denarios obolum.

Et omnes alias consuetudines non taxatas facit sicut prædictus Walterus de Comeleye virgatarius.

Symon Donintone tenet dimidiam virgatam terræ, et facit in omnibus sicut prædictus Walterus de Ulmo.

Walterus Knyt tenet dimidiam virgatam terræ, et facit in omnibus sicut prædictus Walterus.

Henricus Knyt tenet dimidiam virgatam terræ, et facit in omnibus sicut prædictus Walterus.

Symon in la Hale tenet dimidiam virgatam terræ, et facit in omnibus sicut prædictus Walterus.

Walterus de Prestone tenet dimidiam virgatam terræ, et facit in omnibus sicut prædictus Walterus.

Willelmus de Oldelond tenet dimidiam virgatam terræ, et facit in omnibus sicut prædictus Walterus.

Adam Barecare tenet dimidiam virgatam terræ, et facit in [f. 17 b.] omnibus sicut prædictus Walterus.

Benedictus Forestarius tenet dimidiam virgatam terræ, et facit in omnibus sicut prædictus Walterus.

Hugo de Mora tenet dimidiam virgatam terræ, et facit in omnibus sicut prædictus Walterus.

Walterus de la Lone tenet dimidiam virgatam, et facit in omnibus sicut prædictus Walterus.

Ricardus May tenet dimidiam virgatam terræ, et facit in omnibus sicut prædictus Walterus.

Walterus de Hale tenet dimidiam virgatam, et facit in omnibus sicut dictus Walterus.

Galfridus Peres tenet dimidiam virgatam terræ, et facit in omnibus sicut dictus Walterus.

Johannes Pope tenet dimidiam virgatam terræ, et facit in omnibus sicut dictus Walterus.

Walterus Kymot tenet dimidiam virgatam, et facit in omnibus sicut prædictus Walterus.

Thomas filius Petri tenet dimidiam virgatam terræ, et facit in omnibus sicut dictus Walterus.

Walterus de Lamputte tenet dimidiam [virgatam] terræ, et facit in omnibus sicut dictus Walterus.

Willelmus de Lamputte tenet dimidiam virgatam, et facit in omnibus sicut dictus Walterus.

Galfridus de Snede tenet dimidiam virgatam, et facit in omnibus sicut prædictus Walterus.

Johannes Wele tenet dimidiam virgatam, et facit in omnibus sicut prædictus Walterus.

Johannes de Hulle tenet dimidiam virgatam, et facit in omnibus sicut dictus Walterus.

Walterus Purgar tenet dimidiam virgatam, et facit in omnibus sicut dictus Walterus.

Alicia de Blakewelle tenet dimidiam virgatam, et facit in omnibus sicut dictus Walterus.

Galfridus Caty tenet dimidiam virgatam terræ, et facit in omnibus sicut dictus Walterus.

Ricardus de Wlstanesmede tenet dimidiam virgatam, et facit in omnibus sicut dictus Walterus.

Walterus filius Osberti tenet dimidiam virgatam, et facit in omnibus sicut prædictus Walterus.

Walterus de Cattesberewe tenet dimidiam virgatam, et facit in omnibus sicut dictus Walterus.

Henricus Forestarius tenet dimidiam virgatam terræ, et facit in omnibus sicut dictus Walterus.

Willelmus Partriche tenet unum mesuagium, et octodecim acras terræ, et duas acras prati, et debet a festo Sancti Michaelis usque ad festum Beati Petri ad Vincula qualibet tertia septimana uno die arare quamdiu dominicæ carucæ araverint, et valet quælibet dicta tres denarios obolum.

Et debet unam aruram quæ vocatur radaere, scilicet arare unam acram ad semen hyemale, et triturare semen ad eamdem acram, scilicet duos bussellos frumenti, et valet cum herciatura et trituratura quatuor denarios.

Et faciet unam aruram quæ vocatur beneherthe ad unicum cibum domini, et valet ultra cibum unum denarium.

Et debet herciare per unum diem, et valet unum denarium.

Et debet summagiare ubi ei jussum fuerit, et valet dicta unum denarium.

Et debet semel in anno summagiare ad Wichium, et valet tres denarios.

Et debet in eadem septimana per quatuor dies operari opus manuale cum uno homine, et valet dicta obolum.

Et falcabit pratum domini per duos dies, et valet quælibet dicta ultra operationem manualem duos denarios.

f. 18. Et adunabit[1] et levabit fœnum domini per quinque dies.

Et valet in summa duos denarios obolum.

Et faciet unam bederipam ante autumnum, et valet unum denarium.

Et sarculabit per unum diem præter operationem debitam, et valet obolum.

Et a festo Sancti Petri ad Vincula usque ad festum Sancti Michaelis debet operari in messe domini per totum autumnum cum viginti octo hominibus, et valet in summa tres solidos sex denarios.

Et dabit auxilium quatuordecim denariorum oboli.

Et omnes alias consuetudines non taxatas facit sicut prædictus Walterus de Comeleye.

Walterus de Hulle tenet simile tenementum, et facit in omnibus sicut prædictus Willelmus Partrich.

Walterus Buth tenet simile tenementum, et facit in omnibus sicut prædictus Willelmus.

---

[1] *adunabit*] adjuvabit, MS.

Matilda Buth tenet simile tenementum, et facit in omnibus sicut prædictus Willelmus.

Gilbertus de Hale tenet simile tenementum, et facit in omnibus sicut prædictus Willelmus.

Willelmus Child tenet simile tenementum, et facit in omnibus sicut prædictus Willelmus.

Ricardus Bolle tenet simile tenementum, et facit in omnibus sicut prædictus Willelmus.

Johannes Russel tenet simile tenementum, et facit in omnibus sicut prædictus Willelmus.

Willelmus Burel tenet simile tenementum, et facit in omnibus sicut prædictus Willelmus.

Agelia Roce tenet unum mesuagium et duodecim acras terræ, et acram et dimidiam prati, et debet a festo Sancti Michaelis usque ad festum [Sancti] Petri ad Vincula qualibet quarta septimana uno die quamdiu dominicæ carucæ araverint arare, et valet quælibet dieta tres denarios obolum.

Et debet arare unam aruram quæ vocatur radaker, scilicet arare unam acram ad semen hyemale, et triturare semen ad eamdem acram, scilicet duos bussellos frumenti, et valet cum herciatura et trituratura quatuor denarios.

Et faciet unam aruram quæ vocatur bencherþe ad unicum pastum domini, et valet ultra cibum unum denarium.

Et debet herciare per unum diem, et valet unum denarium.

Et debet summagiare ubi ei jussum fuerit, et valet dieta unum denarium.

Et debet summagiare ad Wichium semel in anno, et valet tres denarios.

Et debet in eadem septimana per quatuor dies operari opus manuale cum uno homine, et valet dieta obolum.

Et falcabit pratum domini per duos dies, et valet quælibet dieta ultra operationem manualem duos denarios.

Et adunabit[1] et levabit fœnum domini per quinque dies, et valet in summa duos denarios obolum.

Et faciet unam bederipam ante autumnum, et valet unum denarium obolum.

Et sarculabit per unum diem, et valet ultra operationem manualem obolum.

Et a festo Beati Petri ad Vincula usque ad festum Sancti Michaelis debet operari in messe domini cum viginti hominibus per totum autumnum,[2] et valet in summa duos solidos sex denarios.

---

[1] *adunabit*] adjuvabit, MS.
[2] *per totum autumnum*] written in the margin.

Et faciet unam bondenebedripam cum uno homine, et valet unum denarium obolum.

Et dabit auxilium novem denariorum oboli quadrantis.

Et omnes alias consuetudines non taxatas faciet, sicut prædictus Walterus de Comeleye.

Willelmus Roce tenet simile tenementum, et facit in omnibus sicut prædicta Agelia.

Willelmus Gode tenet simile tenementum, et facit in omnibus sicut prædicta Agelia.

Johannes de Mora tenet simile tenementum, et facit in omnibus sicut prædicta Agelia.

Willelmus de Bosco tenet simile tenementum, et facit in omnibus sicut prædicta Agelia.

Adam Horsman tenet simile tenementum, et facit in omnibus sicut prædicta Agelia.

Albreda Deth tenet simile tenementum, et facit in omnibus sicut prædicta Agelia.

Rogerus filius Dye tenet simile tenementum, et facit in omnibus sicut prædicta Agelia.

Johannes Wyth tenet simile tenementum, et facit in omnibus sicut prædicta Agelia.

Willelmus Frend tenet simile tenementum, et facit in omnibus sicut prædicta Agelia.

Willelmus Caty tenet simile tenementum, et facit in omnibus sicut prædicta Agelia.

Robertus Faber tenet simile tenementum, et facit in omnibus sicut prædicta Agelia.

Walterus de Rodleye tenet simile tenementum, et facit in omnibus sicut prædicta Agelia.

Osbertus de Lamputte tenet simile tenementum, et facit in omnibus sicut prædicta Agelia.

Walterus le Hayward tenet simile tenementum, et facit in omnibus sicut prædicta Agelia.

Alicia de Sladebrugge tenet simile tenementum, et facit in omnibus sicut prædicta Agelia.

Symon Purgar tenet simile tenementum, et facit in omnibus sicut prædicta Agelia.

Adam de Hale tenet simile tenementum, et facit in omnibus sicut prædicta Agelia.

Ricardus Bissop tenet unum mesuagium, et decem acras terræ, et unam acram prati, et debet a festo Sancti Michaelis usque ad festum Beati Petri ad Vincula qualibet septimana operari opus manuale per duos dies cum uno homine, et valet quælibet dieta obolum.

Et falcabit pratum domini per duos dies, et valet quælibet dieta ultra operationem manualem duos denarios.

Et adunabit[1] et levabit fœnum domini per quinque dies, et valet in summa duos denarios obolum.

Et sarculabit per unum diem, et valet ultra operationem manualem obolum.

Et a festo Beati Petri ad Vincula usque ad festum Beati Michaelis debet operari in messe domini cum viginti quatuor hominibus, et valet in summa tres solidos.

Et dabit auxilium octo denariorum oboli.

Et alias consuetudines non taxatas faciet, sicut prædictus Walterus de Comeleye.

Felicia Tut tenet simile tenementum, et facit in omnibus sicut prædictus Ricardus Bissop.

Galfridus Wyth tenet simile tenementum, et facit in omnibus sicut prædictus Ricardus.

Walterus Jussel tenet simile tenementum, et facit in omnibus sicut prædictus Ricardus.

Johannes Freman tenet simile tenementum, et facit in omnibus sicut prædictus Ricardus.

Willelmus le Lung tenet simile tenementum, et facit in f. 19. omnibus sicut dictus Ricardus.

Willelmus Faber tenet simile tenementum, et facit in omnibus sicut prædictus Ricardus.

Galfridus Bulloc tenet simile tenementum, et facit in omnibus sicut prædictus Ricardus.

Adam le Horsman tenet novem acras terræ, et tria quarteria unius acræ prati, cum mesuagio, et debet a festo Sancti Michaelis usque ad festum Beati Petri ad Vincula semper una septimana operari opus manuale cum uno homine per duos dies.

Et falcabit[2] pratum domini per duos dies, et valet quælibet dieta ultra operationem manualem duos denarios.

Et levabit fœnum domini per quinque dies, et valet in summa duos denarios obolum.

Et sarculabit per unum diem, et valet obolum.

Et operabitur in messe domini per viginti dies, et valent in summa duos solidos sex denarios.

Et dabit auxilium septem denariorum.

Et omnes alias consuetudines non taxatas faciet, sicut prædictus Walterus de Comeleye.

Henricus Taillur tenet simile tenementum, et facit in omnibus sicut prædictus Adam le Horsman.

Walterus Stodherde tenet unum mesuagium et sex acras

---

[1] *adunabit*] adjuvabit, MS.
[2] *semper una septimana* is inserted in the MS. after *falcabit*, but with the sign of erasure.

terræ et dimidiam acram prati, et debet a festo Sancti Michaelis usque ad festum Beati Petri ad Vincula qualibet septimana operari opus manuale cum uno homine, et valet quælibet dieta obolum.

Et falcabit pratum domini per duos dies, et valet quælibet dieta ultra operationem manualem duos denarios.

Et levabit fœnum domini per quinque dies, et valent in summa duos denarios obolum.

Et sarculabit bladum domini per unum diem, et valet obolum.

Et a festo Beati Petri ad Vincula usque ad festum Sancti Michaelis operabitur in messe domini cum sexdecim hominibus, et valent in summa duos solidos.

Et dabunt auxilium quatuor denariorum oboli quadrantis.

Et omnes alias consuetudines non taxatas faciet, sicut prædictus Walterus de Comeleye.

Willelmus le Hopere tenet simile tenementum, et facit in omnibus sicut prædictus Walterus le Stothurde.

Walterus Hendy tenet simile tenementum, et facit in omnibus sicut prædictus Walterus.

Walterus de Stowelle tenet simile tenementum, et facit in omnibus sicut prædictus Walterus.

Johannes le Vannare tenet simile tenementum, et facit in omnibus sicut prædictus Walterus.

Willelmus Hurninge tenet simile tenementum, et facit in omnibus sicut prædictus Walterus.

Willelmus in la Hale tenet simile tenementum, et facit in omnibus sicut prædictus Walterus.

Dyonisia de Sladebrugge tenet simile tenementum, et facit in omnibus sicut prædictus Walterus.

Willelmus Rodel tenet simile tenementum, et faciet in omnibus sicut prædictus Walterus.

Elyas Roce tenet simile tenementum, et faciet in omnibus sicut prædictus Walterus.

Alfredus Glew tenet simile tenementum, et facit in omnibus sicut prædictus Walterus.

Relicta Molendinarii tenet simile tenementum, et facit in omnibus sicut prædictus Walterus.

f. 19 b.

Juliana Bruninge tenet simile tenementum, et faciet in omnibus sicut prædictus Walterus.

Robertus Faber de Marwent tenet simile tenementum, et facit in omnibus sicut dictus Walterus.

Galfridus filius Petri tenet simile tenementum, et facit in omnibus sicut prædictus Walterus.

Walterus Kymot tenet simile tenementum, et facit in omnibus sicut prædictus Walterus.

Johannes de Hulle tenet simile tenementum, et facit in omnibus sicut prædictus Walterus.

Matilda de la Hale tenet unum mesuagium cum curtilagio,—et levabit fœnum per tres dies, et valet unum denarium obolum.

Et faciet sex bederipas, et valent novem denarios.

Willelmus le Clerc tenet simile tenementum, et erit ad fœnum levandum per tres dies, et valet unum denarium obolum.

Et faciet octo bederipas, et valent duodecim denarios.

Walterus Carpentarius tenet simile tenementum, et erit ad fœnum levandum per tres dies, et valet unum denarium obolum.

Et faciet sexdecim bederipas, et valent duos solidos.

Walterus Pope tenet simile tenementum, et erit ad fœnum levandum per tres dies, et valet unum denarium obolum.

Et faciet sexdecim bederipas, et valent duos solidos.

Thomas le Buth tenet simile tenementum, et erit ad fœnum levandum per tres dies, et valet unum denarium obolum.

Et faciet sex bederipas, et valent novem denarios.

Editha filia Christianæ tenet simile tenementum, et erit ad fœnum levandum per tres dies, et valent unum denarium obolum.

Et faciet sexdecim bederipas, et valent duos solidos.

Willelmus Rotarius tenet simile tenementum, et erit ad fœnum levandum per tres dies, et valent unum denarium obolum.

Et faciet octo bederipas, et valent duodecim denarios.

Relicta le Oerl tenet simile tenementum, et erit ad fœnum levandum per tres dies, et valet unum denarium obolum.

Et faciet octo bederipas, et valent duodecim denarios.

Relicta Swytere tenet simile tenementum, et erit ad fœnum levandum per tres dies, et valet unum denarium obolum.

Et faciet octo bederipas, et valent duodecim denarios.

Johannes Huldare tenet simile tenementum, et erit ad fœnum levandum per tres dies, et valet unum denarium obolum.

Et faciet undecim bederipas, et valent sexdecim denarios obolum.

Ysabella Hemminge simile tenementum tenet, et erit ad fœnum levandum per tres dies, et valet unum denarium obolum.

Et faciet octo bederipas, et valent duodecim denarios.

Edittha ate Grene tenet simile tenementum, et erit ad fœnum levandum per tres dies, et valet unum denarium obolum.

Et faciet octo bederipas, et valent duodecim denarios.

Cristina Tippare tenet simile tenementum, et erit ad fœnum levandum per tres dies, et valet unum denarium obolum.

Et faciet sexdecim bederipas, et valent duos solidos.

Matilda Faber tenet simile tenementum, et erit ad foenum levandum per tres dies, et valet unum denarium obolum.

Et faciet sex bederipas, et valent novem denarios.

Robertus Frauncoys tenet simile tenementum, et erit ad foenum levandum per tres dies, et valet unum denarium obolum.

f. 20.   Et faciet decem bederipas, et valent quindecim denarios.

Rogerus Geve tenet simile tenementum, et erit ad foenum levandum per tres dies, et valet unum denarium obolum.

Et faciet sexdecim bederipas, et valent duos solidos.

Symon Ailleth tenet simile tenementum, et erit ad foenum levandum per tres dies, et valet unum denarium obolum.

Et faciet sex bederipas, et valent novem [denarios].

Willelmus Faber tenet simile tenementum, et reddit inde per annum octo gallinas ad festum Sancti Michaelis.

Dyonisia de Sladebrugge tenet quandam forerdam, et reddit inde per annum octo gallinas ad eundem terminum.

Auxilium consuetudinariorum per annum centum duo solidi.

DCCCCXLV. *Extenta de Froucestria facta anno quinquagesimo primo.*

A.D. 1266
–1267.
Of Frou-
cestria.

Matilda relicta Præpositi tenet dimidiam virgatam terræ continentem viginti quatuor acras, et reddit inde per annum octo solidos ad duos terminos, scilicet unam medietatem ad festum Annunciationis Dominicæ, et aliam ad festum Beati Michaelis.

Et tenet ad terminum vitæ abbatis.

Et dat de auxilio ad festum Beati Michaelis duos solidos duos denarios quadrantem.

Et si braciaverit ad vendendum, dabit de tonnuto sexdecim lagenas cervisiæ vel pretium, et habebit unum panem album et alium nigrum.

Et non potest vendere bovem sine licentia.

Et si vendiderit equum vel equam infra manerium, dabunt emptor et venditor quatuor denarios.

Et debet pannagiare porcos, videlicet pro porco superannato unum denarium, et pro juniori porco obolum dummodo fuerit separatus vel habilis ad separandum.

Et debet redimere filium et filiam ad voluntatem domini.

Et si obierit, dominus habebit melius averium suum nomine dominii, et aliud melius averium nomine rectoris, et de marito cum obierit similiter.

Et ad omnes contributiones ad opus domini regis et domini dicti manerii et alias debet contribuere sicut subscripti consuetudinarii.

Eadem Matilda tenet unum lundinarium sicut patet inferius inter consuetudinarios, et reddit inde per annum tres solidos quatuor denarios ad voluntatem domini.

Kynemon tenet unum mesuagium cum curtillagio ad voluntatem domini, et reddit inde per annum sexdecim denarios ad prædictos duos terminos.

Et alias minutas consuetudines faciet sicut prædicta Matilda, et dat unam gallinam, et valet unum denarium.

Willelmus Textor tenet unum mesuagium cum curtillagio, et unam acram terræ, et reddit inde per annum octodecim denarios ad prædictos duos terminos.

Et dat de auxilio sex denarios.

Et faciet tres bederipas, et valent quatuor denarios obolum.

Et omnes consuetudines non taxatas faciet sicut prædicta f. 20 b. Matilda.

Et dabit unam gallinam, et valet unum denarium.

Margeria vidua tenet dimidiam virgatam terræ continentem viginti quatuor acras, et reddit inde per annum tres solidos ad duos terminos, videlicet ad Nativitatem Beati Johannis duodecim denarios, et ad festum Beati Michaelis duos solidos.

Et a festo Beati Michaelis usque ad festum Beati Petri ad Vincula debet qualibet altera septimana arare dimidiam acram, et valet dicta unius aruræ tres denarios.

Et a festo Nativitatis Beati Johannis Baptistæ usque ad Gulaustum debet qualibet altera septimana operari opus manuale per tres dies, et valet dicta obolum quadrantem.

Et quarto die summagiabit apud Gloucestriam et alibi pro voluntate ballivi, et valet unum denarium obolum.

Et falcabit pratum domini per quatuor dies ad minus, et valet quælibet dieta unum denarium quadrantem, allocato opere manuali quod superius æstimatur ad obolum quadrantem.

Et debet levare fœnum domini per quatuor dies ad minus, sumptibus propriis non allocatis pro opere, et valet in summa tres denarios.

Et sarculabit per duos dies præter operationem debitam, et valet unum denarium obolum.

Et a festo Beati Petri ad Vincula usque ad festum Beati Michaelis debet qualibet septimana operari opus manuale cum uno homine per quinque dies, et valet dicta unum denarium obolum.

Et qualibet secunda septimana per idem tempus debet summagiare per unum diem, et allocatum est ei pro opere diei.

Et præterea faciet octo bederipas in autumno cum uno homine, et valent in summa duodecim denarios.

Et dat de auxilio duos solidos duos denarios quadrantem.

Et omnes alias consuetudines non taxatas faciet sicut prædicta Matilda.

Et faciet unam metebedripam in autumno ad cibum domini, et valet ultra cibum obolum.

Et debet arare per unum diem ad cibum domini cum dimidia caruca.

Et dabit ova ad Pascha pro voluntate sua.

Willelmus Brunge de Coveleye, redemptus a servitute domini abbatis, dat de annuo redditu unam libram cymini ad festum Sancti Michaelis.

Walterus de Bykenovere tenet unam acram terræ ad voluntatem domini, et reddit inde per annum octo denarios ad festum Sancti Michaelis pro omni servitio.

Petrus in la Hale tenet unum mesuagium cum curtillagio, cum una acra terræ ad voluntatem domini, et reddit inde per annum octodecim denarios, videlicet ad Annunciationem Beatæ Mariæ duodecim denarios, et ad festum Beati Michaelis sex denarios.

Et dat de auxilio sex denarios.

Et levabit fœnum domini per tres dies, et valent tres denarios.

Et sarculabit per duos dies, et valet unum denarium obolum.

Et operabitur per sexdecim dies in messe domini cum uno homine, et valet qualibet dieta unum denarium obolum, et uno die ad cibum domini, et valet ultra cibum obolum.

Et omnes alias consuetudines non taxatas faciet sicut prædicta Matilda.

Johannes de Sticle dat domino abbati unam libram cimini de redditu annuo ad festum Sancti Michaelis.

Willelmus Lyf et Willelmus le Wite tenent quamdam terram servilem de domino abbate, et reddunt inde per annum tres solidos ad quatuor terminos.

Et facient sexdecim bederipas cum uno homine, et valent in summa duos solidos.

Et debent sectam ad halimotum de Froucestria.

Et uterque eorum faciet omnes consuetudines non taxatas sicut prædicta Matilda.

De Fromilode decem solidi per annum ad quatuor terminos.

Memorandum de decem solidis annui redditus percipiendis apud Cleihungre de feodo Roberti de la Plaunche qui diu extiterunt subtracti.

Memorandum quod abbas debet percipere annuatim duas

marcas de ballivo villæ de Fromptone quas habet de dono Petri Burgeis ad duos prædictos terminos.

Ricardus de Middelthone tenet unam virgatam terræ continentem quadraginta octo acras, et reddit inde per annum sex solidos ad duos terminos.

Et faciet tres bederipas cum uno homine, et valent quatuor denarios obolum.

Et omnes alias consuetudines non taxatas faciet sicut prædicta Matilda.

Walterus Bonde et Editha vidua tenent dimidiam virgatam terræ, et reddunt[1] inde per annum sex solidos ad dictos duos terminos.

Et facient novem bederipas, et valent tredecim denarios obolum.

Et omnes alias[2] consuetudines non taxatas facient sicut prædicta Matilda.

Summa totius redditus cum Fromptone, Baggepaþe, et Cleyhungre, quatuor libræ tres solidi.

Walterus de Bikenovere tenet unam virgatam terræ continentem quadraginta octo acras.

Et a festo Beati Michaelis usque ad festum Beati Petri ad Vincula, debet qualibet septimana arare dimidiam acram per unum[3] diem, et valet quælibet dieta tres denarios.

Et uno die dictis singulis septimanis summagiabit ad Gloucestriam vel alibi pro dispositione ballivi, et valet quælibet dieta unum denarium obolum.

Et in singulis prædictis septimanis per tres dies manuoperabitur per unum hominem, et valet quælibet dieta obolum quadrantem.

Et falcabit per quatuor dies ad minus sumptibus propriis allocatis pro opere, [et] valent in summa quinque denarios ultra operationem manualem.

Et debet levare fœnum domini per quatuor dies, non allocato pro opere, et valent in summa tres denarios.

Et sarculabit per duos dies præter operationem debitam, et valet unum denarium obolum.

Et faciet unam aruram per unam diem, scilicet metebone ad cibum domini, et valet ultra cibum duos denarios.

Et dabit ova ad Pascha pro voluntate sua.   f. 21 b.

Et faciet unam aruram quæ vocatur radeaker, scilicet [arare] unam acram, et valet quatuor denarios obolum.

---

[1] reddunt] reddit, MS.
[2] alias] repeated in MS., but the redundant word has the sign of erasure.

[3] dimid' is inserted in the MS. before diem, but with the sign of erasure.

Et dabit pro cariagio salis de Wichio relaxati unam denarium obolum.

Et quicquid araverit debet herciare tempore seminis.

Et faciet unam hersuram quae vocatur londegginge, et valet unam denarium.

Et sciendum quod si deputatus fuerit ad triturandum, triturabit de frumento duos bussellos et dimidium, de hordeo dimidium quarterium, de fabis sicut de frumento nisi in autunano et tunc unum cronnokum, de pisis quatuor bussellos, de avena decem bussellos.

Et ad quodcumque aliud opus manuale deputatus fuerit, operabitur per totum diem.

Et a festo Sancti Petri ad Vincula usque ad festum Beati Michaelis debet qualibet septimana operari in messe domini per quinque dies cum duobus hominibus, et valet qualibet dieta tres denarios.

Et faciet octo bederipas cum duobus hominibus, et valent in summa duos solidos.

Et faciet unam metebedripam cum uno homine ad cibum domini, et valet ultra cibum obolum.

Et cariabit bladum domini per unum diem cum carro suo per totum diem ad cibum domini, et valet ultra cibum tres denarios.

Et dabit de auxilio quatuor solidos quatuor denarios obolum.

Et omnes alias consuetudines non taxatas faciet sicut praedicta Matilda.

Adam Knyt tenet unam virgatam terrae, et facit in omnibus sicut praedictus Walterus.

Willelmus de Brocprop tenet unam virgatam terrae, et facit in omnibus sicut praedictus Walterus.

Ricardus in la Hale tenet unam virgatam terrae, et facit in omnibus sicut praedictus Walterus.

Robertus ate Brugge tenet unam virgatam terrae, et facit in omnibus sicut praedictus Walterus.

Cecilia Stompe tenet unam virgatam terrae, et facit in omnibus sicut dictus Walterus.

Walterus de Fortheye tenet unam virgatam terrae, et facit in omnibus sicut praedictus Walterus.

Radulphus Praepositus tenet unam virgatam terrae, et facit in omnibus sicut praedictus Walterus.

Thomas Top tenet dimidiam virgatam terrae continentem viginti quatuor acras.

Et a festo Sancti Michaelis usque ad festum Beati Petri ad Vincula debet qualibet altera septimana per unum diem arare dimidiam acram terrae, et valet qualibet dieta tres denarios.

Et[1] debet in eadem septimana summagiare apud Gloucestriam vel alibi pro dispositione ballivi, et valet quælibet dieta unum denarium obolum.

Et in eadem septimana per tres dies debet operari opus manuale cum uno homine, et valet dieta obolum quadrantem.

Et faciet unam aruram quæ vocatur metebene cum dimidia caruca ad cibum domini, et valet ultra cibum unum denarium.

Et faciet unam aruram quæ vocatur radeaker, scilicet arare dimidiam acram, et valet duos denarios quadrantem.

Et quicquid araverit debet herciare tempore seminis.

Et faciet unam hersuram quæ vocatur londegging, et valet f. 22. unum denarium.

Et si trituraverit, triturabit sicut virgatarius prænotatus.

Et ad quodcumque aliud opus deputatus fuerit, operabitur per totum diem, videlicet in vinea vel alibi.

Et falcabit per quatuor dies ad minus vel plus si necesse fuerit, sumptibus propriis allocatis pro opere, et valent in summa ultra operationem manualem quinque denarios.

Et levabit fœnum domini per quatuor dies, non allocato pro opere, et valent in summa tres denarios.

Et sarculabit per duos dies præter operationem debitam, et valet unum denarium obolum.

Et dabit ova ad Pascha pro voluntate sua.

Et pro carriagio salis de Wichio dabit obolum quadrantem.

Et a festo Beati Petri ad Vincula usque ad festum Sancti Michaelis debet qualibet septimana operari in messe domini per quinque dies cum uno homine, et valet quælibet dieta unum denarium obolum.

Et faciet octo bederipas cum uno homine, et valent duodecim denarios.

Et faciet unam metebedripam cum uno homine ad cibum domini, et valet ultra cibum obolum.

Et cariabit bladum domini per unum diem cum dimidio carro ad cibum domini, et valet ultra cibum unum denarium obolum.

Et dabit de auxilio duos solidos duos denarios quadrantem.

Et omnes alias consuetudines non taxatas faciet sicut prædictus Walterus de Bykenovere.

Adam Donyntone tenet dimidiam virgatam terræ, et facit in omnibus sicut Thomas Top.

Eva de Brademede tenet dimidiam virgatam, et facit in omnibus sicut prædictus Thomas.

Gilbertus Bole tenet dimidiam virgatam terræ, et facit in omnibus sicut prædictus Thomas.

---

[1] *valet qualibet dieta tres* is inserted in the MS. before *debet*, but with the sign of erasure.

Walterus Belamy tenet dimidiam virgatam terræ, et facit in omnibus sicut prædictus Thomas.

Gilbertus Belamy tenet dimidiam virgatam terræ, et facit in omnibus sicut prædictus Thomas.

Willelmus Payn tenet dimidiam virgatam terræ, et facit in omnibus sicut prædictus Thomas.

Johannes Haukyn tenet dimidiam virgatam terræ, et facit in omnibus sicut prædictus Thomas.

Robertus Top tenet dimidiam virgatam terræ, et facit in omnibus sicut prædictus Thomas.

Margeria Roc tenet dimidiam virgatam terræ, et facit in omnibus sicut prædictus Thomas.

Johannes filius Aliciæ tenet dimidiam virgatam, et facit in omnibus sicut prædictus Thomas.

Rogerus ate Ʒate tenet dimidiam virgatam, et facit in omnibus sicut prædictus Thomas.

Thomas Baroun tenet unum ferendellum terræ continens duodecim acras.

Et debet a festo Sancti Michaelis usque ad festum Beati Petri ad Vincula [qualibet] quarta septimana arare per unum diem dimidiam acram, et valet quælibet dicta tres denarios.

Et uno die in eadem septimana summagiabit apud Gloucestriam vel alibi, et valet quælibet dicta unum denarium obolum.

Et in eadem septimana per tres dies operabitur opus manuale cum uno homine, et valet quælibet dicta obolum quadrantem.

f. 22 b. Et faciet unam aruram quæ vocatur metebene ad cibum domini, et valet ultra cibum unum denarium.

Et faciet unam aruram quæ vocatur radaker, scilicet arare dimidiam acram, et valet duos denarios obolum.

Et quicquid araverit herciabit tempore seminis.

Et faciet unam hersuram scilicet londegginge, et valet unum denarium.

Et si deputatus fuerit ad triturandum, triturabit ut virgatarius.

Et ad quodcumque opus [deputatus] fuerit, operabitur per totum diem.

Et falcabit per quatuor dies ad minus vel amplius si necesse fuerit, et valet ultra operationem debitam quinque denarios.

Et levabit fœnum domini per quatuor dies,[1] et valent[2] in summa tres denarios.

---

[1] *ad minus vel amplius* is inserted in the MS. after *dies*, but with the sign of erasure.

[2] *ultra operationem debitam quinque denarios* is inserted in the MS. after *valent*, but with the sign of erasure.

Et debet sarculare bladum domini per duos dies præter operationem debitam, et valent unum denarium obolum.

Et dabit ova ad Pascha pro voluntate sua.

Et dabit unum quadrantem et dimidium pro relaxatione cariagii salis de Wychio.

Et dabit unam gallinam quæ vocatur wodchen, et valet unum denarium.

Et a festo Sancti Petri ad Vincula usque ad festum Sancti Michaelis operabitur qualibet altera septimana in messe domini per quinque dies cum uno homine, et valet quælibet dieta unum denarium obolum.

Et faciet quatuor bederipas cum uno homine, et valent in summa sex denarios.

Et faciet unam metebedripam cum uno homine ad cibum domini, et valet ultra cibum obolum.

Et cariabit bladum domini per unum diem ad cibum domini cum dimidio carro, et valet ultra cibum domini unum denarium obolum.

Et dabit de auxilio tredecim denarios et dimidium quadrantem.

Et omnes alias consuetudines non taxatas faciet sicut prædictus Thomas Top.

Rogerus Payn tenet simile tenementum, et facit in omnibus sicut prædictus Thomas Barun.

Thomas filius Johannis tenet simile tenementum, et facit in omnibus sicut prædictus Thomas.

Walterus de Stiele tenet simile tenementum, et facit in omnibus sicut prædictus Thomas.

Ricardus Scoth tenet simile tenementum, et facit in omnibus sicut prædictus Thomas.

Robertus Faber tenet octo acras terræ, pro qua quidem terra facit ferramenta quatuor carucarum domini de ferro domini sumptibus suis propriis.

Et dat auxilium novem denariorum.

Et omnes alias consuetudines non taxatas faciet sicut prædictus Thomas Barun.

Matilda relicta Præpositi tenet unam mesuagium cum crofto continentem unam acram, et debet a festo Sancti Michaelis usque ad festum Sancti Petri ad Vincula qualibet septimana per unum diem operari opus manuale cum uno homine, et valet dieta obolum quadrantem.

Et debet levare fœnum domini per quatuor dies et amplius si necesse fuerit, præter operationem debitam, et valent in summa tres [denarios].

Et sarculabit per duos dies præter operationem debitam, f. 23. et valet unum denarium obolum.

Et dabit ova ad Pascha[1] pro voluntate sua.

Et dabit unam gallinam quæ vocatur wodehen, et valet unum denarium.

Et dat de auxilio sex denarios.

Et faciet unam hersuram quæ vocatur londegginge, et valet unum denarium.

Et a festo Beati Petri ad Vincula usque ad festum Sancti Michaelis debet qualibet septimana operari in messe domini per duos dies cum uno homine, et valet dicta unum denarium obolum.

Et faciet unam metebedripam cum uno homine ad cibum domini, et valet obolum ultra.

Et sciendum quod modo tenet ad denarios reddendos inde per annum tres solidos quatuor denarios ad voluntatem domini, et amodo operabitur si ballivus voluerit.

Nicholaus Danintone tenet simile tenementum, et facit in omnibus sicut prædicta Matildis.

Walterus de Covele tenet simile tenementum, et facit in omnibus sicut prædicta Matildis.

Alicia Here tenet simile tenementum, et facit in omnibus sicut prædicta Matildis.

Juliana Spindelwrytte tenet simile tenementum, et facit in omnibus sicut prædicta Matildis.

Willelmus filius Johannæ tenet simile tenementum, et facit in omnibus sicut prædicta Matildis.

Alicia Cotere tenet simile tenementum, et facit in omnibus sicut prædicta Matildis.

Henricus Chapmon tenet simile tenementum, et facit in omnibus sicut prædicta Matildis.

Willelmus Cruche tenet simile tenementum, et facit in omnibus sicut prædicta Matildis.

Willelmus Reynald tenet simile tenementum, et facit in omnibus sicut prædicta Matildis.

Henricus Cocus tenet simile tenementum, et facit in omnibus sicut prædicta Matildis.

Cecilia Stompe tenet simile tenementum, et facit in omnibus sicut prædicta Matildis.

Eadem Cecilia tenet simile tenementum, et facit in omnibus sicut prædicta Matildis.

Thomas Fowel tenet simile tenementum, et facit in omnibus sicut prædicta Matildis.

Alicia de Crickefelde tenet simile tenementum, et facit in omnibus sicut prædicta Matildis.

---

[1] *Pascha*] Pasca, MS.

Rogerus Chapmon tenet unum mesuagium cum curtillagio, et faciet sex bederipas cum uno homine, et valent in summa novem denarios.

Et levabit fœnum domini per duos dies, et valet unum denarium obolum.

Et faciet unam metebedripam ad cibum domini cum uno homine, et valet ultra cibum obolum.

Et sarculabit per duos dies, et valet unum denarium obolum.

Et dabit unam gallinam, et valet unum denarium.

Et omnes alias consuetudines non taxatas facit sicut prædicti consuetudinarii.

Edania Dun tenet simile tenementum, et idem servitium facit in omnibus, sicut prædictus Rogerus Chapmon.

Matilda Noreys tenet simile tenementum, et faciet[1] sexdecim bederipas cum uno homine, et valent in summa duos solidos.

Et levabit fœnum domini per duos dies, et valet unum denarium obolum.

Et faciet unam metebedripam ad cibum domini cum uno homine, et valet ultra cibum obolum.

Et sarculabit per duos dies, et valet unum denarium obolum.

Et dabit unam gallinam, et valet unum denarium.

Et omnes alias consuetudines non taxatas faciet sicut præ- f. 23 b. dicti consuetudinarii.

Omnes consuetudinarii dant auxilium in communi quatuor librarum ad festum Sancti Michaelis.

DCCCCXLVI. *Extenta de Boxwelle facta anno quinquagesimo primo.*

Hugo de la Leygrave tenet duas virgatas terræ utraque existente de quadraginta octo acris, unam scilicet ad terminum vitæ suæ et uxoris suæ, reddendo inde per annum decem solidos ad quatuor terminos, videlicet ad quemlibet terminum duos solidos sex denarios, et aliam virgatam terræ jure hæreditario, reddendo inde annuatim sex solidos octo denarios ad prædictos quatuor terminos, videlicet ad quemlibet terminum viginti denarios.

A.D. 1266 -1267. Of Boxwelle.

Et debet sectam ad halimotum de Boxwelle.

Et dat domino abbati quindecim denarios de auxilio vice-

---

[1] *in omnibus* is inserted in the MS. before *sexdecim*, but with the sign of erasure.

comitis ad duos terminos, scilicet ad festum Annunciationis Dominicæ septem denarios obolum, et ad festum Sancti Michaelis septem denarios obolum pro dicta virgata terræ quam tenet in feodo.

Et si obierit, dominus habebit equum ipsius cum hernesio et armis, si qua habuerit, et wardam terræ et hæredis si infra ætatem fuerit, sin autem, homagium cum relevio.

Et faciet forinseca.

Idem Hugo tenet dimidiam virgatam terræ continentem viginti quatuor acras quam tenet in feodo de Priore Sancti Petri Gloucestriæ, et reddit inde per annum quinque solidos ad duos terminos, videlicet ad festum Annunciationis Dominicæ duos solidos sex denarios pro omni servitio salvo forinseco.[1]

Johannes Clericus tenet unam virgatam terræ continentem quadraginta octo acras ad terminum vitæ suæ tantum, et reddit inde per annum tredecim solidos quatuor [denarios] ad quatuor terminos.

Et dabit domino abbati quindecim denarios de auxilio vicecomitis ad duos terminos prædictos.

Et debet pannagiare porcos, scilicet pro porco superannato unum denarium, et pro juniori porco obolum dummodo fuerit separatus vel habilis ad separandum.

Et cum obierit, dominus habebit melius averium nomine hericti.

Et dabit ova ad Pascha.

Mabilia vidua tenet unam virgatam terræ continentem quadraginta octo acras, et reddit inde per annum tredecim solidos quatuor denarios ad quatuor terminos.

Et cum obierit, dominus habebit melius averium suum nomine hericti.

Et debet pannagiare porcos ut superius.

Et si braciaverit ad vendendum, dabit de tonnuto unum denarium vel cervisiam valentem unum denarium.

Et non potest filiam maritare, nec filium alienare sine licentia.

Et dabit ova ad Pascha[2] pro voluntate sua.

Aluredus de Leytrintone tenet tria quarteria unius virgatæ terræ continentem triginta sex acras ad terminum vitæ suæ tantum, et reddit inde per annum sex solidos octo denarios ad quatuor terminos.

Et debet pannagiare porcos.

Et si braciaverit ad vendendum, dabit ut supra.

f. 21.

---

[1] This sentence is plainly incomplete.

[2] *Pascha*] Pach', MS.

Et non potest vendere bovem sine licentia.

Et si vendiderit equum vel equam, dabit de tonnuto quatuor denarios.

Et debet redimere filium et filiam.

Et si obierit, dominus habebit melius averium nomine herieti.

Et dabit ova ad Pascha pro voluntate sua.

Willelmus de Sedlewode tenet unam virgatam terræ continentem quadraginta octo acras ad terminum vitæ suæ tantum, et reddit inde per annum duodecim solidos ad quatuor terminos.

Et debet pannagiare porcos.

Et si braciaverit ad vendendum, dabit ut supra.

Et omnes alias consuetudines non taxatas facit sicut prædictus Aluredus.

Et dabit ova ad Pascha pro voluntate sua.

Idem Willelmus tenet dimidiam virgatam terræ continentem viginti quatuor acras ad terminum vitæ suæ tantum, et reddit inde per annum sex solidos octo denarios ad quatuor terminos.

Et facit in omnibus consuetudinibus non taxatis sicut prædictus Aluredus.

Item idem Willelmus tenet unum mesuagium cum curtillagio ad terminum vitæ suæ, et reddit inde per annum sex denarios ad festum Sancti Michaelis pro omni servitio.

Robertus le Ʒunge dat domino annuatim duo [   ][1] pro libertate sua dummodo stat super terram domini.

Willelmus filius Maiotæ tenet unam virgatam terræ ad terminum vitæ suæ, et reddit inde per annum quatuordecim solidos ad quatuor terminos.

Et dat domino abbati quindecim denarios ad duos terminos de auxilio vicecomitis.

Et omnes alias consuetudines non taxatas faciet sicut prædictus Aluredus.

Matilda la Ʒunge tenet unam virgatam terræ ad terminum vitæ suæ continentem quadraginta octo acras, et reddit inde per annum tresdecim solidos quatuor denarios ad quatuor terminos.

Et facit in omnibus consuetudinibus non taxatis sicut prædictus Willelmus.

Willelmus Carpentarius tenet dimidiam virgatam terræ continentem viginti quatuor acras, et reddit inde per annum octo solidos octo denarios ad quatuor terminos pro omni servitio.

Gilbertus Præpositus tenet tria quarteria unius virgatæ

---

[1] Blank in MS.

G 2

terræ[1] per cartam in perpetuum, et reddit inde per annum quatuor solidos ad quatuor terminos nomine trium filiarum suarum inde feoffatarum, et reddit inde ad festum Sancti Michaelis unam libram cimini pro omni servitio, ut dicunt jurati, exceptis pannagio, herieto, et tonnuto.

Item idem Gilbertus tenet quinque acras terræ ad terminum vitæ suæ tantum, et reddit inde per annum duos solidos ad festum Sancti Michaelis pro omni servitio, ut dicunt jurati.

Henricus Dun tenet dimidiam virgatam terræ ad terminum vitæ suæ tantum, et reddit inde per annum sex solidos octo denarios ad quatuor terminos.

Et dat domino abbati septem denarios obolum de auxilio vicecomitis ad duos prædictos terminos, et dabit herietum pro omni servitio.

f. 24 b.

Willelmus Randulf tenet dimidiam virgatam terræ ad terminum vitæ suæ et uxoris suæ tantum, et reddit inde per annum sex solidos ad quatuor terminos.

Et dat septem denarios obolum de auxilio vicecomitis ad prædictos duos terminos.

Et dabit herietum, pannagium, et tonnutum, ut superius.

Willelmus filius Julianæ tenet duodecim acras terræ, et reddit inde per annum octodecim denarios ad quatuor terminos.

Et dat domino abbati de auxilio vicecomitis tres denarios obolum quadrantem.

Et a festo Sancti Petri ad Vincula usque ad festum Sancti Michaelis debet operari opus manuale qualibet septimana per tres dies cum bederipa cum uno homine, et valet quælibet dieta unum denarium obolum.

Et dat de auxilio ad festum Sancti Michaelis decem denarios.

Et facit omnes alias consuetudines non taxatas, sicut prædictus Aluredus.

Et debet lavare et tondere bidentes domini per duos dies, et valet unum denarium.

Willelmus de Slade tenet consimile tenementum, et facit in omnibus sicut prædictus Willelmus filius Julianæ.

Robertus le Neuwemon tenet duodecim acras terræ, et reddit inde per annum duos solidos ad duos terminos.

Et dat de auxilio vicecomitis tres denarios obolum quadrantem, et decem denarios de auxilio abbatis.

Et facit in omnibus sicut prædictus Willelmus filius Julianæ.

Robertus de Molendino tenet duodecim acras terræ et unum

---

[1] *contin'* is inserted in the MS. after *terræ*, but with the sign of erasure.

molendinum ad voluntatem domini, et reddit inde per annum decem solidos ad quatuor terminos.

Et dat de auxilio vicecomitis tres denarios obolum quadrantem, et de auxilio abbatis decem denarios.

Et facit sexdecim bederipas in autumno, et valent in summa duos solidos.

Et facit in omnibus sicut prædictus Willelmus filius Julianæ.

Et debet arare per tres dies ad minus,[1] et valet in summa sex denarios.

Willelmus ate Berthone tenet duodecim acras terræ, et reddit inde per annum duos solidos ad quatuor terminos.

Et pannagiabit porcos.

Dabit tonnutum et herietum.

Et alias omnes consuetudines non taxatas facit sicut prædictus Willelmus filius Julianæ.

Thomas Schephurde tenet unum mesuagium et duas acras terræ, et reddit inde per annum duodecim denarios ad quatuor terminos.

Et omnes alias consuetudines non taxatas faciet sicut prædictus Willelmus.

Eva Petyth tenet unum mesuagium cum curtillagio, et duas acras terræ, et reddit inde per annum duodecim denarios ad quatuor terminos.

Et faciet quatuor bederipas in autumno, et valent sex denarios.

Et debet lavare et tondere bidentes per duos dies, et valet unum denarium.

Et omnes alias consuetudines non taxatas facit sicut prædictus Willelmus.

Adam Chapmou tenet consimile tenementum, et facit in omnibus sicut prædictus[2] Johannes Chapmon.

Josiana tenet duo mesuagia, duo curtillagia, et duas acras terræ, et reddit inde per annum duos solidos ad quatuor terminos.

Et faciet octo bederipas, et valent duodecim denarios.

Et debet lavare et tondere bidentes domini per duos dies, et valet unum denarium.

Et facit in omnibus sicut prædictus Willelmus filius Julianæ.

Matilda tenet duodecim acras terræ, et reddit inde per f. 25. annum duos solidos ad duos terminos.

Et faciet quatuor bederipas, et valent sex denarios.

Et debet lavare et tondere bidentes domini per duos dies, et valet unum denarium.

Et debet arare quartam [partem] unius acræ, et valet obolum quadrantem.

---

[1] *minus*] insias, MS.   [2] So in MS.

Et dat de auxilio vicecomitis tres denarios obolum quadrantem, et de auxilio abbatis decem denarios.

Et facit in omnibus sicut prædictus Willelmus.

Rogerus de Hamputte tenet simile tenementum, et facit in omnibus sicut prædicta Matilda.

Robertus le Haywarde tenet duodecim acras terræ, et reddit inde per annum duos solidos ad quatuor terminos.

Et faciet quatuor bederipas, et valent sex denarios.

Et debet lavare et tondere bidentes domini per duos dies, et valet unum denarium.

Et dat de auxilio vicecomitis tres denarios obolum quadrantem, et de auxilio abbatis decem denarios.

Et omnes alias consuetudines non taxatas facit sicut prædictus Willelmus filius Julianæ.

Robertus Goldfinche tenet consimile tenementum, et facit in omnibus sicut prædictus Robertus le Hayward.

Walterus Wygod tenet simile tenementum, et facit in omnibus sicut prædictus Robertus le Haywarde.

Johannes filius Maiotæ tenet unum mesuagium cum curtillagio, et unam acram terræ, et reddit inde per annum duodecim denarios ad quatuor terminos.

Et faciet quatuor bederipas, et valent sex denarios.

Et lavabit et tondebit[1] oves domini per duos dies, et valet unum denarium.

Et alias minutas consuetudines faciet ut supra.

Robertus de la Burie tenet dimidiam virgatam terræ ad voluntatem domini quæ solebat reddere sex solidos octo denarios, et modo reddit sex solidos octo et septem denarios obolum[2] de auxilio vicecomitis, et tenet ad terminum vitæ suæ.

Willelmus de Chocre tenet unam virgatam terræ continentem quadraginta octo acras, et debet a festo Sancti Michaelis usque ad Gulaustum qualibet septimana per quatuor dies operari opus manuale cum uno homine, et valet quælibet dieta obolum.

Et debet arare quinto die qualibet septimana per prædictum tempus dimidiam acram, et valet quælibet dieta unum denarium obolum.

Et a festo Beati Petri ad Vincula usque ad festum Beati Michaelis operabitur opus manuale qualibet septimana per quinque dies cum duobus hominibus, et valet qualibet septimana quindecim denarios.

Et faciet octo bederipas cum uno homine, et valent duodecim [denarios].

Et dat de auxilio vicecomitis quindecim denarios, et de auxilio abbatis tres solidos quatuor denarios.

---

[1] *tondebit*] tondet, MS.   [2] So in MS.

Et omnes alias consuetudines non taxatas facit sicut prædictus Willelmus filius Julianæ.

Et dat ova ad Pascha pro voluntate sua.

Walterus in la Hurne tenet simile tenementum, et facit in omnibus sicut prædictus Willelmus de Choere.

Domina Panya tenet simile tenementum, et facit in omnibus sicut prædictus Willelmus.

Henricus le Roc tenet simile tenementum, et facit in omnibus sicut prædictus Willelmus.

Relicta Goldfinche et Maria vidua tenent simile tenementum, f. 25 b. et faciunt in omnibus sicut prædictus Willelmus.

Omnes prædicti consuetudinarii dant auxilium in communi.

Redditus pertinens ad abbatem Gloucestriæ.

In festo Sancti Michaelis.

De tenentibus de camera decem marcæ.

De Berthona quinquaginta solidi.

De Herefordia quadraginta solidi.

De Bromfelde viginti solidi.

De Kilpech una marca. Item tres solidi sex denarii.

De redditu in Herefordia duodecim solidi. Item decem solidi.

De Lanwarein quinque solidi.

In festo Sancti Johannis Baptistæ.

De priore de Stanleye una marca.

In festo Beatæ Mariæ.

De Berthona quinquaginta solidi.

De Herefordia quadraginta solidi.

De Bromfelde viginti solidi.

De Kilpek tres solidi sex denarii.

Ad Natale Domini.

De priore de Stanleye una marca.

De elemosinario de Stanedisse duæ marcæ et dimidia.

Rentale maneriorum Sancti Petri Gloucestriæ.

Hope. Redditus assisæ sexdecim libræ novem solidi sex denarii obolus.

Bromptone. Redditus assisæ quadraginta unus solidi septem denarii. Et molendinum quadraginta solidi. Auxilium triginta novem solidi duo denarii.

Upledene. Redditus assisæ quindecim solidi undecim denarii.

Auxilium viginti duo solidi tres denarii. Opera affirmata triginta sex solidi octo denarii.

Hardepyrie. Redditus assisæ quinquaginta octo solidi decem denarii. Auxilium centum duo solidi duo denarii. De decima fœni viginti sex solidi.

Berthona. Redditus assisæ viginti unus libræ septendecim solidi novem denarii quadrans. Et molendinum quatuor libræ duodecim denarii. Auxilium centum sex solidi octo denarii. Remanent de hundredwite duodecim solidi.

Bernewode. Redditus assisæ sexaginta octo solidi quatuor denarii. Et de novo redditu duo solidi sex denarii. Et molendinum triginta quatuor solidi sex denarii. Et de decima quatuor solidi. Auxilia sexaginta sex solidi octo denarii.

Culna Sancti Aylwini. Redditus assisæ quinquaginta duo solidi quatuor denarii. Et molendinum septuaginta novem solidi. Auxilium quadraginta unus solidi.

Chirchamme. Redditus assisæ sexaginta novem solidi tres denarii. Auxilium quadraginta octo solidi quatuor denarii. Opera affirmata quinquaginta sex solidi octo denarii. Et [redditus] coterellorum quinque solidi.

f. 26.

Hynchamme. Redditus assisæ octo libræ septem solidi quatuor denarii. Et undecim vomeres. Auxilium quatuor libræ quinque solidi decem denarii.

Ullingewike. Centum triginta quatuor solidi septem denarii. Auxilium viginti septem solidi quinque denarii obolus.

Aldesworthe. Redditus assisæ septuaginta quatuor solidi. Auxilium quatuor libræ tredecim solidi quatuor denarii. Et de pensione Beyburiæ sex solidi octo denarii.

Abylode. Redditus assisæ quinquaginta quatuor solidi quatuor denarii. Auxilium triginta septem solidi. Opera affirmata sex solidi.

Estleche. Redditus assisæ centum quinquaginta tres solidi undecim denarii. Auxilium quadraginta unus solidi novem denarii.

Mayesmore. Redditus assisæ triginta quinque solidi quatuor denarii, et unius prati termino Nativitatis Beati Johannis viginti tres solidi tres denarii. Et decima termini Beati Petri ad Vincula viginti duo solidi. Auxilium quinquaginta solidi tres denarii obolus. Opera affirmata triginta duo solidi.

Froucestria. Redditus assisæ septuaginta sex solidi. Et molendinum sex solidi tres denarii. Auxilium quatuor libræ.

Duntesburne. Redditus assisæ quinque solidi. Et molendinum decem solidi. Auxilium undecim solidi.

Rugge. Redditus assisæ viginti sex solidi quatuor denarii obolus. Auxilium quatuordecim solidi septem denarii quadrans.

Ameneye. Redditus assisæ quinquaginta septem solidi undecim denarii. Et Halveston undecim solidi. Auxilium quadraginta unus solidi.

Northleche. Redditus assisæ quatuor libræ quindecim solidi septem denarii. De burgo et de foro sex solidi. Et de molendino viginti octo solidi. Auxilium centum solidi.

Boxwelle. Redditus assisæ centum quinquaginta unus solidi novem denarii. Et de novo redditu viginti tres solidi decem denarii. Et de dono celerarii duodecim solidi decem denarii. Auxilium quatuordecim solidi duo denarii.

Broeþrope. Redditus assisæ quatuor libræ duo solidi quatuor denarii. Auxilium quinquaginta octo solidi undecim denarii.

Prestone. Redditus assisæ sexaginta sex solidi duo denarii obolus cum molendino et wardeboth. Auxilium triginta sex f. 26 b. solidi decem denarii obolus. Opera affirmata octo solidi.

Culna Rogeri. Redditus assisæ viginti sex solidi octo denarii. Et molendinum triginta octo solidi. Auxilium quadraginta septem solidi quatuor denarii.

Constitutio quædam necessaria super pecunia communæ et aliis rebus.

Nulla pecunia de cætero spectans ad communam alicubi solvatur, si commode fieri potest, nisi ad scaccarium, et hoc in præsentia bursariorum seu receptorum; nec aliqua pecunia recepta ab eisdem expendatur seu solvatur, nisi per manus eorundem. Et si contigerit quod aliquis denarios receperit ad commodum domus suæ per præceptum abbatis sive celerarii, ut de lana Londoniæ vel de debito aliquo seu alibi de rebus aliis, sive sit senescallus sive alius qualiscumque de nostris, quamcito domi venerit, accedat ad scaccarium de receptis et expensis computaturus coram receptoribus.

Item receptores sæpius solito videant statum receptarum et expensarum, ut sciant et intelligant de summa arreragiorum, de redditibus, finibus terrarum, amerciamentis, pensionibus, et rebus aliis, quibus visis statim scribant ballivis pro hujusmodi arreragiis domi mittendis.

De arreragiis vero pensionum sollicitent receptores abbatem ut idem procuret dicta arreragia solvi et sibi numerari.

Item non solvant receptores denarios creditoribus habentibus tallias contra celerarium, subcelerarium, seu coquinarium, nisi contra-tallias versus se habentes, et nisi certi fuerint de eisdem talliis quod bonæ sint, et hoc in præsentia celerarii, subcelerarii, seu coquinarii.

Item non solvant pro coquina aliquid, nisi coquinarius talliam ostendat scriptam de manibus suis, vel nisi ejus viva

Constitution conçerning the money of the abbey.

voce confiteatur se teneri alicui sine tallia, et hoc pro quibus rebus et quantum.

Item transcripta obligationum, quietantiæ pecuniarum et rerum aliarum, cartarum ad terminum vitæ concessarum, penes receptores resideant ut tallia coram eis recitata frequenter oblivioni traduntur, et sit hujusmodi scriptura sub eorum custodia serrata. Et ipsæ obligationes, quietantiæ, et cartæ ad terminum vitæ, reponantur in thesauraria in certa capsula; et fiat memorandum ad scaccarium in qua capsula possunt et debeant numerari.

f. 27. Item subcelerarius[1] videat quod assisa panis, et brasium ad cervisiam et bladum assignatum ad anniversaria abbatum integraliter domi veniat, et per aliquem certum et fidelem recipiatur qui contra præpositos de hujusmodi receptis talliam faciat. Nec subcelerarius nec panetarius bladum vel brasium pro aliquo negotio vendere præsumat, nec bladum nec brasium in maneriis per eosdem retineatur, sed si espernum inde facere poterunt, in magna domo infra monasterium reponatur et custodiatur. Nec extunc aliquid inde sumatur vel expendatur nisi de conscientia celerarii. Expedit enim si quid inde sit vendendum, sive in domo reservandum, quod per celerarium vendatur sive servetur diversis ex causis.

Item celerarius et coquinarius pro viribus emant boves, porcos, aucas, gallinas, pullos, et alia hujusmodi necessaria extra villam Gloucestriæ per certos et fideles ballivos seu servientes secundum diversitatem temporum anni prout necessitas exposcit pro posse suo.

Item provideat coquinarius quod cocos, servientes, et garciones in coquina necessarios, fideles, et diligentes, et sollicitos, et non superfluos habeat, qui omnia quæ facienda sunt in coquina ad nutum suum faciant sine murmure vel excusatione. Et maxime de hiis quæ mittuntur in refectorium ut conventus bonum habeat potagium cum omni diligentia præparatum una cum aliis tam in refectorio[2] quam in[3] infirmario coram fratribus apponendum, et si quis ex cocis majoribus vel minoribus consuetudinem allegans in præmissis negligens extiterit, seu contrarius seu rebellis semel et iterum correptus, si non emendaverit, omnino amoveatur.

Item emptores apud Bristolliam seu alibi emptiones de animalibus volatilibus seu piscibus facientes, statim cum redierint,

---

[1] *subcelerarius*] subcelererarius, MS.

[2] *refectorio*] refectorium, MS., but the last letter has the sign of erasure.

[3] *refectorio* is inserted in the MS. before *infirmario*, but with the sign of erasure.

accedant ad scaccarium et ibi fideliter coram receptoribus compotum reddant de receptis et expensis, et sint hujusmodi
emptores jurati de fideliter serviendo diversis ex causis; et
quotiens emptiones magnæ faciendæ sunt, sive de bobus sive
de rebus aliis, mittatur aliquis monachus prudens vel frater
conversus cum emptore eidem testimonium perhabiturus de
receptis et expensis.

Item iidem emptores postquam aliqua animalia emerint
plura vel pauciora, statim aliquo notabili signent, et cum domi
venerint boves seu animalia alia a celerario, coquinario et re- f. 27 b.
ceptoribus; [1] et reddant emptores compotum ad scaccarium de
quolibet capite bovis seu alterius animalis et de ejus pretio,
et liberentur hujusmodi animalia per tallias coquinario vel
præpositis maneriorum ad carnccas, et fiat inde memorandum
ad scaccarium, et sic apparebit in fine anni quot animalia
coquinarius receperit de emptione, et quot de maneriis.

Fiant etiam tallæ contra præpositos de emptione hujusmodi
animalium ut inde respondeant super compotum suum.

Celerarius et subcelerarius inquirant [2] diligenter si forestarius et spinatores in Wivelrugge fideliter se habent in suis
operationibus, et forestarius frequenter a subcelerario exami-
netur, dicitur [3] enim a quibusdam quod tam ille quam spinatores fraudem faciunt tam de spinis quam de operationibus
operatorum.

Caretarii etiam de Wivelrugge super hujusmodi frequenter
examinentur a subcelerario, tam per inspectionem oculorum
quam per inquisitionem inde prudenter faciendas. Hoc idem
fiat de marinatoribus quia necesse est, ut dicitur.

Item provideant [4] celerarius et subcelerarius unam vel duas
caretas cum equis necessariis ut in æstate possint cariare
buscam tam de Froucestria quam de Bocholte et aliunde de
gravis prout ordinabitur, ne in hyeme in monasterio sit inde
defectus prout hueusque consuevit.

Item provideat celerarius de maneriis propinquioribus singulis septimanis certas trassas literæ mittendas ad stabularium
projiciendas sub equis cum opus fuerit, ne fiat de cætero tanta
destructio fœni quanta hucusque inde fieri consuevit.

Item subcelerarius frequentius solito visitet et examinet
molendinarios in magna domo, braciatores in bracino, pistores
in pistrino, ut fideles sint, et quilibet eorum habilis in suo
officio, et sufficiens. Et inhibeat braciatori ne aliquo modo

---

[1] The sense of this passage seems
to require *signentur*, or some other
verb, after *receptoribus*.

[2] *inquirant*] inquirant et, MS.
[3] *dicitur*] dicetur, MS.
[4] *provideant*] provideat, MS.

malum brasium et inutile ad cervisiam conventus apponat sub pœna amotionis a suo servitio Sed si forte aliquis præpositus malum brasium ad braciatorem transmiserit, braciator illud penes se retineat et tantumdem de bono brasio et commendabili in villa emat talliam inde faciens Et præpositus qui malum misit brasium, in pœnam sui delicti bonum brasium emptum[1] a braciatore de bonis suis propriis aquietabit Et provideat etiam subcelerarius in quantum potest quod conventus jugiter cervisiam habeat defæcatam

f 28

Item cum celerarius egreditur a monasterio divertens ad aliquod manerium, diligenter inquirat et investiget ut ballivus discretus et diligens extiterit, et circa wannagium cum effectu sollicitus, et utrum a famulis et operariis reveretur et timeatur, et si præpositus, grangerius et messerius in suis officiis bene administrent ad commodum domus, et super hoc examinentur tam per dictas quam per scripta seu attachiamenta, et redigat celerarius in scriptis statum manerii quoad recepta et expensas singulis vicibus adventus sui antequam a manerio recedat et in recessu suo præcipiat præposito et grangerio ut ad minus singulis[2] mensibus et pluries si fieri possit coram ballivo manerii recepta et expensas recitent, et in scriptis redigi faciant integraliter, ut alias celerarius in adventu suo certificetur

Item nec permittantur ballivi maneriorum habere tot garciones quot consueverunt habere, nec habeant pullos equorum, oves, boves majores vel minores, seu porcos, vel aliud quodcumque animal in maneriis nostris ad eorum custodiam deputatis ad custum nostrum sine speciali licentia abbatis seu celerarii

Hoc idem intelligatur de præposito, grangerio, messerio manerii, secundum extentam et tamen super hoc erunt multum commendandi nisi rationabilem causam ostendant quare hoc facere non possint

Item provideatur quod assisa ad panem veniat certis diebus ad pistrinum

Libere tenentes domini abbatis Gloucestriæ

Robertus de Ledene tenet unam carucatam terræ, et reddit inde per annum ad Annunciationem Beatæ Mariæ duodecim denarios, et ad festum Beati Michaelis duodecim denarios.

Debet etiam domino abbati servitium unius armigeri ad rationabilem summonitionem, et si sero summonitus fuerit, veniet mane, vel aliquem mittet loco sui cum equo et hernesio, prout decet armigerum, et valet dictum servitium armigeri per æstimationem juratorum per annum decem solidos.

Et debet sectas curiarum de Hynchamme et de Gloucestria.

Henricus de la Forde tenet sex acras terræ apud Ledene, et reddit inde per annum ad Annunciationem Beatæ Mariæ duodecim denarios, et ad festum Beati Michaelis duodecim denarios.

Et debet sectam curiæ ad mansionem quamdam in Ledene quæ quondam fuit Galfridi de Ledene pro omni servitio.   f. 28 b.

Ricardus Barbe tenet dimidiam virgatam terræ, et nihil inde facit nisi sectam ad curias de Hynchamme et de Gloccestria.

Walterus Barbe tenet dimidiam virgatam terræ de feodo prædicti Ricardi Barbe, et nullum inde facit servitium.

Persona de Rudeforde tenet duodecim acras terræ, et reddit inde per annum ad Annunciationem Beatæ Mariæ octodecim denarios, et ad festum Beati Michaelis octodecim denarios.

Rogerus Molendinarius tenet quamdam piscariam subtus ecclesiam de Rudeforde tantum ad vitam suam, et reddit inde per annum ad Annunciationem Beatæ Mariæ tres solidos, et ad festum Beati Michaelis tres solidos.

De Ricardo Toky pro dote uxoris[1] suæ tres solidi quatuor denarii ad festum Sancti Michaelis.

Omnes consuetudinarii de Rudeforde tenent quamdam terram quæ vocatur Scharloude ad voluntatem domini, et reddunt inde per annum ad Annunciationem Beatæ Mariæ duos solidos unum denarium, et ad festum Beati Michaelis duos solidos unum denarium.

Walterus le Freprior tenet quoddam mesuagium cum curtillagio in Rudeforde ad voluntatem domini, et reddit inde per annum ad Annunciationem Beatæ Mariæ novem denarios, et ad festum Beati Michaelis novem denarios, et sequetur curiam.

Robertus de la Grene apud Rudeforde tenet unam acram terræ ex opposito domus suæ, et reddit inde per annum ad Annunciationem Beatæ Mariæ duos denarios obolum, et ad festum Beati Michaelis duos denarios obolum.

Willelmus le Frenshe apud Hyneledene tenet unum mesuagium cum curtillagio, et reddit inde per annum ad festum Beati Michaelis octo denarios.

---

[1] *Memorandum de illa dote* is written here in the margin.

Henricus Fromund tenet octo acras terræ in Rodeforde ad voluntatem domini, et reddit inde per annum ad festum Beati Andreæ novem denarios, ad Annunciationem Beatæ Mariæ novem denarios, ad Nativitatem Beati Johannis Baptistæ novem [denarios], et ad festum Sancti Michaelis novem denarios.

DCCCCXLVII. *Hinehame.*

Of Hine-
hame.

Thomas Lovie tenet dimidiam virgatam terræ in Hynehamme ad vitam suam tantum per cartam domini abbatis, et reddit inde per annum ad festum Beati Andreæ duos solidos sex denarios, ad Annunciationem Beatæ Mariæ duos solidos sex denarios, ad Nativitatem Beati Johannis Baptistæ duos solidos sex denarios, et ad festum Beati Michaelis duos solidos sex denarios, et dabit annuatim ad festum Beati Michaelis duos solidos de auxilio.

Idem Thomas cum virga sua debet interesse operationibus quo ad metebedripas, et valet operatio dictorum trium famulorum per diem quatuor denarios obolum.[1]

Item idem Thomas Lovie tenet duodecim acras terræ ad vitam suam tantum, et reddit inde per annum ad Ad Vincula Sancti Petri quinque solidos, et dabit duodecim denarios de auxilio ad festum Beati Michaelis.

Ricardus Clericus tenet quatuor acras terræ et dimidiam acram prati ad vitam suam tantum, et reddit inde per annum ad Ad Vincula Sancti Petri quinque solidos, [et dabit] quatuor denarios de auxilio ad festum Sancti Michaelis.

f. 29.

Walterus Patemon tenet unum mesuagium, quatuor acras terræ, et dimidiam acram prati, et reddit inde per annum duos solidos, scilicet ad festum Beati Andreæ sex denarios, ad Annunciationem Beatæ Mariæ sex denarios, ad Nativitatem Beati Johannis Baptistæ sex denarios, et ad festum Sancti Michaelis sex denarios, et dabit quatuor denarios de auxilio ad festum Sancti Michaelis, et tenet ad vitam suam tantum.

Item idem Walterus Patemon tenet quatuor acras terræ, et dimidiam acram prati, et reddit inde per annum ad festum Beati Andreæ sex denarios, ad Annunciationem Beatæ Mariæ sex denarios, ad Nativitatem Beati Johannis Baptistæ sex denarios, et ad festum Sancti Michaelis sex denarios, et dabit quatuor denarios de auxilio ad festum Sancti Michaelis.

Et sciendum quod Willelmus Godefray tenet illud mesuagium quod pertinet ad dictas quatuor acras terræ et dimidiam acram prati per quoddam servitium servile ut liquebit inferius in servitio consuetudinariorum.

---

[1] This clause is plainly incomplete.

Robertus le Hopere tenet unum mesuagium, quatuor acras terræ, et dimidiam acram prati in Hynchamme, quæ terra quondam fuit extracta de terra Ernaldi de la Hale, ad terminum vitæ suæ tantum, et reddit inde per annum duos solidos, ad festum Sancti Andreæ sex denarios, ad Annunciationem Beatæ Mariæ sex denarios, ad Nativitatem Beati Johannis Baptistæ sex denarios, et ad festum Sancti Michaelis sex denarios, et dabit quatuor denarios de auxilio ad festum Sancti Michaelis.

Walterus Faber tenet unum mesuagium, quatuor acras terræ, et reddit inde per annum ad festum Beati Andreæ sex denarios, ad Annunciationem Beatæ Mariæ sex denarios, ad Nativitatem Beati Johannis Baptistæ sex denarios, et ad festum Beati Michaelis sex denarios, et dabit duos denarios de auxilio ad festum Sancti Michaelis.

Henricus Præpositus tenet unum cotagium, et unam acram terræ, et reddit inde per annum ad festum Beati Andreæ tres denarios, ad Annunciationem Beatæ Mariæ tres denarios, ad Nativitatem Sancti Johannis Baptistæ tres denarios, et ad festum Sancti Michaelis tres denarios.

Margeria in la Felde tenet quoddam mesuagium cum crofta, et reddit inde per annum ad festum Sancti Michaelis duodecim denarios.

Mabilia Passeavant tenet unum mesuagium, duas acras terræ, et dimidiam acram prati, et reddit inde per annum ad Annunciationem Beatæ Mariæ tres denarios, et ad festum Beati Michaelis tres denarios.

Willelmus Faber de Lillintone tenet unum mesuagium, tres acras terræ, et dimidiam acram prati, et reddit inde per annum ad festum Beati Andreæ sex denarios, et ad Annunciationem Beatæ Mariæ sex denarios, ad Nativitatem Beati Johannis Baptistæ sex denarios, et ad festum Beati Michaelis sex denarios, et dabit quatuor denarios auxilii ad festum Sancti Michaelis.

Alicia de Lodelawe tenet unam mesuagium, et dimidiam virgatam terræ ad vitam suam tantum, et reddit inde per annum ad Annunciationem Beatæ Mariæ tres solidos, et ad festum Sancti Michaelis tres solidos, et sequetur curias nostras[1] de f. : Hynchamme et de Gloucestria.

Willelmus de Haueshulle tenet quamdam terram in Hamptone de feodo Willelmi de la Mare, et reddit inde per annum ad festum Beati Andreæ viginti unum denarios, ad Annunciationem Beatæ Mariæ viginti unum denarios, ad Nativitatem

---

[1] *curias nostras*] cur' nostram, MS.

Beati Johannis Baptistæ viginti unum denarios, et ad festum
Sancti Michaelis viginti unum denarios, quem quidem redditum prædecessores prædicti Willelmi de la Mare dederunt
abbatiæ Gloecestriæ in puram et perpetuam elemosinam

Robertus le Wise tenet unum mesuagium quatuor acras
terræ, et dimidiam acram prati, quæ quidem terra quondam
fuit G de Westone, ad vitam suam et ad vitam Roberti filii
sui senioris, et reddit inde per annum duos solidos pro omni
servitio præter sectam curiæ, et hoc ad terminum vitæ suæ
tantum

Claricia Kygmon tenet unum mesuagium cum curtillagio
continente fere dimidiam acram terræ, et reddit inde per
annum sexdecim denarios ad quatuor anni terminos

Matilda relicta Roberti de Vinea tenet unum mesuagium
quatuor acras terræ, et dimidiam acram prati, ad vitam suam
tantum, et reddit inde per annum duos solidos, et dabit quatuor denarios de auxilio ad festum Sancti Michaelis

Walterus Beaupere tenet unum mesuagium, et dimidiam
virgatam terræ, et tres acras prati de terra servili ad voluntatem domini et reddit inde per annum decem solidos ad
quatuor terminos, et dabit duos solidos ad auxilium ad festum
Sancti Michaelis

Item idem Walterus tenet quamdam particulam prati quod
vocatur Dereleye, et reddit inde per annum unum vomerem
de pretio octo denariorum

Willelmus Pippe tenet quoddam pratum quod vocatur Corn-
ham, et reddit inde per annum tres vomeres de pretio duorum
solidorum ad Nativitatem Beati Johannis Baptistæ

Willelmus in la Hale tenet dimidiam acram prati, et reddit
inde per annum unum vomerem ad festum Beati Johannis
Baptistæ de pretio octo denariorum

Dyonisia de Abbenhale tenet unum mesuagium cum crofta
continente dimidiam acram, et reddit inde per annum duos
solidos ad duos terminos, et sequetur curiam de Hinehamme

Felicia de Overe tenet unum mesuagium cum uno crofto
continente dimidiam acram, et reddit inde per annum duos
solidos ad vitam suam tantum

Isabella Bulebat tenet unum mesuagium, quatuor acras
terræ, et dimidiam acram prati, et reddit inde per annum
duos solidos ad quatuor terminos, et hoc ad vitam suam

Alicia Seisel tenet unum mesuagium cum curtillagio tantum
ad vitam suam, et reddit inde per annum sexdecim denarios
ad quatuor terminos[1] pro omni servitio præter sectam

---

[1] *usualis et faciet tres bederipas* | MS after *terminos*, but with the
cum uno homine et is inserted in the | sign of erasure

Godefridus Faber tenet unum mesuagium cum curtillagio, f
et reddit inde per annum octo denarios ad quatuor terminos
usuales.

Et faciet tres bederipas cum uno homine, et valent quatuor
denarios obolum.

Et erit ad fœnum domini levandum per duos dies, et valet
unum denarium.

Juliana Gihist tenet unum mesuagium cum curtillagio, et
reddit inde per annum octo denarios ad quatuor terminos
usuales.

Et faciet tres bederipas cum uno homine, et valent quatuor
denarios obolum.

Et erit per duos dies ad levandum fœnum domini, et valet [1]
unum denarium.

Robertus Piscator tenet unum mesuagium cum curtillagio,
et reddit inde per annum duodecim denarios ad duos terminos
usuales.

Et faciet tres bederipas cum uno homine, et valent quatuor
denarios obolum.

Et per duos dies levabit fœnum domini, et valet unum denarium.

Henricus de Brugende tenet unum mesuagium et curtillagium continens unam acram, et reddit inde per annum duodecim denarios ad quatuor terminos usuales, et pertinet ejus
servitium ad celerarium.[2]

Item idem Henricus Attebruggendo tenet sex acras terræ,
et dimidiam acram prati, et reddit inde per annum quinque
solidos ad quatuor terminos usuales.

Et dabit sex denarios de auxilio ad festum Sancti Michaelis.

Et faciet tres bederipas cum uno homine, et valent[3] quatuor
denarios et obolum.

Et levabit fœnum domini per duos dies, et valet unum
denarium.

Item idem Henricus tenet unum mesuagium cum curtillagio,
et tres selliones terræ, et pertinet ejus servitium ad subcelerarium, quod juratores ignorant.

Ricardus Piscator tenet unum mesuagium cum curtillagio,
et reddit inde per annum sexdecim denarios ad quatuor terminos usuales.

Et faciet tres bederipas cum uno homine, et valent quatuor
denarios obolum.

Et levabit fœnum domini per duos dies, et valet[1] unum denarium.

---

[1] *valet*] valent, MS. [1] *valent*] valet, MS.
[2] *celerarium*] celarium, MS.

Walterus de Ulmo tenet unum mesuagium cum curtillagio, et reddit inde per annum sexdecim denarios ad quatuor terminos usuales

Et faciet tres bederipas cum uno homine, et valent quatuor denarios obolum

Et levabit foenum domini per duos dies, et valet unum denarium

Johannes Piscator tenet unum mesuagium cum curtillagio, et duas acras terræ, et quartam partem unius acræ prati ad vitam suam tantum, et reddit inde per annum duodecim denarios ad quatuor terminos usuales

Et faciet tres bederipas cum uno homine, et valent quatuor denarios et obolum

Et levabit foenum domini per duos dies, et valet unum denarium

Isabella Bulebat tenet unum mesuagium cum curtillagio, et duas acras terræ, et quartam partem unius acræ prati, et reddit inde per annum duodecim denarios obolum ad quatuor terminos

Et faciet tres bederipas cum uno homine, et valent quatuor denarios obolum

Et levabit foenum domini per duos dies, et valet unum denarium

f 30 b Philippus de Haperlege tenet dimidiam virgatam terræ, et tres acras prati, et reddit inde per annum decem solidos ad quatuor terminos usuales

Et dabit duos solidos de auxilio ad festum Beati Michaelis

Et faciet sectam ad curias[1] de Hynehamme et de Gloucestria

Emma Golde tenet quatuor acras terræ, et reddit inde per annum quatuor vomeres, pretium cujuslibet octo denarii

Robertus le Hopere tenet unum mesuagium, duodecim acras terræ, et unam acram prati et dimidiam, et reddit inde per annum quinque solidos ad duos terminos usuales ad voluntatem domini

Et dabit duodecim denarios de auxilio ad festum Sancti Michaelis.

Walterus Haralde tenet unum mesuagium, duodecim acras terræ, et unam acram prati et dimidiam ad voluntatem domini, et reddit inde per annum quinque solidos ad quatuor terminos usuales [2]

Et dabit duodecim denarios de auxilio ad festum Sancti Michaelis.

Willelmus Fiero tenet duodecim acras terræ, et unam acram

[1] curias] curiam, MS   in the MS after usuales, but with
[2] ad voluntatem domini is inserted   the sign of erasure

prati et dimidiam, et reddit inde per annum quinque solidos ad quatuor terminos usuales.

Et dabit duodecim denarios de auxilio ad festum Sancti Michaelis.

Robertus Faber de Hyneledene dat pro uno mesuagio per annum duodecim denarios.

Walterus Beaupere dat pro una particula prati in prato quod vocatur Lihit duodecim denarios per annum ad duos terminos.

Willelmus Pippe tenet unam particulam prati in eodem prato, et reddit inde per annum duodecim denarios.

Ricardus Clericus tenet unum mesuagium cum curtillagio, et reddit inde per annum duos solidos sex denarios.

Summa redditus libere tenentium, et eorum qui tenent ad voluntatem domini ad terminum vitæ per certum servitium, septem libræ tredecim solidi novem denarii cum esquierio.

Summa certi auxilii supradictorum [   ].[1]

Summa valoris novem vomerum provenientium de redditu supradictorum per annum sex solidi, pretium vomeris octo denarii.

Summa valoris viginti septem bederiparum supradictarum [2] et operationum eorumdem in fœno quatuor solidi sex denarii.

Servitium consuetudinariorum de Hynehamme.

Johannes Barefoth tenet dimidiam virgatam terræ continentem viginti quatuor acras terræ arabilis, et tres acras prati, et debet arare qualibet secunda septimana a festo Sancti Michaelis usque ad festum Beati Petri ad Vincula uno die, et per idem tempus qualibet secunda septimana debet uno die herciare tempore seminis.

Item debet herciare per unum diem, et vocatur ille dies lonegginge, et est summa dierum aruræ viginti duæ, et valet quælibet dieta tres denarios, et dieta hersuræ valet unum de- f. 31. narium.

Et præterea debet quater arare in terra domini, et vocantur illæ aruræ unlawenherþe, quæ valent duodecim denarios. Et valet dicta arura dimidiæ virgatæ cum hersura per annum sex solidos septem denarios.

Et præterea debet operari opus manuale a festo Sancti Michaelis usque ad festum Beati Petri ad Vincula qualibet septimana pro voluntate ballivi per duos dies, vel per quatuor

---

[1] Blank in MS.

[2] *supradictarum*] supradictorum, MS.

H 2

dies in qualibet altera septimana, et valet quælibet dieta unum denarium

Et memorandum quod si deputatus fuerit ad triturandum, triturabit de frumento, siligine, et pisis, duos bussellos et dimidium, vel de hordeo dimidium quarterium, vel de avena unum quarterium vel de fabis dimidium quarterium

Et si ad aliud opus deputatus fuerit, tunc operabitur per totum diem, et valet dieta unum denarium, vel debet summagiare de manerio ad manerium pro voluntate ballivi uno die, et allocabitur ei pro opere unius diei

Et si missus fuerit ad aliquod manerium, ita quod ipso die redire non poterit et ibidem propriis sumptibus pernoctaverit, unus dies in eundo et alius dies in redeundo pro opere duorum dierum ei allocabuntur

Et si deputatus fuerit ad cariandum cum careta, tunc cariabit per totum diem sumptibus propriis cum duobus hominibus, et duobus equis, et careta propria, et allocabitur ei illa dieta pro aniia unius diei

Et quando falcaverit, falcabit pratum domini per totum diem, et valet dieta duos denarios

Et sciendum quod falcabit per sex dies ad minus, et levabit fœnum domini per quatuor dies ad minus, et amplius si necesse fuerit, et valet duos denarios

Et sarculabit bladum domini per unum diem, et valet obolum

Et notandum quod dimidia virgata terræ sive fuerit hebdomadaria [1] sive non, operabitur in fœno domini quamdiu necesse fuerit quousque de toto adunetur et levetur

Et faciet duas bederipas ante festum Beati Petri ad Vincula cum duobus hominibus, et valent tres denarios.

Et est summa valoris prædictæ operationis manualis cum falcatione, trituratione, cariagio, sarculatione, bederipis, et fœni levatione et aliis, præter aruras, octo solidi tres denarii obolus

Et a festo Beati Petri ad Vincula usque ad festum Beati Michaelis debet metere bladum domini qualibet septimana cum sex hominibus, allocatis sibi diebus festivis, scilicet quolibet die Lunæ metet cum duobus hominibus, et per quatuor dies sequentes in hebdomada cum uno homine, et valet dieta cujuslibet hominis unum denarium obolum

Et præterea faciet unam bederipam cum duobus hominibus, et illa consuetudo vocatur radaker, et valet tres denarios

f. 31 b.
Et est summa totius valoris operationis autumnalis, subtractis inde sex denariis pro quatuor diebus festivis qui debent allocari operariis cum accidunt, sex solidi tres denarii

---

[1] *hebdomadaria*] ebdomedaria, MS.

Et præterea dabit duos solidos de auxilio ad festum Beati Michaelis.

Et si braciaverit ad vendendum, tunc dabit famulis octo lagenas cervisiæ, et domino octo lagenas, et valent [.] [1]

Et si vendiderit equum vel jumentum infra manerium, dabit quatuor denarios de tonnuto, et dabit pannagium pro porco superannato unum denarium, et pro juniori porco obolum.

Et non potest filiam maritare, nec filium coronari permittere, bovem nec equum vendere sine licentia domini.

Et maritus cum obierit, dabit domino melius averium suum pro herieto, et vidua similiter.

Et est summa valoris totalis operationis prædicti dimidii virgatarii per annum, ut in certis rebus, viginti unus solidi unus denarius obolus præter pannagium, tonnutum, herieta, misericordias, redemptiones, et alia provenientia quæ æstimari pro certo non poterunt.

Johannes le Waleys tenet dimidiam virgatam terræ, et idem facit servitium in omnibus sicut prædictus Johannes Barefoth.

Et est summa valoris viginti unus solidi unus denarius obolus.

Willelmus Hendy, Ricardus Caty, Willelmus de Cruce, Rogerus de Pole, Rogerus Norrensis, Walterus Kati, Randulphus de Cruce, Willelmus Tony, Robertus Baldewine, Ingulphus Hereberde, Johannes Mortimer, Elyas Rufus, Henricus Præpositus, Henricus Asketil, Johannes Attewode, Emma Golde, Willelmus Pippe, omnes isti præscripti similia tenent tenementa, et sunt dimidii virgatarii sicut præfatus Johannes le Waleys, et in omnibus faciunt sicut ipse.

Et est summa valoris operationis cujuslibet istorum per annum viginti unus solidi unus denarius obolus.

Matilda Barefot et Nicholaus le Ȝunge tenent dimidiam virgatam terræ, et idem faciunt servitium in omnibus ut prædictus Johannes le Waleys, adjecto quod uterque eorum sarculabit bladum domini cum uno homine per unum diem, et valet dieta obolum.

Et facient duas bedcripas cum duobus hominibus ante Ad Vincula Sancti Petri, et valent tres denarios.

Et levabunt fœnum domini per quatuor dies, et amplius si necesse fuerit, et valet duos denarios.

Et est summa viginti unus solidi septem denarii obolus.

Willelmus juxta viam, et Willelmus Fraunceys, Walterus Dod junior, et Walterus Dod senior, Robertus Attegrene, et Walterus Prior, Willelmus Nogent, Willelmus Fraunceys, et

---

[1] Blank in MS.

Robertus Ketiforde, Walterus de Mereye, et Ingulphus Swey-
are, Robertus Edriche, et Agnes Swones, Galfridus de la
Stone, et Claria Spereke, Willelmus Brustarde, et Johannes
Rugge, Walterus Faber, et Willelmus Ingulf, Rogerus de
Seisdone, et Rogerus de Farenhale, Robertus le Wyse, et
Thomas de Lillintone, Willelmus Sweyn, et Willelmus Fyge,
Walterus Haralde, et Margeria in la Felde, Nicholaus de
Overe, et Ricardus Badde, duo istorum conjunctim tenent
dimidiam virgatam terræ, et faciunt in omnibus sicut præ-
dicti Nicholaus le ʒunge et Matilda Barefoth.

Et est summa valoris operationis dimidii virgatarii viginti
unus solidi septem denarii obolus.

Summa valoris operationum tenentium dimidiam virgatam
et quartam partem virgatæ, triginta septem libræ septem
solidi quatuor denarii obolus.

Lundinarii.

Walterus le Freytur tenet unum lundinarium, videlicet
unum mesuagium cum curtillagio, quatuor acras terræ, et
dimidiam acram prati, et operabitur qualibet septimana per
unum diem a festo Beati Michaelis usque ad Ad Vincula
Sancti Petri, et valet quælibet dieta unum denarium.

Et debet falcare pratum domini per quatuor dies, si necesse
fuerit, et quando falcaverit, valet dieta duos denarios.

Et adjuvabit ad uniendum et levandum fœnum domini per
sex dies ad minus, et valet dieta obolum.

Et sarculabit bladum domini per unum diem, et valet
obolum.

Et faciet duas bederipas ante Ad Vincula Beati Petri, et
valent duos denarios.

Et a festo Beati Petri ad Vincula usque ad festum Beati
Michaelis operabitur opus manuale qualibet septimana per duos
dies, et valet quælibet dieta unum denarium obolum.

Et colliget cirpos ad festum Beati Petri, et valet obolum.

Et in omnibus aliis conditionibus faciet sicut prænominati.

Et est summa valoris operationis lundinarii sex solidi octo
denarii.

Et dabit quatuor denarios de auxilio ad festum Sancti Michaelis.

Nicholaus le Noreys, Rogerus Piscator, Willelmus Scute,
Elena de la Merxse, Willelmus Anthony, Elyas le Hackere,
Agnes Swones, Matilda le Mere, Agnes David, Willelmus
Godefray, item Matilda le Mere, Ricardus Mase, Willelmus in
la Hale, Rogerus Ingulf, Henricus Pippe, omnes isti præscripti similia tenent tenementa, et idem servitium faciunt
sicut prædictus Walterus le F[r]eytur.

Et est summa valoris cujuslibet istorum sex solidi octo [denarii].

Et est summa totius operationis hundinariorum, præter minutas consuetudines, ut pannagium, herieta, et alia diversa, centum tredecim solidi quatuor denarii.

Cotlandarii.

Johannes le Waleys tenet unum mesuagium cum curtillagio, et faciet octo bederipas et tres dies ad fœnum levandum, et valent tredecim denarios obolum.

Et omnes subscripti, Walterus Piscator, Sibilla la ꝛunge, **f. 32 b.** Juliana Contasse, Johannes de Herefordia, Willelmus Fraunceys, Margeria Wynning, omnes isti tenent mesuagia cum curtillagio, et idem servitium faciunt sicut prædictus Johannes Waleys.

Juliana Goldwebbe tenet unum mesuagium cum curtillagio, et faciet sexdecim bederipas et tres dies ad fœnum levandum, et valent duos solidos unum denarium.

Cristina Wite, Alditta Rogeres, Willelmus Skinnare, Amicia Horsmon, similia tenent tenementa, et idem servitium faciunt ut prædicta Juliana Goldwebbe.

Summa valoris totalis operationis cotlandariorum, præter minutas consuetudines, ut pannagium, et alia, octodecim solidi sex denarii.

Summa valoris operationum in universo per annum, præter auxilium, tolnetum, herieta, pannagium, redemptiones, fines, et perquisitas, quadraginta quatuor libræ tres solidi octo denarii obolus.

Summa certi auxilii omnium consuetudinariorum per annum ad festum Sancti Michaelis centum quinque solidi.

Summa hominum operantium in messe domini per quamlibet septimanam in autumno quadringenti undecim.

Summa quarteriorum frumenti ad assisam panis abbatiæ per annum centum quinquaginta quinque quarteria cum certis incrementis.

Et est assisa qualibet hebdomada tres quarteria.

Summa quarteriorum ad assisam brasii per annum cum certis incrementis sexaginta octo quarteria et sex busselli.

Et est assisa qualibet hebdomada unum quarterium et duo busselli.

Summa quarteriorum avenæ ad assisam brasii per annum cum certis incrementis centum triginta septem quarteria et dimidium.

Et est assisa qualibet hebdomada duo quarteria et dimidium.

DCCCCXLVIII. *Bernewode.*

Dominus habet ibidem duo molendina, quorum Johanna Schirreve tenet unum quod vocatur Schirrevesmulne, et reddit inde per annum viginti unum solidos duos denarios ad quatuor terminos usuales.

Et dabit viginti duos denarios de auxilio ad festum Sancti Michaelis.

Et dabit duodecim denarios pro decima ipsius molendini ad Purificationem, et tenet tantum ad vitam suam.

Et sequetur halimotum de Bernewode.

Et pannagiabit porcos.

Et dabit tonnutum cervisiæ quinque lagenas.

Et si equum vendiderit, dabit quatuor denarios de tonnuto.

Nec potest filiam maritare nec filium alienare sine licentia.

Johanna de Cleyforde tenet aliud molendinum ad vitam suam tantum, et reddit inde per annum tredecim solidos quatuor denarios ad quatuor terminos usuales.

Et dat viginti duos denarios de auxilio ad festum Beati Michaelis.

Et dat duodecim denarios pro decima ipsius molendini ad Purificationem.

Et faciet tres bederipas cum uno homine, et valent quatuor denarios obolum.

Et faciet in omnibus sicut prædicta Johanna.

Walterus filius Johannis le Wythe tenet dimidiam virgatam terræ, et reddit inde per annum undecim solidos sex denarios ad Ad Vincula Sancti Petri.

Et dabit viginti duos denarios de auxilio ad festum Sancti Michaelis.

Walterus Croweden tenet unum mesuagium cum curtillagio, et duas acras terræ, et reddit inde per annum duos solidos ad quatuor terminos usuales.

Et dabit duos denarios obolum de auxilio ad festum Sancti Michaelis.

Et faciet tres bederipas, et valent quatuor denarios obolum.

Et faciet in omnibus sicut prædicta Johanna.

Isabella quæ fuit uxor Willelmi Fabri tenet unum mesuagium cum curtillagio, et duas acras terræ, et fabricam, et reddit inde per annum tres solidos pro redditu et bederipis suis ad quatuor terminos usuales, et faciet in omnibus sicut prædicta Johanna.

Reginaldus Pimme tenet unum mesuagium cum curtillagio, et reddit inde per annum quatuor bederipas, et valent sex denarios, et facit in omnibus sicut prædicta Johanna.

Unum mesuagium cum curtillagio quod Emma Buth tenuit sunt in manibus domini, quæ reddere solebant de redditu per annum duos solidos, et modo reddunt tres solidos per manum G[alfridi] Capellani ad quatuor terminos usuales, et de auxilio unum denarium, et tres bederipas quæ valuerunt quatuor denarios obolum. Et modo reddit Galfridus Capellanus tres solidos pro omni servitio ad voluntatem domini tantum.

Walterus Hoge tenet unum mesuagium cum curtillagio, et reddit inde per annum duodecim denarios ad quatuor terminos usuales.

Et dabit de auxilio unum denarium ad festum Beati Michaelis.

Et faciet tres bederipas, et valent quatuor denarios obolum.

Et facit in omnibus sicut prædicta Johanna.

Summa certi redditus per annum, præter operationes et consuetudines, quinquaginta septem solidi.

Summa certi auxilii eorundem quinque solidi decem denarii.

Summa valoris quindecim bederiparum novemdecim denarii obolus.

DCCCCXLIX. *Extenta de Bocholthe.*

Johannes Gocelinus tenet unum ferendellum terræ cum mesuagio, et reddit inde per annum quatuor solidos ad quatuor terminos usuales.

Of Boc-
holth.
f. 33 *b.*

Et dabit de auxilio tredecim denarios ad festum Beati Michaelis.

Et faciet tres bederipas, et valent quatuor denarios obolum.

Et pannagiabit porcos.

Et dabit tonnutum cervisiæ si braciaverit ad vendendum, scilicet quinque lagenas.

Et dabit tonnutum pro equo si quem infra manerium vendiderit.

Nec potest filiam maritare nec filium alienare sine licentia domini.

Et est tonnutum pro equo vendito quatuor denarii.

Adam Attehulle tenet unum mesuagium et unum ferendellum terræ, et reddit inde per annum quatuor solidos ad quatuor terminos usuales.

Et dabit duodecim denarios obolum de auxilio ad festum Sancti Michaelis.

Et faciet tres bederipas, et valent quatuor denarios obolum.

Et faciet pannagium et alia sicut prædictus Johannes.

Osbertus de Braderugge tenet unum mesuagium, et quatuor acras terræ, et unum molendinum, et reddit inde per annum octo solidos ad quatuor terminos usuales.

Et dabit duos solidos unum denarium de auxilio ad festum Sancti Michaelis.

Et faciet tres bederipas, et valent quatuor denarios obolum.

Et omnia prædicta facit sicut prædictus Johannes.

Johannes Attehulle tenet unum mesuagium et ferendellum terræ, et reddit inde per annum quatuor solidos ad quatuor terminos usuales.

Et dabit duodecim denarios obolum de auxilio ad festum Sancti Michaelis.

Et faciet tres bederipas, et valent quatuor denarios obolum.

Et omnia prædicta facit sicut prædictus Johannes.

Elyas Attehulle tenet unum mesuagium et unum ferendellum terræ, et reddit inde per annum quatuor solidos ad quatuor terminos usuales.

Et dabit de auxilio duodecim denarios obolum ad festum Beati Michaelis.

Et faciet tres bederipas, et valent quatuor denarios et obolum.

Et omnia prædicta faciet sicut prædictus Johannes.

Alicia de Braderugge, Ricardus de Braderugge, Robertus Bulki, Elyas le Wodeward, Dyonisia Atecrofte, omnes isti similia tenent tenementa, et idem servitium facient in omnibus sicut prædictus Elyas Attehulle.

Willelmus Attecrofte et Johannes Attecrofte tenent duo mesuagia et unum ferendellum terræ, et reddunt inde per annum quatuor solidos ad quatuor terminos usuales.

Et dabunt duodecim denarios et obolum de auxilio ad festum Sancti Michaelis.

Et facient sex bederipas, et valent novem denarios.

Et omnia prædicta duplicando faciunt sicut prædictus Elyas.

Agnes juxta viam tenet unum mesuagium, et sex acras terræ, et unum lundimarium, et reddit inde per annum duos solidos ad duos terminos usuales.

Et faciet tres bederipas, et valent quatuor denarios obolum.

Et faciet omnia prædicta sicut prædictus Elyas.

Et dabit de auxilio sex denarios quadrantem.

f. 34. Matilda Bulki tenet unum mesuagium et tres acras terræ, et reddit inde per annum duodecim denarios ad quatuor terminos usuales.

Et faciet tres bederipas, et valent quatuor denarios obolum.

Et facit omnia prædicta.

Willelmus atte Welle tenet unum mesuagium et sex acras terræ, et reddit inde per annum duos solidos quatuor denarios ad quatuor terminos usuales.

Et dabit septem denarios de auxilio ad festum Beati Michaelis.

Et faciet tres bederipas, et valent quatuor denarios obolum.

Et omnia prædicta faciet sicut prædictus Elyas.

Johannes Rogeres tenet unum mesuagium et sex acras terræ, et reddit inde per annum duos solidos quatuor denarios ad quatuor terminos usuales.

Et dabit septem denarios de auxilio ad festum Sancti Michaelis.

Et faciet tres bederipas, et valent quatuor denarios obolum.

Et omnia prædicta faciet sicut prædictus Elyas.

Willelmus Faythes tenet unum mesuagium et sex acras terræ, et eumdem redditum reddit, et in omnibus faciet sicut prædictus Johannes Rogeres.

Summa certi redditus de Bocholthe, præter operationes et consuetudines, quinquaginta novem solidi.

Summa auxilii quindecim solidi sex denarii obolus quadrans.

Summa valoris quadraginta octo bederiparum sex solidi.

Et est summa totius annui redditus tam de Bocholte quam de Bernewode centum et sexdecim solidi.

Consuetudinarii.

Johannes le Haywarde tenet unum mesuagium cum curtillagio, et unam virgatam terræ cum duabus acris prati.

Et a festo Sancti Michaelis usque ad festum Beati Petri ad Vincula debet arare qualibet septimana per unum diem, et herciare tempore seminis, scilicet arabit quolibet die dimidiam acram, et valet quælibet dieta tres denarios cum hersura.

Et debet unam aruram quæ vocatur benerthe, et tunc arabit unam acram, et valet illa dieta cum hersura sex denarios.

Et inveniet tres bussellos frumenti de semine suo proprio ad illam acram seminandam, et valet illud semen octodecim denarios.

Et præterea debet herciare per unum diem, et vocatur lonegginge, et valet unum denarium.

Item faciet aliam aruram, et arabit dimidiam acram, et illa arura vocatur lone, et valet unum denarium obolum et non plus, quia eo die habebit de bursa domini unum denarium obolum.

Et est summa valoris totalis aruræ cum herciatura per annum undecim solidi octo denarii obolus.

Et est summa valoris seminis octodecim denarii.

Et præterea debet operari opus manuale cum uno homine qualibet septimana per prædictum tempus per quatuor dies, scilicet triturare, aut summagiare, fossare, vel alia opera manualia facere, prout ei fuerit injunctum pro voluntate ballivi, et valet quælibet dieta obolum quadrantem.

Et si deputatus fuerit ad triturandum, triturabit de frumento vel mixtilione, vel de fabis duos bussellos et dimidium, vel de hordeo dimidium quarterium, aut de avena septem bussellos et dimidium.

Et si deputatus fuerit ad cariandum cum careta sua semel in hebdomada,[1] allocabitur ei pro manuali opere unius dietæ.

Et si cariaverit bis in septimana, allocabitur ei pro arura dimidiæ aeræ.

Et si summagiaverit ad aliquod manerium eo quod eo die redire non poterit, tunc unus dies in eundo et alius dies in redeundo ei pro opere duorum dierum allocabuntur.

Et si falcaverit pratum domini, falcabit per sex dies ad minus et amplius si necesse fuerit, et valet quælibet dieta tres denarios.

Ex hiis singulis tribus denariis subtrahendi sunt obolus quadrans pro opere manuali computato superius.

Et inveniet duos homines ad levandum fœnum quamdiu necesse fuerit, scilicet per sex dies ad minus, et valet quælibet dieta obolum.

Summa operationis manualis allocatis sibi decem diebus festivis undecim solidi novem [denarii].

Et a festo Sancti Petri ad Vincula usque ad festum Sancti Michaelis debet metere bladum domini cum duobus hominibus qualibet septimana per quinque dies, vel aliud opus manuale facere, et valet quælibet dieta tres denarios.

Et faciet sexdecim bederipas cum uno homine, scilicet qualibet septimana duas bederipas, et valent duos solidos.

Et si deputatus fuerit in septimana ad cariandum cum propria careta sua, cum uno homine, et cum uno equo, bladum domini vel fœnum, primo die allocabitur pro opere unius hominis, et si bis, scilicet secundo cariaverit, allocabitur ei pro opere quatuor hominum.

Summa valoris quaterviginti sexdecim bederiparum tredecim solidi, subtractis inde quatuor hominibus pro quatuor diebus festivis.

Summa totius operationis per annum, præter auxilium et bladum, triginta sex solidi quinque denarii obolus, et præter consuetudines non taxatas.

Et dabit tres solidos octo denarios de auxilio ad festum Beati Michaelis.

Et dabit pannagium, scilicet pro porco superannato unum denarium, et pro juniori obolum.

---

[1] *hebdomada*] ebdomeda, MS.

Et dabit herietum et tonnutum equi venditi infra manerium, scilicet quatuor denarios, et tonnutum cervisiæ, scilicet
sexdecim lagenas si braciaverit ad vendendum.[1]

Et non potest filiam maritare, nec filium alienare, sine
licentia domini.

Walterus Arnwy, Editha Crumpe, isti duo sunt virgatarii,
et idem servitium facient in omnibus sicut prædictus Johannes,
utroque eorum unam acram prati possidente.

Gilbertus Soed, et Walterus de Cruce, Robertus le Hunte,
et Adam Soed, Willelmus Lecelinus, et Walterus Hoge, f. 35.
Johannes Shot, et Adam Soed, Walterus Geraud, et Radulphus
de Hope, Johannes in la Lone, et Reginaldus Wygoth, Robertus Sely, et Margeria relicta Crouke, Petrus Beneyt, et Henricus Soed, duo istorum conjunctim tantum tenementum habent
sicut unus virgatarius, et idem servitium faciunt in omnibus
sicut prædictus Johannes le Haywarde.

Summa auxilii virgatariorum quadraginta solidi quatuor
denarii.

Summa valoris operationis virgatariorum per annum viginti
libræ duodecim denarii obolus, præter auxilium et alias consuetudines non taxatas.

Lundinarii.

Johannes Godith tenet unum mesuagium cum curtillagio, et
duas acras terræ, et debet qualibet septimana a festo Sancti
Michaelis usque ad festum Beati Petri ad Vincula operari
opus manuale per unum diem, et valet quælibet dieta obolum
quadrantem.

Et debet falcare pratum domini per quatuor dies, et valet
quælibet dieta tres denarios, subtractis inde obolo quadrante
allocato pro opere.

Et debet levare fœnum domini per quatuor dies, et valet
duos denarios.

Summa valoris operationis ante autumnum tres solidi novem
denarii.

Et a festo Beati Petri ad Vincula usque ad festum Beati
Michaelis debet operari qualibet septimana per duos dies cum
uno homine, et valet quælibet dieta unum denarium obolum.

Et dabit duos denarios obolum de auxilio, et dabit pannagium, et tonnutum cervisiæ ut supra, et tonnutum pro equo si

---

[1] *Walterus Arnwy, Editha Crumpe*, is inserted in the MS. after *venden-
dam*, but with the sign of erasure.

quem vendiderit, scilicet quatuor denarios, et omnia prædicta faciet pro portione sua sicut prædictus Johannes le Haywarde.

Summa valoris operationis in autumno duo solidi.

Et est summa totius operationis in anno quinque solidi novem denarii.

Robertus le Hunte, Claricia de Cruce, Juliana de Twigworthe, Johannes Soed, Adam Soed, Juliana Gule, Johannes Sibille, item idem Johannes, Johannes le Wite, Reginaldus Margare, Willelmus Cronke, Reginaldus Wigod, Reginaldus Soth, Alicia Ingulf, Ricardus Geraud, Willelmus Godale, Petrus Godwine, Walterus Hog, Matilda de Furno, omnes isti sunt lundinarii, et similia tenent tenementa, et eadem faciunt servitia sicut prædictus Johannes Godith.

Summa valoris operationis lundinariorum per annum centum quindecim solidi, præter auxilium et alias consuetudines non taxatas.

Summa totius valoris operationum consuetudinariorum per annum, præter auxilia et consuetudines non taxatas, viginti sex libræ quatuor solidi quinque denarii.

Summa auxilii lundinariorum quatuor solidi tres denarii.

Summa totius auxilii consuetudinariorum manerii de Bernewode sexaginta sex solidi octo denarii.

f. 35 b.   Summa quarteriorum frumenti ad assisam panis per annum cum[1] certis incrementis quaterviginti duo quarteria et dimidium.

Et est assisa qualibet hebdomada[2] unum quarterium et dimidium.

Summa quarteriorum hordei ad assisam brasii per annum cum certis incrementis centum triginta septem quarteria et dimidium, et totidem de avena.

Et est assisa utriusque divisim qualibet hebdomada duo quarteria et dimidium.

DCCCCL. *Extenta de Ledene.*

Of Ledene.   Thomas de Warihulle de Bosco tenet duodecim acras terræ cum mesuagio, et una acra prati, et reddit inde per annum quinque solidos ad quatuor terminos usuales, et tenet ad voluntatem domini.

Et debet facere unam bederipam in autumno ad cibum domini, et valet ultra [cibum] unum denarium.

---

[1] *cum*] repeated in MS. | [2] *hebdomada*] ebdomeda, MS.

Et debet theloneum pro cervisia, si braciaverit ad vendendum, scilicet octo lagenas vel pretium.

Et debet pannagiare porcos, scilicet pro porco superannato unum denarium, et pro juniori porco obolum.

Non potest vendere equum suum nec bovem sine licentia domini, et si vendiderit, dabunt emptor et venditor quatuor denarios pro equo ferrato.

Et debet redimere filium et filiam.

Et si obierit, dominus habebit melius averium suum pro herieto.

Et dabit auxilium ad festum Sancti Michaelis octo denarios obolum quadrantem.

Thomas de Warihulle tenet sex acras terræ et dimidiam ad voluntatem domini, et reddit inde per annum duos solidos sex denarios ad duos terminos.

Et faciet unam bederipam in autumno cum uno homine ad cibum domini, et valet ultra [cibum] unum denarium.

Et dabit de auxilio quatuor denarios, et faciet omnes alias consuetudines sicut prædictus Thomas.

Thomas Finemon tenet tredecim acras terræ ad voluntatem domini, et reddit inde per annum quatuor solidos quatuor denarios ad duos terminos.

Et dabit de auxilio octo denarios obolum quadrantem, et faciet omnes alias consuetudines sicut prædictus Thomas.

Johannes Aylarde tenet quinque acras terræ et dimidiam ad voluntatem domini, et reddit inde per annum viginti duos denarios ad duos anni terminos.

Robertus Hering tenet unam acram terræ, et reddit inde per annum quatuor denarios ad duos terminos, et hoc ad voluntatem domini.

Et dabit de auxilio obolum.

Walterus de la Hay tenet sex acras terræ et dimidiam ad voluntatem domini, et reddit inde per annum duos solidos quatuor denarios ad duos terminos.

Et dabit de auxilio duos denarios obolum.

Walterus le Bareter tenet unam acram terræ ad voluntatem domini, et reddit inde per annum duos denarios ad duos terminos.

Johannes Bercarius tenet dimidiam acram terræ, et reddit inde per annum duos denarios ad duos terminos ad voluntatem domini.

f. 36.

Robertus Claudus tenet unam acram et dimidiam, et reddit inde per annum sex denarios ad duos terminos ad voluntatem domini.

Robertus Venator tenet dimidiam acram terræ ad voluntatem domini, et reddit inde per annum duos denarios ad duos terminos.

Lina relicta Fabri tenet duas acras terræ ad voluntatem domini, et reddit inde per annum quatuor denarios ad duos terminos

Eva la Stonheware tenet duodecim acras terræ ad voluntatem domini, et reddit inde per annum quatuor solidos ad duos terminos

Et dat de auxilio octo denarios obolum quadrantem

Willelmus Ruddoke tenet unam acram et dimidiam ad voluntatem domini, et reddit inde per annum sex denarios ad duos terminos

Walterus Frend tenet unam acram terræ et dimidiam ad voluntatem domini, et reddit inde per annum sex denarios ad duos terminos

Robertus le Bonde tenet duas acras terræ et dimidiam ad voluntatem domini, et reddit inde per annum duodecim denarios ad voluntatem domini

Summa redditus viginti quatuor solidi septem denarii

Honilond.

Thomas Fynemon tenet sex acras terræ pro octo lagenis mellis vel pretio in festo Sancti Johannis et in festo Sancti Michaelis

Johannes Aylard tenet octo acras terræ pro octo lagenis mellis vel pretio

Walterus de la Hay tenet sex acras terræ pro octo lagenis mellis vel pretio

Johannes Bercarius tenet tres acras terræ pro quatuor lagenis mellis vel pretio

Willelmus Venator tenet tres acras terræ pro quatuor lagenis mellis vel pretio

Summa mellis triginta duæ lagenæ [1]

Consuetudinarii

Johannes Ayllard tenet unum mesuagium cum curtillagio, et unam virgatam terræ continentem quinquaginta acras, et a festo Sancti Michaelis usque ad festum Beati Petri ad Vincula debet qualibet [2] septimana operari opus manuale per quatuor dies cum uno homine, et valet dicta unum denarium

---

[1] *lagenæ*] lagenas, MS | [2] *qualibet*] quelibet, MS

Et uno die debet summagiare, et allocabitur ei pro opere unius diei, et quinto die debet arare, et tempore seminis herciare, et valet arura cum hersura tres denarios obolum, et tempore warecti valet dieta tres denarios.

Et debet falcare per sex dies et amplius, si necesse fuerit, et valet dieta duos denarios, allocato uno denario pro opere diei.

Et debet adunare[1] et levare fœnum domini per sex dies et amplius, si necesse fuerit, et valet dieta obolum, non allocato opere diei.

Et si necesse fuerit, debet cariare fœnum domini cum plaustro, et allocabitur ei pro arura.

Et si necesse fuerit, debet facere[2] unam bederipam cum tribus hominibus ante Gulaustum, allocato pro arura unius diei.

Et debet facere unam bederipam ad cibum domini, et valet ultra cibum unum denarium.

Et a festo Beati Petri ad Vincula usque ad festum Sancti Michaelis debet metere bladum domini qualibet septimana f. 36 b. cum decem hominibus secundum dispositionem ballivi, et valet opus in hebdomada quindecim denarios.

Et faciet unam bederipam cum uno homine ad cibum domini, et valet ultra unum denarium.

Et inveniet unum hominem ad bondenebedripam proprio custu, et valet unum denarium obolum.

Et dat de auxilio ad festum Sancti Michaelis duos solidos undecim denarios.

Et si braciaverit ad vendendum, dabit octo lagenas vel pretium ad tonnutum.

Et si vendiderit equum infra manerium, emptor et venditor dabunt in communi quatuor denarios ad tonnutum.

Dabit etiam pannagium, scilicet pro porco superannato unum denarium, et pro juniori obolum.

Et debet redimere filium et filiam.

Et cum obierit, dominus habebit melius averium suum nomine herieti, et de relicta cum obierit similiter.

Et debet cariare salem de Wichio ad Gloucestriam bis vel amplius si necesse fuerit, et valet ultra operationem manualem sex denarios.

Walterus de la Hay et Walterus le Bareter tenent unam virgatam terræ, et faciunt in omnibus sicut prædictus Johannes, hoc addito quod uterque eorum tantum operabitur præter debitam operationem in fœno domini adunando[3] et levando, et in bederipis facient sicut prædictus Johannes, et uterque

---

[1] *adunare*] adjuvare, MS.
[2] *debet facere*] quod fac', MS.

[3] *adunando*] adjuvando, MS.

eorum faciet omnes consuetudines non taxatas sicut dictus
Johannes

Robertus Bercarius et Willelmus Atterhoke tenent simile
tenementum, et faciunt in omnibus sicut prædicti Walterus
et Walterus

Robertus Hering et Robertus Roce tenent simile tenementum, et faciunt in omnibus sicut prædicti Walterus et Walterus.

Thomas Finemon et Eva Stonhewaie tenent simile tenementum, et faciunt in omnibus sicut prædicti Walterus et
Walterus

Et sciendum quod prædicta Eva operatur pro uno quarterio
terræ, et pro alio quarterio reddit per annum quinque solidos
ad quatuor terminos usuales

Robertus Claudus, Walterus le Frend, et Willelmus Roce,
tenent unam virgatam terræ, et faciunt in omnibus conjunctim
sicut prædictus Johannes Aylard, hoc addito quod quilibet
eorum separatim operabitur in fœno domini adunando[1] et
levando, et in duabus bederipis sicut prædictus Johannes.

Ferendelli

Willelmus le Bonde tenet unum mesuagium cum curtillagio
et duodecim acras terræ, et a festo Sancti Michaelis usque ad
festum Sancti Petri ad Vincula debet qualibet quarta septimana operari per quatuor dies opus manuale vel summagiare
si necesse fuerit, et valet dieta unum denarium

Et quinto die debet arare, et tempore seminis herciare, et
valet dieta tres denarios obolum

Et tempore warecti similiter

Et debet falcare per duos dies si necesse fuerit et amplius,
et valent quatuor denarios præter opus manuale

f 37   Et debet levare fœnum domini per sex dies præter debitam
operationem, et valet tres denarios

Et a festo Beati Petri ad Vincula usque ad festum Sancti
Michaelis debet quarta septimana operari in messe domini
cum decem hominibus, et valet quindecim denarios

Et faciet præter hoc duas bederipas cum uno homine, et
valent duos denarios obolum.

Et dabit auxilium ad festum Sancti Michaelis octo denarios
obolum quadrantem

Et facit in omnibus aliis consuetudinibus non taxatis sicut
prædictus virgatarius

[1] *adunando*] adjuvando MS

Nicholaus Beaute, Walterus Lude, Robertus Bonde, similia tenent tenementa, et faciunt in omnibus sicut prædictus Willelmus le Bonde.

Liña tenet consimile tenementum, et facit in omnibus sicut prædictus Willelmus.

Sed memorandum quod nunc facit ferramenta duarum carucarum pro operatione sua, præter unam[1] metebedripam.

Et dabit auxilium ad festum Sancti Michaelis octo denarios obolum quadrantem.

Lundinarii.

Johannes Portmou tenet unum mesuagium cum curtillagio, et sex acras terræ, et a festo Sancti Michaelis usque ad festum Sancti Petri ad Vincula debet qualibet septimana operari opus manuale per unum diem cum uno homine, et valet unum denarium.

Et debet falcare per duos dies, et valet quatuor denarios, allocatis duobus denariis pro operatione duorum dierum.

Et debet adunare[2] et levare fœnum domini præter debitam operationem per sex dies, et valet[3] tres denarios.

Et a festo Sancti Petri ad Vincula usque ad festum Sancti Michaelis debet metere bladum domini qualibet septimana per duos dies cum uno homine, et valet tres denarios.

Et debet præter hoc facere unam bederipam ad cibum domini, et valet ultra cibum unum denarium.

Et dabit auxilium, scilicet cum socio suo subscripto[4] octo denarios obolum quadrantem.

Et omnes alias consuetudines non taxatas facit sicut prædictus virgatarius.

Willelmus le Bor, Willelmus Venator, Johannes de Hulle, Willelmus de Edulfeshulle, Willelmus Godhine, Adam le Scinnare, Robertus Molendinarius, omnes isti sunt lundinarii, et faciunt in omnibus sicut prædictus Johannes Portmou.

Juliana Modi tenet unum mesuagium et unam acram terræ, et dat de auxilio obolum.

Et debet adunare[2] et levare fœnum [domini per sex] dies et amplius, si necesse fuerit, et valet tres denarios.

Et debet metere bladum domini per sexdecim dies in autumno, et valet duos solidos.

Et debet facere unam metebedripam ad cibum domini, et valet ultra cibum unum denarium.

---

[1] *unam*] unum, MS.
[2] *adunare*] adjuvare, MS.
[3] *valet*] valent, MS.

[4] *sub* is inserted in the MS. after *subscripto*, but with the sign of erasure.

Willelmus Porcarius et Agnes Sacerdotissa tenent duo me-suagia et duo curtillagia, et faciunt in omnibus sicut prædicta Juliana.

Willelmus Godhine tenet unum mesuagium et unum curtil-lagium, et dat de auxilio obolum.

Et operabitur in fœno domini per sex dies et amplius, si necesse fuerit, et valet tres denarios.

Et debet metere bladum domini per octo dies, et valet duodecim denarios.

f. 37 b.   Et faciet unam metebedripam ad cibum domini, et valet ultra unum denarium.

Alditha tenet simile tenementum, et facit in omnibus sicut prædictus Willelmus.

Et sciendum quod prædicti Willelmus et Alditha invenient unum hominem ad operandum opus manuale a festo Sancti Michaelis usque ad Gulaustum, et est summa hominum quin-que, summa pretii duo denarii obolus.

Matilda le Piperes, Walterus le Wise, tenent similia tene-menta, et faciunt in omnibus sicut prædictus Willelmus God-hine.

Rogerus de Cocschute tenet unum mesuagium et unam acram terræ et dimidiam, et debet metere bladum domini per viginti quatuor dies cum uno homine, et valet tres solidos.

Walterus Champion tenet unum mesuagium et unam acram terræ, et debet metere bladum domini per sexdecim dies cum uno homine, et valet[1] duos solidos.

Juliana de Edulveshulle tenet unum mesuagium et unum curtillagium, et adunabit et levabit fœnum domini per quatuor dies et amplius si necesse fuerit, et valet duos denarios.

Et debet metere bladum per octo dies, et valet duodecim denarios.

Alicia Marcel tenet simile tenementum, et facit in omnibus sicut dicta Juliana.

Willelmus Rodel tenet unum mesuagium et unam acram terræ et dimidiam, et dat de auxilio unum denarium obolum.

Et a festo Pentecostes usque ad festum Sancti Petri ad Vincula debet qualibet[2] septimana operari opus manuale per unum diem cum uno homine, et valet dicta unum denarium.

Et a festo Beati Petri usque ad festum Sancti Michaelis debet metere bladum domini per duos dies cum uno homine, et valet dicta unum denarium obolum.

---

[1] *valet*] valent, MS. | [2] *qualibet*] quelibet, MS.

Johannes de Hulle tenet quamdam placiam terræ, et debet metere bladum domini per quatuor dies, et valet sex denarios.

Johannes Geffreyes tenet quamdam placiam terræ, et debet metere bladum domini per tres dies, et valet quatuor denarios obolum.

Robertus Bercarius tenet quamdam placiam terræ, scilicet unam acram, et debet metere bladum domini per octo dies cum uno homine, et valet duodecim denarios.

Et sciendum quod omnes prædicti coterelli faciunt omnes consuetudines non taxatas sicut unus virgatarius.

Auxilium etiam in communi ad festum Sancti Michaelis viginti novem solidi.

Summa quarteriorum frumenti ad assisam panis per annum cum certis incrementis quinquaginta quinque quarteria.

Et est assisa qualibet hebdomada[1] unum quarterium.

Summa quarteriorum frumenti ad assisam brasii cum certis incrementis per annum triginta quatuor quarteria et tres busselli, totidem etiam de avena.

Et est assisa utriusque divisim qualibet hebdomada[1] quinque busselli.

DCCCCLI. *Extenta de Churchchamme.*

Radulphus Brun tenet duas virgatas terræ, et virgata continet quadraginta octo acras, et reddit inde per annum viginti solidos ad duos terminos usuales. *Of Churchehamme.*

Et sequetur liberam curiam Gloucestriæ et halimotum de Churchchamme. *f. 38.*

Et debet sectam ad comitatum et hundredum pro manerio.

Et quando contingat ipsum mori, dominus habebit duo meliora averia sua nomine herieti, unum scilicet nomine domini et aliud nomine rectoris.

Et si hæres infra ætatem fuerit, dominus habebit wardam terræ et hæredis cum maritagio, et alias eschaetas quæ dictæ terræ accidere poterunt dum hæres infra ætatem fuerit. Si vero dictus hæres legitimæ fuerit ætatis quando pater ejus obierit, dabit relevium domino suo, et alia faciet quæ ad dictam terram pertinent.

Walterus de Bosco tenet dimidiam virgatam terræ, et reddit inde per annum decem solidos tres denarios ad duos terminos usuales.

Et sequetur liberam curiam Gloucestriæ, et halimotum de Churchchamme.

---

[1] *hebdomada*] ebdomoda, MS.

Et debet pannagiare porcos suos.

Non potest vendere equum nec bovem sine licentia domini, et si vendiderit, dabit tonnutum pro equo quatuor denarios.

Et non potest maritare filiam suam, nec filium alienare.

Et si obierit etc., faciet sicut prædictus Radulphus.

Et faciet unam aruram quæ vocatur peniherþe, et valet tres denarios quia recipiet de bursa domini quartum denarium.

Et inveniet duos homines ad duas metebedripas ad cibum domini, et valent ultra cibum duos denarios.

Walterus de Helyun tenet dimidiam virgatam terræ, et reddit inde per annum tredecim solidos quatuor denarios ad duos terminos usuales.

Et debet sequi halimotum de Churchehamme.

Et debent omnes tenentes sui pannagiare porcos suos.

Alia servitia dicti Walteri ignorant juratores præterquam quod tenentes sui cum obierint dabunt herietum ut prædictum est.

Willelmus de Dunye tenet duodecim acras terræ, et quamdam terram quæ vocatur Bilond, cum mesuagio, et reddit inde per annum quatuor solidos ad duos terminos usuales.

Et sequetur curiam Gloucestriæ et halimotum de Churchehamme.

Et non pannagiabit, nec tonnutum dabit bovis nec cervisiæ.

Et sine licentia potest filiam maritare et filium alienare.

Et herietum etc. faciet sicut prædictus Walterus.

Omnes prædicti tenent per cartam in perpetuum.

Summa certi redditus prædictorum tenentium per annum quadraginta septem solidi septem denarii, præter alias consuetudines quæ extendunt[ur] ad quinque denarios.

Penilond ad vitam et ad voluntatem domini.

Willelmus de Corsliche tenet dimidiam virgatam terræ, et reddit inde per annum decem solidos ad quatuor terminos usuales.

f. 38 b. Et dat de auxilio viginti tres denarios obolum ad festum Sancti Michaelis.

Et faciet unam aruram quæ valet quatuor denarios, et recipiet inde quartum denarium.

Et inveniet duos homines ad metebedripam, et valet ultra eorum poturam duos denarios.

Et dabit pannagium, tonnutum cervisiæ, equi, et bovis, de cervisia decem lagenas. pro [equo vel] bove vendito quatuor denarios ut supra.

Et debet redimere filium et filiam.

Et dabit herietum.

Et omnes alias consuetudines faciet præter alias operationes quæ valent præter certum redditum quinque denarios.

Stephanus Capellanus de Longeneye tenet dimidiam virgatam terræ, et reddit inde per annum decem solidos ad duos terminos usuales.

Et dabit de auxilio, scilicet viginti tres denarios obolum pro omni servitio.

Willelmus filius Dybun tenet dimidiam virgatam terræ, et reddit inde per annum octo solidos ad duos terminos usuales.

Et dabit de auxilio viginti tres denarios et obolum.

Et levabit fœnum domini per decem dies, et valet quinque denarios.

Et omnes alias consuetudines facit sicut prædictus Willelmus.

Med'.

Vicarius de Churchehamme tenet octo acras terræ, pro qua terra debet invenire unum crassetum ardentem in ecclesia prædicta omnibus noctibus per annum, et nihil inde aliud faciet.

Johannes Witemon tenet duas particulas prati, et reddit inde per annum duos solidos ad duos terminos usuales pro omni servitio.

Willelmus Cissmor tenet duodecim acras terræ, et reddit inde per annum duos solidos ad duos terminos usuales.

Et dat de auxilio undecim denarios obolum quadrantem, et omnia alia facit sicut prædictus Willelmus.

Idem Johannes tenet quoddam croftum continentem quatuor acras fere, et reddit inde per annum duodecim denarios ad duos terminos usuales, et tenet ad voluntatem domini.

Wymundus de Stutebrugge tenet quamdam partem terræ continentem quatuor acras fere, et reddit inde per annum tredecim denarios pro omni servitio.

Reginaldus Gereville tenet unum mesuagium cum curtillagio, et reddit inde per annum duodecim denarios ad duos terminos usuales.

Et dat tonnutum, et alias minutas consuetudines facit.

Memorandum quod W. Wyteknyth tenet unum mesuagium cum curtillagio et aliis pertinentiis pro duobus solidis in vigilia festi Beati Petri ad Vincula, et nisi solverit infra quindenam proximo sequentem debet duplicare suum redditum.

Et dabit rationabile herietum et duos solidos pro relevio.

Walterus de Hoke tenet unam particulam terræ, et reddit

inde per annum octo denarios ad duos terminos usuales, et omnia alia faciet ut supradictum est

Willelmus de Hoke tenet simile tenementum, et reddit inde per annum octo denarios ad duos terminos usuales, et alia faciet ut superius

Robertus Faber tenet duodecim acras terræ, et reddit inde per annum duos solidos ad duos terminos

Et arabit et faciet metebedripam sicut prædictus Willelmus de Corshche, hoc addito quod levabit fœnum domini per decem dies ad minus, et valet dicta obolum, et omnia alia faciet ut prius

Idem Robertus tenet duodecim acras terræ, et pro illa terra faciet ferramenta carucarum per annum sumptibus suis propriis præter ferrum et acerum

Et dat de auxilio pro utraque terra viginti tres denarios obolum

Et dabit tonnutum cervisiæ, equi, et bovis, pannagium, redemptionem pro filia

Willelmus Dybun tenet quamdam partem terræ, et reddit inde per annum octo solidos ad duos terminos pro omni servitio

Idem Willelmus tenet quamdam partem terræ, et reddit inde per annum unum vomerem pro omni servitio

Walterus de Bosco tenet quamdam partem prati in Blakemore continentem dimidiam acram, et reddit inde per annum quatuor vomeres ad festum Sancti Michaelis pro omni servitio

Hugo de Pyriale tenet duodecim acras terræ, et reddit inde per annum quinque solidos ad duos terminos usuales

Et dat de auxilio undecim denarios obolum quadrantem

Et faciet aruras et metebedripas, et valent quinque denarios

Et levabit fœnum ut prædictum est, et valet quinque denarios

Et facit alias consuetudines non taxatas sicut alii consuetudinarii.

Editha Wyteman tenet quamdam moram, et reddit inde per annum duodecim denarios ad duos terminos usuales, et tenet ad voluntatem domini

Honilond

Hugo de Pyriale tenet unum croftum continentem quatuor acras, et reddit inde per annum octo lagenas mellis vel pretium ad voluntatem domini pro omni servitio

Willelmus Mop tenet unam acram prati et duas acras terræ

et reddit inde per annum octo lagenas mellis vel pretium ad voluntatem domini pro omni servitio.

Robertus de Kilyorne tenet unam acram prati et dimidiam et duodecim acras terræ, et reddit inde per annum sexdecim lagenas mellis vel pretium ad voluntatem domini pro omni servitio.

Summa redditus ad voluntatem domini, præter mel, vomeres, debitas operationes, et auxilia, quadraginta quinque solidi novem denarii.

Summa utriusque redditus tam liberorum quam tenentium ad voluntatem domini quatuor libræ tredecim solidi quatuor denarii.

Summa valoris operationis supradictorum cum aruris quatuor solidi.

Summa certi auxilii supradictorum novem solidi novem denarii obolus.

Summa vomerum quinque.

Summa mellis triginta duæ lagenæ.

Consuetudinarii.

Willelmus de Cissmor tenet dimidiam virgatam terræ servilis continentem viginti quatuor acras, et debet a festo Sancti Michaelis usque ad festum Beati Petri ad Vincula qualibet altera septimana arare dimidiam acram per unum diem, et herciare tempore seminis, et valet dieta tres denarios obolum.

Et debet facere unam aruram quæ vocatur radaker, et valet tres denarios obolum.

Summa valoris aruræ per annum sex solidi quatuor denarii obolus.

Et debet per eumdem terminum qualibet altera septimana f. 39 b. operari per quatuor dies cum uno homine, et valet dieta unum denarium.

Et si trituraverit, triturabit de frumento duos bussellos et dimidium, vel de siligine tantum, vel de hordeo dimidium quarterium, vel de fabis dimidium quarterium, vel de avena decem bussellos, et si falcaverit, falcabit per quatuor dies ad minus, et valet dieta unum denarium obolum præter operationem illius diei quæ taxatur unum denarium.

Et debet adunare et levare fœnum domini per quatuor dies et amplius si necesse fuerit, præter debitam operationem, et valet in summa quatuor denarios.

Et debet summagiare per prædictum tempus qualibet altera septimana per unum diem si necesse fuerit, et allocabitur ei in operatione dietæ, et si adeo remoto summagiaverit quod ipso die redire non poterit, unus dies in eundo allocabitur ei pro opere unius dietæ, et alius in redeundo similiter.

Et inveniet duos homines ad unam bederipam ante Gulanstum si necesse fuerit, et valet duos denarios.

Vel debet custodire boscum de Bridwode pro medietate dietæ dimidiæ virgatæ si dominus voluerit, et operari pro alia medietate.

Et debet scindere buscam et cariare unam summam, et valet unum denarium.

Summa valoris prædictæ operationis præter aruras octo solidi quatuor denarii.

Et a festo Beati Petri ad Vincula usque ad festum Beati Michaelis debet qualibet¹ altera septimana cum uno homine operari in messe domini, et in eadem septimana debet invenire tres homines in messe domini uno die, et valet illa hebdomada duodecim denarios.

Et semper in altera septimana debet operari in messe domini cum duobus hominibus per duos dies, et valet sex denarios.

Et faciet unam bederipam quod vocatur radbedripam cum duobus hominibus uno die, et valet tres denarios.

Et debet invenire duos homines ad unam bederipam ad cibum domini, et valet ultra cibum duos denarios.

Et si cariaverit bladum cum carro suo, allocabitur ei pro arura unius diei vel pro opere trium hominum metentium.

Et dat de auxilio viginti tres denarios obolum.

Et dabit pro tonnuto cervisiæ, si braciaverit ad vendendum, decem lagenas cervisiæ vel pretium pro voluntate ballivi.

Et pro equo ferrato dabunt emptor et venditor quatuor denarios, et pro pullano non ferrato nec laborante dabunt emptor et venditor duos denarios.

Et debet pannagium pro porco ætatis ultra dimidium annum unum denarium, et pro porco junioris ætatis obolum dummodo separatus sit vel habilis ad separandum.

Et si contingat ipsum in fata decedere, dominus habebit duo meliora averia sua, unum scilicet nomine domini, et aliud nomine rectoris.

Summa valoris operationis in autumno sex solidi sex denarii.

f. 40. Et est summa totius valoris operationis unius dimidii virgatarii, præter auxilium et consuetudines non taxatas, viginti unus solidi unus denarius obolus.

Summa auxilii viginti tres denarii obolus.

Wymundus de Stutebrugge, Elyas lo Wistlare, Walterus

---

¹ *qualibet*] quelibet, MS.

Joye, Ricardus Wodewarde, Johannes Witemon, Willelmus Attefenne, Johannes Oppenhulle, Editha Witemon, Stephanus de Stone, similia tenent tenementa, et idem faciunt servitium sicut prædictus Willelmus de Cyssmor.

Nicholaus Dreu et Robertus Wysdam tenent dimidiam virgatam terræ per idem servitium, hoc addito quod per quatuor dies et amplius, si necesse fuerit, invenient duos homines ad fœnum levandum, et sic accrescit eorum operatio plusquam operatio prædictorum in quatuor denariis.

Robertus Goddoth, et Robertus le Hornare, Philippus de Acle, et Walterus de la Mere, Johannes de Holeforde, et Walterus Steph', Walterus Muschet, et Willelmus Atteroke, Walterus de Hoke, et Matilda de Hoke, Walterus Mase, et Robertus Mile, omnium præscriptorum duo conjunctim tale tenent tenementum, et idem faciunt servitium sicut prædictus Nicholaus Dreu et Robertus Wisdom.

Lundinarii.

Robertus de Kylyorne tenet unum mesuagium cum curtillagio, et quatuor acras terræ, et a festo Sancti Michaelis usque ad Gulaustum debet operari opus manuale qualibet septimana per unum diem, et valet quælibet dieta unum denarium.

Et falcabit per quatuor dies, et allocabitur sibi pro operatione manuali, [et] valet dicta unum denarium.

Et levabit fœnum domini per quatuor dies, et valet quatuor denarios.

Et faciet duas bederipas ante Gulaustum cum uno homine, et valet duos denarios.

Et a festo Beati Petri ad Vincula usque ad festum Sancti Michaelis, debet qualibet septimana operari cum uno homine per duos dies, et valet in summa duos solidos.

Et est summa valoris operationis unius lundinarii sex solidi octo denarii.

Willelmus Mop, Robertus de Grene, Adam de Hulle, Matilda de Cherswarde, Ricardus Bath, Robertus de Stone, Walterus Hare, Editha Pilegrim, Ricardus Barefoth, Walterus le Mere, Gilbertus le Mere, similia tenent tenementa, et faciunt in omnibus sicut prædictus Robertus de Kilyorne.

Et omnes prædicti lundinarii dabunt in communi tres solidos undecim denarios de auxilio.

Coterelli.

Alicia Textrix tenet unum mesuagium cum curtillagio, et facit inde per annum octo bederipas cum uno homine, et valet duodecim denarios.

Editha de la Fenne, Cecilia Luvelin, Willelmus le Maister, Editha Nithtegale, similia tenent tenementa, et faciunt in omnibus sicut prædicta Alicia Textrix

Et est auxilium omnium prædictorum in universo per annum quadraginta sex solidi tres denarii obolus

f 40 b

Summa quarteriorum frumenti ad assisam panis per annum cum certis incrementis quinquaginta quinque quarteria Et est assisa qualibet hebdomada[1] unum quarterium

Summa quarteriorum frumenti ad assisam brasii per annum cum certis incrementis triginta quatuor quarteria tres busselli, totidem quarteria de avena ad idem

Et est assisa utriusque divisim qualibet hebdomada[1] quinque busselli

DCCCCLII *Extenta de Broctrope*

Of Broc-
trope

Reginaldus Atteparde de Harsecumbe tenet unum mesuagium cum curtillagio, et unam virgatam terræ continentem quadraginta acras, et unam gravam, et reddit inde per annum tredecim solidos quatuor denarios ad quatuor terminos usuales

Et dabit de auxilio septem solidos ad festum Sancti Michaelis

Et faciet tres bederipas in autumno cum uno homine, et valent quatuor denarios et obolum

Dabit etiam pannagium, scilicet pro porco superannato unum denarium, et pro porco minoris ætatis, si fuerit separatus vel habilis ad separandum obolum

Si braciaverit ad vendendum dabit domino octo lagenas ad tonnutum, et valent communibus annis duos denarios obolum

Et si vendiderit equum vel equam ferratam, dabit ad tonnutum quatuor denarios, et si equum vel equam non ferratam, dabit ad tonnutum duos denarios

Non potest filium alienare nec filiam maritare sine licentia

Et debet sectam ad halimotum

Post decessum autem ejusdem[2] dominus habebit melius averium nomine hericti, et hæres ejusdem faciet voluntatem domini pro ingressu habendo in dicta terra

Eodem modo faciet vidua in omnibus sicut prædictus Reginaldus, si in dicta terra obierit

Ricardus Schesne de Harsecumbe tenet unum mesuagium, curtillagium, et unam virgatam terræ continentem quadraginta acras, et reddit inde per annum decem solidos ad quatuor terminos usuales.

---

[1] *hebdomada*] ebdomeda, MS | [2] *ejusdem*] repeated in MS

Et dabit ad festum Sancti Michaelis de auxilio sex solidos.

Et faciet duas bederipas in autumno cum uno homine, et valet tres denarios.

Et non faciet tantas bederipas sicut alius virgatarius, quia quædam mulier de Wychio, de qua abbas et conventus habuerunt quamdam salinam in eadem, maritata fuit ad dictam terram, ob quam remissa fuit una dies bederiparum.

Et omnes prædictas consuetudines facit sicut prædictus Reginaldus.

Margeria Maynard de Harsecumbe tenet unum mesuagium cum curtillagio, et unam dimidiam virgatam terræ continentem viginti acras, et reddit inde per annum quinque solidos ad quatuor terminos usuales pro æqualibus portionibus.

Et dabit de auxilio tres solidos ad festum Sancti Michaelis.

Et faciet tres bederipas in autumno cum uno homine, et valet quatuor denarios et obolum.

Et faciet in omnibus consuetudinibus sicut prædictus Reginaldus.

Robertus Bigge, Matildis la Haywardes, Hugo filius Edaniæ, f. 41. similia tenent tenementa, et faciunt in omnibus sicut prædicta Margeria.[1]

Henricus Faber de Harsecumbe tenet unum mesuagium, curtillagium, et quatuor acras terræ, et reddit inde per annum duos solidos ad quatuor terminos usuales.

Et dabit quinque solidos de auxilio ad festum Sancti Michaelis.

Et faciet tres bederipas cum uno homine, et valent quatuor denarios et obolum.

Et omnes alias consuetudines facit sicut prædictus Reginaldus.

Ricardus Waryn tenet simile tenementum, et facit in omnibus sicut prædictus Henricus Faber.

Ricardus de Holeberwe de Pychenecumbe tenet unum mesuagium cum curtillagio et tres ferendellos, et reddit inde per annum quindecim solidos ad quatuor terminos usuales.

Et dabit duos solidos de auxilio ad festum Sancti Michaelis.

Et faciet tres bederipas in autumno cum uno homine, et valent quatuor denarios et obolum.

Et omnes alias consuetudines facit sicut prædictus Reginaldus.

Elyas Bunte de Pychenecumbe tenet unum mesuagium. curtillagium, et dimidiam virgatam terræ, et reddit inde per annum decem solidos ad quatuor terminos usuales.

Et dabit de auxilio duos solidos ad festum Sancti Michaelis.

---

[1] *Lundinarii* is written here in the margin.

Et faciet tres bederipas cum uno homine, et valent quatuor denarios et obolum.

Et omnes alias consuetudines [facit] sicut prædictus Reginaldus.

Willelmus Colstan de Brocþrop tenet unum mesuagium cum curtillagio, et unum ferendellum continentem sexdecim acras, et reddit inde per annum quinque solidos ad quatuor terminos usuales.

Et dabit duodecim denarios de auxilio ad festum Sancti Michaelis.

Et faciet tres bederipas in autumno cum uno homine, et valent quatuor denarios obolum.

Et omnes alias consuetudines facit sicut prædictus Reginaldus.

Robertus de Felda de Brocþrop tenet simile tenementum ad vitam suam et Edithæ uxoris suæ tantum, et facit in omnibus sicut prædictus Willelmus.

Robertus Bissop tenet tres acras terræ, et reddit inde per annum tres vomeres de pretio octodecim denariorum.

Summa totius redditus præter auxilium quatuor libræ duo solidi quatuor denarii.

Consuetudinarii.

Adam Attebulle tenet unum mesuagium cum curtillagio, et unam virgatam terræ continentem sexaginta quatuor acras, et a festo Sancti Michaelis usque ad festum Beati Petri ad Vincula debet arare qualibet septimana dimidiam acram, et illam herciare tempore seminis quocumque die summonitus fuerit, et valet arura cum hersura duos denarios obolum.

Et debet arare unam acram ad semen hyemale, et illam herciare, et valent ambo quinque denarios.

Item qualibet septimana per prædictum tempus debet summagiare per unum diem, et per tres dies operari opus manuale pro voluntate ballivi, et valet quælibet dieta unum denarium.

Et si deputatus fuerit ad triturandum, triturabit de frumento duos bussellos et dimidium, de siligine duos bussellos et dimidium, de hordeo dimidium quarterium, de fabis vel pisis dimidium quarterium, de avena decem bussellos, et valet dieta unum denarium.

Si vero ad alias operationes deputatus fuerit, operabitur a mane usque ad vesperam.

Debet etiam falcare pratum domini quamdiu necesse fuerit per octo dies ad minus, ut æstimant jurati, et valet dieta duos denarios.

f. 41 b.

Et juvabit ad colligendum et levandum fœnum domini per duodecim dies et amplius si necesse fuerit, et valet quælibet dieta obolum, et hoc faciet præter consuetam et debitam operationem.

Et a festo Beati Petri ad Vincula usque ad festum Sancti Michaelis debet metere bladum domini qualibet septimana per quinque dies cum duobus hominibus, et præter hoc faciet qualibet septimana unam bederipam cum quatuor hominibus, et valet operatio cujuslibet hominis unum denarium obolum, et sic valet operatio cujuslibet septimanæ in autumno viginti unum denarios obolum.

Et si deputatus fuerit ad cariandum in autumno cum plaustro, sex bobus, et duobus hominibus, allocabitur eidem illa operatio in arura unius diei post festum Sancti Michaelis, et habebunt cariatores duas garbas de quocumque blado ultimo cariaverint.

Et dabit quatuor solidos de auxilio ad festum Sancti Michaelis.

Dabit pannagium, scilicet pro porco superannato unum denarium, et pro porco minoris ætatis, si fuerit separatus vel habilis ad separandum, obolum.

Si vendiderit equum vel equam ferratam, dabit quatuor denarios ad tonnutum, si equum vel equam non ferratam, duos denarios.

Et si braciaverit ad vendendum, dabit domino octo lagenas ad tonnutum, et famulis curiæ octo lagenas.

Non potest alienare filium nec maritare filiam sine licentia.

Hæres autem ejus post decessum suum faciet voluntatem domini pro ingressu habendo in dicta terra.

Et si dictus Adam obierit, dominus habebit melius averium suum nomine herieti.

Si vero vidua dictam terram tenuerit, faciet in omnibus sicut prædictus Adam.

Sequetur etiam halimotum.

Ricardus Oswolde tenet unum mesuagium cum curtillagio, et dimidiam virgatam terræ continentem triginta duas acras, et a festo Sancti Michaelis usque ad festum Sancti Petri ad Vincula debet arare qualibet altera septimana dimidiam acram, et illam herciare tempore seminis, et valet dieta duos denarios obolum.

Debet etiam summagiare qualibet altera septimana per unum diem, et per tres dies operari opus manuale prout ei a ballivo fuerit injunctum, et valet qualibet dieta unum denarium.

Et debet præter hoc arare dimidiam acram ad semen hyemale, et illam herciare, et valet arura cum hersura duos denarios obolum.

Debet etiam falcare per quatuor dies et plus si necesse fuerit, et valet dieta præter debitam operationem illius dici duos denarios.

Et levabit et adunabit fœnum domini per sex dies et amplius si necesse fuerit, et valet dieta obolum.

Et a Gulausto usque ad festum Sancti Michaelis debet metere bladum domini qualibet septimana per quinque dies cum uno homine, et valet dieta unum denarium obolum.

Et faciet unam bederipam cum duobus hominibus, et valet dieta tres denarios.

Et dabit duos solidos de auxilio ad festum Sancti Michaelis.

Et in omnibus aliis consuetudinibus facit sicut prædictus Adam atte Hulle.

Henricus Meryet, Walterus Bunte, Henricus le Haywarde, Ricardus Daniel, Robertus filius Elyæ, Robertus in Felda, Robertus Locke, Walterus le Bonde, similia tenent tenementa, et eadem servitia et consuetudines faciunt sicut prædictus Ricardus Oswalde.

Ferendelli.

David Bunte tenet unum mesuagium cum curtillagio, et unum ferendellum continentem sexdecim acras.

Et debet a festo Sancti Michaelis usque ad Gulanstum qualibet quarta septimana arare dimidiam acram, et illam herciare tempore seminis, et valet dieta duos denarios obolum.

Et eadem septimana debet summagiare per unum diem, et per tres dies operari opus manuale ad voluntatem ballivi.

Et debet arare quartam partem unius acræ, et illam herciare, et valet arura cum hersura unum denarium quadrantem.

Et debet levare et adunare fœnum domini per sex dies et amplius si necesse fuerit, et valet dieta obolum.

Debet etiam falcare per duos dies et amplius si etc., et valet dieta duos denarios præter debitam operationem.

Et a festo Beati Petri ad Vincula usque ad festum Sancti Michaelis debet metere bladum domini qualibet altera septimana per quinque dies cum uno homine, et valet dieta unum denarium obolum.

Et præter hoc eadem septimana faciet unam bederipam cum duobus hominibus, et valet dieta tres denarios.

Et dabit duodecim denarios de auxilio ad festum Sancti Michaelis, et omnes alias consuetudines facit sicut prædictus Adam.

Gilebertus Hering tenet consimile tenementum per idem servitium, et easdem consuetudines facit sicut prædictus David.

Lundinarii.

Walerond tenet unum mesuagium cum curtillagio et quatuor acras terræ, et a festo Sancti Michaelis usque ad festum Sancti Petri ad Vincula debet qualibet septimana operari opus manuale per unum diem cum uno homine, et valet dieta unum denarium.

Et adunabit et levabit fœnum domini per sex dies et amplius, si necesse fuerit, et valet dieta obolum.

Et a festo Sancti Petri ad Vincula usque ad festum Sancti Michaelis debet metere bladum domini qualibet septimana per duos dies cum uno homine, et valet dieta unum denarium obolum.

Et dabit tres denarios de auxilio ad festum Sancti Michaelis.

Et omnes alias consuetudines faciet sicut prædictus David.

Johannes Colston, Robertus Bissop, Ricardus Daniel, Willelmus Colston, similia tenent tenementa, et faciunt in omnibus *t. 42 b.* sicut prædictus Waleronde.

Cottagii.

Alditha la Rede tenet unum mesuagium cum curtillagio, et debet metere bladum domini in autumno per sexdecim dies, et valet dieta unum denarium obolum.

Summa duo solidi.

Et adunabit et levabit fœnum domini in eadem villa adeo diu, sicut unus dimidius virgatarius per sex dies ut æstimant et amplius si necesse fuerit, et valet dieta obolum.

Summa tres denarii.

Editha Textrix, Cristina Hayrun, similia tenent tenementa, et faciunt in omnibus sicut prædicta Alditha.

Juliana Attehulle tenet unum mesuagium cum curtillagio, [et] operabitur in messe domini in autumno per octo dies, et valet dieta unum denarium obolum.

Et [juvabit] ad levandum fœnum domini per unum diem, et valet dieta obolum.

Summa auxilii consuetudinariorum per annum sexaginta duo solidi undecim denarii.

Summa quarteriorum frumenti ad assisam panis per annum cum certis incrementis quinquaginta quinque quarteria.

Et est assisa qualibet hebdomada unum quarterium.

VOL. III.   K

Summa quarteriorum frumenti ad assisam brasii per annum cum certis incrementis sexaginta octo quarteria sex busselli.

Totidem etiam quarteria avenæ ad idem.

Et est assisa utriusque divisim qualibet hebdomada unum quarterium duo busselli.

DCCCCLIII. *Extenta de Rugge.*

Of Rugge. Letitia de Fareleya filia Walteri de Croilly tenet tertiam partem terræ quæ fuit Walteri patris sui, et reddit inde per annum undecim solidos undecim denarios obolum ad quatuor terminos usuales.

Johanna de Fareleya soror prædictæ Letitiæ tenet tertiam partem terræ quæ fuit Walteri patris sui, et reddit inde per annum undecim solidos unum denarium obolum ad quatuor terminos usuales sicut prædicta Letitia.

Rogerus de la Hurne de Fareleye tenet ad voluntatem domini unum mesuagium cum curtillagio et unum ferendellum terræ continentem sexdecim acras, et reddit inde per annum quinque solidos ad quatuor terminos usuales pro omnibus servitiis, salva secta halimoti de Rugge.

Agnes la Rede tenet duas acras per cyrographum, et reddit inde per annum sex denarios ad festum Sancti Petri ad Vincula.

Rogerus Baly tenet unum mesuagium cum curtillagio, et reddit inde per annum duodecim denarios vel octo bederipas, et tenet ad voluntatem domini.

Walterus Præpositus tenet ad voluntatem domini unum mesuagium et unum curtillagium, faciendo inde octo bederipas, vel reddendo duodecim denarios.

Editha relicta Basse tenet unum mesuagium cum curtillagio ad voluntatem domini, et reddit inde per annum duodecim denarios vel octo bederipas.

Matilda relicta Willelmi de Schotteshovere tenet ad voluntatem domini duas acras, et reddit inde per annum ad festum Sancti Michaelis duodecim denarios pro omnibus servitiis.

f. 43. Agnes relicta Walteri de Sotteshovere tenet ad voluntatem domini duas acras, et reddit inde per annum duodecim denarios ad festum Sancti Michaelis pro omnibus servitiis.

Walterus Wytheknith de Munstreworþe tenet unum mesuagium et unum curtillagium, et reddit inde per annum duos solidos ad festum Sancti Petri pro omni servitio.

Consuetudinarii.

Willelmus Tassel tenet unum mesuagium cum curtillagio, et unum ferendellum continentem sexdecim acras, et a festo Sancti Michaelis usque ad festum Beati Petri ad Vincula debet qualibet quarta septimana arare dimidiam acram, et illam herciare tempore seminis, et valet dicta quatuor denarios.

Et præter hoc debet arare ad semen hyemale quartam partem unius acræ, et illam herciare tempore seminis, et valet operatio duos denarios.

Eadem etiam septimana debet summagiare per unum diem, et per tres dies operari opus manuale prout fuerit eidem a ballivo injunctum, et valet qualibet dieta unum denarium.

Et si deputatus fuerit ad triturandum, triturabit de frumento duos bussellos et dimidium,[1] de hordeo dimidium quarterium, de fabis dimidium quarterium, de pisis dimidium quarterium, de avena decem bussellos.

Et si ad alia opera fuerit assignatus, operabitur per totum diem, et falcabit per sex dies et amplius, si necesse fuerit, et allocabitur eidem pro debita operatione, et valet dieta, præter debitam operationem, duos denarios.

Adunabit etiam et levabit fœnum domini, præter debitam operationem, per sex dies et amplius, si necesse fuerit, et valet dieta obolum.

Et debet metere bladum domini a festo Sancti Petri ad Vincula usque ad festum Sancti Michaelis per viginti octo dies in universo, et valet qualibet dieta unum denarium obolum.

Summa tres solidi sex denarii.

Et si cariaverit bladum vel fœnum in autumno, allocabitur eidem in arura unius diei post festum Sancti Michaelis vel in æstate.

Et dabit tredecim denarios quadrantem ad auxilium ad festum Sancti Michaelis.

Dabit pannagium pro porcis, scilicet pro porco superannato unum denarium, et pro porco minoris ætatis, si fuerit separatus vel habilis ad separandum, obolum.

Si vendiderit equum vel equam, dabit duos denarios ad tonnutum.

Et si braciaverit ad vendendum, dabit sexdecim lagenas ad tonnutum, et valent communibus annis sex denarios.

Non potest alienare filium, nec maritare filiam sine licentia, nec vendere bovem.

[1] *dimidium*] dimidiam. MS.

K 2

Et cum obierit, dominus habebit melius averium nomine hereti

Et post decessum ipsius, hæres ejus redimet terram ad voluntatem domini, et sequetur halimotum

Si vero vidua dictam terram post decessum mariti sui tenuerit, tenebit eamdem per idem servitium et easdem consuetudines per quæ dominus suus eam tenuit

Ferendelli

Alicia Attepate, Hugo Atteputte, Rogerus in þe Huine, similia [tenent] tenementa per idem servitium sicut prædictus Willelmus Tassel

Alicia la Horsmannes tenet unum mesuagium cum curtillagio, et quatuor acras terræ, et a festo Sancti Michaelis usque ad Gulaustum debet operari opus manuale qualibet septimana per unum diem cum uno homine, et valet dieta unum denarium

Et falcabit per duos dies, quorum unus allocabitur eidem pro dieta debita, et valet præter hoc unum denarium, et alius præter dietam, et valet duos denarios

Et levabit ac adunabit fœnum domini per quinque dies, et amplius si necesse fuerit, et valet dieta obolum, et non allocabitur eidem in debita operatione

Et a festo Sancti Petri ad Vincula usque ad festum Sancti Michaelis debet metere bladum domini per sexdecim dies in universo cum uno homine, et valet dieta unum denarium obolum

Et dabit tres denarios de auxilio ad festum Sancti Michaelis, et omnes alias consuetudines facit sicut prædictus Willelmus Tassel

Gilbertus in Felda tenet unum mesuagium cum curtillagio, et tres ferendellos continentes quadraginta octo acras

Et a festo Sancti Michaelis usque ad festum Sancti Petri ad Vincula debet per tres septimanas continuas, quarta semper excepta, arare dimidiam acram et illam herciare tempore seminis, et valet dieta quatuor denarios

Et per easdem septimanas debet per unum diem summagiare, et per tres dies operari opus manuale, et valet dieta unum denarium.

Et debet ad semen hyemale arare tres partes unius acræ, et illas herciare, et valet operatio sex denarios

Falcabit, etiam adunabit et levabit fœnum domini eodem modo sicut Willelmus Tassel

Et a festo Sancti Petri ad Vincula usque ad festum Sancti Michaelis debet metere bladum domini cum septuaginta duobus hominibus in universo, et valet novem solidos in summa

Et dabit de auxilio tres solidos quatuor denarios ad festum Sancti Michaelis, et facit omnes alias consuetudines sicut[1] prædictus Willelmus Tassel.

Matilda relicta Walteri de Sottesovere tenet unum mesuagium cum curtillagio, et dimidiam virgatam terræ continentem triginta duas acras, et a festo Sancti Michaelis usque ad Gulaustum debet arare qualibet altera septimana dimidiam acram, et illam herciare tempore seminis, et valet arura cum hersura quatuor denarios.

Et præter hoc debet arare dimidiam acram ad semen hyemale et illam herciare, et valet arura cum hersura quatuor denarios.

Et eadem septimana debet summagiare per unum diem, et per tres dies operari opus manuale ad voluntatem ballivi, e falcabit pratum domini per sex dies, et amplius si necesse fuerit, et valet dieta unum denarium, allocato uno denario pro debita operatione illius diei.

Adunabit et levabit fœnum domini per sex dies et amplius, si etc., et valet tres denarios.

f. 44.

Et a festo Sancti Petri ad Vincula usque ad festum Sancti Michaelis debet metere bladum domini qualibet altera septimana per quinque dies cum duobus hominibus, et valet dieta tres denarios.

Et qualibet altera septimana per prædictum tempus faciet bederipam per duos dies cum duobus hominibus, et valet dieta tres denarios.

Et dabit de auxilio viginti sex denarios obolum ad festum Sancti Michaelis.

Agnes de Sotteshovere, Matilda relicta Willelmi de Sotteshovere, similia tenent tenementa, et faciunt easdem consuetudines sicut[1] prædictus Willelmus.

Summa auxilii ad festum Sancti Michaelis de consuetudinariis septendecim solidi.

DCCCCLIV. *Extenta Berthonæ abbatis.*

Robertus[2] de Kynemaresburia tenet unam carucatam terræ Of Abbot's de domino abbate per serjanteriam, scilicet inveniet unum Barton. esquierium ad summonitionem bedelli de Berthona vel stabularii abbatiæ, et tunc veniet cum equo et hernesio competentibus ad equitandum cum monacho, et ad faciendum quod fuerit ei injunctum per dominum abbatem vel celerarium,

---

[1] *sicut*] quas, MS.

[2] *Nota bene* is written here in the margin in a later hand.

et hoc per totum annum. Et si dominus abbas servitio esquierii non indigeat, dictus Robertus faciet finem suum, et de dicto servitio relaxetur.

Et debet sectam ad quamlibet curiam Gloucestriæ, et bis in anno ad halimotum Berthonæ.

Et quando contingat ipsum mori, dominus habebit equum suum cum hernesio et armis suis si qua habuerit, et si equum idoneum non habuerit, dominus habebit melius averium suum loco herieti, et wardam terræ et hæredis cum maritagio si fuerit infra ætatem.

Et si legitimæ fuerit ætatis, dabit relevium, et faciet forinseca.

Walterus de Snedham tenet quamdam terram quam defendit pro una virgata terræ, et facit servitium esquierii per dimidium annum, vel pretium dicti servitii secundum quod domino abbati placuerit, et debet in omnibus servitiis facere sicut prædictus Robertus.

Philippus de Mattresdone, qui nunc est in custodia domini abbatis, tenet unam carucatam terræ excepta dote quam mater ejus[1] tenet ad vitam suam nomine dotis, et facit plenum servitium esquierii per totum annum si dominus voluerit, vel faciet voluntatem domini pro relaxatione dicti servitii, et faciet in omnibus aliis sicut prædictus Robertus.

Robertus Fuket tenet dimidiam virgatam terræ, et Johannes Fuket facit pro eo servitium, scilicet dimidium esquierii.

Willelmus de Aubeny, et Willelmus de Ocholte, tenent unam virgatam terræ, et faciunt in omnibus sicut prædictus Walterus de Snedham.

44 b Johannes Fuket tenet dimidiam virgatam terræ et facit dimidiam esquieriam, et in omnibus aliis facit sicut prædictus Walterus de Snedham.

Ricardus de Churchedone tenet dimidiam virgatam terræ juxta Gosediche, et reddit inde per annum octo solidos ad duos terminos usuales.

Et sequetur halimotum Berthonæ, et liberam curiam abbatiæ, et in omnibus aliis faciet sicut prædictus Robertus.

Willelmus Geraud tenet dimidiam virgatam terræ, et reddit inde per annum duodecim denarios ad duos terminos, et in omnibus aliis faciet sicut prædictus Robertus.

Robertus Curteys tenet dimidiam virgatam terræ, et reddit inde per annum quatuor solidos ad quatuor terminos usuales, et facit in omnibus sicut prædictus Robertus.

Johannes le Hunte tenet dimidiam virgatam terræ, et reddit

---

[1] ejus] ei, MS

inde per annum decem solidos ad quatuor terminos usuales,
et facit in omnibus sicut prædictus Robertus.

Agnes Frere tenet unum ferendellum terræ, et reddit inde
per annum quinque solidos ad quatuor terminos, et facit in
omnibus sicut prædictus Robertus, et dabit de auxilio quatuordecim denarios.

Ricardus Harding tenet unum ferendellum terræ, et reddit
inde per annum quinque solidos ad quatuor terminos, et facit
in omnibus sicut prædictus Robertus.

Et dabit de auxilio quatuordecim denarios.

Agnes la Budel tenet unum molendinum cum mesuagio et
crofto adjacentibus ad vitam suam tantum, et reddit inde per
annum viginti quatuor solidos ad quatuor terminos.

Et dat pro decima molendini duodecim denarios ad Purificationem.

Et dabit de auxilio duos solidos pro omni servitio præter
herietum.

Relicta filii Symonis tenet unum molendinum quod vocatur
Morinesmulle, et reddit per annum sex solidos ad quatuor
terminos.

Et sequetur halimotum Berthonæ.

Willelmus Sauvage tenet unum molendinum et quatuor acras
terræ, et reddit inde per annum quindecim solidos ad quatuor
terminos.

Et dat duodecim denarios pro decima molendini.

Et dat auxilium duos solidos sex denarios.

Johannes de Kermerdin tenet unum molendinum, et reddit
inde per annum triginta duos solidos ad quatuor terminos.

Et sequetur halimotum.

Et dabit herietum cum obierit.

Willelmus Levioth tenet unum molendinum et quatuor acras
terræ, et reddit inde per annum octodecim solidos ad quatuor
terminos.

Et dat duodecim denarios pro decima molendini.

Et dabit [de] auxilio duos solidos quatuor denarios.

Et sequetur halimotum, et dabit herietum.

Reginaldus Constable tenet unum molendinum, et reddit
inde per annum decem solidos ad quatuor terminos.

Et dat de decima molendini duodecim denarios.

Et de auxilio duos solidos quatuor denarios et herietum.

Philippus de Forda tenet unum ferendellum, et reddit inde
per annum sex solidos tres denarios ad quatuor terminos.

Et si braciaverit ad vendendum dabit de tonnuto cervisiæ
sexdecim lagenas et tonnutum pro equo, scilicet duos denarios,
et pro bove, et emptor similiter.

Et debet pannagiare, et redimere filium et filiam

Et dabit de auxilio quatuordecim denarios

Et dabit herietum, etc

Henricus Smart tenet tria quarteria unius virgatæ terræ, et reddit inde per annum quindecim solidos ad quatuor terminos

Et dat de auxilio tres solidos sex denarios, et omnia facit sicut prædictus Philippus

Willelmus Murie tenet dimidiam virgatam terræ, et reddit inde per annum decem solidos ad duos terminos

Et dat de auxilio duos solidos, et omnia alia facit sicut dictus Philippus

Willelmus Attegrave tenet unum ferendellum terræ, et reddit inde per annum sex solidos sex denarios ad duos terminos

Ricardus Fereforht tenet undecim acras terræ, et reddit inde per annum decem solidos ad quatuor terminos

Johannes de Keremerdin tenet dimidiam virgatam terræ, et reddit inde per annum quindecim solidos ad duos terminos pro redditu et auxilio

Nicholaus de la Plocke tenet sex acras terræ et unum mesuagium, et reddit inde per annum sex solidos octo denarios ad duos terminos

Swetelove tenet tres selliones et unam garam terræ et unum curtillagium, et reddit inde per annum quinque solidos sex denarios ad duos terminos

Henricus Suffin tenet sex acras terræ, et reddit inde per annum sex denarios obolum ad festum Sancti Michaelis

Juliana Suffin tenet duodecim acras terræ de terra quæ fuit magistri scriptoris, et reddit inde per annum tredecim solidos quatuor denarios ad quatuor terminos

Et sequetur curiam Berthonæ

Ricardus le Dauncere tenet dimidiam virgatam terræ et duos luudmarios, et reddit inde per annum quatuordecim solidos ad quatuor terminos

Item idem Ricardus pro terra de Wendingehulle reddit ad eosdem terminos sex denarios

Thomas Hinderling tenet unum ferendellum terræ, et reddit inde per annum septem solidos ad quatuor terminos.

Et dat de auxilio septendecim denarios obolum

Reginaldus Spareke tenet quatuor acras terræ, et reddit inde per annum duos solidos ad quatuor terminos

Et dat de auxilio tres denarios obolum

Henricus Constable tenet tria quarteria terræ, et reddit inde per annum quindecim solidos ad quatuor terminos

Et dat de auxilio duos solidos sex denarios

Walterus Murie tenet unum ferendellum et unum lundinarium, et reddit inde per annum septem solidos ad quatuor terminos.

Et dat de auxilio septendecim denarios obolum.

Philippus de Forda tenet unum ferendellum et unum lundinarium terræ, et reddit inde per annum septem solidos ad quatuor terminos.

Et dat de auxilio septendecim denarios obolum.

Galfridus Monning tenet unum ferendellum terræ, et reddit inde per annum quinque solidos ad quatuor terminos.

Et dat de auxilio quatuordecim denarios.

Robertus Frewine tenet quatuor acras terræ, et reddit inde per annum duos solidos sex denarios ad quatuor terminos.

Et dat de auxilio tres denarios obolum.

Willelmus Præpositus tenet dimidiam virgatam terræ, et reddit inde per annum decem solidos ad quatuor terminos.

Et dat de auxilio duos solidos quatuor denarios.

Willelmus le Maszun tenet unum ferendellum, et reddit inde per annum quinque solidos ad quatuor terminos.

Et dat de auxilio quatuordecim denarios.

Adam Messerius tenet dimidiam virgatam terræ, et reddit inde per annum decem solidos ad quatuor terminos.

Et dat de auxilio duos solidos quatuor denarios.

Galfridus Dauncere tenet unum ferendellum terræ, et reddit f. 45 b. inde per annum quinque solidos ad quatuor terminos.

Et dat de auxilio quatuordecim denarios.

Relicta Wymundi tenet unum ferendellum et unum lundinarium, et reddit inde per annum septem solidos sex denarios ad quatuor terminos.

Et dat de auxilio septendecim denarios obolum.

Sampson tenet sex acras terræ, et reddit inde per annum decem solidos ad quatuor terminos.

Et non dat auxilium.

Walterus Mayfray tenet dimidiam virgatam terræ, et reddit inde per annum novem solidos ad quatuor terminos.

Et dat de auxilio duos solidos quatuor denarios.

Thomas Byssop tenet unam acram terræ, et reddit inde per annum duodecim denarios ad quatuor terminos.

Willelmus Byssop, Johannes Byssop, Edytha Tod, Adam Kyng, similia tenent tenementa et tantum redditum reddunt sicut prædictus Thomas.

Willelmus Tod tenet unam acram terræ, et reddit inde per annum quatuordecim denarios ad quatuor terminos.

Abbenesse tenet unum ferendellum terræ, et reddit inde per annum tres solidos novem denarios ad quatuor terminos.

Et dat de auxilio quatuordecim denarios.

Summa redditus prædictorum septendecim libræ quatuordecim solidi tres denarii.

Lullescrofte.

Robertus May tenet unum mesuagium cum curtillagio, et reddit inde per annum octodecim denarios ad quatuor terminos.

Margeria Textrix tenet simile tenementum, et reddit inde per annum viginti denarios ad quatuor terminos.

Johannes Parmenter tenet simile tenementum, et reddit inde per annum sex denarios ad quatuor terminos.

Philippus le Deveneys tenet simile tenementum, et reddit sex denarios ad quatuor terminos.

Adam de Kingeshame tenet simile tenementum, et reddit inde per annum duodecim denarios ad quatuor terminos.

Galfridus Bacun tenet simile tenementum, et reddit sexdecim denarios ad quatuor terminos.

Relicta Sumery tenet simile tenementum, et reddit inde per annum quatuordecim denarios ad quatuor terminos.

Robertus Snow tenet simile tenementum, et reddit inde duos solidos ad quatuor terminos.

Robertus de Sarceria tenet unum mesuagium cum curtillagio quod Robertus Custance tenuit, et reddit inde per annum tres solidos novem denarios ad quatuor terminos.

Item idem Robertus tenet unum mesuagium cum curtillagio quod Roysa Oloperto tenuit, et reddit inde per annum decem denarios ad quatuor terminos.

Summa quatuordecim solidi tres denarii.

Brocstrete.

Walterus Fowel tenet unum mesuagium cum curtillagio, et reddit inde per annum septem solidos obolum ad quatuor terminos.

Relicta Roberti Pistoris tenet simile tenementum, et reddit tres solidos ad duos terminos.

Magister operis abbatiæ tenet simile tenementum, et reddit octo denarios ad quatuor terminos.

Relicta Gilberti tenet simile tememcentum, et reddit inde per annum tres solidos ad duos terminos.

Hugo Tinctor tenet duo mesuagia, et reddit inde per annum tres solidos ad duos terminos.

Johannes de Salpertone tenet unum mesuagium cum curtillagio, et reddit quatuor solidos sex denarios ad quatuor terminos.

Johannes Matheu tenet simile tenementum, et reddit inde duos solidos ad quatuor terminos.

Willelmus Bie, Galfridus Bie, similia tenent tenementa, et f. tantum reddant redditum sicut dictus Johannes.

Relicta Johannis le Paumer tenet simile tenementum, et reddit inde per annum octo solidos quatuor denarios ad quatuor terminos.

Summa triginta quinque solidi sex denarii obolus.

Nova terra.

Johannes Peris tenet tria mesnagia cum curtillagio, et reddit inde per annum quinque solidos quatuor denarios ad quatuor terminos.

Et faciet novem bederipas, et valent tredecim denarios obolum.

Willelmus Richemou tenet unum mesuagium cum curtillagio, et reddit inde per annum octo denarios ad quatuor terminos.

Et faciet tres bederipas, et valent quatuor denarios obolum.

Johannes Witebitelo tenet simile tenementum, et reddit inde per annum octo denarios ad quatuor terminos.

Et faciet tres bederipas, et valent quatuor denarios obolum.

Johannes Wite tenet simile tenementum, et reddit inde per annum sexdecim denarios ad quatuor terminos.

Et faciet tres bederipas, et valent quatuor denarios obolum.

Mauricius Tinte tenet simile tenementum, et reddit inde per annum sexdecim denarios ad quatuor terminos.

Et faciet tres bederipas, et valent quatuor denarios obolum.

Walterus Mayfray tenet tria mesnagia, et reddit inde per annum duos solidos octo denarios ad quatuor terminos.

Et faciet novem bederipas, et valent novem denarios.

Johannes Wombold tenet duo mesnagia, et reddit inde per annum duos solidos quinque denarios ad quatuor terminos.

Et faciet sex bederipas, et valent novem denarios.

Hugo Rotarius tenet unum mesuagium, et reddit inde per annum duos solidos ad quatuor terminos.

Et faciet tres bederipas, et valent quatuor denarios obolum.

Johannes Bitele tenet simile tenementum, et reddit inde per annum sexdecim denarios ad quatuor terminos.

Et faciet tres bederipas, et valent quatuor denarios obolum.

Petrus Clericus tenet simile tenementum, et reddit inde per annum duos solidos sex denarios ad quatuor terminos.

Et faciet tres bederipas, et valent quatuor denarios obolum.

Gilbertus de Syde tenet simile tenementum, et reddit inde per annum decem denarios ad quatuor terminos.

Et faciet tres bederipas, et valent quatuor denarios obolum

Alicia de Breuse tenet simile tenementum, et reddit inde per annum decem denarios ad quatuor terminos

Et faciet tres bederipas, et valent quatuor denarios et obolum

Aluercdus Carcter tenet simile tenementum, et reddit inde per annum sexdecim denarios ad quatuor terminos

Et faciet tres bederipas, et valent quatuor denarios obolum

Alicia la Sopere tenet simile tenementum pro eodem redditu

Mauricius tenet unum mesuagium, et reddit inde per annum quinque solidos ad duos terminos

Walterus Scinmare tenet simile tenementum, et reddit inde per annum duodecim denarios ad quatuor terminos

Et faciet tres bederipas, et valent quatuor denarios obolum

Johannes de Longeforde tenet simile tenementum, et reddit inde per annum duos solidos ad quatuor terminos

Et faciet tres bederipas, et valent quatuor denarios obolum

Henricus Shot tenet unum mesuagium, et reddit inde per annum sex denarios ad festum Sancti Michaelis

f 46 b

Et faciet tres bederipas, et valent quatuor denarios obolum

Elemosinarius pro tenemento in horto monachorum, et reddit inde per annum quinque solidos ad quatuor terminos

Summa triginta octo solidi unus denarius

Bertonestret

Elemosinarius [reddit] pro tenemento ex opposito [terre] domini regis per annum duos solidos ad quatuor terminos

Walterus Cantoke tenet unum mesuagium, et reddit quatuor denarios ad quatuor terminos

Juliana Longa tenet duo mesuagia, et reddit inde per annum quatuor denarios ad quatuor terminos

Sibilla Haym tenet unum mesuagium, et reddit inde per annum quatuor denarios ad quatuor terminos

Thomas Funtaynes tenet unum mesuagium, et reddit per annum octodecim denarios ad quatuor terminos

Johannes Hake tenet unum mesuagium, et reddit inde per annum sex denarios ad quatuor terminos

Agnes Megie tenet unum mesuagium, et reddit inde per annum duos solidos ad quatuor terminos

Et faciet tres bederipas, et valent quatuor denarios obolum

Relicta Portarii tenet unum mesuagium, et reddit inde per annum sex denarios ad quatuor terminos

Et faciet tres bederipas, et valent quatuor denarios et obolum

Walterus de Aula tenet unum mesuagium, et reddit inde per annum tres solidos duos denarios ad quatuor terminos.

Et faciet tres bederipas, et valent quatuor denarios obolum.

Willelmus Tentefur tenet unum mesuagium, et reddit inde per annum viginti denarios ad quatuor terminos.

Et faciet tres bederipas, et valent quatuor denarios obolum.

Willelmus Sauvage tenet unum mesuagium, et reddit inde per annum octodecim denarios ad quatuor terminos.

Et faciet tres bederipas, et valent quatuor denarios obolum.

Matilda Harding tenet unum mesuagium, et reddit inde per annum sex denarios ad quatuor terminos.

Et faciet tres bederipas, et valent quatuor denarios obolum.

Tenementum quod fuit Willelmi Bailli, reddit per annum octodecim denarios.

Et faciet tres bederipas, et valent quatuor denarios obolum.

Willelmus Messerius tenet quamdam particulam terræ, et reddit inde per annum decem denarios ad quatuor terminos.

Et faciet tres bederipas, et valent quatuor denarios obolum.

Balaam tenet unum mesuagium, et reddit inde per annum octo denarios ad quatuor terminos.

Et faciet tres bederipas, et valent quatuor denarios obolum.

Galfridus Collinge tenet unum mesuagium, et reddit inde per annum octo denarios ad quatuor terminos.

Et faciet tres bederipas, et valent quatuor denarios obolum.

Relicta Wyburgi tenet simile tenementum, et reddit inde per annum sex denarios ad quatuor terminos.

Et faciet tres bederipas, et valent quatuor denarios obolum.

Relicta Wymundi tenet simile tenementum, et reddit inde per annum viginti denarios ad quatuor terminos.

Et faciet tres bederipas, et valent quatuor denarios obolum.

Henricus Osanne tenet simile tenementum, et reddit inde per annum duodecim denarios ad quatuor terminos.

Et faciet tres bederipas, et valent quatuor denarios obolum.

Editha Swones tenet simile tenementum, et reddit inde per annum octo denarios ad quatuor terminos.

Et faciet tres bederipas, et valent quatuor denarios obolum.

Gilbertus Pope tenet unum mesuagium, et reddit inde per annum quatuor denarios ad quatuor terminos. f. 47.

Et faciet tres bederipas, et valent quatuor denarios obolum.

Agnes Budel tenet unum mesuagium, et reddit inde per annum duos solidos ad quatuor terminos.

Et faciet tres bederipas, et valent quatuor denarios obolum.

Willelmus Præpositus pro terra Petri reddit per annum duodecim denarios ad quatuor terminos.

Thomas Cappe tenet unum mesuagium, et reddit inde per annum sex denarios ad quatuor terminos.

Et faciet tres bederipas. et valent quatuor denarios obolum.

Lucia Wymund tenet unum mesuagium, et reddit inde per annum duodecim denarios ad quatuor terminos.

Et faciet tres bederipas, et valent quatuor denarios obolum.

Summa viginti octo solidi octo denarii.

Omnes prædicti tenentes apud Berthonestrete erunt apud Porthomme [1] ad fœnum levandum per unum diem, et valet in summa [   ].[2]

Summa totius redditus viginti tres libræ decem solidi novem denarii obolus cum molendino.

Reginaldus Stibbe tenet dimidiam virgatam terræ continentem triginta duas acras, et debet operari opus manuale semper altera septimana a festo Sancti Michaelis usque ad Gulaustum per quinque dies cum uno homine, et valet dieta obolum quadrantem.

Et si deputatus fuerit ad triturandum, triturabit duos bussellos et dimidium frumenti, tam de fabis, tam de pisis, de hordeo quatuor bussellos, de avena decem bussellos.

Et debet falcare pratum domini quousque falcetur in sua hebdomada operaria, et æstimatur ad decem dies, et valet dieta tres denarios, sed allocata operatione diei quæ æstimatur ad obolum quadrantem, valet dieta duos denarios quadrantem.

Et debet adunare et levare fœnum domini per decem dies et amplius si necesse fuerit, et valet dieta obolum.

Et debet arare dimidiam acram, et valet unum denarium obolum quia recipiet de domino unum denarium obolum.

Summa valoris operationis ante autumnum tredecim solidi decem denarii obolus, allocatis sibi decem diebus festivis.

Et a festo Beati Petri ad Vincula usque ad festum Sancti Michaelis debet qualibet die septimanæ præter sabbatum invenire unum hominem in messe domini, allocatis sibi quatuor diebus festivis, et valet dieta unum denarium obolum.

Et debet præter hoc invenire qualibet altera septimana quatuor homines ad bederipam, et valent in hebdomada duodecim denarios.

Et valet operatio autumnalis in summa octo solidos sex denarios.

Et præter hoc dabit de auxilio ad festum Sancti Michaelis duos solidos quatuor denarios.

Et dabit hundredsilver pro capite suo domino regi.

Et si braciaverit ad vendendum, dabit sexdecim lagenas melioris cervisiæ vel pretium.

---

[1] *Porthome* is written here in the margin in a later hand.   [2] Blank in MS.

Et pannagiabit porcos, scilicet pro porco superannato unum denarium, et pro porco minoris ætatis obolum, si fuerit separatus vel habilis ad separandum.

Et non potest vendere equum neque bovem sine licentia domini, et si vendiderit equum in manerio, dabit duos denarios de tonnuto et emptor similiter.

Et debet redimere filiam.

Et quando continget ipsum mori, dominus habebit melius f. 47 averium suum ratione dominii et aliud nomine rectoris.

Et de vidua similiter quando etc.

Johannes Uggel tenet dimidiam virgatam terræ continentem triginta duas acras, et debet operari qualibet altera septimana per unum diem, scilicet arare dimidiam acram, et valet dieta tres denarios.

Et per idem tempus prædictum debet qualibet altera septimana per tres dies operari opus manuale, et valet dieta obolum quadrantem.

Et quarto die in eadem hebdomada debet cariare fima per totum diem, et valet ultra operationem manualem illa dieta unum denarium obolum.

Et si deputatus fuerit ad falcandum, falcabit pratum domini per decem dies, ut æstimant jurati, et valet dieta unum denarium obolum quadrantem, allocato opere manuali, quæ superius taxatur ad obolum quadrantem.

Et debet adunare et levare fœnum domini per decem dies et amplius si necesse fuerit, et valet dieta obolum quadrantem.

Et faciet unam aruram quæ vocatur benerthe, et valet unum denarium obolum et non plus, quia recipit de domino unum denarium obolum.

Et præterea debet arare dimidiam acram et illam seminare de proprio semine de uno bussello et dimidio boni et electi frumenti, et valet arura tres denarios, semine non appretiato.

Et a festo Beati Petri ad Vincula usque ad festum Sancti Michaelis debet qualibet septimana per quinque dies invenire unum[1] hominem ad opus manuale, sive in messe sive in alia operatione manuali, et valet dieta unum denarium obolum.

Et præter hoc faciet sexdecim bederipas in autumno, et valent duos solidos.

Et faciet unam bederipam ad cibum domini, et valet ultra unum denarium.

Et si necesse fuerit, debet cariare bladum domini cum propria careta sua cum uno equo et uno homine, et allocabitur

[1] di is inserted in the MS. after unum, but with the sign of erasure.

ei pro operatione manuali, et valet ultra eamdem operationem sibi allocatam unum denarium obolum

Et dabit de auxilio duos solidos quatuor denarios ad festum Sancti Michaelis, et omnes alias consuetudines faciet sicut praedictus Reginaldus

Ricardus Dauncere tenet dimidiam virgatam terræ, et idem servitium facit in omnibus, sicut praedictus Johannes Ugel

Walterus le Murie, et Thomas Hinderlinge, tenent dimidiam virgatam terræ, et debent conjunctim in omnibus idem servitium facere sicut praedictus Johannes Ugel, hoc addito quod uterque eorum debet operari in fœno domini tantum quantum et idem Johannes

Henricus Constable tenet unum ferendellum terræ, et idem servitium facit in omnibus sicut praedictus Walterus Murie pro portione sua

Ricardus Short tenet sexdecim acras terræ, et debet operari opus manuale qualibet septimana per quinque dies cum uno homine, et valet dieta obolum quadrantem, a festo scilicet Beati Michaelis usque ad Gulanstum

Et si deputatus fuerit ad falcandum, falcabit per quinque dies, et valet dieta[1] obolum quadrantem, a festo scilicet Beati Michaelis usque ad Gulanstum

Et si deputatus fuerit ad falcandum, falcabit per quinque dies, et valet dieta unum denarium obolum ultra operationem manualem taxatam et allocatam ei superius.

Et debet adunare et levare fœnum domini per decem dies præter[2] operationem debitam, et amplius si necesse fuerit, et valet dieta obolum quadrantem.

Et debet arare quartam partem unius acræ, et illam seminare de bono et electo frumento, et valet arura, semine non appretiato unum denarium obolum, et in autumno debet illam metere, et valet unum denarium

Et a festo Sancti Petri ad Vincula usque ad festum Sancti Michaelis operabitur qualibet altera septimana per quinque dies cum uno homine in messe domini, et valet dieta unum denarium obolum

Præterea debet facere octo bederipas cum uno homine, et valent in summa duodecim denarios

Et faciet unam bederipam ad cibum domini, et valet ultra cibum domini unum denarium

---

[1] *unum denarium* is inserted in the MS after *dieta*, but with the sign of erasure

[2] *præter*] per, MS

f 48

Et dat de auxilio quatuordecim denarios.

Et omnes alias consuetudines non taxatas faciet sicut Reginaldus Stubbe.[1]

Johannes Short, Ricardus Crabbe, relicta Radulphi Vaccarii, relicta Siper, Walterus Croylin, relicta Ernulphi, Alicia de Beleye, Walterus le Ruwe, relicta Willelmi le Rixe, Johannes de Waddone, item idem Johannes, Felicia Uggel, Galfridus Colling, similia tenent tenementa, et idem servitium faciunt in omnibus sicut prædictus Ricardus[2] Schort.

Alicia de Breuse tenet dimidiam virgatam terræ continentem viginti duas acras, et debet qualibet secunda septimana per unum diem arare dimidiam acram, et illam herciare.

Robertus Daunger tenet unum mesuagium et quatuor acras terræ, et debet operari opus manuale qualibet septimana per annum per unum diem cum uno homine, scilicet per quinquaginta duas septimanas, et valet quælibet dieta obolum quadrantem.

Et dat de auxilio ad festum Sancti Michaelis tres denarios obolum, et omnes consuetudines non taxatas facit.

Johannes Mey tenet unum mesuagium et quatuor acras terræ, et debet qualibet septimana a festo Sancti Michaelis usque ad Gulaustum operari opus manuale cum uno homine, et valet dieta obolum quadrantem.

Et debet falcare pratum domini per quinque dies,[3] et valet dieta unum denarium obolum quadrantem, allocata operatione diei quæ taxatur ad obolum quadrantem.

Et debet adunare et levare fœnum domini per quatuor dies, et valet ultra operationem debitam duos denarios.

Et a festo Beati Petri ad Vincula usque ad festum Sancti Michaelis debet qualibet septimana operari opus manuale per duos dies cum uno homine, et valet quælibet dieta unum denarium obolum.

Et dat de auxilio ad festum Sancti Michaelis tres denarios obolum, et omnes alias consuetudines facit non taxatas.

Willelmus Walkere, item idem Willelmus, Ysabella Crude, Willelmus Messerus, Willelmus Riveray, similia tenent tenementa, et faciunt in omnibus sicut prædictus Johannes.

Alicia de Breuse tenet dimidiam virgatam terræ continentem triginta duas acras, et debet qualibet secunda septimana arare dimidiam acram, et illam herciare tempore seminis, scilicet a festo Sancti Michaelis usque ad festum Beati f. 48 b. Petri ad Vincula, et valet dieta tres denarios.

---

[1] *Stubbe*] Stibbe in a former part.   [3] *dies*] dietas, MS.
[2] *Ricardus*] written in the margin.

Et faciet unam aruram quæ vocatur bene, et arabit dimidiam acram, et illam seminabit de bono et electo frumento, et valet illa arura præter semen tres denarios.

Et debet illam metere in autumno, ligare, et cariare ad grangiam domini, et valet duos denarios.

Et præterea faciet unam aruram quæ vocatur yove, scilicet arabit dimidiam acram, et recipiet de bursa domini unum denarium obolum, et valet ultra unum denarium obolum.

Et falcabit pratum domini per decem dies, et valet dicta, ultra operationem debitam allocatam, duos denarios quadrantem.

Et debet adunare et levare fœnum domini per decem dies, et amplius si necesse fuerit, non allocato pro opere, et valet dieta obolum quadrantem.

Et debet cariare fima vel alia in prædicta septimana per unum diem, et valet ultra operationem manualem unum denarium obolum.

Et per tres dies in eadem septimana debet operari opus manuale, et valet dieta obolum quadrantem.

Et a festo Beati Petri ad Vincula usque ad festum Sancti Michaelis debet qualibet septimana operari opus manuale per quinque dies cum uno homine, et valet dieta unum denarium obolum.

Et præterea faciet sexdecim bederipas cum uno homine, et valent in summa duos solidos.

Et debet cariare qualibet septimana bladum domini cum careta sua, et allocabitur ei pro opere manuali, et valet ultra unum denarium obolum.

Et faciet unam bederipam ad cibum domini cum uno homine, et valet ultra cibum unum denarium.

Et dat de auxilio ad festum Sancti Michaelis duos solidos quatuor denarios.

Et omnes consuetudines non taxatas facit sicut prædictus Reginaldus Stubbe.

Walterus de Stone tenet dimidiam virgatam terræ, Walterus Mayfray similiter, et faciunt in omnibus tam taxatis quam non taxatis sicut prædicta Alicia.

Item idem Walterus Mayfray tenet dimidiam virgatam terræ, unde superius fit mentio in denariis, et præter debitum redditum debet qualibet quarta septimana a festo Sancti Michaelis usque ad festum Sancti Petri ad Vincula arare dimidiam acram et illam herciare tempore seminis, et valet dicta tres denarios.

Præterea debet arare quartam partem unius acræ quæ vocatur bene, et illam seminare de proprio semine bono scilicet frumento, et valet arura illa præter semen unum denarium obolum.

Et debet illam metere et ligare et ducere ad grangiam, et valet unum denarium obolum.

Et debet arare quartam partem unius acræ quæ vocatur yove, et recipiet de bur... domini obolum quadrantem, et valet ultra obolum quadrantem.

Et debet uno die cariare fimu... et alia si necesse fuerit, et allocabitur ei pro opere manuali, et valet ultra operationem manualem unum denarium obolum.

Et per tres dies in eadem septimana debet manuoperari, et valet obolum quadrantem.

Et falcabit pratum domini per sex dies, et valet dicta, ultra operationem manualem sibi allocatam, duos denarios quadrantem.

Et debet adunare et levare fœnum domini per quinque dies et amplius si necesse fuerit, non allocato pro opere, et valet dicta obolum quadrantem.

Et debet uno die summagiare bladum vel buscam, et allocabitur ei pro opere diei.

Et a festo Beati Petri ad Vincula usque ad festum Sancti Michaelis debet qualibet secunda septimana operari in messe domini per quinque dies cum uno homine, et valent duodecim denarios.

Et faciet unam metebedripam cum uno homine, et valet unum denarium.

Et dat de auxilio ad festum Sancti Michaelis quatuordecim denarios.

Et omnes alias consuetudines facit sicut prædictus Reginaldus Stibbe.

Willelmus Lovekin, Willelmus le Horsmon, Henricus Trug, Robetus Tod, Walterus Tod, Ysabella Tod, Johannes Kyur, Gilbertus Banen...tte, Johannes Symenel, Alicia Tru.., Walterus Banenotte, Johannes Willis, Walterus Esl.f, Walterus Heyr, Nicholaus de Grenebolle, Johannes Toky, Walterus de Bro..e, Lucia Murye, Willelmus Byssop, Adam Kirg, Johannes Byssop, omnes præscripti similia tenent tenementa, et idem servitium faciunt in omnibus sicut prædictus Walterus de Baderham.

Lundinarii.

Alicia Murye tenet quatuor acras terræ, et facit in omnibus sicut prædictus Johannes May primus lundinarius.

Nicholaus Cathard..., item idem Nicholaus, Robertus Maloh, Johannes de Rodeford, Alicia Rogers, Henricus Tol...eri item idem Reginaldus, Walterus Petril..., item idem Walterus, Walterus Dolle, Magna vidua, item idem Magna, Nicholaus

Swon, Matilda Withe, Henricus Trus, Ricardus Gladwyne, Ricardus Trus, Walterus Swetemon, item idem Walterus, Ricardus Bitele, Walterus Wallere, item idem Walterus, Randulphus Kent, Johannes de Hulle, omnes præscripti similia tenent tenementa, et idem servitium faciunt in omnibus sicut prædictus Johannes Mey.

Coterii.

Edania Textrix tenet unum cottagium, et faciet inde tres bederipas, et valent quatuor denarios obolum.

Ricardus Scinnare, Eva la Rydere, Blissa de Badenham, Lucia Murye, Juliana de Ryxe, similia tenent tenementa, et faciunt in omnibus idem servitium sicut Edania Textrix.

Omnes prædicti consuetudinarii dant annuatim in communi de auxilio octo marcas.

Et falcatores prati recipient tempore falcationis quindecim denarios de dono domini.

Summa quarteriorum frumenti ad assisam panis per annum cum certis incrementis, centum sexaginta quinque quarteria.

Et est assisa qualibet hebdomada tria quarteria.

Summa quarteriorum hordei ad assisam brasii cum certis incrementis per annum, centum et triginta septem quarteria et dimidium. Totidem etiam de avena ad idem.

Et est assisa utriusque divisim qualibet hebdomada duo quarteria et dimidium.

DCCCCLV. *Extenta de Abbilode.*

Of Abbilode.
f. 49 b.

Herbertus le Buth tenet unam virgatam terræ de tenemento domini Radulphi de Wilintone, et reddit inde per annum duas marcas ad quatuor terminos scilicet usuales.

Et sequetur halimotum de Abilode.

Et si obierit, et hæres ejus infra ætatem fuerit, abbas habebit wardam cum maritagio et herieto; et relevium si hæres in warda non fuerit.

Walterus dictus Prior tenet unum mesuagium cum curtillagio, et unum croftum continentem unam acram et amplius, et reddit inde per annum duos solidos ad duos terminos, et tenet ad voluntatem domini.

Alicia Murye tenet unum mesuagium cum curtillagio, et dimidiam acram prati, et reddit inde per annum duos solidos ad duos terminos, et tenet ad voluntatem domini.

Walterus Textor tenet unum mesuagium et unam acram

prati, et reddit inde per annum octodecim denarios ad duos terminos, et tenet ad voluntatem domini.

Gregorius Covyet tenet ad voluntatem domini quamdam placeam terræ arabilis extra Longeforde, et reddit inde per annum quatuor denarios ad festum Sancti Michaelis.

Walterus Swele tenet quamdam placeam prati extra Longeforde, et reddit inde per annum quatuor denarios ad festum Sancti Michaelis.

Subelemosinarius Sancti Petri tenet ad voluntatem domini unam acram prati in Mulemede, et reddit inde per annum duos solidos ad duos terminos usuales.

Thomas Smalygurd tenet unum mesuagium cum curtillagio, et tres acras terræ, et reddit inde per annum sex solidos decem denarios ad quatuor terminos usuales.

Dabit pannagium pro porcis suis.

Si vendiderit equum, dabit duos denarios ad tonnutum.

Et si braciaverit ad vendendum, dabit sexdecim lagenas ad tonnutum, scilicet famulis curiæ octo lagenas, et domino octo lagenas.

Non potest alienare filium, nec maritare filiam, nec vendere bovem sine licentia.

Et si obierit, dominus habebit melius averium nomine herieti.

Et post decessum ejusdem, hæres ejus redimet terram suam ad voluntatem domini.

Walterus Ogge tenet unum mesuagium et unam acram terræ, et reddit inde per annum tres solidos duos denarios ad quatuor terminos usuales.

Et facit omnes alias consuetudines non taxatas sicut prædictus Thomas.

Milo Scurday tenet quamdam placeam prati continentem unam acram et dimidiam, et reddit inde per annum duos solidos sex denarios, et assignantur hii denarii ad vomeres emendos.

Walterus de Andovere tenet unum mesuagium cum curtillagio, et quatuor acras terræ, et reddit inde per annum sex solidos.

Et facit omnes alias consuetudines sicut prædictus Thomas.

Johannes Godriche tenet unam placeam prati fere unam acram, et reddit inde per annum duodecim denarios ad duos terminos usuales.

Summa totius redditus forlondorum, præter auxilium et alias consuetudines non taxatas, quinquaginta quatuor solidi quatuor denarii.

Honylonde.

50.   Matilda la Paumere tenet unum mesnagium et unum curtillagium et quatuor acras terræ, et reddit inde per annum
octo lagenas mellis vel pretium ad voluntatem domini.

Henricus Ysaac tenet unum mesnagium et duas acras terræ,
et reddit inde per annum quatuor lagenas mellis vel pretium
ad voluntatem domini.

Consuetudinarii.

Willelmus de Morslade tenet unum mesnagium cum curtillagio,
et unam virgatam terræ continentem quadraginta octo acras.
Et a festo Sancti Michaelis usque ad Gulaustum debet arare
qualibet septimana quamdiu carucæ domini araverint, et eodem
die herciare tempore seminis, et valet arura cum hersura tres
denarios.

Summa valoris aruræ per annum undecim solidi tres denarii.

Et præter hoc debet unam aruram et hersuram ad semen
hyemale, et vocatur beneherþe, et valet tres denarios.

Et inveniet tres bussellos boni et electi frumenti ad seminandum, et valet communibus annis octodecim denarios.

Qualibet etiam septimana per prædictum tempus debet per
unum diem summagiare, et per tres dies operari opus manuale
pro voluntate ballivi, et valet dieta unum denarium.

Et si deputatus fuerit ad triturandum, triturabit duos bussellos et dimidium frumenti, et tantum de siligine, de hordeo,
fabis, vel pisis duos bussellos et dimidium, de avena unum
quarterium.

Et debet ventare bladum quod trituraverit, et illud portare
in granarium et foragium ad dispositionem ballivi vel præpositi.

Debet etiam falcare per octo dies et amplius si necesse
fuerit, et valet dieta duos denarios, tertio denario allocato in
debita operatione diei.

Et debet adunare et levare fœnum domini præter debitam
operationem per sex dies et amplius si necesse fuerit, et valet
dieta unum denarium.

Summa valoris operationis manualis per prædictum tempus,
præter aruras et auxilium, quindecim solidi octo denarii, allocatis sibi decem diebus festivis.

Et a festo Sancti Petri ad Vincula usque ad festum Sancti
Michaelis debet metere bladum domini per quinque dies cum
tribus hominibus, et valet dieta quatuor denarios obolum.

Summa hebdomadæ viginti duo denarii obolus.

Et si deputatus fuerit ad cariandum bladum vel fœnum, cariabit per totum diem cum careta, duobus hominibus, et duobus equis, et allocabitur ei in arura unius diei in hyeme vel æstate, et habebit unam garbam de quocumque genere bladi ultimo cariaverit. Similiter ligatores habebunt unam garbam de quocumque blado ultimo ligaverint.

Summa valoris operationis in autumno tredecim solidi sex denarii, allocatis quatuor diebus festivis.

Summa totius valoris operationum unius virgatarii per annum quadraginta solidi quinque denarii, præter auxilium.

Et dabit de auxilio ad festum Sancti Michaelis sex solidos.

Et faciet omnes alias consuetudines non taxatas sicut prædictus Thomas.

Willelmus Textor tenet unum mesuagium cum curtillagio, f. 50 et dimidiam virgatam terræ continentem viginti quatuor acras, et a festo Sancti Michaelis usque ad festum Beati Petri ad Vincula debet arare qualibet altera septimana per unum diem quamdiu carucæ dominicæ araverint, et eodem die herciare tempore seminis, et valet arura cum hersura tres denarios.

Et præter hoc debet unam aruram et hersuram ad semen hyemale quæ vocatur benerthe, et valet tres denarios.

Et inveniet unum bussellum et dimidium frumenti boni et electi ad seminandum, et valet communibus annis novem denarios.

Eadem vero hebdomada debet summagiare per unum diem, et per tres dies operari opus manuale pro voluntate ballivi, et valet dieta unum denarium.

Et si deputatus fuerit ad triturandum, triturabit eodem modo sicut Willelmus de Moreslade.

Et debet falcare per quatuor dies et amplius si necesse fuerit, et valet dieta duos denarios, allocatis¹ tribus denariis in debita operatione diei.

Adunabit etiam et levabit fœnum domini per sex dies et amplius si necesse fuerit, et valet dieta unum denarium, et non allocabitur ei in debita operatione.

Et quotiens deputatus fuerit ad triturandum, totiens allocabitur pro debita operatione unius diei.

Summa valoris operationis ante autumnum septem solidi, subtractis decem denariis pro decem diebus festivis.

Et a festo Sancti Petri ad Vincula usque ad festum Sancti Michaelis debet metere bladum domini qualibet altera septimana per quinque dies cum duobus hominibus, et valet dieta tres denarios, et qualibet altera septimana per quinque dies cum uno homine, et valet dieta unum denarium obolum.

---

¹ *allocatis*] allocato, MS.

Et si deputatus fuerit ad cariandum, cariabit eodem modo sicut Willelmus de Moreslade, et habebit garbam, et allocabitur eidem eodem modo.

Et dabit tres solidos de auxilio ad festum Sancti Michaelis.

Et faciet omnes alias consuetudines non taxatas sicut prædictus Willelmus.

Summa operationis ejusdem in autumno septem solidi, præter auxilium.

Summa valoris operationum dimidii virgatarii cum auxilio per annum viginti tres solidi septem denarii.

Robertus Shirloc, Matilda la Paumere, Milo Scurdac, similia tenent tenementa, et faciunt in omnibus sicut prædictus Willelmus Textor.

Walterus dictus Prior tenet unum mesuagium cum curtillagio, et duodecim acras terræ, et a festo Sancti Michaelis usque ad festum Sancti Petri ad Vincula debet operari qualibet septimana opus manuale per tres dies cum uno homine pro dispositione ballivi, et debet falcare per tres dies, et valet dieta duos denarios, præter debitam operationem.

Adunabit etiam et levabit fœnum domini per sex dies cum uno homine pro dispositione ballivi, et debet falcare per tres dies, et valet dieta duos denarios præter debitam operationem.

51.

Adunabit etiam et levabit fœnum domini per sex dies et amplius si necesse fuerit, præter debitam operationem, et valet dieta obolum.

Summa valoris operationis ante autumnum undecim solidi undecim denarii, subtractis inde decem denariis pro decem diebus festivis.

Et remanet summa undecim solidorum unius denarii.

Et a festo Sancti Petri ad Vincula usque ad festum Sancti Michaelis debet qualibet hebdomada metere bladum domini per quatuor dies cum uno homine, et valet dieta unum denarium obolum, et cum duobus hominibus sexto die, et valet tres denarios.

Summa valoris operationis in autumno quinque solidi sex denarii præter auxilium.

Et dabit octodecim denarios de auxilio ad festum Sancti Michaelis.

Et facit omnes alias consuetudines non taxatas sicut prædictus Willelmus de Moreslade.

Summa valoris operationum dicti Walteri Prior per annum octodecim solidi unus denarius.

Nicholaus le Bonde, Johannes Godriche, similia tenent tenementa, et faciunt in omnibus sicut prædictus Walterus Prior.

Walterus Roggeres tenet unum mesuagium cum curtillagio, et octo acras terræ, et a festo Sancti Michaelis usque ad Gulaustum debet operari opus manuale qualibet septimana per duos dies cum uno homine, et valet dieta unum denarium.

Et falcabit per tres dies, et valet dieta, præter debitam operationem illius dici, duos denarios.

Adunabit etiam et levabit fœnum domini per sex dies et amplius si necesse fuerit, et valet dieta obolum.

Et a Gulausto usque ad festum Sancti Michaelis debet metere bladum domini qualibet septimana per quatuor dies cum uno homine, et valet dieta unum denarium obolum.

Et dabit de auxilio duodecim denarios ad festum Sancti Michaelis.

Et facit omnes alias consuetudines non taxatas sicut prædictus Willelmus de Moreslade.

Summa valoris operationis dicti Walteri Roggeres cum auxilio per annum duodecim solidi quinque denarii.

Walterus filius Thomæ, Reginaldus le Paumer, Galfridus Justise, Nicholaus Juvenis, Alicia la Carteres, Gregorius Ovyoth, Alicia Murye, Willelmus Peris, Robertus Murye, Rogerus de Twigworþe, Thomas Ogger, similia tenent tenementa, et faciunt in omnibus sicut prædictus Walterus Rogeres.

Lundinarii.

Herebertus de Morslade tenet unum mesuaginm et unum curtillagium, cum quatuor acris terræ.

Et debet a festo Sancti Michaelis usque ad Gulaustum qualibet septimana operari opus manuale per unum diem, et valet dieta unum denarium.

Et falcabit per unum diem, et valet duos denarios ultra debitam operationem.

Adunabit etiam et levabit fœnum domini præter debitam operationem per sex dies et amplius si necesse fuerit, et valet dieta obolum.

Et a Gulausto usque ad festum Sancti Michaelis debet metere bladum domini qualibet septimana per duos dies cum uno homine, et valet dieta unum denarium obolum. f. 51 *b.*

Et dabit sex denarios de auxilio ad festum Sancti Michaelis.

Et facit omnes alias consuetudines non taxatas sicut prædictus Willelmus de Moreslade.

Summa valoris operationis dicti Herberti per annum sex solidi septem denarii cum auxilio.

Walterus vetus Textor, Juliana Berde, Robertus le Wyte, Walterus Swele, similia tenent tenementa, et faciunt in omnibus sicut prædictus Herbertus.

Summa totius valoris operationum per annum præter auxilium, sexdecim libræ novemdecim solidi quinque denarii.

Et est summa auxilii triginta septem solidi sex denarii.

Summa hominum operantium in autumno, præter vagantes, quadringenti quatuordecim homines.

Summa quarteriorum frumenti ad assisam panis per annum cum certis incrementis quinquaginta quinque quarteria.

Est enim assisa qualibet hebdomada unum quarterium.

Summa brasii tria quarteria et sex busselli frumenti, et totidem de avena, quæ in festo Natalis Domini transmittuntur.

DCCCCLVI. *Extenta de Mayesmore.*

Of Mayes-more.

Henricus Forestarius tenet dimidiam virgatam libere, et reddit inde per annum decem solidos ad quatuor terminos.

Et sequetur liberam curiam Gloucestriæ, et halimotum de Mayesmore.

Et facit forinseca servitia quæ ad terram suam pertinent.

Et cum obierit, dabit unum averium nomine domini, et aliud nomine rectoris.

Katerina vidua quæ fuit uxor Johannis Clerici tenet dimidiam virgatam, et reddit inde per annum tredecim solidos quatuor denarios ad quatuor terminos.

Et sequetur liberam curiam Gloucestriæ bis in anno, et halimotum de Mayesmore.

Et si obierit, dominus habebit duo meliora averia sua, unum nomine domini, et aliud nomine rectoris.

Walterus Clericus tenet duodecim acras terræ ad vitam suam tantum, et reddit inde per annum novem solidos ad duos terminos, scilicet pro duodecim acris terræ et quatuor acris prati.

Et sequetur liberam curiam Gloucestriæ, et halimotum de Mayesmore.

Et dabit herietum ut prædicti pro omni servitio.

Ricardus de Vinea tenet sex acras terræ ad voluntatem domini, et reddit inde per annum duos solidos ad duos terminos.

Et pannagiabit porcos.

Et si braciaverit ad vendendum, dabit quatuordecim lagenas ad tonnutum.

Et pro equo vendito dabunt emptor et venditor quatuor denarios.

Et redimet filium et filiam.

Et dabit herietum ut prædicti.

Idem Ricardus tenet unum lundinarium et dimidium, scilicet novem acras terræ, et reddit inde per annum quatuor solidos ad duos terminos.

Et dat de auxilio decem denarios quadrantem.

Idem Ricardus tenet quamdam ...orum, et reddit inde per annum ad festum Nativitatis Beati Johannis Baptistæ viginti denarios pro omni servitio.

Idem Ricardus tenet quoddam pratum continentem duas acras et dimidiam, et reddit inde per annum ad dictum festum tres solidos pro omni servitio.

Omnes isti villani tenent de domino quoddam pratum quod vocatur Hay... continens viginti tres acras, et reddunt inde per annum viginti tres solidos tres denarios.

Isabella Prest... tenet unam mesuagium cum curtillagio et duodecim acras terræ, et reddit inde per annum septem solidos ad dictos terminos.

Et omnia prædicta sicut prædicti facit.

Willelmus Faber tenet quatuor acras terræ, et reddit inde per annum duos solidos sex denarios ad duos terminos.

Et dat de auxilio sex denarios obolum.

Walterus Orl tenet unam acram et dimidiam prati in Roedemade, et reddit inde per annum tres solidos ad Nativitatem Beati Johannis Baptistæ.

Et omnia prædicta facit sicut prædicti.

Walterus Faber tenet duas acras prati in Wichemme ad voluntatem domini, et reddit inde per annum decem vomeres ad duos terminos.

Summa reddituum prædictorum liberorum et aliorum tenentium ad voluntatem domini, præter auxilium, septuaginta octo solidi novem denarii.

Summa auxilii prædictorum sexdecim denarii obolus.

Consuetudinarii.

Johannes Loverich tenet dimidiam virgatam terræ continentem viginti quinque acras, et debet qualibet altera septimana per unum diem arare et herciare tempore seminis a festo Sancti Michaelis usque ad Gulaustum, et valet dicta tres denarios.

Et faciet unam aruram quæ vocatur ...ilherpe, et recipiet de horreo domini unum denarium, et valet ultra duos denarios.

Summa valoris aruræ quinque solidi octo denarii.

Et debet in eadem altera septimana operari opus manuale cum uno homine per quatuor dies, et valet qualibet dicta unum denarium.

Et debet ... nunciare semel vel bis in eadem hebdomada si necesse fuerit, et allocabitur ei pro opere diei.

Et si deputatus fuerit ad triturandum, triturabit de frumento duos bussellos et dimidium, vel de siligine tantum.

vel de pisis, fabis, et hordeo dimidium quarterium, aut de avena
unum quarterium, et illud bladum ventare, et ad grangiam
deferre, similiter et foragium inde et paleam ad locum depu-
tatum.

Et falcabit pratum domini per decem dies et amplius si
necesse fuerit, et valet quælibet dieta ultra operationem debitam unum denarium obolum.

Et debet adunare et levare fœnum domini per decem dies
et amplius si necesse fuerit, non allocato opere diei quia
propriis operibus debet fœnum levare nullo die operationis ei
allocato, et valet quinque denarios.

Et faciet unam bederipam ante Gulanstum cum duobus
hominibus, et valet duos denarios.

Summa valoris operationum ante autumnum, præter aruram,
novem solidi septem denarii.

Et a festo Beati Petri ad Vincula usque ad festum Beati
Michaelis debet qualibet altera septimana operari per quatuor
dies cum duobus hominibus, et quinto die cum uno homine,
et valet dieta cujuslibet hominis unum denarium obolum.

Et qualibet altera septimana debet operari uno die cum
duobus hominibus, et valet tres denarios.

Et faciet unam bederipam cum duobus hominibus ad cibum
domini, et valet ultra cibum duos denarios.

Et si dominus voluerit, cariabit bladum domini cum carro
suo, et allocabitur ei pro arura unius diei.

Et si necesse fuerit, qualibet septimana arabit per unum
diem, et valet obolum.

Summa valoris totius dimidiæ virgatæ terræ per annum,
præter auxilium et alias consuetudines non taxatas, viginti
unus solidi unus denarius obolus.

Et præterea dabit de auxilio ad festum Sancti Michaelis
duos solidos duos denarios obolum.

Et dabit decimam fœni secundum quantitatem prati sui.

Et si braciaverit ad vendendum, dabit tonnutum, scilicet
quatuordecim lagenas cervisiæ vel pretium.

Non potest vendere equum nec bovem sine licentia.

Et si vendiderit equum infra manerium, emptor et venditor
dabunt quatuor denarios.

Et pannagiabit porcos.

Et debet redimere filium et filiam.

Et cum obierit, dominus habebit duo meliora averia sua,
unum scilicet pro nomine domini, et aliud nomine rectoris.

Ricardus Prute, Alexander Thedriche, Walterus Orl, Walterus Osmund, Margeria relicta Bernardi, Willelmus Segrym,
Agnes Kyniet, Symon de Stawella, similia tenent tenementa,
et faciunt in omnibus sicut prædictus Johannes Loveriches.

Stephanus le Paumer tenet octodecim acras terræ cum mesuagio, et debet qualibet tertia septimana a festo Sancti Michaelis usque ad festum Sancti Petri ad Vincula arare per unum diem, et herciare tempore seminis, et valet dicta tres denarios.

Et faciet unam aruram quæ vocatur penyherþe, et recipiet de bursa domini unum denarium. et valet illa arura ultra duos denarios.

Et in eadem septimana operabitur opus manuale cum uno homine per quatuor dies. et valet quælibet dieta unum denarium.

Et summagiabit [et] triturabit sicut prædictus dimidius virgatarius.

Et falcabit pratum domini per septem dies, et valet quælibet dieta ultra debitam operationem unum denarium obolum.

Et adunabit et levabit fœnum domini per decem dies et amplius si necesse fuerit, et valet quinque denarios.

Et faciet unam bederipam ante Gulaustum cum duobus hominibus, et valet duos denarios.

Et sarculabit per unum diem cum uno homine, et valet obolum.

Et a Gulausto usque ad festum Sancti Michaelis debet manuoperari qualibet tertia septimana per quatuor dies cum duobus hominibus, et quinto die cum uno homine, et valet dieta cujuslibet unum denarium obolum.

Et inveniet quinque homines unico die pro aliis septimanis, et valent in summa septem denarios obolum.

Et faciet unam bederipam ad cibum domini, et valet ultra cibum unum denarium.

Et faciet aliam[1] bederipam quæ[2] vocatur bondenebedripe cum uno homine, et valet unum denarium obolum.

Et dat de auxilio viginti denarios, excepta medietate unius quadrantis. f. 53.

Et facit omnes consuetudines non taxatas sicut prædictus Johannes.

Et dabit decimam fœni secundum quantitatem prati sui.

Robertus Edwy, Edanya relicta Thomæ Kinge, similia tenent tenementa, et faciunt in omnibus sicut prædictus Stephanus le Paumer.

Walterus le Rede tenet duodecim acras terræ cum mesuagio, et a festo Sancti Michaelis usque ad Gulaustum qualibet quarta septimana arabit per unum diem. et valet dicta tres denarios.

---

[1] *aliam*] aliud, MS. | [2] *quæ*] quod, MS.

Et arabit penyherpe, et recipiet de bursa domini unum denarium, et valet ultra duos denarios.

Summa aruræ duo solidi undecim denarii.

Et per quatuor dies in eadem septimana debet manuoperari cum uno homine per prædictum tempus, et valet quælibet[1] dieta unum denarium.

Et falcabit pratum domini per quinque dies aut amplius, et valet quælibet dieta unum denarium obolum, allocato opere diei.

Et adunabit et levabit fœnum domini per decem dies et amplius si necesse fuerit, et valet in summa quinque denarios.

Et faciet unam bederipam cum uno homine ante Gulaustum, et valet unum denarium.

Et sarculabit bladum domini per unum diem cum uno homine, et valet obolum.

Et a festo Sancti Petri usque ad festum Sancti Michaelis inveniet triginta septem homines ad metendum bladum domini, et valet in summa quatuor solidos septem denarios obolum.

Et inveniet unum hominem ad metebedripam, et valet ultra cibum unum denarium.

Et dabit de auxilio tredecim denarios quadrantem.

Et dabit decimam fœni secundum quantitatem prati sui.

Et omnes alias consuetudines non taxatas facit sicut prædictus Johannes Loveriche.

Willelmus Wythe, Hugo Ambreys, Walterus filius Gunnildæ, Editha Cowhurde, Hugo Faber, Agnes relicta Chose, Radulphus Wyberd, Walterus Kyng, Matilda Godelove, Adam Mile, Galfridus Alebast, similia tenent [tenementa], et faciunt in omnibus sicut prædictus Walterus le Rede.

Ambrosius Freman tenet duodecim acras terræ, et a festo Sancti Michaelis usque ad Gulaustum debet manuoperari qualibet septimana per duos dies cum uno homine, et valet dieta unum denarium.

Et falcabit pratum domini per decem dies, et allocabitur ei pro opere manuali, et valet ultra decem denarios.

Et levabit fœnum domini per decem dies et amplius si necesse fuerit, et valet quinque denarios.

Et faciet unam bederipam cum uno homine ante Gulaustum, et valet unum denarium.

Et a Gulausto usque ad festum Sancti Michaelis qualibet septimana debet manuoperari cum uno homine per tres dies, et valet dieta unum denarium obolum.

Et faciet unam metebedripam ad cibum domini cum uno homine, et valet ultra cibum unum denarium.

---

[1] *quælibet*] qualibet, MS.

Et faciet bondenebedripam cum uno homine, et valet unum denarium obolum.

Et dabit de auxilio tredecim denarios quadrantem.

Et sarculabit bladum domini per unum diem, et valet obolum.

Et omnes alias consuetudines non taxatas faciet sicut predictus Johannes Loveriche.

Lundinarii.

Johannes de Prestone tenet sex acras terre cum mesuagio, et a festo Beati Michaelis usque ad Gulaustum qualibet septimanam per unum diem debet manuoperari cum uno homine, et valet dieta unum denarium.

Et falcabit per quatuor dies, operatione manuali alleento, et valet sex denarios.

Et levabit fenum domini per decem dies si necesse fuerit, et valet quinque denarios.

Et faciet unam bederipam ante Gulaustam cum uno homine, et valet unum denarium.

Et a festo Beati Petri ad Vincula usque ad festum Sancti Michaelis debet qualibet septimana operari per duos dies cum duobus hominibus, et valet qualibet dieta tres denarios.

Et sarculabit per unum diem cum uno homine, et valet obolum.

Et dabit auxilium sex denarios obolum et dimidium quadrantem.

Et omnes alias consuetudines non taxatas faciet sicut predictus dimidius virgatarius.

Willelmus Bulleye, Stephanus Russel, Walterus Teysone, Willelmus Thury, Willelmus de Fromptone, Willelmus de Seyabore, Ricardus Messern, Rogerus Brun, Agnes relicta Symonis, Stephanus Cute, Gilbertus Haralde, Johannes Syward, Galfridus Curteys, Johannes Conhurde, Willelmus Pykele, Edula relicta Scmer, Alicia de Northende, relicta Alexandri Debet, similia tenent tenementa, et faciunt in omnibus sicut predictus Johannes de Prestone.

Adam filius Clare tenet unum mesuagium cum curtillagio continens unam acram terre, faciendo inde sexdecim bederipas, et valet duos solidos.

Sabina, Stephanus Cure, Ricardus Messern, similia tenent tenementa, et faciunt in omnibus sicut predictus Adam.

Et est auxilium predictorum consuetudinariorum in universo, ut dicunt juratores, quinquaginta quinque solidi.

Et dant pro decima fœni de prato suo pertinente ad terras suas viginti sex solidos octo denarios.

Omnes prædicti consuetudinarii recipient de consuetudine prati falcandi octodecim denarios, et pro ripale duodecim denarios.

Memorandum de hominibus et fœminis extra manerium vagantibus, et de eorum consuetudinibus suis faciendis.[1]

Summa quarteriorum frumenti ad assisam panis per annum cum certis incrementis quinquaginta quinque quarteria.

Est enim assisa qualibet hebdomada unum quarterium.

Summa quarteriorum frumenti ad assisam brasii per annum cum certis incrementis, sexaginta octo quarteria et sex busselli, et totidem de avena.

Est enim assisa utriusque divisim qualibet hebdomada decem busselli.

DCCCCLVII. *Extenta de Northlecche anno quinquagesimo primo.*

A.D. 1266
–1267.
Of North-
lecche.
f. 54.

Willelmus Tinctor tenet duo burgagia, et reddit inde per annum duos solidos ad duos terminos.

Et si braciaverit ad vendendum, dabit unum denarium ad tonnutum.

Et si emerit vel vendiderit equum, dabit unum denarium ad tonnutum.

Et sequetur curiam domini de tribus septimanis in tres septimanas.

Walterus de Rysindone tenet unum burgagium, reddendo inde annuatim duodecim denarios ad dictos duos terminos, et omnia alia faciendo quæ prædictus Willelmus faciet.

Gilbertus de Haseltone tenet unum burgagium, reddendo inde per annum duodecim denarios ad duos terminos, et omnia alia faciendo quæ prædictus Willelmus faciet.

Helyas dictus Presbiter et Alicia Textrix tenent unum burgagium, reddendo inde per annum duodecim denarios ad duos terminos, et omnia, etc.

Emme de Wenrugge, Mille, Agnes Nicholes, Dyonisia la Vanneres, Haleforde, Robertus de Harsfelde, Dyonisia Lyene, similia tenent tenementa per eumdem redditum, et [faciunt] idem servitium sicut prædictus Walterus de Rysindone.

Willelmus Pistor tenet unum burgagium per eumdem red-

---

[1] This clause seems to be incomplete.

ditum et easdem consuetudines sicut prædictus Willelmus Tinctor.

Radulphus Medicus tenet unum burgagium, reddendo inde per annum tres solidos ad duos terminos, etc.

Adam Coqus tenet unum burgagium, reddendo inde per annum quatuor solidos ad duos terminos, etc.

Cecilia Tinctrix tenet unum burgagium, reddendo inde per annum sex solidos ad duos terminos.

Johannes de Clippenham tenet unum burgagium, et reddit inde per annum sex solidos ad duos terminos.

Willelmus Cissor tenet unum mesuagium cum curtillagio, reddendo inde per annum duos solidos ad duos terminos.

Henricus de þaneworþe tenet unum mesuagium cum curtillagio, et reddit duos solidos ad duos terminos, etc.

Johannes le Vineter tenet unum cottagium, et reddit inde per annum unum denarium ad duos terminos.

Johannes de Clippenham tenet unum mesuagium cum curtillagio, reddendo inde per annum duodecim denarios ad duos terminos.

Johannes le Vineter tenet simile tenementum, et reddit duodecim denarios ad duos terminos.

Willelmus Faber tenet dimidium burgagium, et reddit sex denarios ad duos terminos.

Johanna tenet unum burgagium, reddendo inde per annum duodecim denarios ad duos terminos.

Eadmundus Faber, Johannes de Hasele, Reyner, item Johannes de Hasele, Agnes de Churcheburne, Juliana relicta Bercarii, Willelmus Alpays, Willelmus le Naylare, Johannes atte Cumbe, Willelmus filius Radulphi, Walterus de Rysindone, Ricardus Raserer, Henricus de Turkedene, Margeria la Yremongare, Johannes le Sivekare, Radulphus Halfacre, Rogerus Reygod, Johanna Attecumbe, Amicia, Thomas filius Julianæ, Willelmus Cornubiensis, Johannes Cherumbaud, Willelmus Reynalde, Willelmus Cherumbaud, Rogerus de Eleworthe, Levote, Letitia relicta Ledebure, Walterus de Rysindone, Walterus Barebast, Willelmus Pistor, Dyonisia la Vannere, Johannes de[1] Culey, Johannes Faber, Henricus Cementarius, Thomas Cissor, Agnes relicta Willelmi Geraud, Henricus le Gale, Relicta Holeforde, omnes isti similia tenent tenementa per eumdem redditum sicut prædicta Johanna, et facient, etc. f. 54 b.

Symon Chaumpeneys et Robertus Cotyn tenent unum burgagium, et reddunt duodecim denarios ad duos terminos.

---

[1] de] interlined in MS.

Dorly et Arnaldus Bedellus tenent unum burgagium, et reddunt duodecim denarios ad duos terminos.

Memorandum de quodam burgagio quod fuit presbiteri quod modo est vacuum, de quo decidunt duodecim denarii.

Juliana de Forz tenet dimidium burgagium, et reddit inde per annum sex denarios ad duos terminos.

Thomas Champeneys et Willelmus Alpes tenent unum burgagium, etc., duodecim denarios.

Willelmus Alpes tenet unum burgagium, et reddit inde per annum duos solidos ad duos terminos prædictos, etc.

Johannes Attehasele tenet unum mesuagium, et reddit inde octo denarios ad duos terminos.

Symon Champeneys et Dyonisia tenent unum mesuagium, et reddunt inde per annum duodecim denarios ad terminos duos prædictos, et faciunt, etc.

Willelmus Potey et Walterus le Mercer tenent unum mesuagium, et reddunt inde per annum duodecim denarios ad duos terminos prædictos, et faciunt, etc.

Dawe et Henricus Sutores tenent unum burgagium, et reddunt inde per annum duodecim denarios ad duos terminos prædictos, et faciunt, etc.

Robertus Clericus et Henricus Cementarius tenent unum burgagium, et reddunt inde per annum duodecim denarios ad duos terminos prædictos, et faciunt, etc.

Eadmundus Faber tenet unam fabricam, et reddit inde tres denarios ad duos terminos prædictos, etc.

Johannes de Chippenham tenet unam seldam in medio foro, et reddit inde sex denarios ad duos terminos prædictos, et facit, etc.

Henricus Gale, Johannes Portarius, Adam Coqus, tenent tres seldas ibidem, et quilibet eorum reddit pro selda sua sex denarios ad duos terminos.

Summa quatuor libræ tredecim solidi.

Forlonde.

Walterus de Rysindone tenet unam parvam placeam, et reddit inde per annum unum denarium ad duos terminos.

Willelmus Pistor, Walterus de Rysindone, Johanna, pro consimili eundem reddunt redditum ad eosdem terminos.

Dyonisia pro consimili reddit duos denarios ad duos terminos.

Galfridus Marescallus et W. Alpes tenent unam placeam, et reddunt inde quinque denarios obolum quadrantem ad duos terminos.

Johannes de Culey tenet unam placeam, et reddit inde septem denarios obolum quadrantem ad duos terminos.

Johannes Faber pro una placea reddit quinque denarios obolum quadrantem ad duos terminos prædictos.

Radulphus Medicus et W[alterus] de Risindone pro una placea reddunt[1] duos denarios obolum ad duos terminos.

Henricus Cementarius pro consimili reddit duos denarios quadrantem ad duos terminos.

Thomas Cissor pro consimili duos denarios quadrantem ad duos terminos.

Agnes Geraud pro consimili quatuor denarios obolum quadrantem ad duos terminos prædictos.

Haleforde et H. Gale pro consimili unum denarium obolum ad duos terminos.

Willelmus Tinctor pro consimili duos denarios ad duos terminos.

Willelmus Attcrithic et Walterus de Rysindone pro consimili f. 55. unum denarium ad duos terminos.

Willelmus Attehurne pro consimili duos denarios ad duos terminos.

Summa redditus forlondorum tres solidi septem denarii obolus.

Stallagium.

Walterus [   ][2] dat pro stallagio quatuor denarios ad duos terminos.

Adam Cocus dat quatuor denarios ad duos terminos.

Walterus Messor quatuor denarios ad duos terminos.

Radulphus Medicus idem.

Radulphus de Schireburne quatuor denarios.

Thomas de Salprintone quatuor denarios.

Willelmus le Chapmon quatuor denarios quadrantem.

Socius ejus quatuor denarios ad duos terminos.

Willelmus de Beyburia novem denarios ad duos terminos.

Radulphus de Beyburia sex denarios ad duos terminos.

Summa stallagii quinque solidi septem denarii.[3]

Summa totius redditus burgi centum duo solidi duo denarii obolus.

---

[1] *reddunt*] reddit, MS.
[2] Blank in MS.

[3] This sum total is incorrect.

M 2

Redditus forinsecus de Northlecche

Johannes de Hasele tenet viginti acras terræ et duo molendina aquatica ad terminum vitæ suæ, et unius uxoris, et primogeniti filii vel filiæ, et reddit inde per annum viginti quatuor solidos ad quatuor terminos usuales

Et dabit pro terra sex denarios ad auxilium

Dabit etiam auxilium pro averiis suis secundum numerum eorundem

Et si braciaverit ad vendendum, dabit septem lagenas cervisiæ ad tonnutum, vel pretium earum

Et faciet duas bederipas in autumno cum uno homine, et valent tres denarios

Et si vendiderit vel emerit equum aut bovem, dabit unum denarium ad tonnutum

Et cum obierit, dominus habebit melius averium nomine herieti

Non potest alienare filium nec maritare filiam sine licentia.

Dominus habebit liberam molituram ad dicta molendina cujuscumque bladi expenditi in curia de Northlecche exceptis liberationibus famulorum

Robertus de Aula tenet tres virgatas terræ, quarum quælibet continet sexaginta octo acras, et reddit per annum pro duabus virgatis decem solidos ad quatuor terminos

Et pro tertia virgata debet sequi comitatum Gloucestriæ et omnia hundreda Cyrencestriæ pro domino abbate

Debet etiam continue esse coram justiciariis itinerantibus sumptibus propriis quamdiu sederint, et debet sectam ad quamlibet curiam de Northlecche

Faciet etiam omnia forinseca servitia spectantia ad totam prædictam terram

Et cum obierit, dominus habebit equum suum cum toto hernesio et arma si qua habuerit, cum gladio, ociris, et calcaribus

Habebit etiam dominus wardam terræ et hæredis sui cum maritagio, si infra ætatem fuerit, et si legitimæ fuerit ætatis, tunc dabit relevium pro terra sua

Et debet sequi quamlibet curiam Gloucestriæ

Henricus le Fremon tenet unam virgatam terræ continentem sexaginta octo acras, et reddit inde per annum tres solidos ad quatuor terminos usuales

f. 55 *b*   Et debet arare unam acram ad semen hyemale, et valet arura tres denarios

Et faciet tres bederipas in autumno cum duobus hominibus, et valent novem denarios

Et ipse veniet in propria persona cum virga sua, et intererit per tres dies messoribus, ut videat quod bene et fideliter operentur, et tunc erit in mensa domini.

Et si emerit vel vendiderit equum, dabit unum denarium ad tonnutum.

Et si braciaverit ad vendendum, dabit tonnutum.

Debet etiam sequi quodlibet halimotum per rationabilem summonitionem.

Et faciet omnia forinseca servitia spectantia ad dictam terram.

Et cum obierit, dominus habebit equum cum hernesio, arma, gladium, ocreas, calcaria, wardam, maritagium, vel relevium, sicut, etc.

Consuetudinarii.

Radulphus de la Forde de Estintone tenet unam virgatam continentem sexaginta octo acras, et debet singulis annis arare unam acram ad semen hyemale, et duas acras ad semen Quadragesimale, et illas herciare, et unam acram warectare in æstate, sed allocabitur ei quælibet arura in operatione manuali duorum dierum, et sic valet quælibet arura præter debitam operationem duos denarios.

Et a festo Sancti Michaelis usque ad Gulaustum debet qualibet tertia septimana summagiare apud Gloucestriam, sed a festo Sancti Martini usque ad Purificationem Beatæ Virginis allocabitur quodlibet summagium pro opere manuali duorum dierum,[1] et valet summagium apud Gloucestriam [   ].[2]

Et a dicto festo Sancti Michaelis usque ad Gulaustum debet summagiare alibi pro voluntate ballivi, si non summagiaverit apud Gloucestriam, et valet dieta [   ].[2]

Et per prædictum tempus debet qualibet septimana per quatuor dies operari opus manuale, et valet dieta obolum.

Et si deputetur ad triturandum, triturabit de frumento duos bussellos, de fabis duos bussellos, de hordeo duos bussellos et dimidium, de avena quinque bussellos.

Et si ad alia opera manualia deputetur, operabitur per totum diem.

Debet etiam herciare tempore seminis quotiens necesse fuerit, et valet præter debitam operationem obolum.

Et debet falcare per quatuor dies, et valet dieta unum denarium obolum, allocata debita operatione illarum dierum.

Et debet operari in fœno adunando et levando præter debi-

---

[1] *dierum*] derum, MS. | [2] Blank in MS.

tam operationem in prato quod dicitur Cumba, et valet dicta[1] obolum.

Et cariabit fœnum domini per duos dies cum careta sua, et valet dicta duos denarios obolum, præter debitam operationem illarum dierum quæ valent unum denarium.

Et inveniet unum hominem ad tondendum bidentes domini præter debitam operationem per unum diem, et valet obolum.

Et a Gulausto usque ad festum Sancti Michaelis debet metere bladum domini qualibet septimana per quinque dies cum uno homine, et valet dieta duos denarios.

Summa hebdomadæ decem denarii.

Et præter hoc faciet octo bederipas in autumno cum duobus hominibus, et valent in summa duos solidos octo denarios.

Et dabit auxilium in communi secundum quantitatem terræ et numerum animalium, scilicet pro equo vel equa, bove seu vacca, unum denarium, pro bovetto superannato obolum, et pro quatuor multonibus unum denarium.

Et si braciaverit ad vendendum, dabit septem lagenas cervisiæ ad tonnutum, vel earum pretium.

Et si vendiderit bovem, dabit obolum ad tonnutum.

Pannagiabit etiam porcos,[2] scilicet pro porco superannato unum denarium, et pro porco minoris ætatis, si fuerit separatus vel habilis ad separandum, obolum.

Non potest alienare filium, nec maritare filiam, sine licentia domini, nec vendere bovem.

Et cum obierit, dominus habebit duo meliora averia sua, unum nomine domini, et aliud nomine rectoris.

Et de relicta sua similiter cum obierit.

Et post decessum suum hæres ejus, antequam terram illam ingrediatur, redimet illam ad voluntatem domini.

Robertus Atteclive tenet consimile tenementum per idem servitium, et easdem consuetudines in omnibus faciet sicut prædictus Radulphus.

Willelmus de Walle, Johannes Bowan, Henricus de Bernintone, Willelmus Osbernes, Juliana relicta Nicholai de Bernintone, Johannes Attegrene, Johannes Anoward, Walterus Sprot, Dyonysia de Burthone, Johannes Atteclive, Gunnilda de Rysindone, Nicholaus le Lammare, Willelmus Coringe, Reginaldus de Upprop, Agnes relicta Præpositi, Robertus filius Athelinæ, Dyonisia la Fremannes, Dyonysia Saundres, Willelmus Streche, Johannes le Rede, Felicia atte Welle, Willelmus

---

[1] duos denarios is inserted in the MS. after dieta, but with the sign of erasure.

[2] porcos] porcorum, MS.

Streche, Willelmus filius Petri, Gilbertus Andriches, Johannes Nithtegale, Willelmus Bouhan, Hugo West, Henricus Bowen, Agnes de Ponte, Johannes Attestile, Johannes Kanne, Walterus Atterithie, Dyonisia Puella, Willelmus Attediche, Robertus in þe Hurne, Willelmus Swyft, Walterus Portarius, omnes isti similia tenent tenementa, et faciunt in omnibus sicut prædictus Radulphus.

Una virgata terræ quæ fuit Bannyng est in manu domini.

Matilda Schur, et Radulphus Atteroch de Estintone, tenent unam virgatam terræ continentem sexaginta octo acras per idem servitium et easdem consuetudines sicut prædictus Radulphus, hoc addito quod uterque eorum faciet tot bederipas quot unus virgatarius.

Johannes Atteroch, Willelmus Atteyeote, similia tenent tenementa, et faciunt in omnibus sicut prædictus Radulphus vel Matilda.

Vicarius de Northleche tenet dimidiam virgatam terræ, nescitur per quod servitium.[1]

Sciendum quod omnes consuetudinarii de Northlecche dant f. 56 b. de auxilio sex libras tredecim solidos quatuor denarios. Nunc vero de consensu abbatis et conventus propter paupertatem eorum condonata est una marca. Et sic dant ad præsens sex libras de auxilio.

Omnes etiam prædicti consuetudinarii falcantes habebunt tempore falcationis unum multonem et unum caseum.

Apud Northlecche sunt sex carucæ arantes in dominico per totum annum.

Et sunt ibidem triginta boves quinque carucarum dictarum competentes.

Et sextæ carucæ quatuor afri.

Item a festo Natalis Domini usque Pascham est ibidem septima caruca cui competunt octo boves.

Summa quarteriorum frumenti ad assisam panis per annum cum certis incrementis centum et duo quarteria. Est enim assisa qualibet hebdomada duo quarteria.

Summa quarteriorum avenæ ad assisam brasii per annum cum certis incrementis centum et triginta septem quarteria et dimidium.

Et est assisa qualibet hebdomada duo quarteria et dimidium.

---

[1] *Nota* is written here in the margin in a later hand.

DCCCCLVIII. *Extenta de Aldesworþe.*

Of Aldes-
worthe. Almaricus de Collesburne tenet dimidiam hidatam terræ,
scilicet duas virgatas continentes quaterviginti et sexdecim
acras, et reddit inde per annum duodecim solidos ad duos
terminos.

Et debet sectam ad quamlibet liberam curiam Gloucestriæ,
et ad quodlibet halimotum de Aldesworþe, et faciet omnia
forinseca servitia spectantia ad dictam terram.

Et cum obierit, dominus habebit equum suum cum hernesio
et armis si qua habuerit.

Habebit etiam custodiam hæredis sui cum maritagio si
infra ætatem fuerit, et si legitimæ fuerit ætatis, duplicatum
redditum pro relevio, et dominus habebit eschaetam si acciderit.

Willelmus Barebast tenet dimidiam hydam terræ continentem quaterviginti et sexdecim acras, et reddit inde per
annum sexdecim solidos ad duos terminos.

Et sequetur curiam de Aldesworþe.

Et faciet forinseca servitia.

Et cum obierit, dominus habebit equum suum cum hernesio
et armis si qua habuerit.

Et faciet forinseca servitia, etc.

Willelmus de Hyda simile tenet tenementum de Nicholao
de Gardino, de quo dominus abbas percipit per annum
quatuor solidos ad festum Sancti Michaelis.

Et debet sectam ad quamlibet curiam Gloucestriæ, et ad
quamlibet curiam de Aldesworþe.

Et faciet forinseca servitia, etc., quæ prædictus Almaricus.

Editha relicta Fabri tenet unam fabricam et duas acras, et
reddit inde per annum duos solidos ad duos terminos.

Et dabit auxilium secundum numerum animalium et quantitatem terræ.

Et si braciaverit ad vendendum, dabit quatuor lagenas ad
tonnutum.

Et pannagiabit porcos suos.

f. 57. Non potest vendere equum nec bovem sine licentia.

Et si vendiderit infra manerium, dabit pro equo unum
denarium, et pro bove obolum ad tonnutum.

Non potest alienare filium nec maritare filiam sine licentia.

Et cum obierit, dominus habebit melius averium nomine
herieti.

Alicia vidua tenet unum mesuagium cum curtillagio, et
reddit inde per annum duos solidos ad duos terminos.

Consuetudinarii.

Henricus Egenoc tenet unam virgatam terræ consuetudinariæ, et reddit inde per annum duodecim solidos ad quatuor terminos, scilicet ad quemlibet terminum tres solidos.

Robertus Murye tenet unum mesuagium cum curtillagio, et unam virgatam terræ continentem quadraginta octo acras, et debet arare duas acras ad semen hyemale et herciare, et valet arura cum hersura sex denarios, præter debitam operationem illarum dierum.

Debet etiam arare unam acram ad semen Quadragesimale, et illam herciare, et valet tres denarios, et allocabitur eidem pro dictis tribus aruris quinque dies operationum manualium.

Et a festo Sancti Michaelis usque ad Gulaustum debet qualibet septimana per quatuor dies operari opus manuale, et valet dieta obolum, et quinto die debet summagiare si necesse fuerit; et quia dominus non indiget tot summagiis, ideo alternatim et successive summagiabunt omnes consuetudines quinque, ita quod accidit cuilibet virgatario per duodecim vices summagiare in anno, et valent in universo tres solidos.

Et debet falcare pratum domini per quatuor dies, et amplius si necesse fuerit, et valet dieta duos denarios, allocata debita operatione illius diei, et præter debitam operationem inveniet unum hominem ad levandum fœnum domini per unum diem, et valet dieta obolum.

Debet etiam cariare fœnum domini per tres dies, et valet cariagium præter debitam operationem in universo quatuor denarios obolum.

Et debet lavare et tondere bidentes domini præter debitam operationem per duos dies, et valent unum denarium.

Debet etiam calcare bitumina per unum diem, et valet obolum.

Et a festo Sancti Petri ad Vincula usque ad festum Sancti Michaelis operabitur in messe domini metendo qualibet septimana per quinque dies cum uno homine, et valet dieta duos denarios.

Et faciet præter hoc quatuor bederipas in universo cum quatuor hominibus, et valent in universo duos solidos sex denarios.

Et cariabit bladum domini per duos dies ad minus et amplius si necesse fuerit cum careta, et allocabitur eidem pro dieta.

Et dabit auxilium secundum quantitatem terræ et numerum animalium.

Et si braciaverit ad vendendum, dabit quatuor lagenas vel pretium ad tonnutum.

Et pannagiabit porcos suos.

Non potest vendere equum nec bovem sine licentia, et si vendiderit infra manerium, dabit pro equo unum denarium, et pro bove obolum ad tonnutum.

Redimet etiam filium et filiam.

f. 57 b. Et cum obierit, dominus habebit melius averium suum nomine hericti.

Eodem[1] modo habebit dominus herictum de relicta si in dicta terra obierit.

Et post decessum ejusdem Roberti hæres redimet terram suam ad voluntatem domini.

Ricardus Top, Margeria relicta Top, Willelmus Snel, Rogerus Dun, Willelmus Venator, Johannes le Paumer, Robertus filius Præpositi, Wimundus, Henricus Præpositus, Walterus Attegrene, Johannes Seriche, Robertus de Haperop, Henricus Murye, Reginaldus Loveriche, Willelmus de Lechelode, Walterus Goldwine, Gregorius Attedrone, Willelmus de Bernintone, Nicholaus Bercarius, Alicia Vidua, Willelmus Knyth, Ricardus filius Præpositi, Henricus Seriche, Agnes relicta Pueri, similia tenent tenementa, et faciunt in omnibus sicut prædictus Robertus Murye.

Agnes Attebrugge, et Robertus le Bonde, tenent duo mesuagia et duo curtillagia et unam virgatam terræ, et faciunt in omnibus sicut[2] unus de dictis virgatariis.

Lundinarii.

Felicia relicta le Leggare tenet unum mesuagium et unum curtillagium, et reddit inde per annum tredecim denarios obolum ad tres terminos usuales.

Et a festo Natalis Sancti Johannis Baptistæ usque ad Gulaustum debet operari qualibet septimana per unum diem cum uno homine, et valet dicta obolum.

Et a Gulausto usque ad festum Sancti Michaelis debet metere bladum domini qualibet septimana per unum diem cum uno homine, et valet dicta duos denarios.

Et faciet tres bederipas in autumno in universo cum uno homine, et valent sex denarios.

---

[1] *Eodem*] eeodem, MS.
[2] *prædictus Robertus* is inserted in the MS. after *sicut*, but with the sign of erasure.

Et levabit fœnum domini præter debitam operationem per unum diem, et valet dieta obolum.

Faciet etiam omnes consuetudines non taxatas sicut unus virgatarius.

Alicia Atteþate, et Condaysa, similia tenent tenementa per idem servitium et easdem consuetudines sicut prædicta Felicia.

Henricus Præpositus tenet unum cottagium et unum curtillagium, et reddit inde per annum octodecim denarios ad quatuor terminos usuales.

Mille tenet simile tenementum, et reddit inde per annum duos solidos ad quatuor terminos.

Memorandum quod abbas et conventus habent quamdam pasturam quæ vocatur Haylinge, de quo percipit singulis annis pro quolibet equo duos denarios, et pro quolibet bove superannato unum denarium.

Auxilium consuetudinariorum, quando est integrum, quatuor libræ tredecim solidi quatuor denarii.

Memorandum quod duæ virgatæ terræ et dimidia consuetudinariæ sunt in manu domini.

Apud Aldesworþe sunt quinque carucæ arantes in dominico, et sunt ibidem viginti quatuor boves quatuor carucis competentes, scilicet [cuilibet] carucæ sex boves, et quinque afri.

Summa quarteriorum avenæ ad assisam brasii per annum cum certis incrementis sexaginta octo quarteria sex busselli.

Et est assisa singulis hebdomadis unum quarterium et duo busselli.

Nulla est ibi assisa panis.

DCCCCLIX. *Extenta de Estlecche.*

Sywat de Fyshyde tenet tres virgatas terræ de domino abbate per liberum servitium decem solidorum per annum ad duos terminos usuales.

Of Estlecche.
f. 58.

Et debet arare per duos dies cum caruca sua in dominico domini, videlicet unum diem ad semen hyemale, et alio die ad semen Quadragesimale, et valent quatuor denarios.

Et faciet duodecim bederipas in autumno, videlicet per tres dies qualibet die cum quatuor hominibus, et valent octodecim denarios.

Et sequetur hundredum Cyrencestriæ pro domino abbate.

Debet etiam sectam ad quamlibet liberam curiam Gloucestriæ, et ad quamlibet curiam de Estlecche per rationabilem summonitionem.

Et cum obierit, dominus habebit equum suum cum toto hernesio et armis si qua habuerit.

Et si hæres ejus infra ætatem fuerit, dominus habebit wardam terræ et hæredis cum maritagio

Et si hæres ejus legitimæ fuerit ætatis, tunc dabit domino suo relevium pro terra sua, et redditum suum duplicatum

Dominus etiam habebit eschaetam terræ si accidat

Et faciet omnia alia forinseca servitia spectantia ad, etc

— Hugo de la Chote tenet unam hydatam terræ per liberum servitium triginta duorum solidorum ad quatuor terminos usuales

Et dabit duodecim denarios ad hyndergeld ad festum Sancti Martini

Et debet sectam ad halimotum de Estlecche ad rationabilem summonitionem

Et faciet forinseca servitia ad terram, etc

Hæres Heyrun tenet dimidiam hydatam terræ continentem quaterviginti et sexdecim acras per liberum servitium octo solidorum per annum ad tres terminos

Et faciet tres bederipas in autumno cum duobus hominibus, et valent novem denarios

Et debet arare uno die ad semen hyemale, et alio die ad semen Quadragesimale, et valent quatuor denarios

Et sequetur halymota de Lecche

Et cum obierit, dominus habebit aliud melius averium nomine herieti, et wardam terræ et hæredis cum maritagio, si hæres infra ætatem fuerit, et relevium si plenæ fuerit ætatis, et eschaetam si accidat

Dabit etiam sex denarios ad hyndergeld ad festum Sancti Martini

Et faciet omnia forinseca servitia ad terram suam pertinentia

Ricardus de Staunforde tenet ad terminum vitæ suæ et uxoris suæ unam virgatam terræ, et reddit inde per annum quinque solidos ad quatuor terminos

Et arabit in dominico domini uno die ad semen hyemale et alio ad semen Quadragesimale, et valent quatuor denarios

Et faciet tres bederipas in autumno cum uno homine, et valent quatuor denarios obolum

Et sequetur halimotum de Lecche

Dabit tres denarios ad hyndergeld

Et dabit auxilium cum consuetudinariis secundum quantitatem terræ et numerum animalium

Dabit pannagium pro porcis

Et si braciaverit ad vendendum, dabit unum denarium ad tonnutum vel valorem cervisiæ

f. 58 b.   Et si vendiderit equum vel bovem infra manerium, dabit unum denarium

Et cum obierit, dominus habebit melius averium suum nomine herieti.

Et de relicta ejus similiter si, etc.

Nicholaus de Chote tenet ad terminum vitæ suæ et uxoris suæ unam virgatam terræ, et reddit inde sexdecim solidos quatuor denarios ad duos terminos usuales.

Et dabit tres denarios ad hyndergeld.

Et faciet tres bederipas in autumno cum uno homine, et valent tres denarios obolum.

Et sequetur halimotum de Estlecche.

Et post decessum suum dominus habebit melius averium nomine herieti.

Et de relicta ejus similiter cum obierit.

Galfridus Attechote tenet unam virgatam terræ, et reddit inde per annum decem solidos ad quatuor terminos.

Et dabit tres denarios ad hynderselver.

Et sequetur halymotum de Estlecche.

Et si obierit, dominus habebit melius averium nomine herieti.

Et faciet forinseca servitia et alias consuetudines non taxatas sicut prædictus Ricardus de Stanforde.

Johannes de Culne tenet unam virgatam terræ, et reddit inde per annum quatuor solidos sex denarios ad duos terminos.

Et debet sectam ad halimotum de Lecche.

Et cæteras consuetudines faciet sicut prædictus Galfridus.

Et dabit tres denarios ad hinderselver.

Et cætera omnia faciet sicut prædictus Ricardus.

Petrus Morel tenet unam virgatam terræ, et reddit inde per annum sex solidos quinque denarios obolum ad duos terminos.

Et dabit hynderselver.

Et faciet omnia forinseca servitia pertinentia ad terram suam.

Et dabit tres denarios die Paschæ pro secta halimoti.

Et cætera omnia faciet quæ prædictus Nicholaus præter sectam.

Johannes Cosyn tenet unam virgatam terræ et sex acras, et reddit inde per annum tredecim solidos quatuor denarios ad quatuor terminos.

Et debet sectam ad halimotum de Lecche, et faciet, etc.

Thomas de Culna tenet ad terminum vitæ suæ duodecim acras terræ, et reddit inde quatuor solidos ad duos terminos.

Et dabit ad hinderselver unum denarium.

Johannes Longus, Adam Folioth, Radulphus Thruche, Thomas de Culne, similia tenent tenementa, et faciunt in omnibus sicut prædictus Thomas.

Hugo de Cotes tenet de priore de Malvernia unam hidam

terræ, et faciet duodecim bedripas in autumno cum uno homine, et valent octodecim denarios.

Et arabit in dominica terra domini quamdiu carucæ domini araverint per duos dies, et valent quatuor denarios.

Ricardus le Sclattare tenet unum mesuagium et unum curtillagium cum uno crofto, et reddit inde quatuor solidos ad quatuor terminos.

Et tenet ad terminum vitæ suæ.

Et sequetur halimotum de Estlecche.

Et post decessum suum, dominus habebit melius averium nomine herieti.

Thomas Attestone redemit se a servitute domini, et reddit inde per annum quinque denarios ad terminum Beatæ Mariæ.

Consuetudinarii.

Editha Abbovetun tenet unum mesuagium cum curtillagio, et unam virgatam terræ continentem triginta duas acras, et debet arare unam acram et dimidiam ad semen hyemale, et valet arura præter debitam operationem quatuor denarios.

Debet etiam arare dimidiam acram ad semen Quadragesimale, et valet præter debitam operationem unum denarium.

Et a festo Sancti Michaelis usque ad Gulaustum debet summagiare per quindecim vices apud Gloucestriam, et allocabitur pro opere manuali duorum dierum, et valet in universo tres solidos novem denarios.

Et a dicto festo Sancti Michaelis usque ad Gulaustum debet mannoperari qualibet septimana per quinque dies, et valet dieta obolum, et sic allocatis viginti octo diebus pro quatuordecim summagiis, et sex diebus pro diebus festivis per antedictum tempus, valet operatio manualis in universo sex solidos novem denarios.

Et debet falcare per sex dies, et valet dieta unum denarium obolum, debita operatione allocata, et valet tota falcatio novem denarios.

Et cariabit fœnum domini per unum diem, et allocabitur pro opere diei.

Et a festo Sancti Petri ad Vincula usque ad festum Sancti Michaelis debet metere bladum domini qualibet septimana per quinque dies cum uno homine, allocatis sibi duobus diebus pro summagiis, et quatuor diebus festivis in autumno, et valet operatio autumnalis in summa quatuor solidos duos denarios.

Et præter hoc faciet viginti bedripas in autumno, si dies festivus non impedierit, et valent in summa duos solidos sex denarios.

Et summagiabit per unum diem in autumno, et valet tres denarios.

Et dabit auxilium in communi secundum quantitatem terræ et numerum animalium.

Et si braciaverit ad vendendum, dabit unum denarium ad tonnutum vel pretium cervisiæ.

Non potest vendere equum nec bovem sine licentia.

Et si emerit vel vendiderit infra manerium, dabit pro equo unum denarium, et pro bove obolum ad tonnutum, et emptor similiter, si fuerit de manerio.

Pannagiabit etiam porcos, scilicet pro porco superannato unum denarium, et pro porco minoris ætatis obolum, si fuerit separatus vel habilis ad separandum.

Non potest alienare filium nec maritare filiam sine licentia.

Et cum obierit, dominus habebit melius averium nomine herieti, et de vidua similiter si dictam terram tenuerit, et si in eadem obierit.

Et post decessum suum hæres ejus redimet terram ad voluntatem domini.

Dabit etiam domino duodecim ova ad Pascha.

Et dabit tres denarios ad hyndersilver.

Petrus Canon, Willelmus Canon, Willelmus Maynard, Walterus filius Astrild, Robertus Schyd, Walterus Palmerius, Walterus Hurel, Nicholaus Atteforþeye, Adam Atteforþeye, Thomas de Culne, Walterus de Panteleye, Ricardus filius Syward, omnes isti similia tenent tenementa, et faciunt in omnibus sicut prædicta Editha Abovetun.

Memorandum quod una virgata terræ quam Ricardus de Quenintone tenuit est modo in dominico, de qua dominus abbas solebat percipere annuatim octodecim solidos et solvere inde Matildæ de Middelthone decem solidos.

f. 59 b.

Ricardus Coc tenet unum mesuagium cum curtillagio, et duodecim acras terræ, et a festo Sancti Michaelis usque ad Gulaustum operabitur qualibet hebdomada per duos dies cum uno homine, et valet dicta obolum.

Et operabitur præter debitam operationem in fœno domini adunando et levando, et valet dicta obolum.

Et præter dictam operationem lavabit bidentes domini per unum diem, et tondebit[1] per alium, et valet dicta obolum.

Et habebit tres panes ad festum Sancti Michaelis, et falcabit per tres dies, et valet dicta præter debitam operationem unum denarium obolum.

Et a Gulausto usque ad festum Sancti Michaelis metet bla-

---

[1] *tondebit*] tondet, MS.

CARTULARIUM MONASTERII

dum domini qualibet septimana per tres dies cum uno homine, et valet dieta unum denarium obolum.

Et faciet præter hoc tres bederipas in autumno cum uno homine, et valent quatuor denarios obolum.

Et dabit auxilium in communi secundum quantitatem terræ et numerum animalium.

Et faciet omnes consuetudines non taxatas sicut prædicta Editha.

Radulphus Attestone, Henricus Buggelove, Osbertus, Johannes le Westreys, Johannes Coc, Matilda la Schephurdes, Radulphus Truthe, similia tenent tenementa, et faciunt in omnibus sicut prædictus Ricardus Coc.

Olence tenet unum mesuagium et unum curtillagium, et operabitur a festo Sancti Michaelis usque ad Gulaustum qualibet septimana per unum diem cum uno homine, et valet dieta obolum.

Et præter hoc debet operari in fœno domini adunando et levando per tres dies, et valet dieta obolum.

Debet etiam præter debitam operationem lavare et tondere bidentes domini per duos dies, et valet dieta obolum.

Et a festo Sancti Petri usque ad festum Sancti Michaelis debet metere bladum domini per unum diem qualibet septimana cum uno homine, et valet dieta unum denarium obolum.

Et faciet præter hoc tres bederipas in autumno in universo cum uno homine, et valent quatuor denarios obolum.

Nihil dat de auxilio, sed faciet omnes consuetudines non taxatas sicut unus virgatarius.

Memorandum de uno mesuagio et curtillagio quæ sunt in manu domini.

Omnes consuetudinarii dant de auxilio in communi quadraginta unum solidos novem denarios, de quibus decidunt pro terra Bussel septem solidos.

Omnes etiam consuetudinarii habebunt tempore falcationis de domino unum multonem, et unum caseum, farinam, et salem.

Summa quarteriorum frumenti ad assisam panis per annum cum certis incrementis quinquaginta quinque quarteria.

Est enim assisa qualibet hebdomada unum quarterium.

Nulla est ibi assisa brasii.

DCCCCLX. *Extenta de Duntesburne.*

Of Duntesburne. f. 60.

Thomas filius Presbiteri tenet tertiam partem duarum virgatarum terræ, virgata continente octodecim acras, in villa inferiori, et reddit inde viginti denarios ad quatuor terminos.

Et debet arare quantum poterit cum caruca ad semen hyemale per unum diem, et valet tres denarios.

Et dabit auxilium cum consuetudine secundum quantitatem terræ et numerum animalium.

Et inveniet unum hominem ad levandum fœnum domini per unum diem, et valet unum denarium obolum.

Et faciet unam bederipam cum uno homine ad cibum domini, et valet unum denarium.

Et dicunt juratores quod nullas consuetudines alias facit serviles.

Et dicunt quod ipse et socii sui subscripti debent successive portare litteras domini abbatis vel celerarii sive conventus apud Link'.[1]

Et dicunt quod prædictus Thomas et socii sui subscripti debent aquietare villam de quolibet hundredo Cyrencestriæ et de Respeþate præterquam ad visum franci plegii bis in anno.

Et post decessum suum dominus habebit melius averium ejus nomine herieti, et de relicta similiter.

Et post mortem ejus hæres faciet voluntatem domini antequam terram ingrediatur.

Reginaldus le Fraunkeleyn, Rogerus Attenutbeme, similia tenent tenementa, et faciunt in omnibus sicut prædictus Thomas.

Johannes Bulebeth tenet ad terminum vitæ suæ unum mesuagium et unum curtillagium et duodecim acras in campo, et unum croftum continentem quatuor acras, et tenet unum molendinum ad terminum vitæ suæ tantum, et reddit inde per annum decem solidos ad quatuor terminos.

Et debet arare per duos dies in Quadragesima, et valent sex denarios.

Et reddit per annum unum vomerem ad festum Sancti Michaelis.

Et faciet unam bederipam ad cibum domini, et valet unum denarium.

Inveniet etiam unum hominem ad levandum fœnum domini per unum diem, et valet unum denarium.

Et dabit duos solidos ad auxilium.

Et si dominus vel ballivus braciare voluerit contra Natale vel Pascham, debet molere brasium sine theloneo.

Et cum obierit, dominus habebit melius averium nomine herieti, et de vidua similiter.

Nihil aliud faciet, ut dicunt juratores.

[1] Query, Linkenholt. The monastery had possessions there.

Consuetudinarii

Robertus Abovetun tenet unam virgatam terræ continentem quadraginta quatuor acras in utroque campo, et a festo Sancti Michaelis usque ad Gulanstum debet mannoperari qualibet septimana per quatuor dies, et valet dicta obolum quadrantem

Et quinto die debet summagiare, si necesse fuerit, in qualibet hebdomada per unum diem, et quia dominus non indiget tantis summagiis, ideo per æstimationem debet summagiare apud Gloucestriam per quindecim vices, et valent in summa quindecim denarios, operatione manuali infra allocata.

Et debet arare ad semen hyemale quantum poterit per duos dies, et valent quinque denarios, operatione manuali allocata.

Et debet arare duas acras et illas herciare ad semen Quadragesimale, et valent sex denarios, operatione manuali allocata

Et debet herciare quotidie si necesse fuerit quousque semen domini seminetur, et allocabitur ei pro operatione manuali, et valet ultra obolum

Et quia non est numerus certus de diebus herciandis, æstimant juratores quadraginta dies, et valent præter operationem manualem viginti denarios

Et inveniet duos homines ad lavandum bidentes domini uno die, et duos ad tondendum alio die, et valent in summa duos denarios

Et debet calcare bitumina uno die, præter debitam operationem et valet obolum.

Et falcabit per quinque dies, et allocabitur pro opere manuali quinque dierum et valent ultra quinque denarios

Et inveniet unum hominem ad levandum fœnum domini apud Kyngeshamme, allocato uno homine pro operatione dicta, [et] valet unum denarium

Et cariabit fœnum domini per duos dies, et allocabitur pro opere manuali quatuor dierum, et valent ultra duos denarios

Et a festo Sancti Petri ad Vincula usque ad festum Sancti Michaelis operabitur qualibet septimana in messe domini per quinque dies cum uno homine, et valet dicta unum denarium obolum

Et valent in summa tres solidos sex denarios, diebus festivis allocatis

Et faciet sex bederipas cum quinque hominibus in summa, et valent viginti duos denarios obolum

Et dabit auxilium secundum quantitatem terræ et numerum animalium

f 60 b

Et si braciaverit ad vendendum, dabit quatuor lagenas cervisiæ vel pretium ad theloneum.

Non potest vendere equum nec bovem sine licentia domini, et si vendiderit, dabit pro equo unum denarium, et pro bove similiter ad thelonenm, et emptor similiter.

Pannagiabit porcos ut supra.

Non alienabit filium, nec maritabit filiam, sine redemptione.

Et cum obierit, dominus habebit melius averium suum nomine herieti, et de relicta ejus similiter si in dicta terra obierit.

Et hæres, antequam ingrediatur terram suam, faciet voluntatem domini.

Philippus Uppintun, Willelmus Attepleystede, Willelmus Goldwine, Thomas Præpositus, Thomas Attenorthʒate, Rogerus Wynter, Thomas Attevenne, Thomas supra Fontem, Hugo in þe Hale, Henricus Uppintun, Felicia in þe Hurne, Willelmus le Bonde, Ricardus del Pleystude, omnes isti similia tenent tenementa, et faciunt in omnibus sicut prædictus Robertus [1] Abbovetun.

Hugo subtus Montem tenet dimidiam virgatam terræ, et facit medietatem servitii Roberti Abbovetun in omnibus.

Et facit omnes consuetudines non taxatas quæ prædictus Robertus facit.

Johannes supra Fontem, Dawe, Walterus Serawey, similia tenent tenementa, et faciunt in omnibus sicut prædictus Hugo.

Philippus filius Hawenildæ tenet quatuordecim acras in eodem campo, et operabitur qualibet septimana per annum per duos dies cum uno homine.

Et faciet tres bederipas in autumno cum uno homine.

Debet etiam lavare et tondere bidentes domini, et operari in fœno ejusdem, et allocabitur ei pro opere diei.　　　　f. 61.

Et valent ejus operationes in certis rebus sex solidos obolum.

Et omnes alias consuetudines non taxatas faciet sicut prædictus Robertus Abovetun.

Ricardus Bercarius tenet unum mesuagium et duas acras, et operabitur qualibet septimana per annum uno die opus manuale usque ad Gulaustum, et valet obolum, et a Gulausto usque ad festum Sancti Michaelis valent ejus operationes duodecim denarios.

Et faciet tres bederipas in autumno, et valent quatuor denarios obolum.

Et consuetudines non taxatas faciet sicut, etc.

---

[1] *Robertus*] Ricardus, MS.

Willelmus Fiere tenet simile tenementum, et facit in omnibus sicut prædictus Ricardus.

Quædam quatuor virgatæ terræ consuetudinariæ sunt in manu domini, de quibus una fuit ab antiquo in manu ejusdem

Summa quarteriorum avenæ ad assisam brasii per annum cum certis incrementis sexaginta octo quarteria sex busselli

Et est assisa qualibet hebdomada unum quarterium et duo busselli

Nulla est ibi assisa panis

DCCCCLXI *Extenta de Culne Sancti Aylwini*

Johannes de Fraxino tenet unum mesuagium cum curtilagio, et unam virgatam terræ continentem quatervíginti acras, et reddit inde per annum octo solidos ad Gulaustum.

Et debet sectam ad quamlibet curiam Gloucestriæ, et ad halimotum Culne Sancti Aylwini

Et facit omnia forinseca servitia

Et si obierit, dominus habebit equum suum cum hernesio et armis si qua habuerit nomine herieti, et si equum non habuerit, melius averium suum nomine herieti.

Abbas etiam habebit custodiam terræ et hæredis cum maritagio si infra ætatem fuerit

Et si legitimæ fuerit ætatis, dabit domino relevium, et faciet[1] eidem homagium et fidelitatem

Walterus de Cocprop tenet unum mesuagium, et unum curtillagium, et unam virgatam terræ continentem quaterviginti acras ad vitam suam et ad vitam uxoris suæ tantum, et reddit per annum decem solidos ad duos terminos

Walterus de Cocprop tenet ad vitam suam et uxoris suæ tantum viginti acras terræ, et reddit per annum inde[2] sex denarios ad duos terminos

Walterus de Aula tenet tres virgatas terræ continentes ducentas acras majori numero, et reddit inde per annum quindecim solidos ad festum Sancti Johannis Baptistæ.

Et cum obierit, dominus habebit equum suum cum hernesio et armis si qua habuerit

Habebit etiam wardam terræ et hæredis cum maritagio si infra ætatem fuerit.

Et si legitimæ fuerit ætatis, dabit domino relevium, et faciet ei homagium et fidelitatem

Henricus de Molendino tenet unum mesuagium, et quinque acras terræ cum croftis quatuor, et tenet unum molendinum,

---

[1] *fuerit*] fec', MS
[2] *per* is inserted in the MS   after *inde*, but with the sign of erasure

et reddit inde per annum viginti solidos duos denarios ad quatuor terminos.

Et dabit auxilium in communi secundum quantitatem terræ et numerum animalium sicut unus virgatarius.

Et faciet quinque bederipas in autumno cum duobus homi- f. 61 b. nibus, et valent viginti denarios.

Et falcabit per quatuor dies cum uno homine, et valet dicta quatuor denarios.

Et operabitur in fœno domini per duos dies cum uno homine, et valent duos denarios.

Et inveniet unum hominem per unum diem, et valet unum denarium.

Et si braciaverit ad vendendum, dabit quatuor lagenas ad tonnutum vel pretium.

Et si vendiderit equum vel equam sive bovem infra mane- rium, dabit unum denarium ad theloneum, et emptor similiter si fuerit de manerio.

Non potest alienare filium, nec maritare filiam, sine licentia. Pannagiabit porcos.

Et cum obierit, dominus habebit melius averium nomine herieti, et post decessum suum dominus faciet voluntatem suam de molendino et terra.

Et si dominus bladum suum vel brasium de assisa manerii de Aldesworþe ad dictum molendinum molere voluerit, liberam habebit molituram sine, etc.

Item prædictus Henricus tenet quatuordecim acras ad vo- luntatem domini, et reddit inde per annum quatuor solidos ad quatuor terminos.

Willelmus Dun tenet unum mesuagium cum curtillagio, et quinque acras terræ, et molendinum aquaticum, et reddit inde per annum viginti solidos quatuor denarios ad quatuor ter- minos.

Et una cum famulis curiæ habebit liberam molituram sine theloneo tam de assisa missa Gloucestriæ quam de alio blado expenso in manerio.

Et facit in omnibus aliis operibus et consuetudinibus taxa- tis et non taxatis sicut prædictus Henricus.

Johannes Wyhunger tenet quinque acras et dimidiam, et reddit inde per annum octo denarios ad duos terminos.

Walterus de Nethertone tenet unum molendinum aquaticum, et reddit inde per annum duodecim solidos ad quatuor ter- minos.

Thomas Osbarn tenet unum mesuagium cum curtillagio, et dimidiam virgatam terræ continentem quadraginta acras, et reddit inde per annum quinque solidos quatuor denarios ad quatuor terminos.

Dyonisia vidua tenet quamdam particulam prati continentem fere unam acram, et reddit inde per annum octo denarios ad Gulaustum.

Ricardus Wyshunger tenet quamdam particulam prati continentem unam acram, et reddit inde per annum decem denarios ad Gulaustum.

Margeria Spere tenet unum mesuagium et viginti acras terræ, et reddit per annum viginti denarios ad quatuor terminos.

Et a festo Sancti Michaelis usque ad Gulaustum debet manuoperari qualibet septimana per duos dies, et valet dieta obolum.

Debet etiam præter hoc operari in fœno domini levando et adunando per duos dies cum uno homine, et valet dieta obolum.

Et lavabit et tondebit[1] bidentes domini per duos dies cum uno homine, et valet dieta obolum.

Et adunabit[2] et faciet mullonem domini de fœno per unum diem, et valet dieta obolum.

Et portabit Gloucestriæ aucas, capones, caseos, ova, et hujusmodi, et allocabitur ei pro opere manuali duarum dierum.

Et a Gulausto usque ad festum Sancti Michaelis debet metere bladum domini qualibet septimana per duos dies cum uno homine, et valet dieta unum denarium obolum.

Et præter hoc faciet quatuor bedcripas cum uno homine, et valent sex denarios.

Et dabit auxilium in communi secundum quantitatem terræ et numerum animalium.

Et facit consuetudines non taxatas sicut, etc.

Johannes Spere tenet unum mesuagium et viginti octo acras terræ, et reddit inde per annum viginti denarios ad quatuor terminos.

Et a festo Sancti Michaelis usque ad Gulaustum debet manuoperari qualibet septimana per quatuor dies, et præter dictam operationem debet levare fœnum domini per unum diem cum uno homine, et valet dieta obolum.

Et lavabit et tondebit[1] bidentes domini per quatuor dies, et valet dieta obolum.

Et adunabit,[2] et faciet mulonem de fœno in curia domini per unum diem cum duobus hominibus, et valet dieta unum denarium obolum.

Et calcabit bitumina per unum diem cum duobus hominibus, et valet dieta unum denarium obolum.

---

[1] *tondebit*] tondet, MS. | [2] *adunabit*] adjuvabit, MS.

Et a Gulausto usque ad festum Sancti Michaelis operabitur in messe domini qualibet septimana per quatuor dies cum uno homine, et valet dieta unum denarium obolum.

Et faciet præter hoc octo bederipas cum uno homine, et valent in universo duodecim denarios.

Et si dominus voluerit, inveniet pro prædicto servitio unum hominem ad tenendum carucam domini, et alium ad fugandum, et erit quietus de prædicto redditu et operibus hyemalibus.

Et dabit auxilium in communi.

Et facit omnes consuetudines non taxatas sicut prædictus Henricus Molendinarius.

Et sciendum quod dominus potest eligere utrum voluerit habere servitium prædictum de Johanne Spere, vel quod duplicet servitium Ricardi de Aldeburia inferius inter akermannos scripti.

Johannes ʒungnon, Petrus Colye, tenent viginti quatuor acras terræ, scilicet uterque duodecim, et reddunt duos solidos ad quatuor terminos, et faciunt, etc., sicut prædictus Johannes.

Ricardus Attebate tenet unum mesuagium cum curtillagio, et unam virgatam terræ continentem quaterviginti acras.

Et a festo Sancti Michaelis usque ad Gulaustum debet summagiare apud Gloucestriam qualibet altera septimana per unum diem, et valet dieta tres denarios obolum.

Et a festo Sancti Martini usque ad Purificationem Beatæ Virginis allocabitur ei quodlibet summagium pro opere manuali duorum dierum, et per prædictum tempus debet summagiare alibi si necesse fuerit qualibet altera septimana si dominus habuerit bladum ad vendendum apud Fayreforde, Lecchelade, vel alibi in partibus illis.

Debet etiam per prædictum tempus operari opus manuale qualibet septimana per quatuor dies, et valet dieta obolum.

Et si deputatus fuerit ad triturandum, triturabit de frumento cum duobus sociis quinque bussellos, de hordeo cum uno socio quinque bussellos, de avena solus quinque bussellos, de fabis vel pisis cum duobus sociis quinque bussellos.

Et si deputetur ad alia opera manualia, operabitur per totum diem, et arabit quatuor acras ad semen hyemale, et illas herciabit[1] tempore seminis, et valet arura unius acræ quatuor denarios, allocato opere manuali. f. 62. b.

Et arabit unam acram ad semen Quadragesimale, et illam herciabit, et valet quatuor denarios, allocato opere manuali.

Debet etiam herciare ad semen Quadragesimale et hyemale quotidie si necesse fuerit.

---

[1] *herciabit*] herciare. MS.

Et ut æstimant juratores, herciabit per totum annuum in universo per quindecim dies, et valet hersura cujuslibet dietæ infra allocato opere manuali, quadrantem

Et falcabit per decem dies cum uno homine, et allocabitur eidem obolus pro debita operatione dietæ, falcatio cujuslibet dietæ valet ultra obolum

Et præter[2] omnia prædicta opera operabitur in fœno domini levando et adunando per duos dies cum uno homine, et valet dieta unum denarium

Et cariabit fœnum domini de Kynemereforde usque Culne Sancti Aylwini per duos dies, et allocabitur ei pro opere dici, et valet ultra duos denarios

Et lavabit et tondebit[3] bidentes domini per duos dies cum uno homine, et valet dieta obolum

Et calcabit bitumina per unum diem, et valet obolum

Et faciet mullonem fœni in curia domini cum aliis consuetudinibus per unum diem cum uno homine, et valet obolum.

Et cariabit buscam circa Natale Domini per unum diem, et valet dieta duos denarios præter operationem manualem

Dabit etiam domino ad festum Sancti Martini tres gallinas

Et dabit ad hynderselver quatuor denarios

Et a festo Sancti Petri ad Vincula usque ad festum Sancti Michaelis debet operari in messe domini qualibet septimana per quinque dies cum uno homine, allocatis sibi quatuor diebus festivis, et valet dieta duos denarios

Et præter hoc faciet in universo novem bedcripas cum tribus hominibus præter hominem suum operantem in operatione dietæ, et valent in universo quatuor solidos sex denarios

Et uno die bederipæ ligabit garbas, et tassabit in autumno in campo, quotiens necesse fuerit per totum diem

Et erit ad mensam domini, et habebit garbam in sero, et ideo non taxatur

Et dabit auxilium secundum quantitatem terræ et numerum animalium

Et si braciaverit ad vendendum, dabit quatuor lagenas cervisiæ ad tonnutum vel pretium earum

Et pannagiabit porcos prout moris est.

Non potest vendere equum, equam, nec bovem, sine licentia

Et si vendiderit infra manerium, dabit pro equo unum denarium ad tonnutum, et pro bove obolum, et emptor similiter si fuerit de manerio

Et redimet filium et filiam

---

[1] *herciabit*] herciabunt, MS   [3] *tondebit*] tondet, MS
[2] *præter*] præterea, MS

Et cum obierit, dominus habebit melius averium nomine herieti, et de relicta similiter si in dicta terra obierit.

Et post decessum suum hæres redimet terram ad voluntatem domini antequam, etc.

Willelmus de Cocþrop, Dyonisia vidua, Editha relicta Ray, similia tenent tenementa, et faciunt in omnibus sicut prædictus Ricardus.[1]

Henricus de Molendino et Johannes Wyshunger tenent duo f. 63. mesuagia cum duobus curtillagiis et una virgata terræ continente quaterviginti acras per idem servitium sicut prædictus Ricardus, hoc addito quod quilibet eorum debet falcare per duos dies plus quam unus virgatarius, et valent falcationes utriusque tredecim denarios.

Et sic excedit extenta istorum duorum tenentium dimidiarum virgatarum in tredecim denariis plusquam unius virgatarii.

Ricardus Wyshunger, et Walterus Newemon, Thomas Abbovetun, et Willelmus de Ulmo, Thomas Osbarne, et Willelmus Burgeys, Thomas Aylryche, et Johannes Chaunci, Robertus de Cocþrop, similia tenent tenementa, et quilibet eorum facit in omnibus sicut prædictus Henricus vel Johannes.

Ricardus de Oldeburia tenet unum mesuagium et quatuordecim acras terræ, et tenebit carucam domini per totum annum, si dominus voluerit.

Et si tenuerit, dominus arabit totam terram suam, et dabit illi dimidium quarterium communis bladi per totum annum, ad Natale medietatem, et ad Pentecostem aliam medietatem.

Et cum aliis famulis habebit oblationes.

Et habebit in custodia sua quinque oves matrices de ovibus domini cum omnibus exitibus quamdiu tenuerit carucam domini.

Et cum carucam dimiserit per voluntatem domini dictas oves domino restituet.

Et in autumno metet bladum domini qualibet septimana per unum diem cum uno homine præter suam personalem operationem, et valet dieta unum denarium obolum.

Et præter hoc faciet quatuor bederipas cum uno homine, et valent sex denarios.

Et lavabit et tondebit[2] bidentes domini per duos dies, et valent unum denarium obolum.

Et habebit unum panem.

Et adjuvabit ad faciendum mulionem fœni in curia domini

---

[1] *Philippus de* is inserted in the MS. after *Ricardus,* but with the sign of erasure.

[2] *tondebit*] tondet, MS.

per unum diem præter debitam operationem, et valet dieta obolum.

Et dabit auxilium secundum numerum animalium.

Si vero carucam domini non tenuerit, dabit per annum decem denarios ad quatuor terminos.

Et a festo Sancti Michaelis usque ad Gulaustum manuoperabitur qualibet septimana per duos dies cum uno homine, et valet dieta obolum.

Et præter hoc operabitur in fœno domini per duos dies cum uno homine, et valent duos denarios.

Et lavabit et tondebit[1] bidentes domini per duos dies, et valent unum denarium obolum.

Et calcabit bitumina per unum diem, et valet obolum quadrantem.

Et a Gulausto usque ad festum Sancti Michaelis metet bladum domini qualibet septimana cum uno homine, et valet dieta unum denarium obolum.

Et præterea faciet quatuor bederipas cum uno homine, et valent sex denarios.

Et dabit auxilium in communi secundum quantitatem terræ et capita animalium.

Et faciet omnes consuetudines non taxatas sicut unus virgatarius.

Henricus Attepate, Willelmus Spragi, similia tenent tenementa, et faciunt in omnibus sicut prædictus Ricardus.

f. 63 b.

Johannes Edwarde tenet unum mesuagium cum curtillagio, et a festo Sancti Michaelis usque ad Gulaustum manuoperabitur qualibet septimana per unum diem cum uno homine, et valet dieta obolum.

Et lavabit et tondebit[1] bidentes domini per duos dies, et valent unum denarium obolum.

Et calcabit bitumina per unum diem, et valet dieta obolum.

Et operabitur in fœno domini levando et adunando per duos dies cum uno homine, et valent unum denarium obolum.

Et adjuvabit ad faciendum mulonem in curia domini, et valet obolum.

Et a Gulausto usque ad festum Sancti Michaelis metet bladum domini qualibet septimana per unum diem cum uno homine, et valet duos denarios.

Et faciet præter hoc quatuor bederipas cum uno homine, et valent octo denarios.

Et dabit auxilium secundum numerum animalium si quæ habuerit.

---

[1] tondebit] tondet, MS.

Et omnes alias consuetudines non taxatas faciet sicut unus virgatarius.

Robertus Tprut, Walterus Domegod, Alicia uxor Militis, Felicia Gegh, Alicia relicta Gagge, Gunnilda Gilberdes, Agnes la [   ],[1] omnes isti consuetudinarii de Culne dant in communi ad auxilium quadraginta sex solidos octo denarios, et inde cadunt quinque solidi septem denarii pro terra Walteri de Cocþrop liberata.

Omnes consuetudinarii majores habebunt tempore falcationis prati unum multonem, farinam, et salem, ad potagium.

Et minores consuetudinarii habebunt quilibet eorum unum panem, et omnes unum caseum in communi, et minores consuetudinarii habebunt in communi unam acram frumenti pejorem campi de dominico et unum carcosium multonis, et unum panem ad Natale.

Minores etiam consuetudinarii ligatores habebunt singulas [garbas] quando veniunt ad bederipas, et duodecim homines de majoribus consuetudinariis habebunt duas garbas die bederipæ, et singuli operarii habebunt singulas garbas.

Summa quarteriorum frumenti ad assisam panis per annum cum certis incrementis quinquaginta quinque quarteria.

Et est assisa qualibet hebdomada unum quarterium.

Summa quarteriorum avenæ ad assisam brasii per annum cum certis incrementis triginta quatuor quarteria et tres busselli.

DCCCCLXII. *Extenta de Culne Rogeri.*

Andreas Molendinarius tenet unum molendinum aquaticum et dimidiam virgatam terræ continentem viginti quatuor acras ad terminum vitæ suæ, et reddit inde per annum quindecim solidos ad quatuor terminos.

Of Culne Roger.

f. 64.

Et faciet tres bederipas cum uno homine, et valent quatuor denarios obolum.

Panuagiabit porcos.

Et dabit domino sex ova ad Pascha.

Et sequetur curiam.

Willelmus Sley tenet unum molendinum aquaticum subtus curiam, et dimidiam virgatam terræ ad terminum vitæ, et reddit per annum octodecim solidos ad quatuor terminos.

Et faciet tres bederipas cum duobus hominibus, et valent novem denarios.

---

[1] Blank in MS.

Dabit auxilium in communi cum cæteris consuetudinariis.

Pannagiabit porcos.

Non potest vendere equum neque bovem sine licentia, et si vendiderit equum vel bovem sive emerit infra manerium, dabit unum denarium ad tonnutum.

Et si braciaverit ad vendendum, dabit domino octo lagenas ad tonnutum.

Non potest alienare filium nec maritare filiam sine licentia.

Et post decessum suum dominus habebit melius averium nomine herieti.

Et de relicta similiter si in dicta terra obierit.

Et dabit domino sex ova ad Pascha, et valent quadrantem.

Et sequetur halimotum.

Robertus de Aula de Northlecche tenet unam virgatam terræ per quod servitium ignorant juratores, ideo inquiratur.

Galfridus de Pynþrop Præpositus tenet unam virgatam terræ continentem quadraginta octo acras ad voluntatem domini, et reddit per annum septem solidos ad quatuor terminos.

Et dabit auxilium in communi cum cæteris consuetudinibus.

Et metet bladum domini in autumno per quatuor dies cum uno homine, et valent sex denarios.

Et si braciaverit ad vendendum, dabit domino octo lagenas ad tonnutum.

Pannagiabit porcos.

Si vendiderit vel emerit equum sive bovem infra manerium, dabit unum denarium ad tonnutum.

Non potest alienare filium nec maritare filiam sine licentia, nec vendere equum vel bovem sine licentia.

Et post decessum suum dominus habebit melius averium nomine herieti.

Et de relicta similiter si in dicta terra obierit.

Et dabit duodecim ova ad Pascha, et valent obolum.

Et sequetur halimotum.

Alicia Eadwardes tenet unum mesuagium cum curtillagio et dimidiam virgatam terræ ad voluntatem domini, et reddit per annum quinque solidos ad quatuor terminos.

Et per totum annum qualibet quarta septimana summagiabit apud Gloucestriam per unum diem, et valet dicta duos denarios, et sic valet per annum duos solidos quatuor denarios.

Et arabit dimidiam acram ad semen hyemale et illam herciabit, et valet arura cum hersura duos denarios.

Et arabit dimidiam acram ad semen Quadragesimale sine hersura, et valet unum denarium obolum quadrantem.

Et faciet tres bederipas cum uno homine, et valent quatuor denarios obolum.

Et dabit auxilium in communi.

Et dabit domino sex ova ad Pascha, et valent quadrantem.

Et facit omnes consuetudines non taxatas sicut prædictus f. 64 b.
Galfridus.

Robertus Pupplican tenet simile tenementum ad voluntatem
domini, et reddit per annum quinque solidos ad quatuor
terminos.

Et dabit auxilium in communi.

Et dabit domino sex ova ad Pascha, et valent quadrantem.

Et faciet tres bederipas in autumno cum uno homine, et
valent quatuor denarios obolum.

Et facit omnes consuetudines non taxatas sicut prædictus
Galfridus.

Walterus Textor tenet quatuordecim acras, et reddit per
annum novemdecim denarios ad quatuor terminos.

Et dabit auxilium in communi cum aliis consuetudinariis.

Agnes vidua, et Walterus Attebrugge, Ricardus Faber,
similia tenent tenementa, et faciunt in omnibus sicut prædictus
Walterus.

Lucia vidua tenet dimidiam virgatam terræ ad terminum
vitæ suæ, et reddit per annum quinque solidos ad quatuor
terminos.

Et facit omnes consuetudines non taxatas sicut prædictus
Andreas.

Robertus Cecely tenet unum mesnagium cum curtillagio et
unam virgatam terræ continentem quadraginta octo acras, et
arabit unam acram ad semen hyemale et illam herciabit,
et valet quatuor denarios.

Et arabit unam acram ad semen Quadragesimale, et herciabit, et valet quatuor denarios.

Et warectabit in æstate unam acram, et valet duos denarios.

Herciabit etiam ad semen hyemale per quatuordecim dies
et amplius si necesse fuerit, et valet dieta unum denarium,
et ad semen Quadragesimale per sexdecim dies et amplius, si
necesse fuerit, et valet dieta unum denarium.

Et in summa dicunt juratores quod herciabit totam terram
dominici.

Summagiabit etiam qualibet altera septimana per annum, et
valet dieta duos denarios, et sic valet per annum quatuor
solidos quatuor denarios.

Et sciendum quod a festo Sancti Martini usque ad Purificationem Beatæ Mariæ quodlibet summagium allocabitur ei pro
opere manuali duorum dierum.

Et a festo Sancti Michaelis usque ad festum Sancti Martini
manuoperabitur qualibet septimana per quatuor dies, et valet
dieta obolum.

Summa operationis manualis per idem tempus duodecim denarii.

Et a festo Sancti Martini usque ad Purificationem manuoperabitur per quinque septimanas [1] cum quatuor hominibus qualibet septimana, per alias quinque septimanas cum tribus hominibus qualibet septimana, et valet dieta obolum.

Summa operationis manualis per idem tempus septendecim denarii obolus.

Et a Purificatione usque ad Gulaustum manuoperabitur qualibet septimana per quatuor dies, et valet dieta obolum.

Summa operationis manualis per idem tempus septendecim denarii obolus.

Et a Purificatione usque ad Gulaustum manuoperabitur qualibet septimana per quatuor dies, et valet dieta obolum.

Summa operationis manualis per idem tempus quatuor solidi duo denarii.

Et falcabit per quatuor dies, et valet dieta præter operationem [   ].[2]

Summa falcationis sex denarii.

Et cariabit fœnum de Amenel usque Culne Rogeri per tres dies, et valet dieta duos denarios obolum præter debitam operationem.

Summa cariagii fœni septem denarii obolus.

f. 65.   Et præter dictam operationem lavabit et tondebit [3] bidentes domini per duos dies, et valent unum denarium.

Et dabit domino duodecim ova ad Pascha, et valent obolum.

Et a Gulausto usque ad festum Sancti Michaelis metet bladum domini per quatuor septimanas qualibet septimana per quatuor dies cum uno homine, et valet dieta unum denarium obolum.

Et per alias quatuor septimanas metet bladum domini qualibet septimana per quinque dies cum uno homine, et valet dieta unum denarium obolum.

Et præterea faciet tres bederipas cum tribus hominibus, et valet dieta quatuor denarios obolum.

Et dabit auxilium in communi secundum quantitatem terræ et numerum animalium.

Et si braciaverit ad vendendum, dabit domino octo lagenas ad tonnutum.

Et pannagiabit porcos ut supra.

Si vendiderit equum vel bovem, dabit unum denarium ad tonnutum.

Non potest vendere equum nec bovem sine licentia.

---

[1] Qy., some omission in this clause.　　[2] Blank in MS.　[3] *tondebit*] tondet, MS.

Non potest alienare filium nec maritare filiam sine licentia.

Et post decessum suum, dominus habebit melius averium nomine herieti.

Et de relicta similiter si in dicta terra obierit.

Et post decessum ejusdem, filius suus redimet terram suam ad voluntatem domini antequam illam ingrediatur.

Willelmus de Pynþrop, Nicholaus de Pynþrop, Willelmus Kyneward, Galfridus de Cheddeworþe, Matilda Vidua, Robertus Attegate, Johannes Kynewarde, Walterus in þe Hale, Gregorius de Calmundesdun, Henricus de la More, Thomas Neumon, Henricus Attewatere, Henricus Goldyne, Robertus Pupplican, omnes isti similia tenent tenementa, et faciunt in omnibus consuetudinibus et servitiis sicut prædictus Robertus Cecely.

Andreas Molendinarius et Ricardus Faber tenent unam virgatam terræ, et faciunt sicut prædictus Robertus Cecely.

Matilda Vidua tenet dimidiam virgatam terræ, et facit in omnibus sicut prædictus Andreas vel Ricardus.

Dimidia virgata terræ consuetudinariæ quæ fuit Radulphi Rufi est in manu domini.

Item dimidia virgata terræ quæ fuit Roberti Selverloc est in manu domini.

Walterus Attebrugge tenet unum mesuagium cum curtillagio, et manuoperabitur a festo Sancti Michaelis usque ad Gulaustum qualibet septimana per unum diem, et valet dieta obolum.

Et a Gulausto usque ad festum Sancti Michaelis operabitur in messe domini qualibet septimana per unum diem cum uno homine, et valet dieta unum denarium obolum.

Et faciet tres bederipas in autumno cum uno homine, et valent quatuor denarios obolum.

Et est summa totius operationis per annum tres solidi unus denarius.

Et dabit auxilium secundum quantitatem terræ et numerum animalium.

Et si habuerit aliquod animal superannatum in pastura domini, dabit obolum pro pastura.

Et faciet omnes alias consuetudines non taxatas sicut prædictus Robertus Cecely.

Alicia Baysers, Dyonisia Walensis, Agnes Ceca, Walterus f. 65 b. Textor, Reynyldus, Reginaldus Rufus, Ricardus le Messer, Johannes le Neumon, similia tenent tenementa, et faciunt in omnibus sicut prædictus Walterus.

Memorandum quod quatuor lundinaria consuetudinaria sunt in manu domini.

Memorandum quod omnes consuetudinarii Culne Rogeri

dant in communi ad auxilium quinquaginta tres solidos quatuor denarios

Omnes falcatores Culne Rogeri habebunt in communi unum
multonem et unum caseum, et quilibet eorum habebit unum
panem.

Summa quarteriorum frumenti ad assisam panis per annum
cum certis incrementis quinquaginta quinque quarteria.

Et est assisa qualibet hebdomada unum quarterium.

Summa quarteriorum avenæ ad assisam brasii per annum
cum certis incrementis sexaginta octo quarteria sex busselli

Est enim assisa qualibet hebdomada unum quarterium duo
busselli.

DCCCCLXIII *Extenta de Amenel*

Of Ame-
nel.

Rogerus Hering tenet unum mesuagium cum curtillagio et
una virgata terræ continente quadraginta octo acras, et reddit
inde per annum quinque solidos ad quatuor terminos

Et dabit auxilium secundum quantitatem terræ et numerum
animalium

Et si impositum fuerit eidem quod in taxatione auxilii
aliquod animal concelaverit, potest cogi ad sacramentum
præstandum, et se super hoc purgandum Et si per vicinos
suos convictus fuerit super hoc, puniendus est pro voluntate
domini

De pannagio præstando pro porcis hæsitant juratores quia
nunquam viderunt ipsum pannagiare porcos suos

Debet etiam sectam ad quodlibet halimotum de Amenel et
alia maneria in Mont' quandocumque summonitus fuerit,
etiam si media nocte summonitus, veniet ad curiam in crast-
tino

Et cum obierit, dominus habebit melius averium nomine
herieti.

Dicunt etiam quod relicta sua non potest iterum in dicta
terra maritari sine licentia domini

Nicholaus infra Portam, Alicia de Fulbroc, Willelmus le
Hore similia tenent tenementa, et faciunt in omnibus sicut
prædictus Rogerus

Willelmus Muntoric tenet unam virgatam terræ, et reddit
inde per annum quindecim solidos ad duos terminos, et tenet
ad terminum vitæ suæ et Matildæ filiæ suæ, et debet sectam,
etc

Symon Albus tenet dimidiam virgatam terræ, et reddit per
annum quatuor solidos ad quatuor terminos.

Et dabit auxilium secundum quantitatem terræ et numerum
animalium

Et sequetur, etc.

Henricus de Molendino tenet unum molendinum ad termi- f. 66.
num vitæ suæ et Gunnildæ uxoris suæ tantum, et reddit inde
per annum sexdecim solidos ad quatuor terminos..

Willelmus de Marisco tenet unum mesuagium cum curtillagio, et pasturam ad sex boves cum bobus domini quocumque
ierint, et reddit per annum duodecim denarios ad quatuor
terminos.

Johannes le Ecm tenet unum cottagium cum curtillagio, et
reddit inde per annum duos solidos sex denarios ad quatuor
terminos usuales.

Hugo Albus et Matilda Atteburia tenent unum mesuagium
cum uno parvo crofto Atteburia,[1] et reddunt per annum tres
solidos ad quatuor terminos.

Dabunt auxilium, pannagium, theloneum.

Et rediment filios et filias.

Et faciunt omnes consuetudines non taxatas sicut unus alius
consuetudinarius.

Symon de Hulle tenet unum mesuagium cum curtillagio et
unam virgatam terræ continentem quadraginta quatuor acras,
et arabit unam acram ad semen hyemale et illam herciabit, et
allocabitur ei pro operatione manuali illius diei quæ valet
obolum, et sic valet arura præter opus manuale tres denarios
obolum.

Et a festo Sancti Michaelis usque ad Gulaustum manuoperabitur qualibet septimana per quinque dies cum uno
homine, et valet dieta obolum quadrantem.

Et falcabit per septem dies cum uno homine, et valet dieta,
præter debitam operationem, tres denarios.

Et adunabit et levabit fœnum domini per quatuor dies, et
allocabitur ei in operatione illius diei.

Lavabit et tondebit[2] bidentes domini, et calcabit bitumina,
et allocabitur pro debita operatione, et ideo non taxatur.

Et a Gulausto usque ad festum Sancti Michaelis metet bladum domini qualibet septimana per quinque dies cum uno
homine, et valet dieta duos denarios.

Et præterea faciet quinque bederipas cum uno homine, et
valet dieta duos denarios.

Et cariabit fœnum et bladum domini, si necesse fuerit, et
allocabitur ei pro opere dietæ.

Et dabit auxilium in communi secundum quantitatem, etc.

Et si braciaverit ad vendendum, dabit domino octo lagenas
ad tonnutum.

---

[1] *Atteburia*] This word seems to be redundant.

[2] *tondebit*] tondet, MS.

Et pannagiabit porcos ut supra

Non potest vendere equum nec bovem sine licentia, et si vendiderit, dabit unum denarium ad toruntum, et emptor similiter si fuerit de manerio

Non potest alienare filium nec maritare filiam sine licentia

Et post decessum suum dominus habebit melius averium nomine herieti, et de relicta similiter cum obierit

Et relicta ejus non potest se maritare sine licentia domini.

Et post decessum suum hæres ejus faciet voluntatem domini pro terra sua antequam, etc

Johannes de Lattone, Andreas de Hulle, Willelmus Moyses, Ricardus de Hyldekote, similia tenent tenementa, et faciunt in omnibus sicut prædictus Symon

f. 66 b.

Walterus in Mora, et Henricus le Eem, Symon Pyke, et Willelmus Zymston, Johannes Wrenche, et Hugo Albus, Willelmus Staleward, et Galfridus Albus, Cristina Goldclinges, similia tenent tenementa, et faciunt in omnibus sicut unus virgatarius.

Henricus de Molendino tenet unum mesuagium cum curtillagio et duodecim acras terræ ad vitam suam et uxoris suæ, et dabit auxilium in communi secundum quantitatem, etc.

Et a festo Sancti Michaelis usque ad Gulaustum manuoperabitur qualibet septimana per unum diem [1] cum uno homine, et valet dicta obolum quadrantem

Et præterea faciet operationes subscriptas; scilicet, levabit et adunabit fœnum domini per quinque dies cum uno homine, et valet dicta obolum quadrantem.

Et si fuerit aliquod tassum bladi extra grangiam, adjuvabit ad perordinandum in grangia, et valet obolum

Et lavabit et tondebit [2] bidentes domini per duos dies, et valent unum denarium obolum

Et calcabit bitumina per unum diem, et valet obolum

Et a Gulausto usque ad festum Sancti Michaelis metet bladum domini qualibet septimana per unum diem cum uno homine, et valet dicta duos denarios.

Et præterea faciet quatuor bederipas cum uno homine, et valent octo denarios

Et facit omnes consuetudines non taxatas sicut unus virgatarius

Robertus Albus tenet unum cottagium cum curtillagio, et facit in omnibus sicut prædictus Henricus de Molendino, hoc

---

[1] The letter *p* is inserted in the MS after *diem*, but with the sign of erasure

[2] *tondebit*] tondet. MS

addito quod portabit capones ad Gloucestriam ad Natale Domini, et ova similiter ad Pascha.

Gunnilda de Newvilla tenet simile tenementum, et facit in omnibus sicut prædictus Robertus.

Robertus Pyck, Alicia de Kent, Bethun, isti tres tria tenent cottagia, et faciunt in omnibus sicut prædictus Henricus de Molendino.

Memorandum quod fabrica quam Robertus Faber tenuit per idem servitium in omnibus sicut prædictus Henricus de Molendino est in manu domini.

Sciendum quod omnes prædicti consuetudinarii dant in communi ad auxilium triginta septem solidos, et præter hoc solebant dari tres solidi, qui decadunt propter terram Walteri Montori quam emit liberam ad vitam suam et Matildæ filiæ suæ.

Sciendum quod omnes falcatores tempore falcationis habebunt in communi quatuor denarios, unum multonem, et unum caseum, et quilibet eorum unum panem, et quilibet aliorum consuetudinariorum habebit unum panem tantum.

DCCCCLXIV. *Extenta de Cutbrithleya.*

Andreas Coppe tenet quartam partem unius virgatæ terræ cum molendino per servitium decem solidorum per annum ad quatuor terminos.

Of Cutbrithleya.
f. 67

Et dabit auxilium secundum quantitatem terræ, etc.

Et nullas faciet operationes consuetudinarias, ut dicunt juratores.

Sed cum in fata decesserit, dominus habebit melius averium nomine herieti.

Johannes Robardes tenet unam virgatam erræ continentem septuaginta duas acras, et arabit duas acras ad semen hiemale, et allocabitur ei pro operatione manuali quatuor dierum et valet arura ultra sex denarios.

Arabit etiam unam acram ad warectum vel in Quadragesimali, et valet præter operationem manualem tres denarios.

Et a festo Sancti Michaelis usque ad Gulaustum manuoperabitur qualibet septimana per quinque dies, et valet dieta obolum, allocatis sibi decem diebus festivis per idem tempus, et valet operatio in summa per idem tempus octo solidos octo denarios, præter aruram et hersuram.

Et herciabit per octo dies præter operationem manualem infra allocatam, [et valet dieta] obolum.

Summa quatuor denarii.

Et falcabit per quatuor dies apud Gloucestriam et valet, allocato opere debito, octo denarios

Et lavabit et tondebit[1] bidentes domini pro opere debito, et alia opera [debet] facere quæ fuerint præcepta

Et a Gulausto usque ad festum Sancti Michaelis operabitur qualibet septimana per quinque dies, et valet dieta unum denarium obolum

Et faciet quatuor bederipas cum tribus hominibus, et valent octodecim denarios

Et sic allocatis decem diebus festivis in autumno, valet operatio autumnalis in summa quatuor solidos sex denarios

Et dabit auxilium in communi secundum quantitatem, etc

Et si braciaverit ad vendendum non dabit tonnutum

Non potest maritare filiam, nec alienare filium, sine redemptione, nec vendere equum vel bovem sine licentia et tonnuto

Pannagiabit porcos.

Et cum obierit, dominus habebit melius averium nomine herieti, et de relicta ejus similiter cum obierit

Walterus in þe Slade, Johannes le Gode, similia tenent tenementa, et faciunt in omnibus sicut prædictus Johannes

Hugo de Cockebury tenet tria quarteria unius virgatæ terræ, et Robertus de la Grene tenet unum quarterium, et faciunt in omnibus sicut prædictus Johannes

Thomas de Cockebury tenet tria quarteria, et Johannes Abraham unum quarterium, et faciunt in omnibus sicut prædictus Johannes[2]

Adam Aundreu tenet dimidiam virgatam, Isabella relicta Lucæ[3] unum quarterium, et Willelmus Godere unum quarterium, et faciunt in omnibus sicut prædictus Johannes

Nicholaus de Fonte tenet dimidiam virgatam terræ, et Robertus de Fonte aliam dimidiam, et faciunt in omnibus sicut prædictus Johannes

Johannes Mamiday tenet unum mesuagium cum curtillagio, et septem acras terræ, et operabitur qualibet septimana per unum diem cum uno homine per totum annum

f 67 b.

Et faciet tres bederipas cum uno homine ad cibum domini, et garbam in sero, et valet dieta unum denarium

Et portabit ad Gloucestriam aucas, gallinas, columbas, ova, et caseos, et allocabitur ei pro opere manuali

Et faciet omnes alias consuetudines non taxatas sicut prædictus Johannes

---

[1] tondebit] tondet, MS

[2] Thomas de Cockebury is inserted in the MS after Johannes but with the sign of erasure.

[3] Lucæ] Lucas, MS

Robertus Attegrene, Willelmus Godere, Johannes Abraham, Isabella relicta Lucæ, tenent unam virgatam, scilicet quilibet eorum unum quarterium, et faciunt conjunctim in omnibus sicut unus virgatarius.

Celestr[ina] tenet unum mesuagium cum curtillagio, et debet operari per decem dies in autumno, et valet quindecim denarios.

Sibilla et Alicia simile tenent tenementum, et idem faciunt.

Alditha relicta Fabri tenet duo cottagia per servitium duorum solidorum, vel facit ferramenta carucæ domini per annum de ferro et acero domini.

Johannes le Godere tenet unum forendellum, videlicet, duas acras et dimidiam pro sex denariis per annum.

Et sciendum quod omnes falcatores habebunt unum multonem et sex denarios tempore falcationis.

Omnes etiam prædicti consuetudinarii dant in communi ad auxilium quindecim solidos, et ad hundredfe duos solidos.

DCCCCLXV. *Scriptum quoddam super dispositione domus et familiæ.*

Præpositus quolibet mense semel ad minus articulos istius conscripti distincte coram eo et socio suo messore aperte faciat recitari, et formam præceptorum in eo contentam cum summa diligentia et sollicitudine sub pœna restitutionis omnium obmittendorum pro posse suo ad plenum observabit, nisi manifesta commoditas vel urgens[1] necessitas sive aliqua alia causa rationabilis ipsum excuset, ostendenda coram suo superiori cum super hoc fuerit requisitus.

In primis, uno mense ante festum Sancti Michaelis convocentur omnes nativi maneriorum ad illud manerium ubi nascebantur, et ibidem coram loci serviente, et ex sua potestate provideatur districte qui sunt apti retinendi in servitio domini, et in quo servitio, et ad quem locum, et qua forma, et ad quam liberationem, et ad quæ stipendia. Hoc intellecto quod quandocumque placuerit loci ballivo, amoveantur ab uno loco usque ad alium ad commodum domini infra terminum, salvis eisdem liberationibus et stipendiis prius provisis. Nec aliquis admittatur ad servitium domini sine salvis plegiis de fideliter[2] serviendo et de omittenda satisfaciendo. Et moraturi tunc præmuniantur quod sibi provideant ad morandum. Recessuri,

Rules concerning the management of manors.

---

[1] *urgens*] virgens, MS.
[2] The foliation of the MS. ceases here.

ne suo defraudentur servitio, sibi provideant ad tautum, hoc proviso quod si aliquis retinendus domino suo teneatur in servitiis et bederipis ratione suæ conditionis, hoc non omittatur causa servitii sui eo quod inde plena consequitur stipendia.

Item, quod famuli eadem sollicitudine custodiant equos et alia officia sibi injuncta diebus festivis sicut et feriatis, nec aliquatenus se absentent a curia sine speciali licentia, eo quod tota villata per potestatem curiæ quolibet tempore subitura sit justitiam quod nequaquam fieri poterit per famulos si casu contingente ipsos a curia contingat deesse.

Item, quod nulli famuli aliqua affinitate contingentes servientem, præpositum, bedellum, vel aliquem superiorem, famulentur sub eisdem, sed ad alium locum, si idonei fuerint inventi, in servitio domini in forma superius notata commorentur.

Item, quod famuli debita hora diei, secundum temporis exigentiam, sint ad carucas et ibidem sollicite arantes sine gravi dispendio animalium, nec aliquis famulus loco suo ponat ad carucas aliquem ad tenendum vel chaciandum sine licentia speciali servientis vel præpositi, nec detur ei licentia sine causa manifesta.

Item, famulis carectarum non fiat liberatio ferri vel clavorum, nisi prius vetus ferrum retulerint, vel seipsos rationabiliter excusaverint. Nec etiam carucariis fiat aliqua liberatio ferri ad carucas antequam præpositus oculata fide diligenter inspiciat causam et quantitatem.

Item, quod nulla daya plenam capiens liberationem opus suum proprium infra curiam domini operetur, sed expeditis communibus negotiis ad suum officium deputatis, ad alia certa negotia contingentia negotia curiæ mox specialiter deputetur.

Item, quod nullus famulus sit in curia cui plenum non deputetur officium. Ita quod si unum officium suo statui sit insufficiens, in alio suppleatur defectus.

Item, unus famulus, de cujus fidelitate et sollicitudine certa spes concipiatur, qualibet nocte jaceat in aula qui peractis communibus curiæ negotiis forinsecam jannam claudat et clavem in sua propria custodia deponat, illam summo mane aperiturus, qui juret quod nisi ex certa et probabili causa introcuntibus et exeuntibus copiam introeundi vel exeundi non exhibebit.

Item, quod in unaquaque boveria[1] fiant cordellæ æqualis longitudinis, infra quas comprehendi poterit certa æstimatio

---

[1] *unaquaque boveria*] unamqq^a boveriam, MS.

fœni, quanta videlicet unaquaque caruca boum vel certus numerus equorum singulis noctibus indigeat, et in qua consistat certa quantitas, excepta causa speciali. Nec fiat inde aliquotiens aliqua liberatio in absentia præpositi vel bedelli vel alterius ad hoc deputati.

Item, quod nulla animalia inutilia et infructuosa hyementur ad consumptionem fœni vel foragii, talia scilicet de quibus non credatur posse nutriri aliquis bos utilis ad carucas vel vacca competens ad armentum.

Item, nulla fiat venditio bladi ad aliquod negotium sine speciali præcepto certi[1] superioris.

Item, nullus præpositus aut messerus aliquem afrum curiæ aliquo tempore equitet, vel alicui ad equitandum accommodet, nisi ob causam necessariam et rationabilem.

Item, nulla nova ædificia clausa vel fossata de novo facienda incipiantur, vel aliquis famulus ad mensam vel equus ad stabulum ad fœnum et avenam sive foragium sine præcepto certi superioris ponantur, ædificiis fossatis muris et clausis erectis in statu pristino prout expedire videatur sustinendis.[2]

Item, cum continue sit certus numerus famulorum in curia sibi provideat præpositus ex sua industria quantum tali familiæ sit necessarium in sale [et] farina per unam septimanam vel unum diem, et sic eadem mensura, et eadem fiat liberatio de sale et farina dayæ quæ juret quod hæc fideliter et salvo modo custodiet, et distribuendis et non aliis distribuet, et quod non faciet consumptionem foragii vel lignorum focalium ad suum officium distribuendorum.

Item, quod nullus denarius vel aliquid aliud spectans ad manerium alicui liberetur nisi præposito, nec etiam ab aliquo recipiatur, eo quod nullus præter præpositum manerii de receptis et expensis ad compotum reddendum deputatur.

Item, præpositus infra quindenam ad minus diligenter inquirat de daya loci, de exitu gallinarum, et de ovis, de pullis suo tempore, et hoc idem fiet de ancis, anatibus, et alio stauro minuto.

Item, cum consistat manerium in certis commoditatibus per annum, sibi provideat præpositus diligenter et sollicite quid necessario ad commodum domini et ad sustentationem necessariam manerii de illis commoditatibus apponat per annum, ut in operibus, et quid liberum et non apponendum salvare poterit per annum, per terminum, vel per mensem, vel hebdomadam, vel saltem, per dies expensandum, et deinde de firma, et quid talibus salvandum per industriam præpositi

---

[1] certi] sui, MS.

[2] There is some omission in this clause.

dominus consequatur, et distincte computetur in compoto suo per se et in quibus operibus expendatur firma.

Item, quod operarii sufficientis potentiæ mane veniant ad opera curiæ cum instrumentis sufficientibus deputatis ad opera et ad curiam sufficienter et fideliter operentur, et hora statuta et consueta inde recedant, nec aliqui admittentur ad opera qui minoris sunt ætatis vel insufficientis potentiæ merito notandi.

Item, quilibet præpositus ad ventatorium fideli mensura faciat mensurari [bladum] eodem bussello probato quo venditur bladum ad mercatum vel ad alium locum transfertur, et ad ventatorium fiat tallia inter præpositum et illum qui ad talliandum contra eum deputatur, et sit ibi unum ventatorium de bordo sufficientis amplitudinis.

Item, vituli, porcelli, et agni, statim post[1] separationem et pulli equorum aliquo signo notorio insignentur distincte et aperte, quo a cæteris poteri[n]t distingui et discerni, et cum tempus exposcat separari sine difficultate possint cognosci.

Item, quia per correatores et subversatores compotorum multotiens supprimitur veritas, et falsitas exprimitur in compotis præpositorum, provisum et præceptum est, quod quilibet præpositus secundum quantitatem officii sui duos vel plures recipiat rotulos percameni nativi de manu senescalli, in quibus rotulis inseratur titulus scriptus manu clerici senescalli vel alterius manus notæ, scilicet, *Titulus iste rotulus talis præpositi de compoto suo illius manerii, etc.* Et in illis rotulis distincte et aperte redigatur per particulas quid receperit, expendiderit, vel cuicumque liberaverit, et hoc per tallias et testimonium, et hoc semel vel pluries quolibet mense secundum exigentiam suarum expensarum in eisdem rotulis, et non in cera, vel in cedula, vel aliis quibuscumque locis, præter illos rotulos, scribatur coram illo qui ad talliandum contra illum deputatur, et coram eis quolibet mense recitetur ad minus semel quicquid in illis rotulis inseritur per eosdem, et nullo alio ordine dealbato præterquam per illos rotulos audiantur compota præpositorum, nec aliquid extra illos rotulos computandum alicui præposito allocetur, eadem etiam forma observetur de talliis ad minus infra quindenam semel visitandis et concordandis, et sciat præpositus nihil sibi allocandum in compoto unde non porrigat rotulos prædictos et tallias in testimonium.

Ista sunt injungenda præpositis non tamen juranda.

In primis, quod divisæ terrarum, acrarum, pratorum, bosco-

---

[1] *post*] per, MS.

rum, pasturarum, sive quorumcumque aliorum et quocumque
loco fuerint, inter dominum et vicinos, sive inter tenentes,
non mutentur, nisi ex certa et rationabili causa, sed solebant
temporibus præteritis, et debent de jure remanere[1] unoquoque
debito et consueto statu contento, nec arbores plantentur, vel
fossata de novo erigantur ad nocumentum domini vel alicujus
sui tenentis.

Item, quod in quantum fieri poterit, dominicæ terræ temporibus congruis anni warectentur, rebinentur, et arentur, et
seminentur, proviso quod nullum semen seminetur cujuscumque sit generis nisi fuerit electissimum, et ad minus irrepre-
hensibiliter ventatum. Nec seminetur aliquid nisi per manus
experti. Et quæ residuitates in seminario remanentes fideliter
referat[ur] præposito iterum non talliandas, sed in usus certos
convertendas.

Item, quod non permittatur consuetudinariis aliquas excam-
bias facere terrarum, pratorum, sive quorumcumque tenementorum sine licentia, et tunc coram halimoto.

Item, quod prata et blada aperte per probos homines videantur ante falcationem et messuram, ut quod si per negligen-
tiam messeri inveniatur deterioratum, ad plenum domino
restituatur.

Item, quod loca sterilia et inexculta infra clausum curiæ in
culturam ad commodum aliquod redigantur, ita quod vacua
nullatenus inveniantur.

Item, quod stipula in campo salvo modo custodiatur, falcetur, et adunetur, ad domos tegendas, et ad focum furni et
familiæ secundum [quod] videatur expedire deputanda.

Item, quod molendina domini debito modo a suis consuetudinariis exerceantur, nec vitentur aliquo modo, nisi ex
rationabili causa per considerationem curiæ.

Item, quod præpositus diligenter et sollicite provideat quod
dominus plenum consequatur theloneum equorum et boum,
etiam pannagium porcorum secundum consuetudinem manerii;
detentores, contradictores, et concelatores, ut coram curia
respondeant attachiando.

Item, quod nullus de consuetudine extraneos receptet quos
habere non poterit ad rectum, cum super hoc fuerit requisitus.

Item, inhibeatur nativis domini manerii ne aliquid alicui
dent per annum in recognitione, ut aliquo gaudea[n]t patrocinio.

Item, quod prata et alia defensa domini separabilia statim
post Purificationem ponantur in defenso, et ex tunc salvo modo
custodiantur.

[1] *remanere*] remaneant, MS.

Item, quod nullum bladum trituratum alicui solvatur per remunerationem alicujus servitii, sed si necesse illud exposcerit, vendatur bladum et solvantur denarii pro mercede.

Item, quod cum caulæ transitum fecerint per culturam, vel alia fima respersa fuerint, mox revolvatur terra et fima tegantur, ita quod [per] pluvias et aquas supervenientes, terra dispendiose non lavetur, et sic virtus fimorum ad nihilum redigatur, et sic sua careant virtute.

Item, quod nullum foragium amoveatur a grangia antequam præpositus vel messerus illud videat et prospiciat si competenter trituretur.

Item, quod nulli masculo tribuatur licentia recedendi a terra domini sine licentia superioris, hoc proviso quod consuetudines a servis domino debitas ad plenum recipiat, contradicentes attachiando ut inde respondeant ad curiam.

Item, quod ubicumque per extremitates selliginum submersum sit bladum tempore hyemali, transactis tempestatibus hyemalibus, excitetur terra et allocetur ibi semen alterius generis, ne terra illa ea vice fructu suo careat.

Item, quod herbagium gardini et clausorum curiæ sollicite colligatur et convertatur in usus boum et vaccarum, nisi ibi tanta fuerit abundantia herbagii quod vendi possit, salva sufficienti sustentatione boum et vaccarum quam habent aliunde.

Item, quod totum fimum proveniens de columbariis specialiter deputetur ad curtillagium ad herbarum nocivarum consumptionem et olerum et porectarum evidens nutrimentum.

Item, quod quolibet loco sufficiens excolatur curtillagium, ita quod semen olerum et porectarum semper sufficiat semini anni subsequentis.

Item, quod ubicumque clausa fieri solebant et commode fieri poterunt, nisi muro claudantur, plantetur circumquaque viva haya, ut spinæ runcæ vivæ radicatæ, et fiant hujusmodi plantationes inter festum Sancti Michaelis et Purificationem Beatæ Virginis in decursibus lunationum.

Item, quod non permittatur quod aliquis vendat equum masculum vel bovem sibi vitulatum sine licentia, nisi consuetudo se habeat in contrarium.

Item, quod nulla fiat gratia villatis vicinis, personis ecclesiasticis, liberis hominibus, sive quibuscumque aliis qui futuris temporibus pro jure possint calumniari, et sic in exhæredationem domini redundare.

Item, quod nullus præpositus aliquid ab aliquo recipiat ut ipsum ad firmam esse permittat vel ad levem ponat operationem mutando cariagii summagia debita in operibus manualibus.

Item, quod non sustineat quod aliquis nativus domini sit in alia decena præterquam proprii domini.

Item, quod quilibet præpositus habeat potestatem concedendi cuicumque nativæ ut possit se maritare tam extra terram domini quam infra, acceptis tamen salvis plegiis pro ea de fine faciendo ad proximam curiam cum si forte præsentiam ballivi expectasset in partibus remotioribus agentis casu interveniente forte nunquam gauderet promotione maritali.

Item, quod præpositus, bedellus, sive quicumque minister curiæ pullos, vitulos, vaccas, porcos, et hujusmodi in pastura domini sine licentia non habeant speciali.

Item, quod respondeatur ad compotum quot thelonia cervisiæ pervenerint per annum, et quid unumquodque valeat, et in quos usus expendantur.

Item, quod præpositus distincte prospiciat tempus opportunum ponendi boves ad herbagium, et iterum ad præsepe, et frequenter videat præsepia, ne fiat ibi defectus vel consumptio fœni sive foragii.

Item, quod omnia emenda ad opus domini emantur per manus præpositi vel alterius jurati ad hoc deputati, hoc proviso quod in quantum fieri poterit omnino expediantur tempore anni opportuno quæ sunt emenda et ad loca ad hæc apta.

Item, quod palea frumenti deputetur afris et ad alia præsepia prout videatur expedire expedienda.

Item, quod palea deputata ad fimum amoveatur a curia dum levis fuerit ad cariandum et in aliquo loco ad hoc apto collocetur in campis donec putrefiat, ne herbæ inde nocivæ generentur, et sic dejiciatur super terram.

Item, quod sint in curia, bechiæ, howæ, civeræ, et alia minuta utensilia famulis curiæ sufficientia cum tempus opportunum hoc exposcat ad laborem famulorum, quæ, expeditis negotiis, in salva reponantur custodia.

Item, quod tabernarii et luctatores et litigiosi villæ graviter multotiens redarguantur de eorum gestu, ne eorum bona per ballivos regis meritis suis exigentibus ab eis dispendiose extorqueantur.

Item, quod nulla loquela, unde quæstio proveniat ad aliquem ministrum curiæ extinguatur, nisi salvo jure domini.

Item, quod in curia sit sufficiens staurum aucarum, anatum, et gallinarum, secundum quod manerium rationabiliter poterit sustinere.

Item, quod in qualibet berthona sint duo porci ad minus impinguendi, ita quod uno amoto, mox apponatur alius, nec apponatur aliquis qui minoris sit ætatis quam superannatus.

Item quod frequenter post pluvias coadunentur fima curiæ

per muncellos, ut per hoc emundetur curia et fima aptiora et promptiora fiant ad cariandum cum tempus id exposcat.

Item, quod in qualibet berthona sit unum apiarium ad minus, et de exitu ejusdem suo tempore sollicite curetur.

Item, quod in curia sit furnum et toralia, nec liberetur alicui famulo aliquod fornillum extra curiam defendendum.

Item, quod nullus consuetudinarius faciat venditionem marleræ vel hujusmodi sine licentia.

Item, quod provideatur quod collectores herbæ in æstate inter blada bladis nullum inferant detrimentum.

Item, quod salices plantentur juxta aquas, moras, loca humida, et ubicunque secundum locorum commoditates possint allocari.

Item, quod sustineatur quod illi qui sunt minoris ætatis, senes, et decrepiti, et impotentes ad operandum, spicas colligant in autumno post garbarum amotionem, repulsis illis qui ex suis laboribus, si velint, sua consequi possunt stipendia.

Item, quod non fiant parvæ garbæ propter triturationem ad taschiam.

Item, quod sit in curia unum magnum cornu cujus sonus audiatur et generaliter cognoscatur quod sit cornu curiæ propter casus contingentes.

Item, quod sit in curia ignitegium de terra, quod sit tantæ amplitudinis quod comprehendat totum ignem omnino tegendum.

Item, quod grangia perjactetur propter mures.

Item, quod circumspiciatur districte si serviens, præpositus, messerus, vel quicunque alius minister curiæ sufficiat alicui officio sibi injungendo pariter cum officiis susceptis, et cui officio, et de modo et forma.

Item, quod fiat ubique ad quamlibet curiam parcum sufficiens ad averia imparcanda et sine dispendio quo ad parcum.

Item, quod columbaria bis in anno purgentur, et fima extrahantur, et pluries cum opus fuerit, videlicet in Februario et mense Julii cum sint vacua columbis et ovis.

Item, quod warecta usitentur tertio die ad probandum opera duorum dierum præcedentium.

Item, quod rastillæ quamplures spisso modo kevillatæ semper sequantur ligatores et tassatores in autumno, et carra et carectas in carragiis suis et ostia grangiarum ubi contigerit garbas cadere vel ad loca diversa transferri et amoveri ad spicas, et alia diversa cadentia de carris, carectis, et garbis, ut sic manifestius hujusmodi decidentia ad commodum redigi possint.

Cum præpositus manerii ex causa amoveri debeat, et alius

substitui, amovendus dum in suo fuerit officio nullatenus distringatur ad aliquam misericordiam taxandam vel reddendam, sed eo amoto fiat inquisitio generalis de gestu suo, non per aliquos suos æmulos prout perpendi poterit, sed de communitate halimoti per sacramentum et secundum illam inquisitionem tractetur, prout sua merita exegerint puniendus vel acquietandus.

Præpositus eligatur per communitatem halimoti qui talem eligant, qui ad suam terram propriam excolendam et cætera bona sua discrete et circumspecte tractanda, idoneus merito notetur et habeatur, pro cujus defectibus et obmittendis totum halimotum respondeat, nisi ubi urgens necessitas aut causa probabilis illud halimotum coram loci ballivo rationabilem prætendere poterit excusationem.

DCCCCLXVI. *Capitula de visu francorum plegiorum.*

Primo inquiratur de hiis qui sunt contra pacem domini regis.

Articles of inquiry by the frank-pledge.

De sanguine fuso.

De thesauro invento.

De hutesio levato et non secuto.

De tonsura novæ monetæ vel veteris.

De fœminis vi oppressis.

De namio et aliis rebus vetitis contra vadium et plegios.

De aquis transversis vel obstructis.

De communibus viis vel semitis obstructis et astrictis.

De purpresturis factis super regem vel dominum.

De hiis qui fugerunt contra adventum justiciariorum et postea redierunt sine waranto.

De receptatoribus latronum.

De hiis qui bene vestiti sunt, et nihil habent, nec laborant, nec mercatores, sed tabernatores.

De tannatoribus coriorum equorum vel boum in villa rurali.

De comelingis non monstratis post tres dies.

De hiis qui sunt duodecim annorum, et non sunt in toeþinga.

De hiis qui fuerunt in toeþinga et sine licentia decesserunt.

De hiis qui hospitaverunt extraneos sine licentia, nisi per unum diem clarum veniat et per clarum diem vadat.

De usurariis Christianis.

De pistoribus panem vendentibus contra assisam.

De braciatoribus cervisiam vendentibus contra assisam.

De falso galone vel potello, vel qui habent duplicem galonem vel potellum.

De falso bussello vel duplici.

De falsa virga ulnaria.

De falso pondere vel libra.

De falso tolhopo ad molendinum.

De hiis qui se retraxerunt de teoþinga sequenda.

De omnibus duodecim annorum, si sint præsentes sicut
summoniti fuerunt.

De omnibus tangentibus coronam regis et libertatem domini.

De halimoto, si sit integer sicut summonitus fuit.

De capitali serviente, si sit idoneus necne.

De aliis famulis curiæ, si sint idonei necne.

De averiis curiæ, si bene custodiantur.

De terra, si bene sit culta.

De pratis, campis, boscis, si bene custodiantur.

De hiis qui ponunt filios ad clerimoniam sine licentia.

De hiis qui prosternunt libera ligna sine licentia.

De hiis qui supercarcant communem pasturam villæ de
averiis extraneorum sine licentia.

De hiis qui maritant filias suas sine licentia.

De hiis qui permittunt cadere domos suas per paupertatem [1]

DCCCCLXVII. *De Witton in Wichio.*

A.D. 1285, Universis Christi fidelibus ad quorum notitiam præsens
July 17.   scriptum pervenerit, Johannes,[2] permissione divina abbas
Of Witton. Sancti Petri Gloucestriæ et ejusdem loci conventus, salutem
in Domino sempiternam.

Vestra noverit universitas, nos ex gratia domini regis, et
licentia speciali nobis per breve suum [3] concessis, assensu et

---

[1] The cartulary proper ends here.
The following documents are entered in different and later hands,
and, as will be seen, without any
regard to date or classification.

[2] John de Gamages.

[3] The following licence, doubtless the one alluded to, is enrolled
on the Patent Roll, 13 Edward I.,
m. 11:

"Rex omnibus, etc., salutem.

"Licet de communi consilio regni
"nostri providerimus quod non

"liceat viris religiosis seu aliis in-
"gredi feodum alicujus, ita quod
"ad manum mortuam deveniat,
"sine licentia nostra, et capitalis
"domini de quo res illa immediate
"tenetur, volentes tamen dilectis
"nobis in Christo abbati et con-
"ventui Gloucestriæ gratiam facere
"specialem, dedimus ei licentiam
"quantum in nobis est, quod
"quandam bulleriam salis, dimi-
"diam carucatam terræ, viginti et
"sex solidatas, et tres denaratas

unanimi consensu, dedisse, concessisse, et carta nostra confirmasse, pro nobis et successoribus, Willelmo de Doveria capellano magistro et fratribus Hospitalis Beatæ Mariæ juxta
Wychium, totum tenementum quod habuimus, vel aliquo
modo tempore confectionis hujus scripti habere potuimus in
villa de Wyttone Beatæ Mariæ, et in Wychio, cum juribus,
tenentibus, eorum homagiis, redditibus, servitiis, curiarum
sectis, eschactis, et aliis pertinentiis quibuscumque. Præterea
dedimus et concessimus eisdem Willelmo magistro et fratribus prædictis et eorum successoribus quandam bulleriam
quam habuimus ibidem, cum libertatibus omnibus ad eam
spectantibus, salvo sale prioris Herefordiæ quod appellatur
laghsalt a diversis tenentibus in Wychio sibi debito et consueto; habendum et tenendum dictum tenementum cum bulleria prædicta, cum omnibus aliis prædictis et pertinentiis
suis singulis tam in Wyttone quam in Wychio prænominatis,
prædictis Willelmo magistro et fratribus prædictis et eorum
successoribus, de domino rege capitali illius feodi domino,
adeo libere et quiete sicut nos eadem habuimus vel habere
potuimus in perpetuum.

Reddendo inde annuatim domino regi, suis hæredibus et
omnibus aliis quibuscumque, redditus, consuetudines, et omnia
servitia debita et consueta; et faciendo domino regi et hæredibus suis sectam ad curiam suam de Berthona extra Gloucestriam quam nos facere consuevimus pro eisdem. Pro hac
autem donatione, concessione, et confirmatione, dedit nobis
prædictus Willelmus quinquaginta marcas sterlingorum præ
manibus. Quare nos et successores nostri totum dictum
tenementum et bulleriam prædictam cum omnibus aliis prædictis et eorum pertinentiis quibuscumque dictis Willelmo
magistro et fratribus prædictis et eorum successoribus, si

" redditus, cum pertinentiis, in
" Wychio et Wyttone juxta Sals-
" warpe, dare possint et assignare
" dilecto nobis in Christo Willelmo
" de Doveria capellano et magistro
" et fratribus Hospitalis Beatæ
" Mariæ de Wychio; tenendum et
" habendum eidem Willelmo et
" magistro et fratribus et succes-
" soribus eorundem fratrum in per-
" petuum; et eisdem Willelmo
" magistro et fratribus, quod præ-
" dictos bulleriam terram et red-

" tenore præsentium similiter licen-
" tiam concedimus specialem, no-
" lentes quod iidem abbas et con-
" ventus, seu præfatus Willelmus
" magister, seu fratres vel eorum
" successores, ratione statuti præ-
" dicti, inde per nos vel hæredes
" nostros occasionentur in aliquo
" vel graventur, salvis tamen capi-
" talibus dominis feodi illius ser-
" vitiis inde debitis et consuetis.

" In cujus, etc.

" Teste ut supra [apud Westmo-

contingat ipsos de prædictis implacitari, warentizabimus in perpetuum.

In cujus rei testimonium præsenti scripto ad modum cyrographi confecto et inter nos diviso sigilla nostra alternatim sunt appensa.

Datum Gloucestriæ die Sancti Kenelmi regis et martiris, anno regni regis Edwardi tertiodecimo.

DCCCCLXVIII. *De Ullingwyk, contra episcopum Herefordensem.*

A.D. 1261.
Of Ulling-
wyk.

Hæc[1] est finalis concordia, facta in curia domini regis apud Gloucestriam, a die Paschæ in unum mensem, anno regni regis Henrici filii regis Johannis quadragesimo quinto, coram Gilberto de Prestone, Martino de Litlebiria, Willelmo de Engilfeude, et Galfrido de Leukenore, justiciariis itinerantibus, et aliis domini regis fidelibus tunc ibi præsentibus, inter Johannem abbatem de Gloucestria querentem, et Johannem Giffard, de hoc quod idem Johannes acquietaret prædictum abbatem de servitiis quæ episcopus Herefordensis ab eo exigit de libero tenemento suo quod de prædicto Johanne tenet in Ullingwyke, scilicet de duabus partibus feodi unius militis cum pertinentiis, et unde idem abbas questus fuit quod prædictus episcopus Herefordensis distrinxit ipsum quod faceret sectam ad curiam ipsius episcopi de Herefordia de mense in mensem, et quod daret ei relevium cum contigerit de prædicto tenemento, de qua secta et quo relevio, idem Johannes, qui medius est inter eos, ipsum acquietare debet; et unde placitum fuit inter eos in eadem curia, scilicet quod prædictus Johannes recognovit et concessit, pro se et hæredibus suis, quod ipsi de cætero acquietabunt et defendent eundem abbatem et successores suos et ecclesiam suam Sancti Petri de Gloucestria versus prædictum episcopum et successores suos et ecclesiam suam Herefordiæ de prædicta secta et prædicto relevio in perpetuum. Et præterea prædictus Johannes dedit prædicto abbati quinque marcas argenti. Et pro hac recognitione, concessione, donatione, fine, et concordia, prædictus abbas remisit et quietum clamavit, de se et ecclesia sua prædicta, prædicto Johanni omnia damna quæ dicebat se habuisse occasione quod prædictus Johannes ipsum prius non acquietaverat de prædicta secta et prædicto relevio usque ad diem quo hæc concordia facta fuit in perpetuum.

---

[1] A repetition, with slight variations, of No. DCXCII. (*ante*, vol. ii. p. 160).

DCCCCLXIX. *Finis cum rege.*

Edwardus,[1] Dei gratia rex Angliæ, dominus Hyberniæ et A. D. 1310.
dux Aquitaniæ, omnibus ad quos præsentes litteræ pervenerint, October 1.
salutem.

Mortmain
licence re-
specting
various
lands.

Licet de communi consilio regni nostri statutum sit, quod
non liceat viris religiosis seu aliis ingredi feodum alicujus, ita
quod ad manum mortuam deveniat, sine licentia nostra et
capitalis domini de quo res illa immediate tenetur ; per finem
tamen quem dilectus nobis in Christo abbas Sancti Petri
Gloucestriæ fecit nobiscum, concessimus et licentiam dedimus,
pro nobis et hæredibus nostris, quantum in nobis est, Johanni
filio Nicholai de Broke, quod ipse unum mesuagium et quatuor
shopas cum pertinentiis in Gloucestria, Nicholao Honsum quod
ipse sexdecim solidatas redditus cum pertinentiis in eadem
villa, Johanni de Bristollia, clerico, quod ipse duo mesuagia,
et medietatem unius virgatæ terræ, cum pertinentiis in eadem
villa, et Berthona abbatis juxta Gloucestriam, Johanni le Hunte
quod ipse unum mesuagium et medietatem unius virgatæ
terræ cum pertinentiis in Uptone Sancti Leonardi, Roberto de
Kynemaresbury quod ipse duas acras terræ, unam acram prati,
et duas acras bosci cum pertinentiis in Kynemaresbury, Willelmo de Snedham quod ipse duas acras terræ et quatuor solidatas redditus cum pertinentiis in Snedham, Thomæ de Stoke
quod ipse unum mesuagium et unum toftum cum pertinentiis
in Gloucestria et suburbio ejusdem villæ, Stephano Broun
quod ipse unum mesuagium cum pertinentiis in eodem suburbio, et Waltero Toky quod ipse unum toftum cum pertinentiis
in eodem suburbio, dare possint et assignare præfato abbati
et conventui ejusdem loci ; habenda et tenenda eisdem abbati
et conventui et successoribus suis in perpetuum ; et eisdem
abbati et conventui quod ipsi prædicta mesuagia, shopas, tofta,
terram, pratum, boscum, et redditum, cum pertinentiis, a præfatis Johanne, Nicholao, Johanne, Johanne, Roberto, Willelmo,
Thoma, Stephano, et Waltero, recipere possint et tenere sibi
et successoribus suis, sicut prædictum est, tenore præsentium,
similiter licentiam dedimus specialem. Nolentes quod prædicti
Johannes, Nicholaus, Johannes, Johannes, Robertus, Willelmus, Thomas, Stephanus, et Walterus, vel hæredes sui, aut
prædicti abbas et conventus vel successores sui, ratione statuti

---

[1] The enrolment of this instrument will be found upon the Patent
Roll 4 Edw. 2. p. 1, m. 14, but with

this marginal note, " Vacat quia in
" anno octavo."

prædicti, per nos vel hæredes nostros inde molestentur in aliquo seu graventur. Salvis tamen capitalibus dominis feodi illius servitiis inde debitis et consuetis.

In cujus rei testimonium has litteras nostras fieri fecimus patentes.

Teste me ipso apud Biger, primo die Octobris, anno regni nostri quarto.

DCCCCLXX. *De Ullyngwyke.*

A.D. 1310.
October 13.
Of Ullyng-
wyke.

Tenore præsentium litterarum pateat universis, quod nos Ricardus,[1] permissione divina Herefordensis episcopus, recepimus et habuimus per manum Johannis de Bery, liberantis, tredecim marcas legalium sterlingorum a venerabili patre domino Johanne,[2] Dei gratia abbate monasterii Sancti Petri Gloucestriæ, et ejusdem loci conventu, nobis debitas ratione servitii seu scutagii, vel pro uno milite exhibendo in exercitu domini regis in Scotiam, pro omnibus terris et tenementis quas prædicti abbas et conventus seu tenentes sui tenent de nobis in Ullingewyke. Et volumus quod de omnibus arreragiis cujuscumque servitii militaris a principio mundi usque ad datam præsentium sint quieti. Et nolumus quod ista solutio nobis modo facta abbati prædicto vel successoribus suis seu ecclesiæ suæ prædictæ in aliquo imposterum sit præjudicialis, quin pro portione sua villatæ prædictæ de Ullingewyke prout consueverant et de jure tenentur, cum ad suum turnum militarem venerint, scutagium cum acciderit solvant.

In cujus rei testimonium sigillum nostrum præsentibus est appensum.

Datum apud Bosebury, tertio idus Octobris, anno Domini millesimo trecentesimo decimo.

DCCCCLXXI. *Carta domini regis de bosco de Hope Maloisel succindendo.*

A.D. 1281.
May 23.
Of Hope
Maloisel.

Edwardus,[3] Dei gratia rex Angliæ, dominus Hiberniæ, et dux Aquitaniæ, omnibus ballivis et fidelibus suis ad quos præsentes litteræ pervenerint, salutem.

Quia accepimus per inquisitionem, quam per dilectum et fidelem nostrum Radulphum de Sandwyco fieri fecimus, quod

---

[1] Richard de Swinefeld.
[2] John Thoky.
[3] A repetition of No. DCCXXXV. (*ante*, vol. ii. p. 184.)

non est ad damnum seu nocumentum nostrum, seu forestæ
nostræ de Dene aut hominum de partibus illis, si concedamus
dilecto nobis in Christo abbati Sancti Petri Gloucestriæ, quod
ipse subboscum bosci sui de Hope Maloysel, qui est infra
forestam nostram prædictam, per quarteria succindere, et commodum suum inde facere possit, pro eo quod idem subboscus
minus aptus est ad feras nostras ibidem sustentandas, ne pro
eo quod tam lupi quam malefactores forestæ frequenter ibidem
accedant et morantur propter densitatem ejusdem subbosci;
ita tamen quod boscus ille sic succisus hassa haya includatur,
et inclusus maneat per tres annos; ita quod feræ nostræ boscum nostrum prædictum libere ingredi et exire possint. Nos,
ad requisitionem ejusdem abbatis, concessimus ei quod ipse
subboscum suum prædictum succindere, et commodum suum
inde facere possit, absque impedimento nostri vel hæredum
nostrorum, justiciariorum, forestariorum, viridariorum, aut
aliorum ministrorum nostrorum forestæ quorumcumque in
forma prædicta.

In cujus rei testimonium has litteras nostras fieri fecimus
patentes.

Teste me ipso apud Westmonasterium, vicesimo tertio die
Maii, anno regni nostri nono.

DCCCCLXXII. *Curia de Wytenhurste.*

Curia de Wytenhurste tenta die Martis proxima post festum
Sancti Johannis ante Portam Latinam, anno regni regis Edwardi decimo sexto, ad gravem querelam domini abbatis Sancti
Petri Gloucestriæ, et ejusdem loci conventus, in plena curia
factam, super perturbatione cursus cujusdam aquæ quæ
dicitur Muchelepol ad molendinum suum de Fremebode,
inquisitio capta fuit per sacramentum totius homagii, tam
liberorum quam nativorum, qui dicunt quod dicti abbas et
conventus et successores sui habere debent de jure cursum
dictæ aquæ vocatæ Muchelepol sub curia domini, currentis per
medium terræ domini per duo loca dicta Calveserofte et Cal-
phey, per longum tempus usitatæ sine perturbatione domini
seu alicujus alterius, usque ad filum dicti abbatis qui dicitur
Abbedespol, versus occidentem, quæ currit usque ad molendinum
dicti abbatis de Fremelode. Et ideo præceptum est quod dicti
abbas et successores sui cursum dictæ aquæ ad molendinum
suum prædictum quieto possideant in futurum.

Of Wyte
hurste.

DCCCCLXXIII. *De vicario Beatæ Mariæ ante portam.*

A.D. 1304.
January 15.
Of the
vicar of
St. Mary
before the
gate.

Memorandum,[1] quod cum inter dominum Willelmum le Chamberlain,[2] perpetuum vicarium ecclesiæ Beatæ Mariæ ante portam abbatiæ Gloucestriæ, ex parte una, et viros religiosos abbatem et conventum monasterii[3] Sancti Petri Gloucestriæ, super sepultura seu funeratione familiarium dictorum religiosorum infra abbatiam prædictam vel extra decedentium, decimatione ovium ipsorum religiosorum in parochia dictæ ecclesiæ pascentium et cubantium, et existentium in custodia parochianorum ecclesiæ memoratæ, deterioratione corredii ipsius vicarii, subtractione decimarum provenientium de duobus croftis apud Budelesmulle[4] et unius herieti pro Johanne Perys[5] parochiano suo defuncto,[6] et pensionis annuæ quinque marcarum a dicto vicario debitæ eisdem religiosis, et aliis rebus, contentio haberetur; tandem pro amfractibus litium amputandis, et quiete perpetua obtinenda, dictus dominus Willelmus vicarius nostræ ordinationi fratris Johannis, permissione divina abbatis monasterii prædicti, super præmissis, pure, sponte, et absolute, totaliter se submisit, præstito corporali sacramento primitus ab eodem quod nostræ ordinationi pareret, et ipsam in omnibus suis articulis inviolabiliter observaret, cujus submissionem nos abbas prædictus admittentes, Deumque habentes præ oculis, inquisita veritate sollicite, de præmissis ordinamus et diffinimus, quod corpora omnium familiarium dictorum religiosorum infra abbatiam vel extra in quacumque parte parochiæ ecclesiæ predictæ decedentium, in cimiterio dictorum religiosorum sepeliantur pro ipsorum libito voluntatis, et quod dictus vicarius et sui successores hujusmodi mortuorum primam habeant missam in ecclesia Sanctæ Mariæ prædicta, cum omnibus oblationibus et obventionibus occasione hujusmodi inibi faciendam.

Item quod dicti religiosi non teneantur ad præstationem decimarum ovium suarum in cujuscumque custodia fuerint infra parochiam memoratam eo quod sunt ipsius ecclesiæ Beatæ Mariæ rectores, et super non solvendis hujusmodi decimis privilegialiter et sufficienter sunt muniti, sed omnium

---

[1] This document has been struck through with the pen, and the following note is written in the margin, "*Vacat quia per aliam renovat.*" Another copy is also contained in Gloucester Cathedral Register A, from whence the collation is derived.

[2] *Chamberlain*] Chamberleyn, Reg. A.

[3] *monasterii*] omit., Reg. A.

[4] *Budelesmulle*] Budekesmille, Reg. A.

[5] *Perys*] Peris, Reg. A.

[6] *parochiano suo defuncto*] parochiani sui defuncti, MSS.

ovium aliorum in custodia dictorum religiosorum ubicumque in parochia prædicta existentium dictus vicarius percipiat decimas universales.

Item quod dictus vicarius corrodium suum percipiat in abbatia prædicta sicuti fuerat consuetum.

Item quod dicti religiosi non teneantur ad præstationem decimarum de duobus croftis prædictis, nec mortuarii de Johanne Perys, eo quod ante petitionem ʸvel vendicationem ¹ ipsius vicarii dicti crofti in propriam terram ² fuerant restituti, et eorum terra propria tunc et nunc fuit et est indecimabilis cuicumque,

Item quia³ Johannes Perys fuit tempore mortis suæ et ante terram servilem tenens ab eisdem cujus mortuarium sicuti de omnibus tenentibus sic⁴ ad dictos religiosos debeat pertinere.

Item quod dictus vicarius dictæ pensionis quinque marcarum annuæ arreragia infra octo dies sacristæ abbatiæ prædictæ plenarie persolvat, ac ipsam pensionem singulis annis quibus vixerit vicarius ad quatuor anni terminos, videlicet ad festa Sancti Michaelis, Sancti Andreæ,ʸ Annunciationis Dominicæ, et Sancti Johannis Baptistæ, pro æquali portione dicto sacristæ qui pro tempore fuerit annuatim persolvat sine lite.

Item volumus et ordinamus, quod dictus vicarius liberationem fæni pro uno⁵ equo sicut consueverat obtineat in futurum. Et quod dictus vicarius in festis Natalis Domini per quatuor dies, et Paschæ per tres, et Pentecostes⁶ per duos dies, cum uno capellano, uno⁷ diacono, et duobus clericis, infra abbatiam prædictam in mensa recipiatur et aliis festis sicuti fuerat consuetum.

[In cujus rei testimonium sigillum nostrum apposuimus huic scripto, et ad majorem probationem sigillum decanatus Gloucestriæ similiter est appensum ad nostri instantiam et rogatum.

Datum et actum Gloucestriæ, die Sancti Mauri abbatis, anno Domini millesimo trecentesimo quarto.]⁸

---

¹ *vel vendicationem*] seu vendicionem, Reg. A.

² *terram*] omit., Reg. A.

³ *quia*] quod, Reg. A.

⁴ *tenentibus sic*] sic tenentibus, Reg. A.

⁵ *uno*] suo, Reg. A.

⁶ *Pentecostes*] Pentacosten, Reg. A.

⁷ *uno*] et uno, Reg. A.

⁸ *In cujus . . quarto*] Supplied from Reg. A.

DCCCCLXXIV. *Curia de Wytenhurste, juxta Standishe.*

Of Wyten-
hurst.

Curia[1] de Wytenhurste tenta die Martis proxima post festum Sancti Johannis ante portam Latinam, anno regni regis
Edwardi decimo sexto, ad gravem querelam domini abbatis
Sancti Petri Gloucestriæ, et ejusdem loci conventus, in plena
curia factam, super perturbatione cursus cujusdam aquæ quæ
dicitur Muchelepol ad molendinum suum de Fremelode,
inquisitio capta fuit per sacramentum totius homagii, tam
liberorum quam nativorum, qui dicunt quod dicti abbas et
conventus et successores sui habere debent de jure cursum
dictæ aquæ vocatæ Muchelepol sub curia domini, currentis per
medium terræ domini per duo loca dicta Calvescrofte et Cal-
phey per longum tempus usitatum sine perturbatione domini
seu alicujus alterius, usque ad filum dicti abbatis qui dicitur
Abbedespol, versus occidentem, quæ currit usque ad molendinum dicti abbatis de Fremelode. Et ideo præceptum est quod
dicti abbas et successores sui cursum dictæ aquæ ad molendinum suum prædictum quiete possideant in futurum.

DCCCCLXXV. *Curia de Whytenhurste, inter Standishe*
et molendinum de Fromelode.

A.D. 1358.
October 25.
Of the
same.

Ad curiam tentam apud Whytenhurste, vicesimo quinto die
mensis Octobris, anno regni regis Edwardi tertii post conquestum tricesimo secundo, ad gravem querelam domini abbatis Sancti Petri Gloucestriæ et ejusdem loci conventus in plena
curia factam, per Johannem de Lecche commonachum et coquinarium dicti abbatis, super perturbatione cursus cujusdam aquæ
quæ dicitur Muchelepol ad molendinum eorum de Fremelode,
et super perturbatione piscariæ quam dicti abbas et conventus
vendicant in Calfheyespulle, in vigilia Sanctorum Petri et
Pauli, inquisitio capta fuit per sacramentum totius homagii,
tam liberorum quam nativorum, qui dicunt quod dicti abbas
et conventus et successores sui habere debent de jure cursum
dictæ aquæ vocatæ Muchelepol sub curia domini, currentis per
medium terræ domini per duo loca dicta Calvescrofte et Calf-
hey, per longum tempus usitatum sine perturbatione domini
seu alicujus alterius, usque ad filum dicti abbatis qui dicitur
Abbotespol, versus occidentem, qui currit usque ad molendinum
dictorum abbatis et conventus de Fremelode. Dicunt etiam

---

[1] A repetition of No. DCCCCLXXII. (*ante,* p. 227).

quod prædicti abbas et conventus piscati fuerunt per servientes
suos singulis annis in dicta vigilia Apostolorum Petri et Pauli
in dicta piscaria de Calfheyespulle sine perturbatione quacumque a tempore cujus contrarii memoria non existit. Ac
etiam dicunt quod in dicta vigilia nullus in ripariis prædictis
piscari debet nisi dominus comes Herefordiæ cum uno reto
sequente retia dicti abbatis, ad quod Johannes de Clifforde tunc
senescallus interrogat qualiter omnia prædicta sciunt, dicunt
quod omnia illa habent ex relatu antecessorum suorum, quod
dicti abbas et conventus dictum cursum aquæ et prædictam
piscariam habere consueverunt a tempore quo non existit
memoria sub forma prædicta.

Ideo consideratum est quod dicti abbas et conventus et successores eorum cursum dictæ aquæ ad molendinum illorum
prædictum et etiam piscariam prædictam quiete possideant in
futurum. Sed quia Johannes de Wygemor et Johannes Shir-
loke, servientes dicti abbatis, auctoritate sua propria attachiave-
runt rete domini Walteri Messager capellani ubi ballivi
domini non fuerunt, ideo dicti Johannes et Johannes in misericordia, quæ ad reverentiam domini abbatis condonatur.

DCCCCLXXVI. *Nomina officiariorum decimas integras ac medietates eorumdem solventium monasterii Sancti Petri Gloucestriæ.*

De priore septem solidi duo denarii. Medietas tres solidi
septem denarii.

De magistro operis decem solidi octo denarii. Medietas
quinque solidi quatuor denarii.

De coquinario quinque denarii. Medietas duo denarii
obolus.

De magistro capellæ duodecim denarii. Medietas sex denarii.

De camerario quatuor libræ sexdecim solidi quatuor denarii.
Medietas quadraginta octo solidi duo denarii.

De subelemosinario decem solidi. Medietas quinque solidi

De priore de Brompfild sex libræ octo solidi octo denarii.
Medietas tres libræ quatuor solidi quatuor denarii.

De infirmario octo solidi octo denarii. Medietas quatuor
solidi quatuor denarii.

De præcentore sex solidi octo denarii. Medietas tres solidi
quatuor denarii.

De custode ecclesiarum quadraginta unus solidi decem denarii. Medietas viginti solidi undecim denarii.

De priore Standlei quatuor libræ quindecim solidi Medietas quadraginta septem solidi octo denarii [1]

De hostilario viginti unus solidi duo denarii Medietas decem solidi septem denarii

De communia in archidiaconatu cum Camme novemdecim libræ sex solidi undecim denarii Medietas novem libræ tredecim solidi quinque denarii obolus

De communia in archidiaconatu Herefordiæ octo libræ quatuor solidi quinque denarii Medietas quatuor libræ duo solidi duo denarii obolus

De elemosinario triginta sex solidi octo denarii Medietas octodecim solidi quatuor denarii

De sacrista in archidiaconatu Gloucestriæ quatuordecim solidi quinque denarii Medietas septem solidi duo denarii obolus

De sacrista in archidiaconatu Herfordiæ quatuor libræ sex solidi Medietas quadraginta tres solidi

De magistro villæ tres libræ sex solidi tres denarii Medietas triginta tres solidi unus denarius obolus

De Camme per se viginti septem solidi tres denarii Medietas tredecim solidi septem denarii obolus

Summa [2] totius decimæ sexaginta libræ novem solidi duo denarii obolus

Summa [2] medietatum triginta libræ quatuor solidi septem denarii quadrans

DCCCCLXXVII Contributiones denariorum de marcha

<table>
<tr><td rowspan="11">Contributions of money</td><td>Communæ abbatiæ,</td><td>-</td><td>Centum tres solidi quatuor denarii obolus.</td></tr>
<tr><td>Camera abbatis, -</td><td></td><td>Quindecim denarii</td></tr>
<tr><td>Prior monasterii, -</td><td></td><td>Sexdecim denarii</td></tr>
<tr><td>Camerarius, -</td><td>-</td><td>Octodecim solidi obolus quadrans</td></tr>
<tr><td>Elemosinarius, -</td><td></td><td>Sex solidi decem denarii obolus</td></tr>
<tr><td>Magister ecclesiarum, -</td><td></td><td>Septem solidi decem denarii</td></tr>
<tr><td>Sacrista, -</td><td>-</td><td>Octodecim solidi decem denarii obolus</td></tr>
<tr><td>Præcentor, -</td><td>-</td><td>Quatuordecim denarii quadrans</td></tr>
<tr><td>Infirmarius, -</td><td>-</td><td>Novemdecim denarii obolus</td></tr>
<tr><td>Subelemosinarius,</td><td>-</td><td>Viginti duo denarii obolus.</td></tr>
</table>

[1] There is some numerical discrepancy here

[2] These sum totals do not tally

Magister operis,	-	-	Duo solidi.
Magister capellæ,	-	-	Duo denarii quadrans.
Hostilarius,	-	-	Tres solidi undecim denarii obolus.
Coquinarius,	-	-	Obolus quadrans.
Magister villæ,	-	-	Duodecim solidi quatuor denarii obolus quadrans.

Summa novem libræ decem denarii obolus quadrans.

Obolus de marcha est medietas summæ suprapositæ, et quadrans pars quarta summæ supradictæ.

DCCCCLXXVIII.

Sciant[1] præsentes et futuri, quod nos Johannes, permissione Of Broc-divina abbas Sancti Petri Gloucestriæ, assensu et voluntate worthe. totius capituli nostri, dimisimus et concessimus domino Waltero de Gloucestria militi, et Hawysæ uxori ejus, unum mesuagium, et unam carucatam terræ cum pertinentiis in Brocworthe, scilicet quicquid nobis et ecclesiæ nostræ Sancti Petri Gloucestriæ accidit per forisfacturam Henrici le Droys, quondam tenentis nostri in eadem villa, ut in dominicis, homagiis, servitiis liberorum hominum, villenagiis cum villanis villenagia illa tenentibus, et omnibus eorum sequelis, boscis, pratis, pasturis, et omnibus aliis rebus ad illa tenementa pertinentibus; habendum et tenendum eisdem Waltero et Hawysæ, et hæredibus de corpore ipsius Walteri procreatis, et eorum hæredibus legitime procreandis successive de hærede in hæredem, de nobis et successoribus nostris et ecclesia nostra prædicta in perpetuum.

Reddendo inde annuatim nobis et successoribus nostris et ecclesiæ nostræ prædictæ dimidiam marcam argenti ad duos terminos, scilicet medietatem ad Pascha, et alteram medietatem ad festum Sancti Michaelis; et faciendo sectam ad liberam curiam nostram in abbatia nostra Sancti Petri Gloucestriæ tenendam bis per annum, scilicet semel ad proximam curiam post Pascha, et secundo post festum Sancti Michaelis, per rationabilem summonitionem; et similiter faciendo inde omnimoda alia servitia, tam regalia quam forinseca, si quæ ad illa pertineant tenementa, pro omni servitio, consuetudine, et exactione. Salvis tamen nobis et ecclesiæ nostræ prædictæ herietis post mortem cujuslibet tenentis, scilicet unum equum cum hernesio competenti, et reis qualia pertinent ad dimidium feodum militis, si hæres fuerit plene ætatis, si vero fuerit

[1] *Vacat* is written in the margin against this charter.

infra ætatem, tunc prædicta tenementa erunt in nostra custodia usque ad suam legitimam ætatem   Et prædictus Walterus et hæredes sui prædicti acquietabunt et defendent prædicta tenementa cum pertinentiis contra omnes homines de
omnimodis exactionibus, placitis, et querelis, et jus dictæ
ecclesiæ nostræ quoad dicta tenementa suis sumptibus et peri-
culis sustentabunt   Ita quod nec licebit eis nos inde vocare
ad warantum, nec sibi volumus teneri ad warantiam prædictorum tenementorum   Et non licebit prædictis Waltero et
Hawysiæ, sive hæredibus ipsius Walteri prædictis, prædicta
tenementa cum pertinentiis a¹ linea hæreditaria de sanguine
ipsius Walteri procedente sine speciali assensu capituli nostri
dare, vendere, invadiare, vel aliquo alio modo alienare   Sed
si exitus sanguinis ipsius Walteri vel hæredum suorum prædictorum defecerit, quod absit, prædicta tenementa cum suis
pertinentiis ad nos et nostram ecclesiam integre revertentur
Et prædictus dominus Walterus juramentum nobis præstitit
fidelitatis, et maxime quod omnes articulos prænotatos fideliter
observabit, et quod in agendis nostris nobis fidele consilium
et auxilium pro viribus suis impendet, et hoc facient singuli
hæredes ejus prædicti cum sibi succedant

In cujus rei testimonium huic scripto inter nos cyrographato
sigilla nostra alternatim sunt appensa, cujus unam partem,
sigillo capituli nostri munitam, dicto Waltero tradidimus, alteram vero partem, sigillo dicti Walteri roboratam, penes nos
retinuimus

Hiis testibus, Rogero de Aldwyke, Henrico atte Oke, Wil-
lelmo de Gardino, domino de Mattesdone, Roberto Mael,
Willelmo de Wydecumbe, Johanne de Usche, Philippo de
Mattesdone, et aliis.

DCCCCLXXIX. *Hopemaleysel*

A D 1338
Nov 30
Of Hope-
maleysel
Inquisitio capta apud Mucheldene, die Lunæ in festo Sancti
Andreæ Apostoli, anno regni regis Edwardi tertii post conquestum duodecimo, coram Johanne de Macclesfeld, tenente
locum domini Bartholomæi de Burghershe, custodis forestæ
domini regis citra Trentam, per breve ejusdem domini regis
eidem domino Bartholomæo vel ejus locum tenenti directum,
ad inquirendum de jure abbatis Beati Petri Gloucestriæ, quod
clamat in bosco de Hopemaloisel, qui quidem abbas, per petitionem suam coram ipso domino rege et consilio suo in par-

---

¹ *a*] et, MS

liamento suo exhibitam, monstravit ut cum ipse et prædecessores sui abbates loci prædicti, a tempore quo non extat
memoria, semper hactenus proficuum suum de toto bosco de
Hopemaloisel ad voluntatem suam tam ante perambulationem
forestæ ipsius domini regis de Dene quam post, absque perturbatione aliqua custodum vel ministrorum ejusdem forestæ
fecissent, et facere debuissent, per sacramentum Johannis Joce,
tenentis locum Gwydonis Brian, custodis forestæ de Dene prædictæ, et Willelmi Hathewy forestarii de feodo in eadem
foresta, et Willelmi Waryn, Johannis de Aure, Philippi
Boteer, Willelmi de Staure, Henrici de Dene, Henrici atte
Greene, Ricardi Wither, Roberti Elys, Roberti Joce, Philippi
de Ailbrightone, Willelmi Marotesone, Willelmi de Bekinore,
Willelmi Mighel, Johannis Hullere, Roberti de Pynlestone,
Henrici Redberd, Henrici Hathewy, et Johannis de Kede-
forde, forestariorum peditum in eadem foresta, et Johannis de
Nortone, equitis in foresta prædicta, Johannis de Haydone,
Ricardi Vyel, Ricardi Billynges, et Henrici de Schaxhulle,
viridariorum ejusdem forestæ, et Roberti de Stroode, Johannis
de Ocle, Ivonis de Ocle, et Johannis de Poltone, regardatorum
forestæ prædictæ, et Walteri Watyes, Johannis de Nasse,
Johannis de Revede, Thomæ Ailwy, Walteri Marcolfe, Wil-
lelmi le Bakare, Humfridi atte Box, et Johannis de Blides-
lowe, regardatorum electorum per dieta, et Johannis Wyther,
Osberti Gayner, Johannis de Bikenore, Johannis Jolfe, Willelmi Lubard, Thomæ atte Welle, Thomæ Gamel, Petri de
Mareys, Galfridi Gamel, Henrici Bonkes, Pagani de Nortone,
Johannis Gayner, Adam Smart, Walteri de Rugge, Roberti
Waldyng, Ricardi de Falleye, Nicholai Modi, Willelmi le
Faucoun, et Willelmi Boruthe, libere tenentium infra forestam
prædictam manentium, et Johannis le Frenshe, Willelmi Chol-
herde, Johannis Bonerel, Johannis Hevede, et Rogeri Jurdan,
bonorum et liberorum hominum extra forestam prædictam
manentium eis adjunctorum, juratorum, et super sacramentum
suum oneratorum; qui omnes prædicti juratores dicunt super
sacramentum suum, quod metæ et bundæ inter boscum præfati abbatis Beati Petri Gloucestriæ de Hopemaloisel et boscum
domini regis forestæ de Dene prædictæ incipiunt a parte boriali apud Purihalesforde, ducendo inde per quamdam semitam
vocatam Meresty, quæ[1] dividit boscum prædictum et ballivam
de la Lee usque Raggedston, et de Raggedston ducunt metæ
prædictæ inter boscum prædictum et ballivam de magna Dene
usque Dryebrook, et sic per Dryebrook usque parvam Hase-

---

[1] quæ] qui, MS.

leye, et sic usque Dryebrookeswalle, et de Dryebrookeswalle
ascendendo per le Meresty inter ballivam de Ruwardyn et
boscum prædictum per quod Meresty factum est fossatum
includens assarta Alexandri de Bikenore junioris per Olde-
wortheynesasshe usque Berleyesfelde, inter quas metas et bundas
bosci prædicti præfatus abbas et prædecessores sui abbates
loci prædicti proficuum suum semper facere consueverunt ad
voluntatem suam, quousque per dominum Robertum de Sapy,
nuper custodem forestæ prædictæ, et ministros suos minus
justo fuerunt impediti, qui quidem Robertus et ministri sui
ejusdem forestæ ipsum abbatem quominus proficuum suum de
dicto bosco facere posset perturbarunt, ad grave damnum
ipsius abbatis, et ecclesiæ suæ Beati Petri jacturam manifestam.

In cujus rei testimonium prædicti juratores sigilla sua huic
inquisitioni apposuerunt.

Data die, loco, et anno supradictis.

DCCCCLXXX. *De fundatione Herfordiæ.*

A.D. 1163.
Of Here-
ford.
Dilectis[1] in Christo fratribus universis Sanctæ Ecclesiæ filiis,
R. Herfordensis Dei gratia episcopus, Dominum expectare
solicite, et venientem gratulanter amplecti.

Quia Ecclesiam Dei regendam et in aliqua sui portione admi-
nistrandam, Domino permittente, suscepimus, ejus commodi-
tati quoad possumus consulere ac providere credita nobis
dispensatione debemus. Quod ita recte fieri arbitramur, si
confracta solidando, et quæ dissipata sunt in corpus unum redi-
gendo, tam incolumitati ejus quam ampliando divino cultui stu-
duerimus deservire. Quoniam igitur omnibus pie credentibus
manifestum habetur, nec forum religioni convenire, nec castellum,
qui tumultus et sanguinum locus est, servientium Domino paci
congruere, ecclesiam Beati Petri in foro Herfordiæ sitam, et
ecclesiam Sancti Gutlaci intra ambitum castelli ipsius inopportu-
tune positam, et omnes possessiones et parochias et dignitates
earum, in unius ecclesiæ corpus redegimus, et eam ecclesiam
Apostolorum Petri et Pauli, et Sancti Gutlaci, quam extra
civitatem ipsam in loco religioni aptissimo ædificari fecimus,
ad serviendum Domino in perpetuum episcopali auctoritate
sancivimus. Et ne auctoritate nostra gravare quempiam, aut
juri cujuspiam præjudicare videamur, tam his qui sunt, quam

[1] This document will also be found in Foliot's Epistles (ed. Giles), vol. i. p. 161. The copy in the car-tulary is much injured by decay.

filiis qui nascentur et exsurgent post nos, præsenti scripto
notum facimus, Rogerum De Port, qui ecclesiam Sancti Gutlaci
diu injuste, utpote laicus tenuerat, et possessiones ejus indigne
distribuerat, peccatum hoc grande humiliter cognovisse, et in
præsentia mea, et fratris Radulfi decani nostri, et canonicorum
nostrorum magistri Hugonis de Cliffort, et magistri Hugonis
de Norhamtona, et domini Hugonis de Calco, et aliorum, tam
clericorum quam laicorum quamplurium, ecclesiam ipsam,
ut divinis officiis plenius assignaretur, in manu nostra penitus
refutasse. Ipso itaque Rogero devote supplicante, venerabili
etiam fratre nostro Gilleberto abbate Gloecestriæ et conventu
ipsius benigne annuente, prædictas ecclesias in unam con-
junximus, et hanc illarum possessionibus, dignitatibus, et pertinentiis omnibus fundatam et dotatam, perpetuæ Apostolorum
Petri et Pauli et Sancti Gutlaci venerationi designavimus. Et
quia conventum fratrum ibidem Deo servientium et ibidem regu-
lariter viventium, per manum prædicti abbatis Gloecestriæ Deo
disponente suscepturi sumus, hanc ipsam Apostolorum et Sancti
Gutlaci ecclesiam præfati abbatis, omniumque successorum ejus
obedientiæ, et ecclesiæ Beati Petri Gloecestriæ custodiæ et sub-
jectioni, capitulo ecclesiæ nostræ in his omnibus unanimiter
assentiente commisimus. Quicumque ergo hoc pietatis opus
pio attenderint, manumque auxiliatricem ad hoc confirmandum
cum fideli devotione porrexerint, perpetuam quæ inibi agentur
orationum communionem, episcopalem a me qualicumque ecclesiæ ministro benedictionem a Summo antem Pontifice Christo
æternam consequantur retributionem. Amen.

DCCCCLXXXI. *Hopemaleysell.*

Edwardus,[1] Dei gratia rex Angliæ, dominus Hiberniæ, et
dux Aquitaniæ, omnibus ad quos præsentes litteræ pervenerint,
salutem.

A.D. 1339.
April 2.
Of Hope-
maleysell.

Sciatis quod cum nuper ad prosecutionem dilecti nobis in
Christo abbatis Beati Petri Gloucestriæ per petitionem suam
coram nobis et consilio nostro in parliamento nostro exhibitam,
nobis suggerentis ipsum abbatem et prædecessores suos abbates
loci prædicti, a tempore quo non extat memoria, semper hactenus proficuum suum de toto bosco suo de Hopemaloysel ad

---

[1] The enrolment of this instrument will be found upon the Patent
Roll, 13 Edw. 3, p. 1, m. 28, from
whence the collation is derived.

voluntatem suam, tam ante perambulationem in foresta nostra
de Dene nuper factam quam post, absque perturbatione aliqua
custodum vel ministrorum ejusdem forestæ fecisse et facere
debuisse, ipsumque abbatem quo minus proficuum suum de
bosco suo prædicto facere posset ut deberet, tunc de novo im-
peditum minus juste fuisse in ipsius abbatis dispendium non
modicum et gravamen et nobis supplicantis sibi super hoc
de remedio provideri ; nolentes præfato abbati injuriari in
hac parte, mandaverimus dilecto et fideli nostro Bartholomæo
de Burghersshe, custodi forestæ nostræ citra Trentam,[1] vel ejus
locum tenenti, quod per inquisitionem, et aliis viis et modis
quibus expedire viderentur, se informarent de jure ipsius abbatis in hac parte, et ipsum abbatem proficuum suum de toto
bosco suo prædicto facere permitterent, prout de jure facere
debet, ipseque et prædecessores sui prædicti a tempore prædicto facere consueverunt, ac per inquisitionem inde per præfatum locum tenentem, per sacramentum tam locum tenentis
custodis forestæ de Dene prædictæ et forestarii[2] de feodo,
necnon[3] forestariorum peditum dictæ forestæ et equitum in
eadem foresta, ac etiam viridariorum et regardatorum forestæ
prædictæ ac aliorum regardatorum electorum per[4] dieta, quam
libere tenentium infra forestam prædictam manentium, et
aliorum bonorum et liberorum hominum extra forestam prædictam manentium eis adjunctorum, de mandato nostro sic
captam, et in cancellaria nostra retornatam, sit compertum
quod præfatus abbas et prædecessores sui abbates loci prædicti[5] proficuum suum de toto bosco de Hopemaloysel ad
voluntatem suam, a tempore quo non extat memoria semper
hactenus, tam ante perambulationem forestæ de Dene quam
post, absque aliqua perturbatione custodum vel ministrorum
ejusdem forestæ, seu constabularii castri de Sancto Briavello
facere debuerunt et fecerunt, quousque per Robertum de Sapy,
nuper custodem forestæ prædictæ, et constabularium ejusdem
castri minus juste fuerunt impediti, qui quidem Robertus
tanquam constabularius castri prædicti, et custos ejusdem
forestæ et ministri sui forestæ prædictæ ipsum abbatem voluntarie quo minus proficuum suum de dicto bosco facere potuit
perturbarunt, anno videlicet regni nostri decimo, ad grave
dampnum ipsius abbatis, et ecclesiæ suæ Beati Petri Gloucest-
triæ jacturam manifestam, et aliter quam retroactis temporibus
fieri consuevit, quodque metæ et bundæ inter boscum præfati[6]

---

[1] *Trentam*] Trentram, Cartul.
[2] *forestarii*] forestariæ, MS.
[3] *necnon*] et, Roll.
[4] *per*] pro, Roll.
[5] *loci prædicti*] prædicti loci, Roll.
[6] *præfati*] prædicti, Roll.

abbatis de Hopmaloysel et boscum forestæ nostræ de Dene prædictæ incipiunt a parte boriali apud Pirialesforde, ducendo inde per quandam semitam vocatam Merestey,[1] quæ dividit boscum prædictum et ballivam de la Lee usque Raggedston,[2] et de Raggedston[2] ducunt metæ prædictæ inter boscum prædictum et ballivam de Magna Dene usque Dribrok, et sic per Dribrok usque parvam Haseleye, et sic usque Dribrokeswalle, et de Dribrokeswalle ascendendo per le Merestey[1] inter ballivam de Ruwardyn[3] et boscum prædictum per quod Meresty factum est fossatum includens assarta Alexandri de Bykenore junioris per Oldewertheynesasshe usque Berleyesfelde. Nos præmissa per inquisitionem prædictam ex officio, ut præmittitur, factam comperta omnibus quorum interesse poterit innotescimus per præsentes, salvo semper in omnibus jure nostro.

In cujus rei testimonium has litteras nostras fieri fecimus patentes.

Teste Edwardo duce Cornubiæ, comite Cestriæ, filio nostro carissimo, custode Angliæ, apud Berkhampstede, secundo die Aprilis, anno regni nostri tertiodecimo.

DCCCCLXXXII. *De bosco de Wolleruge.*

Henricus,[4] Dei gratia rex Angliæ, etc., vicecomiti Gloucestriæ, salutem.

Monstravit nobis abbas de Gloucestria, quod cum ipse nuper, in curia nostra apud Gloucestriam, coram dilecto et fideli nostro Waltero de Helyon justiciario nostro ad hoc assignato, recuperasset seisinam suam versus Gilbertum le Forester, et Gilbertum de Clare comitem Gloucestriæ et Hertfordiæ, de centum acris bosci cum pertinentiis in Maysmore per recognitionem assisæ novæ disseisinæ inde inter eos ibidem captæ, idem Gilbertus, Radulphus, et Gilbertus, præfatum abbatem de prædicto bosco iterum injuste disseiserunt. Et ideo tibi præcipimus, quod assumptis tecum custodibus placitorum coronæ nostræ, et duodecim, tam militibus quam aliis liberis et legalibus hominibus de comitatu tuo, tam de illis qui in prima jurata fuerunt quam aliis, in propria persona tua, accedas ad boscum illum, et per eorum sacramentum diligentem facias inde inquisitionem. Et si præfatum abbatem per prædictos

A.D. 1270. Sept. 11. Of Wolleruge.

---

[1] *Merestey*] Meresty, Roll.
[2] *Raggedston*] Whitestone, Roll.
[3] *Ruwardyn*] Rywardyn, Roll.
[4] A repetition of No.DCCCXLVI. (*ante*, vol. ii., p. 263).

Gilbertum, Radulphum, et Gilbertum, de prædicto bosco iterum
injuste discisitum inveneris, tunc prædictos Gilbertum, Radulphum, et Gilbertum capias, et [in] prisona nostra salvo custo-
dias, donec aliud inde tibi præcepimus et præfatum abbatem
de eodem bosco rescisias.

Teste me ipso apud Wodestok, undecimo die Septembris,
anno regni nostri quinquagesimo quarto.

DCCCCLXXXIII.

Of common
in Mays-
more.

Ricardus[1] Burge[is, David][2] Dunning, Johannes Draperius,
Ricardus [Gunter],[2] Willelmus Waryn, Willelmus de Samford,
Adam Crook, [Walterus Hoch],[2] Ricardus filius Katerinæ,
Amisius Mascecrar, Robertus lez Riche, Willelmus le Riche,
Stephanus de Herefordia, Willelmus de Lodelowe, Thomas Oye,
Willelmus [Gille],[2] Adam filius Rogeri, Ricardus May, Galfri-
dus de Bathonia, Robertus de Roy, David de Bre[ghenoc],[2]
Petrus le Ferrur, Willelmus de Watdone, Mauricius Symenel,
Rogerus[3] de Deveneys, Gilbertus le Taillour, Walterus Kent-
win, Johannes Marescar, [Walterus de Teukesburia],[2] Walterus
Pirun, Galfridus Cuttestuche, Danel Piscator, [Walterus][2] de
Pynnecote, Walterus Halyday, Walterus Bouche, et Ricardus
David summoniti fuerunt ad ostendendum quo jure exigunt
communam in terra abbatis de Gloucestria in Maysmore, sicut
idem abbas nullam communam habet in terra ipsorum.

Et Ricardus Burgeys et omnes alii socii sui venerunt, et concordati sunt per licentiam. Et est con[cordia][2] talis, quod dictus
abbas concessit, prose et successoribus suis et ecclesia sua de
Gloucestria, quod omnes burgenses villæ Gloucestriæ habeant
omnimodam communam ad omnimoda animalia et pecora sua
inter pontem Gloucestriæ et veterem Ledene ; ita quod abbas et
successores sui de cætero nullam arborem plantare poterunt
in eadem pastura, nisi forte ita contigerit quod aliqua arbor
deciderit per putredinem de illis quæ plantatæ fuerint in ea,
et tunc poterunt ibi aliam plantare et non alibi. Concessit
etiam idem abbas, pro se et successoribus suis, quod burgenses Gloucestriæ et hæredes eorum habeant communam
suam in omnibus pratis ipsius abbatis ultra Sabrinam versus

---

[1] Another version of this document, but with a considerable omission, is contained in No. DLXVI.
(*ante*, vol. ii. p. 86.)

[2] These portions between brackets
are supplied from No. DLXVI.,
the copy in the cartulary being
much injured by decay.

[3] *Rogerus*] Reginaldus in No.
DLXVI.

occidentem post fœna levata et asportata, exceptis pratis pertinentibus ad forinseca maneria ipsius abbatis. Præterea ipsi burgenses habebunt communam in prato quod vocatur Presthome post fœna levata et asportata, et non alias.

Et pro hac concessione Ricardus Burgeys et præscripti dederunt prædicto abbati triginta quinque marcas, unde reddunt medietatem ad Natale Domini anno regni vicesimo primo, et ad festum Beati Johannis Baptistæ proximo sequens aliam medietatem. Et omnes prædicti obligaverunt se et hæredes eorum ad totale debitum, scilicet quilibet eorum pro se, et concesserunt quod nisi reddant distringantur.

DCCCCLXXXIV. *Walgaresbruge.*

Placita[1] coram domino rege apud Gloucestriam, termino Sancti Michaelis anno regni regis Ricardi secundi post conquestum secundo, rotulo quinto.

A.D. 1378.
Of Walgaresbruge.

Placita regis, Gloucestria.

Juratores diversorum hundredorum comitatus prædicti, isto eodem termino, coram domino rege apud Gloucestriam præsentant, quod pons vocatus Welgaresbrugge[2] apud Hardewyk est dirutus et confractus, ad grave nocumentum totius populi ibidem transeuntis, ob defectum Almarici le Boteler, et hominum villatarum de Hardewyk[3] et Harfeld,[4] quem quidem pontem prædictus Amaricus[5] et homines villatarum prædictarum reparare tenentur, per quod præceptum fuit vicecomiti quod venire faciat præfatum Almaricum et villatam prædictam ad respondendum, etc.

Et modo, scilicet die Lunæ proximo post tres septimanas Sancti Michaelis isto eodem termino, coram domino rege apud Gloucestriam venit prædictus Almaricus in propria persona sua, et quæsitum est ab eo si quid pro se habeat vel dicere sciat quare pontem prædictum simul cum præfatis villatis reparare non debeat; qui quidem Almaricus dicit, quod ipse habet certas terras et tenementa in prædicta villa de Hardewyk, juxta quorum quantitatem cum tempore paratus extitit et adhuc est pontem illum reparare, si villatæ prædictæ pon-

---

[1] This pleading will also be found upon the Coram rege roll, 2 Richard 2, Mich. roll 5, from whence the collation is derived. The portions between brackets are supplied from the roll, the copy in the cartulary being much injured by decay.

[2] *Welgaresbrugge*] Wolgaresbrugge, Roll.

[3] *Hardewyk*] Herdewyk, Roll.

[4] *Harfeld*] Harsfeld, Roll.

[5] *Amaricus*] Almaricus, Roll.

tem illum reparare voluerint, etc., absque hoc quod ipse seu antecessores sui unquam pontem prædictum reparare tenebantur, seu ipse pontem prædictum reparare tenetur aliquo alio modo, etc., hæc paratus est verificare, etc.

Et Thomas de Shardelowe, qui sequitur pro domino rege, dicit quod prædictus Almaricus [tenetur] pontem prædictum simul cum hominibus præfatarum villatarum de Hardewyk et Harsfeld reparare, prout superius præsentatum est, et hæc pro domino re[ge paratus est] verificare, etc.

Et prædictus Almaricus similiter.

Ideo fiat inde jurata, etc.

Jurata venit, qui ad [hoc electi, triati, et jurati], dicunt [super] sacramentum suum quod prædictæ villatæ de Hardewyk et Harsfeld, et etiam villatæ de Quedes[leye], Potteley, et Standysshe tenentur pontem prædictum reparare, et quod idem Alma[ricus pro ce]rtis terris et tenementis [suis quæ hab]et in prædicta villata de Hardewyk tenetur ut [unus] tenentium ejusdem [villæ de H]ardewyk in communi [simul cum] villatis [supradictis], pro quantitate tenuræ [suæ ibidem pontem præ]dictum reparare, absque hoc quod ipse pontem illum aliquo alio modo reparare tenetur, etc.

Ideo respectuatur [judicium] quousque homines villatarum præd[ictarum] inde ponantur in responsum, etc.

Et præceptum [est vicecomiti quod] non omittat, etc., quin [venire faciat] coram domino rege homines villatarum prædictarum [ad] respondendum, etc.

Et modo, scil[icet], die Jovis in festo Sancti Martini isto eodem termino, coram domino [rege] apud Gloucestriam, veniunt homines prædictarum[1] villatarum de Hardewyk, Harsfeld, Quedesley, Potteley, et[2] Standysshe, per Johannem de Hultone, attornatum suum, et quæsitum est ab eis si quid pro se habeant vel dicere sciant quare pontem prædictum in forma prædicta reparare non debeant, dictum est quod ipsi non tenentur, nec solebant pontem prædictum reparare, nec aliquam terram ibidem habent prope pontem prædictum pro qua pontem prædictum reparare tenerentur, et hoc parati sunt[3] verificare per patriam, etc.

Et Thomas de Shardelowe, qui sequitur pro domino rege, dicit quod homines villatarum prædictarum tenentur pontem prædictum reparare, prout superius præsentatum est.

Et hoc pro domino rege offert verificare, etc.

---

[1] *prædictarum*] supplied from roll.

[2] *et*] supplied from roll.

[3] The copy in the cartulary ends here. The remainder is supplied from the roll.

Et homines villatarum prædictarum similiter.

Ideo venit inde jurata coram domino rege apud Gloucestriam, die Lunæ proximo post crastinum Sancti Martini. Et
qui, etc., ad recognoscendum, etc.

Idem dies datus est hominibus villatarum prædictarum, etc.

Ad quem diem coram domino rege apud Gloucestriam veniunt homines villatarum prædictarum per attornatum suum
prædictum.

Et similiter jurati veniunt, qui ad hoc in præsentia præfati
Almarici electi, triati, et jurati, dicunt super sacramentum
suum quod homines villatarum prædictarum non tenentur pontem prædictum nec aliquam parcellam ejusdem pontis reparare,
nec unquam pontem illum nec aliquam parcellam ejusdem re-
pararuerunt. Sed dicunt quod præfatus Almaricus tenetur
solus pontem illum pro terris suis cuilibet cornerio ejusdem
pontis contigue adjacentibus reparare, et quod ipse et omnes
antecessores sui tenentes terrarum prædictarum, quas ipse
tenet in eadem villa de Herdewyk, pontem illum a toto tempore de jure reparaverunt.

Ideo consideratum est, quod homines prædictarum villatarum
de Herdewyk, Harsfeld, Quedesleye, Potteleye, et Standysshe
eant inde sine die, etc.

DCCCCLXXXV. *Tuffeleye. Monkenmede.*

Die[1] Jovis proximo post octabas Paschæ, anno regni regis A.D. 1287.
Edwardi quintodecimo, apud Gloucestriam, in itinere Willelmi Of Tuffe-
de Saham, et Johannis de Metingham, sociorumque suorum[2] leye.
justiciariorum itinerantium ibidem.

Cum motæ fuissent contentiones inter Johannem abbatem
ecclesiæ Sancti Petri Gloucestriæ ex una parte, et Walterum
priorem Lanthoniæ juxta Gloucestriam ex altera, de hoc quod
prædictus abbas permitteret prædictum priorem habere communam pasturæ suæ in Brokworthe[3] quæ pertinet ad liberum
tenementum suum in eadem villa; et etiam de hoc quod idem
abbas permitteret eundem priorem de Lanthonia habere quoddam cheminum cum plaustris et carectis suis ad omnia necessaria sua carianda de maneriis suis infra comitatum Glou-

---

[1] Another copy of this pleading
is contained in Gloucester Cathedral Register B., from whence the
collation is derived. The portions
between brackets are supplied from

Reg. B, the copy in the cartulary
being much injured by decay.

[2] *sociorumque suorum*] suorumque
sociorum, Reg. B.

[3] *Brokworthe*] Brocworthe, Reg.
B.

Q 2

cesuræ usque ad prioratum prædictum Lanthoniæ per medium
cujusdam prati ipsius abbatis quod vocatur Monkenmede[1]
j[uxta] Lanthoniam prædictam, et etiam de hoc quod prædictus prior Lanthoniæ prædictæ questus fuit quod prædictus
abbas levavit [quo]ddam fossatum in Tuffeleye[2] ad nocumentum
liberi tenementi ipsius prioris in Bertona regis scilicet in
quodam loco in Tuffeleye qui vocatur Monkenmede,[1] tandem
in itinere prædicto conte[ntiones] prædictæ, ad instantiam
communium amicorum utriusque conquieverunt in forma subscripta, [videlicet] quod prædictus abbas con[cessit],[3] pro se [et]
[su]ccessoribus suis, et ecclesia sua Sancti [Petri] Gloucestriæ,
quod prædictus prior et successores sui ecclesiæ suæ Sanctæ
Mariæ et Sancti Johannis Baptistæ Lanthoniæ prædictæ de
cætero in perpetuum [habeant] communam pasturæ suæ in
Brokworthe[4] in quodam bosco ipsius abbatis adj[acente bosco
dicti prioris] qui vocatur le Park, ad omnimoda averia sua omnibus temporibus anni pertinentem ad liberum tenementum ipsius
prioris, et successorum suorum, et ecclesiæ suæ prædictæ in
eadem villa. Et similiter concessit idem ab[bas], pro se et
successoribus suis, quod [idem] prior et successores sui Lanthoniæ de cætero in perpetuum habeant quoddam [cheminum]
cum plaustr[is et carectis sui]s ad blada sua et fœna carianda,
et etiam ad victualia [et omnia alia necessaria] carianda post
fœni levationem per medium prædicti prati de Monkenmede[1]
juxta Lanthoniam [prædictam] usque in vigilia Omnium
Sanctorum annuatim de cætero in perpetuum. Et præterea
si de cætero aliqui vel aliquæ viam vel cheminum per prædictum pratum aliis temporibus anni habuerint vel recuperaverint, prædicti prior et successores sui Lanthoniæ ibidem
cheminum et viam habeant [et habebunt] simul cum ipsis et
hæredibus ac successoribus suis, non [obstante compositione]
et concessionibus sup[rascriptis].[5] Ita tamen quod prædicti
prior et successores sui [habea]nt communam pasturæ ubicumque in prædicto prato de Monkenmede[1] tempore [apto]
ad omnimoda[6] averia sua exceptis porcis in forma subscripta,
videlicet in levatione fœnorum prædicti prati [quam ci]to
boves vel alia averia ipsius abbatis vel successorum suorum
in prato prædicto intraverint ad pascendum, [de cæ]tero quolibet anno boves et alia [averia] ipsius prioris et successorum
[suorum] cum averiis ipsius abbatis et s[uccessorum] suorum

---

[1] *Monkenmede*] Monkenemede, Reg B

[2] *Tuffeleye*] Toffeley, Reg B

[3] *concessit*] omit, Reg B

[4] *Brokworthe*] Brocworthe, Reg B

[5] The word *subscript'* occurs after this hiatus in the cartulary

[6] *omnimoda*] omnia, Reg B

pratum prædictum [licite] ingrediantur et pasturam [in prædicto prato sine] impedimento vel contradictione ipsius abbatis
vel successorum suorum in perpetuum [de cætero pacifice de-
pa]scantur, sed post asportationem fœni libere ingrediantur, et
pascant prædictum pratum sine impedimento ipsius abbatis
vel successorum suorum in perpetuum. Et [si prædictus]
abbas vel successores sui de cætero per se vel ministros suos
averia sua de prædicto prato [gratis detinere] voluerint postquam aliquid de fœno asportaverint extunc propter hoc quod[1]
non minus licebit an[nua]tim tempore prædicto prædictis
priori et successoribus suis Lanthoniæ [cum] omnimodis[2]
averiis suis communicare in prædicto prato exceptis porcis.
Et sciendum quod licebit de [cæ]tero prædictis priori et successoribus suis Lanthoniæ fugare porcos suos per porcarium
suum vel per alios ministros suos per medium prati prædicti
de Monkenmede[3] tempore apto, ita tamen quod porci ipsorum prioris et successorum suorum moram longam non faciant
ibidem pascendi nec per wardam factam, et si per wardam
factam ibidem foderint, imparcantur, et damna sic facta per
foditionem porcorum prædictis abbati et successoribus suis
emendantur, et si porci sine warda facta in prædicto[4] prato
foderint sine parcagio rechaciabuntur, et damna per considerationem duorum fidelium et legalium virorum emendentur. Et
præterea quia prædictus abbas intellexit quod ministri sui
prædictum fossatum in Monkemede levaverunt ad nocumentum
liberi tenementi ipsius prioris, quod quidem fossatum continet
in longitudine circiter sex perticas terræ, et in latitudine
circiter sex pedes terræ, ideo per ministros suos idem abbas
prædictum fossatum prosternere fecit, et in pristinum statum
reducere fecit et coæquare. Et ita concedit pro se et successoribus suis prædictum pratum coæquatum remanere in perpetuum sine aliquo fossato in prædicto prato de cætero
levando sine assensu prædicti prioris et successorum suorum.
Et pro istis concessionibus prædictus prior concessit pro se et
successoribus suis quod ipsi de cætero nullum cheminum
clamabunt vel clamare poterunt ultra prædictum pratum cum
plaustris et carectis nisi a principio levationis fœni usque ad
prædictum festum Omnium Sanctorum, nisi alii ibidem cheminum habuerint vel recuperaverint, sicut prius dictum est.
Ad omnia vero suprascripta fideliter observanda, parti hujus

---

[1] *quod*] omit., Cartulary.
[2] *omnimodis*] omnibus, Reg. B.
[3] *Monkenmede*] Monkenemede,
Reg. B.

[4] The copy in the cartulary ends
here. The remainder is supplied
from Reg. B.

scripti cirographati penes Walterum priorem Lanthoniæ et successores suos remanenti, prædictus Johannes abbas Sancti Petri
Gloucestriæ, pro se et successoribus suis et ecclesia sua prædicta, sigillum capituli ecclesiæ suæ Sancti Petri Gloucestriæ
prædictæ apposuit.   Et similiter prædictus Walterus, prior
Lanthoniæ prædictæ, sigillum capituli sui huic scripto pro
se et successoribus suis apposuit.

Data die, anno, et loco supradictis.

DCCCCLXXXVI. *Forma returni juramentorum vice-comitum et escaetorum receptorum.*

Oaths of
sheriffs
and es-
cheators.

Nos A. abbas de C., tali die, virtute istius brevis, recepimus sacramentum D. vicecomitis comitatus Gloucestriæ de
officio illo bene et fideliter faciendo, juxta formam cujusdam
cedulæ in dicto brevi nobis missi, et litteras domini regis
patentes nobis in hac parte directas eidem vicecomiti libera-
vimus.

DCCCCLXXXVII. *A rentale of the landys of the Quene Court.*

Rental of
Queen
Court.

In primis the Quene Courte place, xl. s.

Item, my lorde abbot for xviii. acurs and a halfe yn Quene
Court felde, xviii. s. vi. d.

Item, John Hunt for xviii. acurs, xx. s.

Item, Wyllyam Wyllow for ground, xx. d.

Item, Thomas Mesenger for three acurs of medow, vi. s.

Item, Water Kyng for hockydmoro and the fowre lesowe,
vi. s.

Item, the sayed Water Kyng for four ruggys att Stony-
hurst, iiii. d.

Item, Thomas Goslyng for an acurre and a halfe, xviii. d.

Item, John Whytmay for certen grond, iii. s.

Item, John Hunt of Lylton for certen grond, v. d.

Item, Thomas Wymon of Maysmore for certen grond there,
x. s.

Item, att Mynsterworth, xxvi. s. viii. d.

Memorandum that out of thys ys payd to the abbey, xx. s.

Summa remanens, quinque libræ quatuordecim solidi unus
denarius.

Et possessores ejusdem Rogerus Porter et Humfridus
Meysy.

DCCCCLXXXVIII. *Buckholt.*

Placita[1] apud Westmonasterium, coram J. [de] Stonore et A.D. 1343. sociis suis justiciariis domini regis de Banco, inter abbatem Of Buckholt. Gloucestriæ et dominum de Brymmesfeld de bosco de la Bokeholt ibidem, de termino Sanctæ Trinitatis, anno decimo septimo [regni Edwardi] regis Angliæ, et Franciæ quarto. Rotulo cccxiiii.

Gloucestria. Adam[2] abbas Sancti Petri Gloucestriæ, per Petrum de Eggeworthe attornatum suum, petit versus Mauricium filium Mauricii de Berkeleye, quingentas et sexdecim acras bosci et dimidiam cum pertinentiis in Brymmesfeld, ut jus ecclesiæ suæ prædictæ, et in quas idem Mauricius non habet ingressum nisi post disseisinam quam Johannes Giffard de Brymmesfeld inde injuste et sine judicio fecit Johanni nuper abbati Sancti Petri Gloucestriæ, prædecessori prædicti abbatis, post primam, etc. Et unde[3] idem abbas dicit quod prædictus Johannes nuper abbas, etc., prædecessor, etc., fuit seisitus de prædictis tenementis cum pertinentiis in dominico suo ut de feodo et jure ecclesiæ suæ prædictæ, tempore pacis, tempore domini Edwardi regis, patris domini regis nunc, capiendo inde expletias ad valentiam, etc.; et in quas, etc. Et inde producit sectam, etc.

Et Mauricius, per Michaelem de Asshe attornatum suum venit, et non potest hoc dedicere, ideo prædictus abbas habeat inde seisinam suam. Et idem Mauricius in misericordia, etc.; sed cesset inde executio quousque, etc. Et quia dubitatur de fraude inde inter eos prælocuta contra statutum quo cavetur ne terræ seu tenementa ad manum mortuam deveniant quoquo modo, præceptum est vicecomiti quod venire faciat hic, a die Sancti Michaelis in quindecim dies, vel coram Rogero Hillary si prius die Lunæ proxima post festum Decollationis Sancti Johannis Baptistæ, apud Gloucestriam prius venerit duodecim, etc., per quos, etc, et qui prædictum abbatem nulla affinitate, etc., ad recognoscendum, etc., quale jus idem abbas habet in prædictis tenementis, et quis prædecessorum suorum fuit inde seisitus ut de jure ecclesiæ suæ prædictæ. Et interim, etc. Et quod de exitibus, etc. Et scire faciat capitalibus dominis feodi illius mediatis et immediatis quod sint hic ad præfatum

---

[1] This pleading will also be found upon the De Banco Roll of Trinity Term, 17 Edw. 3, roll 314, from whence the collation is derived.

[2] Adam de Stauntone.

[3] *unde*] supplied from Roll.

terminum, vel coram præfato Rogero prædictis die et loco,
audituris juratam illam, si, etc, ad quem diem venit prædictus abbas per prædictum attornatum suum   Et prædictus
Rogerus Hillary, coram quo, etc, misit hoc[1] veredictum
juratæ prædictæ in hæc verba

Postea die et loco infra contentis, coram Rogero Hillary,
associato sibi Roberto de Apetot,[2] per formam statuti, etc,
venit prædictus abbas infra nominatus per attornatum suum
infra contentum, et similiter juratores, qui dicunt per[3] sacramentum suum quod prædictus Adam nunc abbas fuit seisitus
de prædictis tenementis cum pertinentiis tempore domini
regis nunc, et omnes prædecessores ipsius abbatis de eisdem
tenementis fuerunt seisiti, ut de jure ecclesiæ suæ infra con-
tentæ, a tempore[4] quo non extat memoria   Et dicunt quod
non est aliqua fraus seu collusio, etc   Et sciendum quod
vicecomes modo mandat quod scire fecit Mauricio de Berkeleе,[5]
qui est capitalis dominus immediatus feodi illius, per Willelmum Solers de Rendecombe[6] et Robertum Lynes, quod esset
coram præfatis justiciariis regis, etc, qui quidem Mauricius
ibidem solemniter vocatus non venit   Et quod non est aliquis
alius capitalis dominus feodi illius mediatus nec immediatus
in balliva sua, etc   Ideo fiat inde executio, etc

DCCCCLXXXIX _Upameney._

A D. 1347,
May 1
Of Upame-
ney.

Edwardus, Dei gratia rex Angliæ et Franciæ, et dominus
Hiberniæ, collectoribus auxilii ad primogenitum filium nostrum
militem faciendum in comitatu Gloucestriæ, salutem

Monstravit nobis abbas de Teukesburia, quod cum ipse et
Walterus de Cheltenham, abbas de Gloucetrie, prior de Bradenstoke, ac quidam alii, certa terras et tenementa cum pertinentiis in Upameneye per servitium medietatis feodi unius
militis separatim teneant, et licet idem [abbas] de Teukesburia
portionem ipsum de auxilio prædicto juxta ratam terræ suæ
contingentem vobis ad opus nostrum solvere sit paratus, vos
nihilominus viginti solidos pro prædicto servitio medietatis
feodi unius militis a præfato abbate de Teukesburia ac si
omnia prædicta terras et tenementa tenuerit, cum non teneat
dictis aliis tenentibus aliarum particularum omissis ad opus
nostrum levare intenditis in ipsius abbatis de Teukesburia

---

[1] _hoc_] hæc, Roll
[2] _de Apetot_] Dabetot, Roll
[3] _per_] super, Roll

[4] _a tempore_] omit, Cartulary
[5] _Berkelee_] Berkele, Roll
[6] _Rendecombe_] Ryndecombe, Roll

damnum non modicum et gravamen. Et quia nolumus quod
eidem abbati de Teukesburia injurietur in hac parte, vobis
mandamus, quod si per inquisitionem, vel alio modo legitimo,
vobis constare poterit omnia prædicta terras et tenementa per
servitium medietatis feodi unius militis teneri, ipsosque abbatem, Walterum, abbatem, priorem, et alios ea separatim
tenere, ut prædictum est, tunc recepta a præfato abbate de
Teukesburia portione dictorum viginti solidorum ipsum juxta
ratam tenuræ suæ contingente, residuum inde ab aliis aliarum
particularum tenentibus, videlicet a quolibet eorum juxta ratam
tenuræ suæ ad opus nostrum, ut est justum, levari faciatis.

Teste Leonello filio nostro carissimo, custode Angliæ, apud
Redyng, primo die Maii, anno regni nostri Angliæ vicesimo
primo, regni vero nostri Franciæ octavo.

DCCCCXC.

Gloucestria.   Inquisitio capta apud Gloucestriam, die Lunæ
proxima ante festum Translationis Sancti Wolstani, anno regni
regis Angliæ vicesimo primo, regni vero sui Franciæ octavo,
coram Simone Basset vicecomite Gloucestriæ, Johanne de
Acton, et Henrico de Clifford, collectoribus auxilii ad primogenitum filium ipsius domini regis militem faciendum in
comitatu Gloucestriæ concessi, virtute brevis domini regis
huic inquisitioni consuti, per sacramentum Willelmi de Pol-
ham, Johannis atte Halle de Haseltone, Johannis de Upcote,
Ricardi Burgeys, Willelmi Selers de Rendecombe, Johannis
Pecoke, Johannis atte Halle de Strattone, Henrici de Comptone, Willelmi Selers de Collesbourne, Ricardi atte Stable,
Thomæ Olyve, et Johannis Lucas de Schiptone, qui dicunt
per sacramentum suum quod abbas de Teukesburia et tenentes
sui, tenentes terrarum et tenementorum quæ Walterus de
Chiltenham tenuit in Upamnencye, modo tenent duas partes
medietatis illius dimidii feodi militis in eadem villa, et prior
de Bradenstoke et tenentes sui et Ricardus le Brut tenent
tertiam partem medietatis illius dimidii feodi militis in eadem
villa, ita quod abbas de Gloucestria, nec tenentes sui, nihil
tenent in eadem villa per servitium militare de prædicto
dimidio feodo, sed omnia quæ habent et tenent ibidem tenent
in puram et perpetuam elemosinam a tempore quo memoria
non existit.

In cujus rei testimonium prædicti juratores huic inquisitioni
sigilla sua apposuerunt.

A.D. 1347.
June 18.
Of the
same.

DCCCCXCI.

A.D. 1375.
July 19.
Of lands in
Chirintone
hundred.

Ad visum franciplegii tentum apud Chirintone octavo die Junii anno quadragesimo octavo, præsentatum fuit quod abbas Gloucestriæ tenet certa terras et prata infra hundredum de Chirintone apud Tukkele, per quæ servitia ignoratur, et quo titulo. Et super hoc præceptum fuit distringere dictum abbatem essendi ad honorem de Walyngford ad ostendendum, etc., virtute cujus districtionis dictus abbas comparuit ad curiam honoris tentam ibidem vicesimo nono die Maii anno quadragesimo nono, per Robertum Palet attornatum et senescallum suum, et dicit quod dictus abbas nulla terras et prata tenet infra libertatem domini principis, nisi in puram et perpetuam elemosinam. Et super hoc datus est dies dicto abbati ad visum franciplegii tentum apud Chirintone decimo nono die Julii anno quadragesimo nono, ad quem diem prædictus abbas comparuit per dictum Robertum attornatum et senescallum suum, et petiit inquiri super præmissis. Et super hoc duodecim juratores onerati fuerunt, qui dicunt per sacramentum suum, quod dictus abbas Gloucestriæ tenet quandam parcellam terræ et prati infra hundredum de Chirintone vocatam Tukkele, et tenuit[1] a tempore quo non extat memoria, in puram et perpetuam elemosinam, absque hoc quod dominus princeps nec aliquis progenitorum suorum unquam habuerunt aliqua servitia pro prædictis terris et prato,[2] nec unquam fuerunt seisiti de aliquibus servitiis, et super hoc habent diem ad prosequendum coram consilio domini, etc.

DCCCCXCII. *Warenna abbatis Gloucestriæ.*

A.D. 1287.
Of free-
warren
and other
liberties.

Abbas[3] Gloucestriæ [venit] coram justiciariis hic, [et] per bilettum[4] suum clamat habere liberam warennam in maneriis suis de Maismor, Hardepirie, Upledene, Hincham, Chircham, et Prestone, et liberam warennam in bosco suo de Tuffeleye quod est ultra Sabrinam, et mercatum et feriam in manerio suo de Northleche, et visum franci plegii in Hintone; et gratis vult respondere sine brevi.

---

[1] *tenuit*] tenuerunt, MS.

[2] *prato*] pratis, MS.

[3] A repetition of No. DCCCCXXXIII. (*ante*, p. 27), with slight variations.

[4] *bilettum*] dilectum, MS.

Et quoad warennam, dicit quod illam clamat habere per cartam regis Henrici primi, quam profert, et quæ testatur quod idem rex concessit monachis Gloucestriæ ut habeant warennas [suas] in tota terra eorum ultra Severnam, in bosco et plano, etc. Teste Willelmo de Rochella apud Sarum. Et quia ostendit cartam prædictam, et testatum est quod ea utitur sicut decet, ideo quoad warennam inde sine die, salvo jure, etc.

Et quoad feriam [et] mercatum, dicit quod ea clamat habere per cartam regis Henrici patris domini regis nunc, quam profert, et quæ testatur quod idem rex concessit abbati Sancti Petri Gloucestriæ et monachis ibidem Deo servientibus, quod habeant singulis annis unam feriam apud manerium suum de Northleche per tres dies duraturam, scilicet in vigilia, in die, [et] in crastino Apostolorum Petri et Pauli, et quod habeant [ibidem] singulis septimanis unum mercatum per diem Mercurii, ita tamen quod prædicta feria et prædictum mercatum non sint ad nocumentum, etc. Data per manum venerabilis patris Radulphi Cicestrensis episcopi, cancellarii regis, apud Westmonasterium, vicesimo secundo die Martii, anno regni sui undecimo. Et quia testatum est quod est in seisina de prædictis feria et mercato, ideo eat inde sine die ad præsens, salvo jure regis cum alias, etc.

Et quoad visum franci plegii, dicit quod quatuor et præpositus de Hynetone veniunt ad turnum vicecomitis ad præsentandum cum aliis villis vicinis præsentationes de hiis quæ emergunt extra villam suam de Hynetone, sed omnia alia quæ emergunt infra villam suam de Hynetone sunt præsentata in visu prædicti abbatis apud Hynetone. Et quæsitus si habeat furcas et alia judicialia, dicit quod furcas et tumberellum habet.[1] Et dicit quod ipse et omnes prædecessores sui, a tempore quo non extat memoria, extiterunt in seisina de prædicto visu, et tali waranto clamat habere præfatum visum, etc.

Et Willelmus Inge, qui sequitur pro rege, dicit quod ex quo prædictus abbas cognoscit quod quatuor et præpositus veniunt ad turnum vicecomitis, statim concedit seisinam domini regis, et ideo præceptum est vicecomiti quod manuteneat dominum regem in seisina sua de prædictis adventibus, et permittat prædictum abbatem gaudere seisina sua de libertate sua sicut hactenus usus fuit, etc.

---

[1] *habet*] habeat, MS.

DCCCCXCIII   *Carta ballivorum Gloucestriæ*

A.D 1287
Of the
bailiffs of
Gloucester

Gloucestria [1] Placita domini regis de quo waranto et Regeman, coram Willelmo de Saham, Rogero Loveday et Johanne de Metyngham, justiciariis itinerantibus in comitatu Gloucestriæ, in crastino clausi Paschæ, anno regni regis Edwardi, filii regis Henrici, quintodecimo

Ballivi de Gloucestria [2] summoniti fuerunt ad respondendum domino regi de placito quo waranto clamant tenere burgum Gloucestriæ cum pertinentiis, qui est de antiquo dominico coronæ domini regis, sine licentia et voluntate ipsius domini regis vel prædecessorum suorum regum Angliæ, etc, per unum breve. Et per aliud breve [3] quo waranto clamant habere returnum brevium domini regis et coronatores proprios infra burgum Gloucestriæ quæ ad ipsum dominum regem et coronam suam pertinent, sine licentia, etc

Et ballivi veniunt, et [4] quo ad burgum quem tenent dicunt quod illum [5] clamant per cartam regis Henrici patris domini regis nunc, quam proferunt, quæ testatur quod idem dominus rex concessit burgensibus suis Gloucestriæ, et carta sua confirmavit, totum burgum Gloucestriæ cum pertinentiis, tenendum de ipso rege et hæredibus suis ad firmam, reddendo per annum quinquaginta et quinque libras sicut eas solebant reddere, et decem libras numero de incremento firmæ, etc. Data per manum venerabilis patris Radulphi Cicestrensis [6] episcopi, cancellarii regis, apud Westmonasterium, sexto die Aprilis, anno regni sui undecimo

Et quo ad returnum brevis dicunt [7] quod clamant habere prædictam libertatem per quandam cartam regis Henrici, patris domini regis nunc, quam proferunt, et quæ testatur quod idem rex concessit burgensibus suis Gloucestriæ, quod ipsi et eorum hæredes burgenses ejusdem villæ in perpetuum habeant returnum omnium brevium domini regis prædictam villam Gloucestriæ et libertatem ejusdem villæ tangentium, et quod ballivi ejusdem villæ respondere possint per manum suam propriam ad scaccarium regis de omnibus debitis suis

---

[1] This pleading will also be found in the " Placita de quo warranto," printed by the Record Commission, page 241, from whence the collation is derived

[2] *de Gloucestria*] Gloucestriæ, printed vol

[3] *Et per aliud breve*] omit, Cartulary

[4] *et*] omit, Cartulary.

[5] *illum*] illam, Cartulary

[6] *Cicestrensis*] Cicestre, Cartulary.

[7] *dicunt*] dicit, printed vol

et summonitionibus ejusdem scaccarii prædictam villam Gloucestriæ contingentibus. Data per manum domini regis apud Fekkenham,[1] decimo die Augusti, anno regni sui quadragesimo.

Et quo ad coronatores proprios, dicunt quod illam libertatem clamant per cartam regis Johannis, avi domini regis, quam proferunt, et quæ testatur quod idem dominus rex voluit quod in burgo suo Gloucestriæ per commune consilium burgensium eligantur quatuor de legalioribus et discretioribus burgi ad custodiendum placita coronæ et alia quæ ad regem et coronam suam pertinent in eodem burgo, et ad videndum quod præpositi illius[2] burgi juste et legitime tractent tam pauperes quam divites. Data per manum E.[3] Welensis archidiaconi et J. de Gray archidiaconi Gloucestriæ, vicesimo sexto die Aprilis, apud Porcestre, anno regni prædicti regis primo.

Unde dicunt quod per[4] prædictas cartas clamant habere et tenere prædictum burgum et similiter prædictas libertates in prædicto burgo, etc. Quæsitum est ab eis si habeant aliquam concessionem[5] de domino rege qui nunc est, dicunt quod non. Requisiti si habeant judicialia, dicunt quod habent pillorium et tumberullum in prædicta villa, et quod dominus rex habet furcas prope villam Gloucestriæ, quas ipsi semel reparant, et vicecomes alia vice, et ibi fiunt executiones judiciales latronum cum manuopere captorum. Requisiti si clamant habere custodiam prisonum, dicunt quod sic, sed dicunt quod[6] justiciarii domini regis prisonam villæ deliberant.[7] Requisiti etiam si clamant placitare brevia prædictam villam tangentia quæ dicuntur[8] justicies, dicunt quod sic, et hoc per quandam clausulam in carta domini Henrici regis patris regis nunc contentam, per quam dominus rex concessit burgensibus Gloucestriæ de gilda mercatoria, quod nullus eorum placitetur[9] extra muros ejusdem villæ de ullo[10] placito præter placita de tenuris exterioribus, et exceptis monasteriis et ministris suis, et per aliam clausulam ejusdem cartæ, in qua continetur quod dominus rex concessit eisdem burgensibus, quod nullus vicecomitum suorum in aliquo se intromittat super eos de aliquo placito, vel querela, vel occasione, vel aliqua re alia ad prædictum burgum pertinente, salvis sibi et hæredibus suis pla-

---

[1] *Fekkenham*] Feckenham, printed vol.

[2] *illius*] illi, Cartulary.

[3] *E.*] S., printed vol.

[4] *per*] omit., Cartulary.

[5] *concessionem*] concessione, Cartulary.

[6] *quod*] omit., Cartulary.

[7] *deliberant*] deliberent, Cartulary.

[8] *quæ dicuntur*] qui dicunt, Cartulary.

[9] *placitetur*] placitet, printed vol.

[10] *ullo*] ublo, MS.

citis coronæ suæ quæ attachiari debent per eosdem[1] burgenses usque ad adventum justiciariorum, sicut prædictum
est, etc   Ballivi quæsiti si placitant brevia quæ dicuntur justicies, dicunt quod non, nisi inter burgensem et burgensem, si
contingant venire   Et datus est eis dies de audiendo judicio
suo apud Westmonasterium coram thesaurario, etc , a die
Sancti Michaelis in unum mensem, etc   Ad quem diem prædicti ballivi non venerunt,[2] neque sequebantur libertates suas
prout illas clamant in itinere, etc   Ideo prædictæ libertates
capiantur in manum domini regis, etc.

DCCCCXCIV.

Placita[3] assisarum apud Gloucestriam, coram Roberto Beal-
knappe et David Hannemere, justiciariis domini regis ad
assisas in comitatu Gloucestriæ capiendas assignatis, die Mercurii in quinta septimana Quadragesimæ, anno regni regis
Ricardi secundi post conquestum Angliæ quinto

Gloucestria Assisa venit recognitura si Johannes Hulle hos-
tyler injuste, etc , disseisivit abbatem Beati Petri Gloucestriæ
de libero tenemento suo in Gloucestria post primam, etc   Et
unde queritur quod disseisivit eum de octo solidatis redditus
cum pertinentiis, etc

Et prædictus Johannes non venit   Et fuit attachiatus per
Rogerum Godesone et Radulphum Jone, ideo ipsi in misericordia, etc   Et super hoc[4] prædictus abbas pro titulo liberi
tenementi et assisa de redditu prædicto habendo dicit[5] quod
quidam Rogerus filius Rogeri filii Ceciliæ fuit seisitus de redditu prædicto cum pertinentiis in dominico suo ut de feodo,
per manus cujusdam Radulphi Tinctuarii tunc tenentis tenementi in visu positi, videlicet cujusdam placeæ terræ quæ
jacet ultra pontem Gloucestriæ inter filum Sabrinæ et terram
quæ fuit avunculi sui, ad quatuor anni terminos, per æquales
portiones, et ipse et antecessores sui de eodem redditu seisiti
fuerunt, a tempore quo non extat memoria, per manus tenentium dictæ terræ, et pro non solutione redditus illius semper
distringere consueverunt, qui quidem Rogerus redditum prædictum cum pertinentiis per cartam suam, quam prædictus
abbas profert hic in curia, dedit et concessit Deo, et ecclesiæ

---

[1] eosdem] eos, Cartulary
[2] venerunt] venerint, Cartulary
[3] This pleading is also contained
in the Gloucestershire Assize Roll
of the fifth year of Richard 2, from
whence the collation is derived
[4] hoc] omit , Roll
[5] dicit] Supplied from Roll

Beati Petri Gloucestriæ, et monachis ibidem Deo servientibus, pro salute animæ suæ et omnium antecessorum suorum et parentum suorum, in puram et perpetuam elemosinam in perpetuum, virtute cujus doni quidam tunc abbas Beati Petri Gloucestriæ seisitus fuit de redditu prædicto, et post ipsum quidam Henricus Blount,[1] quondam abbas loci prædicti, successor, etc., seisitus fuit de redditu prædicto per manus tenentium terræ prædictæ in visu positæ, tempore regis Henrici filii regis Johannis progenitoris domini regis nunc, et ipsi et omnes successores sui abbates loci prædicti seisiti fuerunt de redditu prædicto per manus tenentium terræ prædictæ in forma prædicta, et pro non solutione redditus illius semper distringere consueverunt, quousque prædictus Johannes prædictum abbatem de redditu prædicto injuste, etc., disseisivit. Ideo capiatur assisa versus prædictum Johannem per defaltum, etc. Recognitores veniunt, qui ad hoc[2] electi, triati, et jurati, dicunt, super sacramentum suum, quod prædictus Rogerus fuit seisitus de redditu prædicto cum pertinentiis in forma prædicta, et ipse et antecessores sui a tempore quo non extat memoria seisiti fuerunt de redditu prædicto per manus tenentium terræ prædictæ in visu positæ in forma prædicta, et pro non solutione redditus illius semper distringere consueverunt, qui quidem Rogerus redditum prædictum cum pertinentiis per cartam prædictam eisdem[3] recognitoribus in evidentiam per curiam liberatam dedit et concessit Deo, et ecclesiæ Beati Petri Gloucestriæ,[4] et monachis ibidem Deo servientibus, in puram et perpetuam elemosinam in perpetuum, in forma qua per eandem cartam supponitur, virtute cujus doni quidam tunc abbas Beati Petri Gloucestriæ,[5] seisitus fuit de redditu prædicto, et post ipsum quidam Henricus Blount[6] quondam abbas loci prædicti, successor, etc., seisitus fuit de redditu prædicto per manus tenentium terræ prædictæ tempore prædicti regis Henrici, et ipsi et omnes successores sui abbates loci prædicti seisiti fuerunt de redditu prædicto per manus tenentium terræ prædictæ in forma prædicta, et pro non solutione redditus illius semper distringere consueverunt, quousque prædictus nunc abbas petiit a præfato Johanne nunc tenente terræ prædictæ redditum prædictum, et idem Johannes redditum prædictum solvere noluit. Recognitores quæsiti qualis est redditus

---

[1] *Blount*] Blont, Roll.
[2] *hoc*] Supplied from Roll.
[3] *eisdem*] omit., Roll.
[4] *Gloucestriæ*] prædictæ, Cartulary.

[5] *tunc abbas Beati Petri Gloucestriæ*] abbas tunc loci prædicti, Roll.
[6] *Blount*] Blont, Roll.

prædictis, etc.,[1] dicunt quod est redditus siccus, quæsiti de damnis prædicti abbatis, assidunt damna ad sexaginta et decem solidos et octo denarios

Ideo consideratum est quod prædictus abbas recuperet seisinam suam de redditu prædicto cum pertinentiis per visum recognitorum assisæ prædictæ, et damna sua prædicta, et prædictus Johannes in misericordia, etc.[2]

Nomina juratorum assisæ prædictæ Johannes Bryghthamptone, Robertus Diaper, Petrus Cooke, Johannes Boner, Johannes Pyket, Walterus de Schiptone, Ricardus Hynam, Thomas Heydone, Alexander Sujournant, Johannes Astone tannere, Johannes Symondes, Willelmus Baget goldsmythe

DCCCCXCV *De fundatione Herfordiæ*

A D 1100
Of Here-
ford

Anno[3] ab Incarnatione Domini millesimo centesimo, Hugo de Laceio et Adeliza uxor ejus dederunt ecclesiæ Sancti Petri de Gloucestria ecclesiam Sancti Petri de Herfordia cum omnibus quæ ad eam pertinent, pro animabus patris et matris[4] et omnium parentum suorum, et pro suis, liberam et quietam, in elemosinam tenendam a monachis sub ipsis et sub hæredibus eorum   Abbas autem et monachi concesserunt eis societatem et beneficium loci sui factum pro eis sicut pro semetipsis in orationibus Ipsi vero et corpora sua apud eos sepeliri, et rerum suarum partem universam quæ eis contigerit monachis donari concesserunt

Testibus Radulpho de Penebrugge, Alexandro de Cormelis, Radulpho filio Anschetilli, Ansfrido de Ebroica, Tui de Sai, Gotse dapifero, Linaldo de Uschamla, Ricardo de Schetot, Rogero de Wica

DCCCCXCVI *Visus franchesiarum Gloucestriæ*

A D 1370
Of the
liberties of
Gloucester

Anno regni regis Edwardi tertii post conquestum quadragesimo quarto, die Mercurii proxima post festum Sancti Jacobi Apostoli, Thomas Styward, et Johannes de Elmore, ballivi burgi Gloucestriæ scrutaverunt et perambulaverunt franchesias, libertates, et extentas burgi prædicti per visum diversorum

---

[1] *etc*] Supplied from Roll
[2] The entry on the roll ends here
[3] A repetition of No CCCIII (*ante*, vol 1, p 326).
[4] *patris et matris*] patrum et matrum, MS

burgensium, videlicet, hiis præsentibus, Thoma de Bisele, Johanne de Anlep, Willelmo James, Wysshemonger, Ricardo Zawan Sporiar, Willelmo Heyberer, Johanne de Mounmmothe, Waltero de Markeley, Radulfo at Felde, cum plurimis aliis; incipiente a porta occidentali usque crucem in medio pontis occidentalis, pratis et pasturis abbatis et conventus Beati Petri Gloucestriæ exceptis ex utraque parte pontis antedicti, deinde a Sabrina magna infra portam parvam extendente versus orientem inter pratum archidiaconi et gardinum hospitalariorum Sancti Bartholomæi usque parvam Sabrinam, sic ducente parva Sabrina usque Tullewellebroke, super quam stat pons cum barris ferreis, sic ducente via regali ad portam gardini monachorum cum venella vocata Fetelone usque Newlonde, ad metas et bundas, ut apparet ibidem ad lapidem fixum, deinde a porta australi usque ad limitationes ibidem in eadem strata, hospitio excepto ibidem cum domibus et terris ex opposito, per visum legalium virorum, extunc infra Ryglestyle usque tenementum abbatis Beati Petri Gloucestriæ, deinde ad venellam vocatam Sevarnestreto usque clavem Sabrinæ in fine ejusdem venellæ super Sabrinam, castro regis et pratis reservatis domino regi quia de hundredo Bartonæ regis est, ut patet per extentam in scaccario regis. Acetiam invenitur per burgenses supradictos quod burgus Gloucestriæ stat in hundredo et in medio hundredi de Duddestone, et ante burgus Gloucestriæ est in omnibus assisis.

Data die et anno supradictis.

DCCCCXCVII. *De fundatione Herfordiæ.*

Carta doni Rogeri de Portu de ecclesia Sancti Gudlaci de castello Herfordiæ, anno ab Incarnatione Domini millesimo centesimo quadragesimo tertio. A.D. 1143. Of Hereford.

Ego Rogerus de Portu, annuente Sibilla conjuge mea, pro Dei amore, pro salute animarum patris et matris meæ, [et] omnium antecessorum meorum, pro remissione peccatorum [meorum], et præfatæ conjugis meæ, omnium propinquiorum meorum, dedi, et in perpetuum concessi in elemozinam, per manum reverendi patris nostri Roberti, Herfordensis episcopi, Deo, et ecclesiæ Sancti Petri de Gloucestria, ecclesiam Sancti Cuthlaci de castello Herfordiæ, cum omnibus præbendis, libertatibus, dignitatibus, et cæteris rebus quas ipsa ecclesia meo tempore vel tempore patris mei obtinuit, et hoc ad victum monachorum, qui sub magisterio et dispositione Gloucestriæ ecclesiæ apud Herfordiam ordinem servaverint et conventum fecerint.

Hujus donationis testes sunt, Robertus Herfordensis episcopus, [episcopus] de Sancto David, Milo comes Herfordiæ,
Rogerus Filiorem, magister Hugo de Clifford, cum aliis
multis.

Originalem Herefordia habet.

DCCCCXCVIII. *Wallyngford. Chyrintone. Tukkeleye.*

A.D. 1379,
June 13.
Of Wal-
lyngford.

Cum alias præsentatum fuit coram Thoma Doyli, tunc senescallo honoris Wallyngford, ad visum franciplegii tentum apud
Chiryntone, octavo die Junii, anno regni regis Edwardi tertii
post conquestum quadragesimo octavo, quod abbas Sancti
Petri Gloucestriæ tenuit certa terras et prata infra hundredum
de Chiryntone vocata Tokkele, per quæ servitia ignorabant,
nec quo titulo. Et super hoc præceptum fuit distringere prædictum abbatem essendi coram dicto Thoma ad ostendendum,
etc., virtute cujus districtionis dictus abbas comparuit ad
curiam honoris tentam apud Wallynford, vicesimo nono die
Maii,[1] anno ejusdem regis quadragesimo nono, per Robertum
Palet attornatum suum, et dicit quod prædictus abbas nulla
terras et prata tenet infra libertatem domini principis, nisi in
puram et perpetuam elemosinam. Et super hoc datus erat
dies dicto abbati quod esset ad visum franciplegii tenendum
apud Chiryntone decimo nono die Julii anno ejusdem regis
quadragesimo nono, ad quem diem prædictus abbas comparuit
per prædictum attornatum suum, et petiit inquiri super præmissis. Et quia Johannes de Brughtone, jam senescallus dicti
honoris, viso isto processu non invenit per rotulos suos quod
dicta inquisitio capta fuit, nec irrotulata, nec aliqua finis inde
facta, præcepit ballivo distringere dictum abbatem essendi apud
Chiryntone, ad visum franciplegii[2] tenendum ibidem, tertiodecimo die Junii, anno regni regis Ricardi Secundi post conquestum secundo, ad quem diem dictus abbas comparuit per
Johannem Wytecombe attornatum suum, et dicit ut prius,
quod non tenet prædicta terras et prata, nisi in puram et perpetuam elemosinam, absque aliquo alio servitio inde faciendo,
et super hoc protulit cartas suas quæ omnia prædicta testantur,
et ulterius petiit inquiri. Et super hoc inquisitio capta per sacramentum Nicholai Chausy, Ricardi Brit, Johannis Perus, Rogeri Wodewarde, Roberti Woderone, Johannis Penne, Johannis
Umfray, Ricardi Persone, Hugonis Umfray, Willelmi Mynte,
Johannis Schepard, et Johannis ate Mulle, qui onerati fuerunt

---

[1] *Maii*] Moi, MS. | [2] *franciplegii*] fraciplegii, MS.

super præmissis, et dicunt super sacramentum suum, quod
dictus abbas Gloucestriæ tenet quamdam parcellam terræ et
prati infra hundredum de Chiryntone vocatam Tokkele, et
tenuerunt a tempore a quo non extat memoria, in puram et
perpetuam elemosinam, absque hoc quod dictus rex vel pater
suus nec aliquis alius progenitorum suorum unquam habuerunt
aliqua servitia pro prædictis terra et prato, nec unquam
fuerunt seisiti de aliquibus servitiis.

DCCCCXCIX. *Minsterworthe.*

Minsterworthe. Inquisitio capta ibidem ad curiam cum visu
tentam die Jovis proxima post festum Sancti Johannis ante
portam Latinam, anno regni regis Ricardi Secundi post conquestum secundo, coram Thoma Brugge locum tenente Ricardi Burley Chivaler, et Johanne Sergeant ibidem receptoribus, per sacramentum Radulphi Hathewy, Johannis Newmon,
Ricardi in the Feld, Johannis Rotor, Walteri in the Feld,
Johannes Hugges, Willelmi Hyckes, Johannis atte Hulle,
Willelmi Chaunterel, Henrici Chaunterel, Johannis Robard,
et Henrici Pers, qui dicunt per sacramentum suum, quod
abbas et conventus Sancti Petri Gloucestriæ non deberent de
jure onerari ad solvendum septem solidos duos denarios de
reddítu cujusdam piscariæ vocatæ Waturgavel, secundum
notitiam illorum juratorum. Et dicunt per sacramentum suum,
quod dictus redditus primo devenit domino de Munsterworthe
de quibusdam tenentibus dicti abbatis, qui tenuerunt ad voluntatem ejusdem abbatis tenuram suam, et post mortem ipsorum
tenentium cessavit dictus redditus, non solutus causa quod
ipsi non receperunt piscariam pro qua reddiderunt dictum
redditum nisi tantum ad terminum vitæ illorum. Et quod
prædicti abbas et conventus quendam pontem vocatum Monke-
brugge juxta Wynyard solebant ab antiquo reparare totiens
quotiens necesse fuerit, et quod est infra letum de Munsterworthe.

In cujus rei testimonium tam sigilla dictorum Thomæ
Brugge et Johannis Sergeant quam sigilla dictorum juratorum præsentibus sunt appensa.

A.D. 1379.
Of Min-
sterworthe.

M *Standysche   Breve domini regis sub targia escae-*
toris Gloucestriæ, ad inquirendum de elemosina
de Standische, anno regni regis Edwardi filii
regis Edwardi septimo decimo

A D 1324
Of Stan-
dysh

Edward, par la grace Dieuz, etc , as Johan de Hamptone
eschetour, etc.

Pur ceo qe labbe et le covent de Seint Piers de Gloucestre
tenent le maner de Standysche en ditz countez du doun nos
auncestres pur faire certeynes almoygnes par an, les queles
sunt sustretes de long temps, a ceo qest dit queuz choses
nous ne volouns suffrer si avant come nos purroms mestre
eaide et consail, vous mandoms qe vous facez enquere dili-
gentement et estreytement, par serement des bones gentz et
leals ne mie suspecionouses, a ditz abbez et covent des queles
almoignes le dit maner est chargez ou en nul autre maner
quelus eyent en votre baille et coment et en quele manere et
de queu temps eles seynt issi sustretes

Done, etc

MI *Inquisitio capta.*

A D 1324
Of the
same

Inquisitio capta coram Johanne Hamptone, escaetore domini
regis in comitatu Gloucestriæ apud Gloucestriam, die Dominica
proxima post festum Purificationis Beatæ Mariæ, anno regni
regis Edwardi decimo septimo, per sacramentum Johannis
Notelyn, Ricardi ate Hoke, Johannis ate Hay, Symonis de
Fromelode, Gilberti de Culne, Galfridi de Frethorne, Nicholai
de Salle, Henrici de Wyke, Henrici Keke, Nicholai ate Newe-
londe, et Willelmi le Carpentare, qui dicunt per sacramentum
suum, quod abbas Sancti Petri Gloucestriæ acquisivit sibi et
ecclesiæ suæ quindecim acras in Hoxlinge, sine licentia
domini regis, de Margeria ate Mulle, viginti annis elapsis,
quæ valent per annum quatuor solidos Item dicunt quod
idem abbas inclusit, sine licentia domini regis, unam placeam
terræ quæ continet triginta acras, et eam tenet in separabili
per decem annos in Stanleye Leonardi, ubi rex et tenentes sui
de dicta villa communicare solebant et de jure debent, quæ
placea valet per annum decem solidos Item dicunt quod
idem abbas retraxit, sine licentia domini regis, quandam elemosinam unius quarterii bladi per septimanam, pro qua
elemosina et aliis elemosinis sustentandis idem abbas tenet
manerium de Standische de domino rege, et quod dicta elemosina subtracta est per decem annos

In cujus rei testimonium, etc

MII. *Billa in parliamento liberata.*

A[1] nostre seygnour le roy et a soun consayl monstrent ses chapelleyms labbe e covent de Seint Piere de Gloucestre, qe come y tenent lo maniere de Stanedische en countez de Gloucestre en pure et perpetue almoygne, et ount tenuz du temps dount memorie ne court quite de totes maneres de services forsqe messes et oreisouns, du grant le roy William lo Conquerour, la vint laeschetour par colour de sun office et susmet les ditz abbe et covent qe eux ducent tenir le dit manier a faire certeyne almoygne, cest asavoire huit quarteres du comin blez a doner chescun semayne a poures, quel almoygne dust estre en partie sustrete, et par cel enchesun le dit eschetoure ad pris lo dit manier en lo mayn nostre seignour le roy countre la forme de lour charteres et de lour minementz qe eux ount des auncestres nostre seygnoure le roy, a graunt damage le ditz abbe et covent et en prejudice do loure eglise. Et de ceo prient a nostre seignour le roy et a soun consail remedie.

A nostre seignour le roy et a sun consail monstrent ses chapeleyns labbe et covent de Seynt Piere de Gloucestre, qe com y tenent le manoir de Stanedisshe en le countez de Gloucestre en pure et perpetuele almoygne, et ount tenuz du temps dunt memorie ne court quite de totes maneres de services forsqe messes et oreysuns, du grant le roy Willam le Conquerour, la vynt leschetour par colour de sun office et susmet les ditz abbe et covent qe eux ducent tenir le dit maner a faire certeyne almoygne, cest asavoir ouyt quarteres de commun blee a doner chescune simayne a poveres, quel almoygne dust estre en partie sustrete, et par cel enchesun le dit eschetour ad pris le dit manoir en la mayn nostre seignour lo roy countre la fourme de lur chartres et de lur munementz qe eux unt des auncestres nostre seignour le roy, a graunt damage le ditz abbe e covent et en prejudice de lur eglise. Et de ceo prient a nostre seignour le roy et a sun consail remedie.

Of the same.

---

[1] At the Public Record Office is preserved the original of this document (Petitions to the King and Council, G., No. 127), but as it differs very much in orthography as well as in the return, I have thought it best to print both versions, in double columns. That on the left represents the copy in the cartulary; that on the right represents the original in the Record Office.

MIII *Responsum billæ per consilium*

Of the
same

Fiat breve escaetori quod certificet de modo et causa captionis dicti manerii in manu domini regis Et si ea occasione et non alia fuerit captum, fiat breve dicto escaetori de manu amovendo

Fiat breve escaetori quod certificet super causa in cancellaria Et si alia causa non sit quam continetur in petitione pei certificationem prædictam faciendam, fiat breve de amovendo manu regis una cum exitibus

MIV *Breve de modo et causa captionis in manum domini regis,*

A D 1324,
March 1
Of the
same

Edwardus, Dei gratia, etc , dilecto sibi Johanni de Hamptone, escaetori suo in comitatibus [1] Gloucestriæ Herefoidiæ, Wygorniæ, Salopiæ, et Staffordiæ, salutem

Quia quibusdam certis de causis ceitiorari volumus super modo et causa captionis maneiii abbatis Sancti Petii Gloucestriæ de Standische pei vos in manum nostram, ut dicitui, vobis mandamus quod nos super modo et causa prædictis reddatis sub sigillo vestro distincte et apeite sine dilatione certiores, hoc breve nobis remittentes

Teste me ipso apud Westmonasterium, primo die Maibi, anno regni nostri decimo septimo

MV *Retornum brevis per escaetorem.*

Of the
same.

Cepi in manum domini iegis manerium de Standische nomine districtionis, pio eo quod inveni per inquisitionem coram me captam quod abbas Sancti Petri Gloucestriæ retraxit, sine licentia domini iegis, quandam elemosinam unius quarterii bladi per septimanam, pro qua elemosina et aliis elemosiniis sustentandis, idem abbas tenet dictum manerium de Standische de domino iege in capite, et quod dicta elemosina subtracta est pei decem annos elapsos, videlicet qualibet septimana unum quarterium bladi

---

[1] *comitatibus*] comitatu, MS

MVI. *Carta domini Willelmi, quondam regis Angliæ.*

Willelmus, rex Anglorum, Wlstano episcopo Wygorniensi, et Willelmo filio Osberni, et omnibus baronibus et ministris suis de Gloucestria et Wygrecestrascira, salutem.

Sciatis me concessisse et reddidisse atque confirmasse Deo, et Sancto Petro de Gloecestra, et Serloni abbati et monachis ejusdem ecclesiæ, omnes terras suas quas Thomas archiepiscopus Eboracensis injuste tenebat, scilicet Leche, Otyntone, et Standische, cum omnibus eisdem pertinentibus, sic solutas et quietas sicut ante me recognitum est easdem terras ad ecclesiam præfatam Sancti Petri de Gloecestra a sui principio pertinuisse, et eundem archiepiscopum nullum jus in illis terris habuisse.

Quare volo et firmiter præcipio, ut ecclesia prænominata de Gloecestria has supradictas terras cum omnibus sibi pertinentibus bene et in pace, libere, et quiete, et honorifice teneat, cum saca et soena, et toll, et team, et infangenthef, et cum omnibus rectitudinibus, legibus, et consuetudinibus, quas eidem ecclesiæ nostra regia potestate concessi. Et defendo super hoc ne aliquis ei injuriam vel torturam sive calumniam faciat super forisfacturam meam.

Testibus Lanfranco archiepiscopo, Gaufrido episcopo de Constanciis, et Roberto comite de Moretane.

MVII. *Breve escaetoris post inspectionem cartæ de manu amovendo.*

Edwardus,[1] Dei gratia, etc., dilecto sibi Johanni de Hamptone, escaetori suo in comitatibus Gloucestriæ, Herefordiæ, Wygorniæ, Salopiæ, Staffordiæ,[2] salutem.

Cum nuper volentes certiorari super causa captionis manerii abbatis Sancti Petri Gloucestriæ de Stauedishe in dicto comitatu Gloucestriæ per vos, ut dicebatur, in manum nostram, vobis mandaverimus quod nos, super causa prædicta, sub sigillo vestro distincte et aperte sine dilatione redderetis certiores, vos nobis retornastis,[3] quod dictum manerium cepistis in manum nostram nomine districtionis pro eo quod invenistis

Charter of king William.

A.D. 1324, March 7. Of Standishe.

---

[1] The enrolment of this instrument will be found upon the Close Roll, 17 Edw. 2, m. 24, from whence the collation is derived.

[2] *Salopæ, Staffordiæ*] supplied from roll, the Cartulary has only *etc.*

[3] *retornastis*] retornaveritis, Roll.

per inquisitionem coram vobis captam quod prædictus abbas
retraxit, sine licentia nostra, quandam elemosinam unius
quarteru bladi per septimanam, pro qua elemosina et aliis
elemosinis sustentandis, idem abbas tenet dictum manerium
de nobis in capite, et quod dicta elemosina subtracta est per
decem annos elapsos, qualibet septimana unum quarterium
bladi Et quia per cartam domini Willelmi quondam regis
Angliæ, progenitoris nostri, quam inspeximus, nobis constat
quod idem abbas tenet et tenere debet manerium prædictum
cum pertinentiis in puram elemosinam, nulla mentione facta[1]
in dicta carta de hujusmodi elemosina unius quarteri bladi
per septimanam sustentanda, vobis mandamus quod de manerio prædicto, quod occasione præmissa cepistis in manum
nostram, vos ulterius non intromittatis, exitus si quos inde
perceperitis eidem abbati restituentes

Teste me ipso apud Westmonasterium, septimo[2] die Martii,
anno regni nostri decimo septimo

Istud breve irrotulatur in rotulo clausarum cancellariæ in
parliamento apud Westmonasterium tento septimo die mensis
Martii, anno regni regis Edwardi decimo septimo.

MVIII. *Copia brevis pro Camme.*

A D 1379,   Ricardus, Dei gratia rex Angliæ et Franciæ, et dominus
August 12   Hiberniæ, vicecomiti Gloucestriæ, salutem
Of Camme   Cum in parliamento domini Edwardi nuper regis Angliæ
avi nostri apud Westmonasterium nuper tento de communi
consilio regni sui Angliæ inter alia provisum fuisset et ordi-
natum, quod omnes impetratores in curia Romana ecclesiarum,
capellarum, officiorum, beneficiorum ecclesiasticorum, pensionum, vel redituum mortificatorum et appropriatorum ad
ecclesias cathedrales vel collegiatas, abbatias, prioratus, can-
tarias, hospitales, et alias pauperes domos, antequam appro-
priationes et mortificationes hujusmodi sint cassatæ et adnul-
latæ per debitum processum, una cum omnibus manutentoribus,
consiliariis, abbettatoribus, et aliis auxiliantibus, et fautoribus
scienter, tam ad sectam ipsius avi nostri et partis vel alterius
cujuscumque dicti regni invenientis plegios et securitatem de
prosequendo contra eos in isto casu, arestarentur, et capientur
per vicecomites locorum justiciariis in sessionibus suis deputatos ballivos et alios ministros ipsius avi nostri, et per bonam

---

[1] *mentione facta*] facta mentione, | [2] *septimo*] sexto, Roll
Roll

et sufficientem manucaptionem, plegiagium, vel ballivum, traderentur, et ad citius quo fieri posset sibi vel consilio suo præsentarentur ad commorandum et standum recto, et recipiendum quod lex suaderet in hac parte, et si de aliquibus præmissorum convicti fuerint, haberent pœnam in statuto anno regni sui Angliæ vicesimo quinto edito contentam, et si aliquæ personæ diffamatæ vel suspectæ de impetrationibus, prosecutionibus, gravaminibus, vel interprisis, extra dictum regnum vel infra existentes non possent attachiari nec arrestari in propriis personis suis, et se non præsentarent coram ipso avo nostro vel consilio suo infra duos menses proximo postquam super hoc forent præmuniti in locis suis, si aliqua loca haberent, vel aliquibus curiis ipsius avi nostri vel comitatibus vel coram justiciariis suis in sessionibus suis vel alias sufficienter ad respondendum sibi et parti, et ad commorandum et standum legi in isto casu coram ipso avo nostro et consilio suo, punirentur per formam et modum in statuto anno regni sui Angliæ vicesimo septimo edito contentos, vel aliter sicut eidem avo nostro et dicto consilio suo videretur faciendum, absque alia gratia, et pardonatione, seu remissione eis faciendis, sine voluntate et assensu partis quæ se probaret esse gravatam, et nisi debitam facerent satisfactionem in illo casu, prout in provisione et ordinatione prædictis plenius continetur.

Et licet nos ad illæsam observationem provisionis et ordinationis prædictarum, sicut et cæterorum statutorum, legum, et consuetudinum regni nostri Angliæ, vinculo juramenti in coronatione nostra præstiti sumus astricti, et dilecti nobis in Christo abbas et conventus monasterii Sancti Petri Gloucestriæ de patronatu nostro existentis ecclesiam de Camme sibi et abbatiæ suæ Beati Petri rite et canonice, ut dicitur, appropriatam et mortificatam in proprios usus a diu est, tenuerint et teneant in præsenti, quidam tamen Johannes Kyllum suggerens in curia Romana ecclesiam prædictam vacasse et ad provisionem Sedis Apostolicæ pertinere, quandam provisionem de eadem ecclesia, appropriatione et mortificatione ejusdem ecclesiæ abbatiæ prædictæ rite factis per debitum processum non cassatis nec annullatis, sibi fieri procuravit, et eo colore diversos processus in curia Christianitatis contra prædictos abbatem et conventum prosecutus fuit, et indies prosequitur, et ipsos abbatem et conventum ab eadem ecclesia expellere, et se in eadem induci, nititur, viribus suis, et quamplura alia nobis et coronæ nostræ præjudicialia in hac parte fecit et fieri procuravit, in nostri contemptum, et ipsius abbatis et ecclesiæ suæ Sancti Petri de Gloucestria damnum et exhæredationem manifestam, et contra formam provisionis et ordinationis prædictarum. Nos, provisionem et ordinationem prædictas inviolabiliter observari, et contravenientes juxta vim et effectum earundem castigari facere et puniri volentes, ut tenemur, tibi præcipimus, quod per probos et legales homines de balliva tua præmuniri facias præfatum Johannem apud Camme quod sit coram justiciariis nostris apud Westmonasterium in crastino Animarum, ad respondendum nobis de contemptu et præjudicio prædictis, et ad faciendum ulterius et recipiendum quod curia nostra consideraverit in præmissis Et habeas ibi nomina illorum per quos eum præmunire feceris et hoc breve, præfatos justiciarios de die quo dictam præmunitionem sibi feceris sub sigillo tuo distincte et aperte tunc certificans

Teste me ipso apud Westmonasterium, duodecimo die Augusti, anno regni nostri tertio

MIX *De ecclesia Sancti Martini Londoniæ*

A D 1380
Of St
Martin's
church,
London

De termino Paschæ anno regnorum Ricardi regis Angliæ et Franciæ tertio Rotulo cccxii

Londonia [1] Rogerus Dunstei, persona ecclesiæ Sancti Martini in Vinctria Londoniæ, summonitus fuit ad respondendum abbati Sancti Petri Gloucestriæ de placito quod reddat ei quadraginta libras quæ ei aretro sunt de annuo redditu quadraginta solidorum quem ei debet, etc   Et unde idem abbas per Johannem Dimmok [2] attornatum suum dicit, quod quidam T[homas] Hortone quondam abbas loci prædicti, prædecessor prædicti nunc abbatis, seisitus fuit [3] de annuo redditu prædicto per manus cujusdam Thomæ Bryan,[4] nuper personæ ecclesiæ prædictæ, prædecessoris prædicti Rogeri nunc personæ, etc , ut de jure ecclesiæ suæ Beati Petri Gloucestriæ Et idem Johannes [5] nuper abbas, etc , et prædecessores sui abbates loci prædicti, de annuo redditu prædicto seisiti fuerunt per manus prædicti Thomæ nuper personæ, etc , et prædecessorum suorum personarum ecclesiæ prædictæ, singulis annis ad festa Paschæ et Sancti Michaelis, per æquales portiones, per manus personarum ecclesiæ prædictæ, apud Gloucestriam percipiendo ut de jure ecclesiæ suæ Beati Petri prædicti, a tempore quo non extat memoria, usque viginti annos elapsos ante diem impetrationis brevis prædicti nunc abbatis, scilicet duodecimum diem Januarii anno regnorum domini regis nunc primo, quod

---

[1] This pleading will also be found upon the De Banco Roll for Easter Term, 3 Richard 2, roll 312, from whence the collation is derived

[2] *Dimmok*] Dymmok, Roll
[3] *seisitus fuit*] fuit seisitus, Roll
[4] *Bryan*] Bryane Roll
[5] *Johannes*] Thomas, Roll

prædictus Rogerus nunc persona, etc., annuum redditum prædictum eidem nunc abbati subtraxit, et illum ei hucusque reddere contradixit et adhuc contradicit, unde dicit quod deterioratus est et damnum habet ad valentiam ducentarum librarum. Et inde producit sectam, etc.

Et prædictus Rogerus in propria persona sua venit, et defendit vim et injuriam quando, etc. Et dicit quod ipse est persona ecclesiæ prædictæ et impersonata in eadem, et quod ipse invenit ecclesiam suam prædictam de annuo redditu prædicto exoneratam, et non potest ecclesiam illam sine Johanne abbate Beati Petri Gloucestriæ, ejusdem ecclesiæ patrono, et Willelmo episcopo Londoniensi, loci illius ordinario, onerare sive exonerare. Et petit auxilium de ipsis episcopo et patrono. Habeat, etc. Ideo ipsi summoniti quod sint hic a die Sanctæ Trinitatis in quindecim dies ad respondendum simul, etc., si, etc. Idem dies datus est partibus prædictis hic, etc. Ad quem diem venit tam prædictus abbas per attornatum suum prædictum quam prædictus Rogerus in propria persona sua. Et prædicti episcopus et patronus quarto die placiti solemniter exacti non veniunt. Et summoniti, etc. Ideo consideratum est quod prædictus Rogerus respondeat sine, etc. Et super hoc prædictus Rogerus dicit quod ipse non potest dedicere annuum redditum prædictum nec quin arreragia prædicta eidem nunc abbati aretro existunt, prout prædictus abbas superius versus eum narravit. Ideo consideratum est quod prædictus abbas recuperet versus prædictum Rogerum annuum redditum prædictum et arreragia ejusdem, tam ante diem impetrationis brevis sui quam post, quæ se extendunt ad quadraginta et quinque libras, et damna sua, quæ taxantur per justiciarios ad sex solidos et octo denarios. Et prædictus Rogerus in misericordia, etc.

MX. *Piscaria de Fromlode.*

Omnibus ad quos præsentes litteræ pervenerint, Gilbertus dominus Talbot de castello Godriche et Dirchenfelde, salutem in Domino sempiternam.

A.D. 1408, Feb. 18.

Of Fromlode fishery.

Cum lites et discordiæ inter nos prædictum Gilbertum et Walterum abbatem et conventum monasterii Sancti Petri Gloucestriæ nuper subortæ fuissent super gurgitem et piscariam de Fromelode et solum adjacens vocatum Toliescrofte, et pro eo quod prædicti abbas et conventus diversas cartas et munimenta antecessorum nostrorum coram nobis et consilio nostro monstraverunt, de jure et titulo dictorum abbatis et conventus de prædictis gurgite, piscaria, et solo, cum perti-

nentus suis, super quibus per nos et consilium nostrum
habita matura deliberatione, et pio eo quod nos de bona et
sincera dilectione quam nos habemus ad monasterium prædictum, habita etiam consideratione ad jura et recta prædictorum
abbatis et conventus in prædictis gurgite, piscaria, et solo,
cum pertinentiis, nobis in hac parte declarata, nolentes[1] prædictos abbatem et conventum aut successores suos occasionibus
præmissis in aliquo prægravari, noveritis nos, pro nobis et
hæredibus nostris, concessisse prædictis abbati et conventui, ac
eorum successoribus in perpetuum, quod possint prædictum
gurgitem de Fromelode de cætero reparare, atque eodem
gurgite uti, ac in eodem cum omnibus pertinentiis suis piscari, libere, quiete, et pacifice, absque perturbatione seu
contradictione nostri vel hæredum nostrorum in perpetuum,
secundum formam et effectum cujusdam scripti Adomari de Valencia præfatis abbati et conventui [de] eis inde confecti Noveritis etiam nos præfatum Gilbertum, pro nobis et hæredibus
nostris, statum et possessionem quos iidem abbas et conventus
habent in gurgite, piscaria, et solo prædictis gurgiti et piscariæ adjacente, ratificasse, approbasse, et confirmasse, per
præsentes in perpetuum.

In cujus rei testimonium huic præsenti scripto sigillum
nostrum apposuimus

Data in hospitio nostro Londoniæ, decimo octavo die mensis
Februarii, anno regni regis Henrici quarti post conquestum
nono

MXI

Of Chir-
chesdone

Memorandum quod Reginaldus filius Petri tenet unam
hydam terræ juxta Gloucestriam pro quinta parte militis, et
sequetur curiam de Chirchesdone per unum hominem de la
Hyde qui vocari solebat Hidloverde, et sunt tenentes in
tethynga de Chirchesdone

MXII[2]

A D 1380
Jan 20
Manumis
sion of

Ricardus le Hayward de Wottone juxta Gloucestriam, alias
vocatus Ricardus Robardus, venit coram venerabili Johanne[3]
abbate monasterii Sancti Petri Gloucestriæ et ejusdem loci

---

[1] *nolentes*] nolentes quod, MS

[2] In the margin here is written this note, in a later hand, *in registro
Boyf*[eld], fol vi^{to}

[3] John Boyfeld

conventu, Johanne Pope, et Willelmo Crok, tunc ballivis Richard le villæ Gloucestriæ, Johanne de Wydecoumbe, Roberto Mapul- Hayward tone, Ricardo Comeleye, Thoma Byseleye, Johanne Byseleye, tone. Johanne Comptone, et aliis, die Veneris in festo Sanctorum Fabiani et Sebastiani anno regni regis Ricardi secundi post conquestum tertio, et recognovit se esse nativum dictorum abbatis et conventus, non vi, nec aliqua oppressione, sed sua voluntate spontanea et rogatu, super qua quidem recognitione idem Ricardus, coram prædictis abbate et conventu, ballivis, et hominibus supradictis, petiit de dictis abbate et conventu habere unam cartam de manumissione pro se et hæredibus suis procreatis et procreandis, et super hoc eadem carta eidem per dictos abbatem et conventum concessa et facta fuit. Et prædicti abbas et conventus ex parte sua, ac dictus Ricardus ex parte sua, petierunt prædictos Johannem Pope et Willelmum Crok, tunc ballivos ejusdem villæ, quod prædictæ recognitiones et conventiones irrotulari possint in rotulis recordorum ejusdem villæ, quæ ad instantiam illorum con- cessæ sunt irrotulari, quæ irrotulatæ sunt in hundredo tento apud Gloucestriam die Lunæ proxima post festum Purifica- tionis Beatæ Mariæ anno supradicto.

MXIII. *Compositio inter Ewyas et Keynechurche.*

Omnibus[1] Christi fidelibus præsens scriptum visuris vel Composi- audituris, Willelmus de Tregoz, rector ecclesiæ de Sancta tion be- Keyna, salutem in Domino. tween Ewyas

Noveritis quod cum cognitio causæ quæ vertebatur inter priory nos, ex parte una,[2] et abbatem et conventum Gloucestriæ et and St. priorem de Ewyas, ex altera, super quibusdam decimis infra Keyne's limites parochiæ prædictæ ecclesiæ nostræ de Sancta Keyna[4] church. sitas, coram domino abbate de Evesham et ejusdem loci priore, judicibus a domino papa delegatis, fuerat ventilata, tandem post multas altercationes lis inter nos mota coram judicibus prænominatis tali fine conquievit, videlicet quod ego Willel- mus de Tregoz, pro me, et pro ecclesia de Sancta Keyna,[4] jus dicti abbatis et conventus Gloucestriæ et prioris de Ewyas[3] in prædictis decimis tali modo recognovi, scilicet duas garbas de dominico meo de Sancta Keyna,[4] et medietatem decimarum

---

[1] Another copy of this charter is contained in Gloucester Cathedral Register A., from whence the colla- tion is derived.

[2] *parte una*] una parte, Reg. A.
[3] *Ewyas*] Ewias, Reg. A.
[4] *Keyna*] Keina, Reg. A.

de campo de Archeboldesfelt,[1] et duas garbas de campo qui vocatur Chingesfelt, et totam decimam Henrici Martel, totam etiam decimam Seysil[2] Ketherech, cum omnibus decimis garbarum hominum suorum, duas etiam garbas de Heymore quam Johannes filius Segot et Wasmeir filius Christianæ tenent, quæ quondam fuit de dominico domini de Ewyas,[3] et omnes decimas quas prior de Ewyas[3] ab antiquo solebat percipere, renunciando juri omni quod habui in prædictis decimis vel habere potui in eisdem. Ego vero Willelmus de Tregoz et dictus abbas Gloucestriæ et prior de Ewyas[3] prædictam compositionem gratam habentes, sigilla nostra, una cum sigillis judicum nostrorum, apposuimus scripto præsenti

His testibus, domino Roberto de Tregoz fratre nostro, domino Ricardo Fuke, domino Johanne de Tregoz, Hugone Murdac tunc seneschallo de Ewyas, Ricardo de Ewyas, Henrico Martel, Ada Clerico, et multis aliis

MXIV

Of Devennok

Memorandum de sex marcis solutis per manus Johannis Wolf David ap Howel, pro reparatione tertiæ partis cancelli de Devennok, quæ adhuc remanent in manibus prædicti David pro parte[5] abbatis Gloucestriæ

MXV.

Notes concerning various charters

Require conventiones factas inter abbatem et conventum Sancti Petri Gloucestriæ, et Robertum de Stauntone dominum de Stauntone, et Walterum Morice de Stauntone, pro quodam stagno in Ledene reparando ante extentam manerii de Littletone

Require cartam domini Gilberti senioris comitis Gloucestriæ ad numerum C lxxxiiii

Item require cartam domini Gilberti junioris comitis Gloucestriæ, qui confirmat cartam prædicti Gilberti avi sui, ad numerum C xx

---

[1] *Archeboldesfelt*] Archeboldefelt, Reg A.

[2] *Seysil*] Seisil, Reg A.

[3] *Ewyas*] Ewias, Reg A

[4] Reg A. omits all other witnesses after *Fuke*

[5] *rectoris ecclesiæ de Devennok* is inserted in the MS after *parte*, but the passage has been erased

MXVI.

Summaria extenta de Tregof.

Molendinum valet per extentam viginti solidos.

Eysiamentum curiæ valet quatuor solidos septem denarios, sed nunc traditur ad firmam pro quadraginta octo solidis.

Summa acrarum terræ arabilis centum viginti tres acræ dimidium quarterium, et valent triginta octo solidos quinque denarios.

Summa acrarum prati viginti octo acræ unum quarterium, et valent sex libras quatuor solidos.

Summa acrarum pasturæ sexaginta tres acræ dimidia, et valent viginti solidos unum denarium quadrantem.

Placita et perquisita valent decem solidos.

Summa redditus liberorum et nativorum tenentium cum valore operum eorundem de Tregof, Lankarvan, et Pennon, undecim libræ quinque solidi sex denarii.

Summa summarum totius extentæ per annum viginti tres libræ sex solidi septem denarii obolus.

MXVII. *Bokholt.*

Omnibus Christi fidelibus ad quos præsens scriptum per- venerit, Johannes Gyffard de Bremesfeld, salutem in Domino. Noveritis me, pro salute animæ meæ, et [animarum] anteces- sorum meorum, concessisse, pro me et hæredibus meis, religio- sis viris abbati et conventui Sancti Petri Gloucestriæ et successoribus suis, quod ipsi abbas et conventus et successores sui libere, sine aliquo impedimento mei vel hæredum meorum, possint in perpetuum pacifice pascere oves suas et omnimoda animalia quibuscunque anni temporibus ad voluntatem suam ubicunque in pastura infra metas et bundas bosci ipsorum abbatis et conventus qui dicitur la Bokholte possint pasturari, quem quidem boscum præfati abbas et conventus habent de dono et concessione cujusdam domini Eliæ Gyffard, antecessoris mei, infra dominium manerii mei de Bremesfeld. Ita quod idem abbas et conventus, nec successores sui, per me vel per hæredes meos, de ovibus suis et omnimodis aliis averiis suis pascendis ubicunque in pastura prædicta in bosco prædicto, ut prædicitur, de cætero quoquo modo non impediantur in perpetuum.

In cujus rei testimonium huic præsenti scripto meo sigillum meum apposui.

Hiis testibus, Petro de la Mare domino de Chirintone, Thoma de Berkeleye domino de Cubberleye, Johanne de la Mare, Johanne de Abbenhale, Roberto de Presteburia, Willelmo de Brocwurthe, et aliis

Data apud Biemesfeld, die Dominica in festo Conversionis Sancti Pauli Apostoli, anno regni regis Edwardi filii regis Edwardi nono.

MXVIII.

A D 1316,
Jan 18
Of Tolyes-
croft

Sciant præsentes et futuri, quod nos Adomarus de Valencia, comes Pembrokiæ, dominus Wescforde et Montiniaci, dedimus, concessimus, et hac præsenti carta nostra confirmavimus Deo, et ecclesiæ Sancti Petri Gloucestriæ, ac Johanni abbati ecclesiæ prædictæ, et ejusdem loci conventui, et eorum successoribus, in puram, liberam, et perpetuam elemosinam, ab omni servitio quietam, totam illam peccam terræ quæ vocatur Tolyescroft, jacentem juxta Sabrinam infra manerium nostrum de Morthone, cum fossatis, haiis, semitis, et omnibus aliis aisiamentis ad dictum croftum pertinentibus, quod quidem croftum extendit se in longitudine a via regia usque ad piscariam prædictorum abbatis et conventus Gloucestriæ, in latitudine vero jacet inter terram nostram ex parte una et terram prædictorum religiosorum ex parte altera, habendum et tenendum totum prædictum croftum, cum omnibus suis aisiamentis, præfatis abbati et ejusdem loci conventui et eorum successoribus pure, libere, pacifice, et ab omni servitio, exactione, et demanda quietum in perpetuum Ita tamen quod proficuum prædictorum crofti et gurgitis de Fremelode, cum piscaria ad prædictum gurgitem pertinente, sit in ordinatione et dispositione fratris Willelmi de Ireby, sacristæ domus prædictæ, quamdiu vixerit Et nos præfatus Adomarus, hæredes nostri, seu nostri assignati, totum prædictum croftum cum fossatis, haiis,[1] semitis, ac omnibus aliis aysiamentis eidem crofto spectantibus, in puram, liberam, et perpetuam elemosinam, præfatis abbati et ejusdem loci conventui et eorum successoribus, ut præmittitur, contra omnes gentes warantizabimus et defendemus in perpetuum

In cujus rei testimonium huic præsenti cartæ sigillum nostrum apponi fecimus

Hiis testibus, Thoma de Berkele, Mauricio de Berkele, Johanne le Rous, Ricardo de la Rivere, Nicholao de Kyng-

---

[1] *haiis*] hays, MS.

gestone, militibus, Odo de Dumbeltone, Radulpho Baron, Germano de Tonebrugge, Johanne de Bury, et aliis.

Data apud Londoniam, decimo octavo die Januarii, anno regni regis Edwardi filii regis Edwardi nono.

MXIX.

Universis pateat per præsentes quod nos Johannes, permissione divina abbas monasterii Sancti Petri Gloucestriæ, constituimus, et loco nostro assignavimus, dilectum nobis in Christo fratrem Willelmum de Ireby, celerarium domus nostræ, atturnatum nostrum ad recipiendum seisinam nomine nostro et ecclesiæ nostræ prædictæ, de tota terra quæ vocatur Tolyescrofte, cum suis pertinentiis, infra manerium de Mortone, quam dominus Adomarus de Valencia, comes Penbrochiæ, nobis dedit et ecclesiæ nostræ memoratæ, in puram et perpetuam elemosinam, ratum et gratum habentes et habituri quicquid dictus frater Willelmus nomine nostro et ecclesiæ nostræ in præmissis duxerit faciendum.

In cujus rei testimonium sigillum nostrum præsentibus est appensum.

Data apud. Hinehamme, die Veneris proxima post festum Conversionis Sancti Pauli, anno regni regis Edwardi filii regis Edwardi nono.

A.D. 1316, Jan. 30. Of the same.

MXX. *Fromelode cum Tolyescrofte gurgitem adjacente.*

Adomarus de Valencia, comes Penbrokiæ, dominus Weyseforde et Montiniaci, universis hoc scriptum visuris vel audituris, salutem.

Noveritis nos, pro nobis et hæredibus nostris vel assignatis nostris, concessisse Johanni abbati Sancti Petri Gloucestriæ, et ejusdem loci conventui ac eorum successoribus, quod possint gurgitem de Fremelode de cætero reparare, atque eodem uti, et in eodem cum omnibus suis pertinentiis piscari, libere, quiete, et pacifice, absque perturbatione seu contradictione nostri vel hæredum nostrorum seu assignatorum nostrorum in perpetuum. Remisimus etiam et quietum clamavimus prædictis abbati et conventui et eorum successoribus omne jus quod habuimus seu habere poterimus in gurgite et piscaria, prædictis cum suis pertinentiis et solo adjacente vocato Tolyescrofte, ita videlicet quod nec nos, nec hæredes nostri, seu assignati, in prædictis gurgite et piscaria cum eorum pertinentiis et crofto prædicto quicquid juris vel clamii exigere

A.D. 1316, Jan. 18. Of the same.

vel vendicare poterimus in futurum, sed ab omni actione et juris clamio per praesentes simus exclusi in perpetuum

In cujus rei testimonium praesentibus sigillum nostrum apponi fecimus

Data apud Londoniam, decimo octavo die Januarii, anno regni regis Edwardi filii regis Edwardi nono [1]

MXXI

Of the same

Quidam homo Chynemer nomine, filius Wulmeri coliberti, pressus opere et nomine, dedit ecclesie Sancti Petri de Gloucestria, pro liberatione sui, piscaturam de Fremeladi tempore Lad[burgæ] [2] abbatissæ

MXXII *Curia de Kairleyon et de Lebenythe*

Of Lebenithe

Inquisitio capta in curia de Lebenithe, die Martis proxima post festum Nativitatis Beatæ Mariæ anno regni regis Edwardi septimo, coram Roberto de Grendone vicecomite Glamorgan, anctoritate cujusdam brevis domini comitis sibi directi in hæc verba

Gilbert de Clare, counte de Gloucestre et de Hertford, a nostre cher et loial minser Robert de Grendone, nostre visconte de Glamorgan, salutz

Porcoe qe noz amecz religious labbee et le covent de Gloucestre se sunt pleynt a nous qe vous les faites grevouse-ment destreyndre pur une seute faire a nostre court de Lebenithe par la ou unkes nule faire ne devoyent ne soleyent a coe qil dient, vous mandoms qe par vous et leaux de vostre baillie de Neuport, de Kaerlion, et de Lebenithe facetz solempne-ment enquere si la seute nous soit due ou noun, et cele enqueste nous envoyetz desoutz vostre seal, et les seals des juiouis

Escrit a Sobbure le quatorzieme jour Daugst

Per sacramentum Meuricii ap Grenoun, Meuricii ap Madok, Madoc ap Jevan, Blethyn ap David Wylylm ap Adam, Philippi Vaughan, Gregorii ap Adam Johannis Nichol, Ricardi de la More, Lewelini ap Meuricii ap Jerverthe, Johannis de Runs-tone, et Roberti Oede, qui jurati dicunt super sacramentum

---

[1] The following note is inserted at the foot of the page *Respice in alio latere et in tertio folio præce-dente*, referring most probably to Nos MX and MXXIV

[2] See calendar of donations (*ante*, vol i p 77), where the transaction is said to have taken place in the time of Giffe, the third abbess of St Peters, Ladburga was the second abbess

suum, quod prædictus abbas de Gloncestria nullam sectam
debet de jure ad curiam de Lebenithe, nec unquam sectam
fecit, nec aliquis de suis prædecessoribus, pro quadraginta acris
terræ quas tenet in feodo de Lebenithe, nec aliqua secta inde
debetur. Dicunt etiam quod quidam de prædecessoribus dicti
abbatis dimisit prædictam terram cuidam Waltero Oede, et
Aliciæ Tailborghe, et Waltero filio ejus Walteri, ad terminum
vitæ eorumdem tantum; et prædicti Walterus et Alicia uxor
ejus prædictam terram tenuerunt pacifice absque secta facienda
ad totam vitam eorumdem; et post decessum eorumdem quidam Bartholomæus de la More, tunc dominus de Lebenithe,
distrinxit prædictum Walterum filium Walteri pro sectam
faciendo pro terra prædicta quousque idem Walterus per
duritiem sibi factam finem fecit pro illa duritie evitanda. Et
postea per duritiem alias eidem Waltero factam per dictum
dominum Bartholomæum venit tunc temporis ad abbatem de
Gloucestria, et statum suum quem habuit ad terminum vitæ
suæ tantum eidem abbati et conventui dimisit.

In cujus rei testimonium præfati juratores huic inquisitioni
sigilla sua apposuerunt.

Data apud Kaerlion, decimo quinto die Augusti, anno supradicto.

MXXIII. *Lebenythe.*

Gilbert de Clare, etc., ut prius, au visconte de Glamorgan,
salutz.

Come nadgueres vous mandissoms par noz lettres denquere
par bons et leaux de vostre baillie si labbee de Seint Pere de
Gloucestre deust faire seute a nostre court de Lebenithe ou
noun, pur les teres et tenements qil tient de nous en vostre
baillie, et eoms entendeu par lenqueste qe vous nous avetz
returne qe pur quarante acres de tere queles le dit abbee
tient en le fee de Lebenithe en vostre baillie nule seute ne
devera faire a nostre court avantdit, et qe ly, ne ses prede-
cessonrs, cea en apres par nous ne par noz a la dite seute
faire a nostre court de Lebenithe avantdite pur les dites
quarante acres de tere soient destrentz, chalangeez, neu pes-
cheez, en nule manere. Et pur doner greindre evidence apres
sur le proces eu en ceste busoigne voloms et vous maundoms,
qe la dite enqueste ovo le bref qe nous vous mandames a
cele enqueste prendre ensemblement od meisme cesti bref de
parole en parole facetz enrouller en voz roulles des pledz et
de porchaz. Et coe ne lessetz.

Escrit a Loundres, le cinq jour Doctebre, lau du regne le roi
Edward septisme.

MXXIV.

Of Fremelade.

Gloriosissimus[1] rex Sanctus Edwardus, devotus coenobiorum ædificator, et fratrum in ipsis Deo servientium munificus provisor, Beati Petri de Gloucestria, et innocentis regis et martiris Kenelmi de Wyncheumba monasteriis, divinæ caritatis intuitu, contulit totam piscariam de Fremelade, dividendam æqualiter inter fratres dictorum monasteriorum in omnibus capturis. Convenit denique inter rectores dictorum coenobiorum quod labores piscariæ ut lucrum communicarent.

MXXV. G[ilbertus] de Clare.

Of an *ad quod damnum* writ concerning certain tenements.

Memorandum quod breve inquisitionis si sit ad damnum pro abbate Sancti Petri Gloucestriæ concessum fuit ad instantiam Gilberti de Clare, quondam comitis Gloucestriæ et Hertfordiæ, et quod idem comes promisit præfato abbati impetrasse super hoc cartam domini regis absque fine facienda domino regi, quia omnia tenementa in dicto brevi contenta, præterquam tenementa ad valentiam quindecim solidorum et unius denarii, continebantur in quadam alia carta dicti domini regis eidem abbati per finem decem marcarum ad instantiam præfati comitis concessa.

MXXVI.

Of the abbot's losses in the king's service.

Memorandum etiam quod idem abbas amisit, in servitio domini regis in Scotia, unam carectam longam bene ferratam, cum quatuor equis et tribus hominibus.

Item idem abbas amisit ibidem in servitio dicti domini regis, in comitiva G[ilberti] de Clare, quondam comitis Gloucestriæ et Hertfordiæ, unam bonam carectam, cum tribus equis et duobus hominibus.

Item idem abbas amisit ibidem in servitio dicti domini regis, videlicet in comitiva Hugonis le Despencer, unam carectam cum tribus equis et duobus hominibus.

---

[1] This is written at the foot of the page in the form of a note.

MXXVII. *De diversis tenuris in Gloucestria.*

Edwardus, Dei gratia rex Angliæ, dominus Hyberniæ, et dux Aquitaniæ, dilecto et fideli suo Johanni Abel, escaetori suo citra Trentam, salutem.

Cum per litteras nostras patentes pardonaverimus dilectis nobis in Christo abbati et conventui Sancti Petri Gloucestriæ transgressionem quam fecerunt acquirendo sibi et successoribus suis in feodo, de Johanne filio Nicholai de Broke unum mesuagium et quatuor shopas cum pertinentiis in Gloucestria; de Nicholao Honsom decem et septem solidatas redditus cum pertinentiis in eadem villa; de Nicholao de Pendoke unum mesuagium cum pertinentiis in eadem villa; de Thoma de Stoke unum mesuagium et unum toftum cum pertinentiis in eadem villa et suburbio ejusdem villæ; de Stephano Broun unum mesuagium cum pertinentiis in eodem suburbio; de Waltero Toky unum toftum cum pertinentiis in eodem suburbio; de Waltero le Glovare unum toftum cum pertinentiis in eodem suburbio; de Johanne de Bristollia clerico duo mesuagia et medietatem unius virgatæ terræ cum pertinentiis in dicta villa Gloucestriæ et Bertona abbatis juxta Gloucestriam; de Johanne le Honte unum mesuagium et medietatem unius virgatæ terræ cum pertinentiis in Uptone Sancti Leonardi; de Roberto de Kynemaresbury duas acras terræ, duas acras prati, et novem acras bosci cum pertinentiis in eadem villa et Kynemaresbury; de Willelmo de Snedham duas acras terræ et quatuor solidatas redditus cum pertinentiis in Snedham; de Margeria ate Mulle undecim acras terræ cum pertinentiis in Stanedissho; de Rogero ate Mulle unam acram terræ cum pertinentiis in eadem villa; et de Johanne de Stanedissho duas acras terræ cum pertinentiis in eadem villa, post publicationem statuti de terris et tenementis ad manum mortuam non ponendis editi; et prædicta mesuagia, tofta, shopas, terram, pratum, boscum, et redditum, cum pertinentiis ingrediendo, licentia domini Edwardi quondam regis Angliæ patris nostri aut nostra super hoc non obtenta, quæ quidem mesuagia, tofta, shopas, terra, pratum, boscus, et redditus, occasione transgressionis illius capta sunt in manum nostram; et concesserimus eisdem abbati et conventui, pro nobis et hæredibus nostris, quantum in nobis est, quod ipsi prædicta mesuagia, tofta, shopas, terram, pratum, boscum, et redditum, cum pertinentiis, rehabeant et teneant, sibi et successoribus suis prædictis in perpetuum, prout in litteris nostris prædictis plenius continetur; vobis mandamus quod eisdem abbati et conventui terras et tenementa prædicta, si ea occasione et

A.D. 12
Dec. 15
Of cert
lands a
tenemer
in Glou
cester.

non alia in manu nostra existant, una cum exitibus eorumdem, si quos inde percepistis, liberetis tenenda juxta tenorem litterarum nostrarum prædictarum.

Teste me ipso apud Langele, decimo quinto die Decembris, anno regni nostri octavo.

MXXVIII. *Finis cum domino rege factus.*

A.D. 1314, Dec. 15. Of the same.

Edwardus,[1] Dei gratia rex Angliæ, dominus Hiberniæ, et dux Aquitaniæ, omnibus ad quos præsentes litteræ pervenerint, salutem.

Sciatis quod per finem, quem dilectus nobis in Christo abbas Sancti Petri Gloucestriæ fecit nobiscum, pardonavimus eidem abbati et conventui ejusdem loci transgressionem quam fecerunt acquirendo sibi et successoribus suis in feodo, de Johanne filio Nicholai de Broke unum mesuagium et quatuor shopas cum pertinentiis in Gloucestria; de Nicholao Honsom[2] decem et septem solidatas redditus cum pertinentiis in eadem villa; de Nicholao de Penedoke unum mesuagium cum pertinentiis in eadem villa; de Thoma de Stoke unum mesuagium et unum toftum cum pertinentiis in eadem villa et suburbio ejusdem villæ; de Stephano Broun[3] unum mesuagium cum pertinentiis in eodem suburbio; de Waltero Toky unum toftum cum pertinentiis in eodem suburbio; de Waltero le Glover unum toftum cum pertinentiis in eodem suburbio; de Johanne de Bristollia clerico duo mesuagia et medietatem unius virgatæ terræ cum pertinentiis in dicta[4] villa Gloucestriæ et Bertona abbatis juxta Gloucestriam; de Johanne le Hunte unum mesuagium et medietatem unius virgatæ terræ cum pertinentiis in Uptone Sancti Leonardi; de Roberto de Kynemaresbury duas acras terræ, duas acras prati, et novem acras bosci cum pertinentiis in eadem villa et Kynemaresbury; de Willelmo de Snedham duas acras terræ et quatuor solidatas redditus cum pertinentiis in Snedham; de Margeria ate Mulle undecim acras terræ cum pertinentiis in Stanedisshe; de Rogero ate Mulle unam acram terræ cum pertinentiis in eadem villa; et de Johanne de Stanedisshe duas acras terræ cum pertinentiis in eadem villa, post publicationem statuti de terris et tenementis ad manum mortuam non ponendis editi, et prædicta mesuagia, tofta, shopas, terram, pratum, boscum,

---

[1] The enrolment of this instrument will be found upon the Patent Roll, 8 Edw. 2, p. 1, m. 9, from whence the collation is derived.

[2] *Honsom*] Honsum, Roll.
[3] *Broun*] Brun, Roll.
[4] *dicta*] eadem, Roll.

et redditum, cum pertinentiis ingrediendo, licentia domini
Edwardi quondam regis Angliæ patris nostri aut nostra super
hoc non obtenta; quæ quidem mesuagia, tofta, shopæ, terra,
pratum, boscus, et redditus, occasione transgressionis illius,
capta sunt in manum nostram. Et concessimus eisdem abbati
et conventui, pro nobis et hæredibus nostris, quantum in
nobis est, quod ipsi prædicta mesuagia, tofta, shopas, terram,
pratum, boscum, et redditum, cum pertinentiis, rehabeant et
teneant, sibi et successoribus suis prædictis, de capitalibus
dominis feodi illius per servitia inde debita et consueta in
perpetuum sine occasione vel impedimento nostri vel hæredum
nostrorum, justiciariorum, eschaetorum, vicecomitum, aut aliorum ballivorum seu ministrorum nostrorum quorumcumque,
statuto prædicto non obstante.

In cujus rei testimonium has litteras nostras fieri fecimus
patentes.

Teste me ipso apud Langele, decimo quinto die Decembris,
anno regni nostri octavo.

Mutatur per finem quinque marcarum, quia alias fecerunt
finem per decem marcas ad instantiam comitis Gloucestriæ.
Portyntone.

MXXIX. *Carta Radulphi de Wylyntone.*

Universis[1] Sanctæ Matris Ecclesiæ filiis ad quos præsens
scriptum pervenerit, Henricus Foleth,[2] divina permissione
abbas Gloucestriæ Sancti Petri et ejusdem loci conventus,
salutem æternam in Domino.

Noverit universitas vestra nos, divinæ pietatis intuitu, ad
petitionem dilecti fratris nostri et amici Radulphi de Wylintone[3] et Olympyadis[4] uxoris ejus concessisse, et nos pro nobis
et successoribus nostris firmiter obligasse, ad inveniendum
duos capellanos[5] forinsecos annuos in perpetuum qui missam
pro defunctis et totam vigiliam defunctorum ex integro celebrabunt quotidie pro animabus prædictorum Radulphi et
Olimpiadis, et patrum suorum, et matrum et omnium antecessorum et successorum eorum, et pro animabus omnium
fidelium defunctorum, in capella Beatæ Mariæ quam dicti

A.D. 1228 –1243. Of St. Mary's chapel.

---

[1] Another copy of this charter is contained in Gloucester Cathedral Register B, from whence the collation is derived.
[2] *Foleth*] Folet, Reg. B.
[3] *Wylintone*] Willyntone, Reg. B.
[4] *Olympyadis*] Olimpiadis, Reg. B.
[5] *duos capellanos*] capellanos duos, Reg. B.

Radulphus et Olympias,[1] de propriis sumptibus suis, construxerunt Et ipsi capellani ad introitum servitii sui, coram abbate et conventu, sub juramento firmabunt quod nullum aliud servitium ab aliquo suscipient nec facient dum ad illud fuerint assignati, sed tantum pro animabus praedictorum quotidie specialiter celebrabunt et constanter Et nullo modo procurabimus quod in fraudem conventionis hujus res ista per monachum fiat Habebunt vero praedicti capellani unum clericum sibi in omnibus intendentem Et habebunt ipsi capellani ad opus suum et clerici sui pro solidatis annuis duas marcas sterlingorum[2] et dimidiam percipiendas ad quatuor anni terminos,[3] videlicet ad Natale Domini octo solidos et quatuor denarios, ad Annunciationem Beatae Mariae octo solidos et quatuor denarios, ad Nativitatem Sancti Johannis Baptistae octo solidos et quatuor denarios, ad festum Sancti Michaelis octo solidos et quatuor denarios, per manum monachi qui pro tempore fuerit custos praedictae capellae Beatae Mariae Praeterea habebunt pro casco et candela decem et octo denarios per annum percipiendos in vigilia Omnium Sanctorum per manum praedicti monachi In corredio[4] quoque ad opus suum et clerici sui habebunt de cellario duos panes monachi, et unum panem militis, et tres galones de cervisia conventus de eodem dolio et dosillo quo conventus habet in die et de eadem cervisia, et quod primi erunt pacati de liberatione sua, si clericus illorum ad horam venerit, et quartum galonem de secunda cervisia De coquina vero habebunt tres scutellas de meliori pulmento conventus Praeterea in diebus carnium habebunt duo fercula carnium, unum de uno genere et aliud de altero Reliquis vero diebus habebunt unum ferculum de generali conventus, et alterum secundum liberationes forinsecas, exceptis festis duplicibus, in quibus habebunt duo fercula, unum de uno generali conventus, et aliud de altero Manebunt autem praedicti capellani intra ambitum abbatiae in illo hospitio quod dictus Radulphus ad opus eorum suis sumptibus aedificavit Et cum necesse fuerit, nos et successores nostri aedificium domus capellanorum praedictorum[5] et aedificium praedictae capellae in omnibus necessariis de propriis nostris sumptibus sustinere tenemur et emendare Et ipsi capellani habebunt bresas[6] de pistrino sive de bracino cum

---

[1] *Olympias*] Olimpias, Reg B
[2] *sterlingorum*] esterlingorum, Reg B
[3] *anni terminos*] terminos anni, Reg B
[4] *corredio*] corrodio, Reg B
[5] *capellanorum praedictorum*] praedictorum capellanorum, Reg B
[6] *bresas*] brosas, Reg B.

necesse fuerit. Et si ipsis capellanis vel clerico suo de corredio[1] suo prædicto aliquid fuerit subtractum, ipsi capellani
monacho custodi prædictæ capellæ illud monstrabunt, et ipse
priori coram toto capitulo, et sic per priorem statim fiat[2]
emendatio. Concessimus etiam prædicto Radulpho de Wylintone,[3] quod singulis annis legatur ista conventio coram fratribus die obitus sui, et absolvatur ipse Radulphus et Olimpias
uxor ejus et omnes antecessores et successores eorum in pleno
capitulo, et ut sint participes omnium bonorum quæ fiunt in
ecclesia nostra et in ecclesiis ad nos pertinentibus, ipse
enim[4] multa beneficia nobis contulit, scilicet redditum duodecim marcarum et septem solidorum singulis annis. Retri-
buat Deus animæ ejus, Amen. Et in die obitus ipsius Radulphi
servitium pro eo faciemus ita plenarie in omnibus sicut pro
monacho facimus, et hoc annuatim in die qua obiit. Omnibus
quoque præsentem concessionem servantibus in pleno capitulo
Dei benedictionem dedimus, contravenientibus autem Dei male-
dictionem quantum ad nos pertinet. Ad hæc omnia supradicta
perficienda prædictus Radulphus dedit nobis et domui nostræ
in perpetuum redditum duodecim marcarum argenti, sicut in
cartis quas de ipso Radulpho habemus continetur, et insuper
septem solidos argenti ad sustentationem prædictæ capellæ et
domus prædictorum capellanorum.

Et quia volumus quod hæc nostra concessio perpetuam obtineat firmitatem, præsens scriptum in modum cirographi
confecimus, cujus unam partem, sigillo ecclesiæ nostræ munitam, prædicto Radulpho tradidimus, alteram vero partem,
sigillo ejusdem Radulphi munitam, penes nos retinuimus.

Hiis testibus, Radulpho de Chaundos, Petro de Eggisworthe,
Ricardo de Lokyntone, Radulpho de Rodlegh, Roberto le
Sauvage, Galfrido de Westone, Johanne de Par', Almarico de
Bar', et multis aliis.[5]

---

[1] *corredio*] corrodio, Reg. B.
[2] *fiat*] fiet, Reg. B.
[3] *Wylintone*] Wilyntone, Reg. B.
[4] *enim*] non, Reg. B.

[5] *Hiis testibus . . . multis aliis*]
Hiis testibus, Radulpho de Chaun-
dos, Petro de Eggesworthe, et aliis,
Reg. B.

APPENDIX.

APPENDIX.

Lease of the White Hart Inn in Holborn.

Hæc indentura, facta vicesimo quarto die Junii, anno regni A.D. 1513, regis Henrici Octavi post conquestum Angliæ quinto, inter June 24. Johannem, permissione divina abbatem monasterii Sancti Petri Gloucestriæ, et ejusdem loci conventum ex una parte, et Robertum Keving, Margaretam uxorem ejus, et Willielmum Badcock, ex altera parte, testatur quod prædicti abbas et conventus, ex eorum communi assensu et consensu, tradiderunt, concesserunt, et ad firmam dimiserunt, præfatis Roberto, Margaretæ, et Willielmo, totum illud tenementum sive hospitium eorum abbatis et conventus situatum et jacens in Holburne prope civitatem Londoniæ prædictæ vocatum le White Hart, cum omnibus et singulis suis pertinentiis eidem tenemento sive hospitio spectantibus. Habendum et tenendum dictum tenementum sive hospitium cum omnibus et singulis suis pertinentiis præfatis Roberto, Margaretæ, et Willielmo, ad terminum triginta unius annorum extunc proximo sequentium et plenarie complendorum, si prædicti Robertus, Margareta, et Willielmus tamdiu vixerint, aut unus eorum tamdiu vixerit. Reddendo inde annuatim præfatis abbati et conventui et eorum successoribus quadraginta solidos legalis monetæ Angliæ ad quatuor anni terminos, videlicet, ad festa Sancti Michaelis Archangeli, Natalis Domini, Annunciationis Beatæ Mariæ, et Nativitatis Sancti Johannis Baptistæ, per æquales portiones, ad manus abbatis dicti monasterii qui pro tempore fuerit solvendos. Et prædicti Robertus, Margareta, et Willielmus, annuatim durante termino prædicto disonerabunt et acquietabunt dictos abbatem et conventum et eorum successores de omnibus et omnimodis capitalibus redditibus de prædicto tenemento sive hospitio annuatim exeuntibus, tam erga dominum regem quam alios capitales dominos quoscumque. Necnon prædicti Robertus, Margareta, et Willielmus, totum prædictum tenementum sive hospitium, cum omnibus suis domibus ibidem superædificatis, bene, sufficienter, et tenentabiliter infra duos annos proximos sequentes post datam præsentium, tam in maeremio grosso et minuto quam in coopertura muris infra et extra, et in omnibus aliis ibidem necessariis, reparabunt, ædificabunt, et sustentabunt, sumptibus suis propriis et expensis, et sic tunc per eos sufficienter et tenentabiliter infra dictos duos annos reparatum, ædificatum, et sustentatum in omnibus necessariis prænominatis continue durante toto termino prædicto similiter sumptibus suis propriis et expensis manutenebunt. Et sic in fine termini sui prædicti prædictum tenementum sive hospitium bene, sufficienter, et tenentabiliter reparatum, ædificatum, et sustentatum in omnibus, ut præmittitur, dictis abbati et conventui aut suis successoribus dimittent aut unus eorum dimittet. Et non licebit præfatis Roberto, Margaretæ, et Willielmo, statum eorum de præmissis alicui alteri tradere vel assignare, sine licentia dictorum abbatis et conventus prius petita et obtenta. Proviso semper quod prædictus abbas et ejus successores habeant eis reservata pro se et famulis suis, totiens quotiens ad Londoniam venerint ad parliamentum domini regis vel alia sua necessaria ibidem aliquamdiu moraturos, tota ædificia ex parte orientali dicti tenementi sive hospitii pro hospitio abbatis vel successorum suorum ibidem tenendo tamdiu ibidem expectabunt, videlicet unam parleruram, domum pincernæ, et le pantre, coquinam adjacentem, et omnes cameras superius ædificatas. Et si contingat prædictos Robertum, Margaretam, et Willielmum, in solutione redditus prædicti aretro fore non solutum in parte vel in toto per unum mensem post aliquod festum festorum prædictorum quo solvi debeat, aut aliquam conventionem superius specificatam infringere, quod tunc bene licebit dictis abbati et conventui et eorum successoribus in prædictum tenementum sive hospitium, cum omnibus suis pertinentiis, intrare et distringere, et districtiones ibidem inventas licite asportare, et effugare, et penes se retinere, quousque de prædicto redditu et eorum arreragiis, si quæ fuerint, eis plenarie fuerit satisfactum et persolutum, dictosque Robertum, Margaretam, et Willielmum, abinde penitus expellere et amovere, his indenturis in aliquo non obstantibus.

In cujus rei testimonium partes prædictæ sigilla sua alternatim apposuerunt.

Data in domo capitulari dictorum abbatis et conventus Gloucestriæ die et anno supradictis.

Letters dimissory for Thomas Excetur.

Johannes, permissione divina abbas monasterii Sancti Petri A.D. 1513,
Gloucestriæ et ejusdem loci conventus, ordinis Sancti Bene- Dec. 4.
dicti Wigorniensis diœcesis, venerabili in Christo patri et
domino Johanni, eadem permissione priori prioratus de Chep-
pystowe, Landavensis diœcesis, salutem.

Quia confrater noster et commonachus Thomas Excetur in
prioratu vestro sub regulari disciplina certis de causis prætensis animæ suæ salutem, ut asserit, tangentibus, desiderat
conversari, quem sub vestra obedientia, sicut in litteris vestris
nobis inde directis asseritis, dummodo nostras litteras habuerit
dimissorias parati estis recipere. Nos ipsius animæ salutem
plurimum affectantes, ad vestrum prioratum transmigrandi
eidem Thomæ ad ejus instantias creberrimas licentiam concedimus gratiose, dictumque Thomam a nostra dimittimus
obedientia, eumque vestræ obedientiæ committimus.

In cujus rei testimonium has litteras nostras dimissorias
sigilli nostri communis munimine fecimus communiri.

Data in domo nostra capitulari Gloucestriæ, quarto die
mensis Decembris, anno Domini millesimo quingentesimo
tertiodecimo.

Letter of fraternity for the Bishop of Lincoln.

Reverendo in Christo patri ac domino domino Thomæ, per- A.D. 1514,
missione divina Lincolniensi episcopo, Willielmus, eadem June 17.
permissione abbas monasterii Sancti Petri Gloucestriæ et
ejusdem loci conventus ordinis Sancti Benedicti Wigorniensis
diœcesis, omnimodam reverentiam tanto reverendo patri debitam cum honore, et per orationum suffragia cœlestium consequi gaudia præmiorum.

Quamvis ex caritatis debito teneamur devotæ supplicationis
instantia divinæ pietatis aures pulsare jugiter pro universali
salute, specialius tamen illis communicare tenemur et inten-
dimus quæcumque spiritualia bona nostra de quorum devotione
erga nos et monasterium nostrum prædictum reddimur certiores. Ea propter exigentibus meritis piæ devotionis paternitatis vestræ reverendæ quam ad nos et monasterium nostrum
prænominatum vos habere dediscimus, concedimus vobis in
vita vestra, pariter et in morte plenam participationem omnium
bonorum spiritualium quæ, operante Domino, per nos et successores nostros in ipso monasterio et locis eidem appendiciis
quibuscunque spiritualibus inperpetuum fient, videlicet in

missis, orationibus, jejuniis, vigiliis, abstinentiis, disciplinis, elemosinis, ac exercitiis aliis quibuscunque. Adjicientes insuper de gratia nostra speciali, quod cum obitus paternitatis vestræ antedictæ nobis vel successoribus nostris nuntiatus fuerit, fiet pro animæ vestræ salute, sicut pro caris nostris confratribus et consororibus facere consuevimus.

In cujus rei testimonium sigillum nostrum commune præsentibus est appensum.

Data in domo nostra capitulari septimodecimo die mensis Junii, anno Domini millesimo quingentesimo quartodecimo.

The king's writ for receiving the oath of the sheriff of Gloucester.

A.D. 1514, Nov. 7.　Henricus, Dei gratia rex Angliæ et Franciæ, et dominus Hiberniæ, dilecto sibi in Christo abbati monasterii Sancti Petri Gloucestriæ, salutem.

Sciatis quod dedimus vobis potestatem recipiendi sacramentum dilecti et fidelis nostri Willielmi Kyngestone militis, vicecomitis nostri comitatus Gloucestriæ, de officio illo bene et fideliter faciendo juxta formam cujusdam cedulæ præsentibus interclusæ. Et ideo vobis, sub fide et dilectione quibus nobis tenemini firmiter injungendo mandamus, quod sacramentum prædictum recipiatis, et cum illud receperitis eidem Willielmo litteras nostras patentes sibi de officio illo factas quas vobis mittimus per latorem præsentium liberetis. Et nos de sacramento illo cum sic captum fuerit in cancellariam nostram sub sigillo vestro distincte et aperte sine dilatione constare faciatis, hoc breve nobis remittentes.

Teste me ipso apud Westmonasterium, septimo die Novembris anno regni nostri sexto.

YONG.

The sheriff's oath.

Ye shall swere thatt ye shalle serve the kinge welle and truly in the office of shereve of Gloucestreshyre, and do the kinges profecte in all thinge that belongeth to you to do by wey of your office as ferforth as ye can or may.

Ye shalle trewly kepe the kinges rightes, and alle thatt longethe to the crowne.

Ye shall not assent to decresse, to lassyn, or to concilemente of the kinges rightes, or of his frauncheses, and wher ever ye shall have knowlege that the kinges rightes, or the rightes of the crowne be conceled or withdraw, be it in londes, rentes, or fraunches, or snytes, or any thinges, ye shall do your trew powar to make them restored to the king agayn, and yf ye may not do hit, ye shalle certifie the kinge or some of his councell therof suche as ye holde for certaigne wyll shew hit to the kinge.

Ye shalle not respite the kinges dettes for any yeffte or favour where ye may reyse them without grete grevaunce of dettours.

Ye shalle trewly and rightwysely trete the people of your sherevewike, and do right as well to the pore as to the ryche in all thatt that belongeth to your office.

Ye shall do no wronge to any man for any yeffte, or beheste, or promyse of good or favor nor hate.

Ye shalle not disturbe no mannys righte.

Ye shall treuly acquite at the exchequyer all tho of whom ye shalle any thinge receyve of the kinges dettes.

Ye shall no thinge take wherby that right may be disturbed, or the kinges dettes delayed.

Ye shall trewly retorne and trewly serve all the kinges writtes as ferforthe as hit shalbe in your cunnynge.

Ye shall not have to be your undershereve or any of your shereve clerckes of the laste yere passid.

Ye shall take no baylyffes in to your service, but suche as ye wylle answere for.

Ye shalle make every of your baylyffes to make suche othe as ye make your selfe in that belongethe to ther occupation.

Ye shall receyve no writte by you or any of youres unsealed or any sealed under the seale of any justice in eyre or assigned in the same shyre wher ye be shireve in or other justices havynge power and auctorite to make any wryttes unto you by the lawe of the land or of justice of Newgate.

Ye shalle make bayliffes of the treu and sufficient men in the countre.

Also ye shall do youre payn and diligence to destroye and make to cesse all maner heresyes and erroures comynly called Lolardys within your baylyffwike from tyme to tyme in all your power, and assiste and be helpinge to all the ordinaryes and commissaryes of holy churche, and favore and maynteyne them as ofte tymys as te shall be requirid by the said ordinaries and commissaries.

Ye shall be dwellinge your propur person within your baylyffewyke for the tyme thatt ye shalbe in the same office.

Ye shal nott lett your sheryffwike to ferme, or any balyffwike therof to any man.

Ye shall trewly sette and retorne reasonable and dew yssues

of them thatt be within your bailyffwyke after theyr astate
and havour, and make your pannells your self.

And over this in eschewinge and restraynt of the manslaw-
tours, robboryes, and other manyfold grevouse offences that
be don dayly, namely, by such as name them selfe soldeours
and other vagrauntes, the whiche contynually encresse in
nombre and multyplye so thatt the kinges trewe subgettes
may nott suerly ryde ne goo to do suche thinges as the have
to do, to theyr intollerable hurte and hyndraunce.

Ye shall trewly and effectually with all diligence possible to
you execute the statutes the whiche ye shall have knolege of.

These thinges all ye shalle trewlye kepe as God help you
and his Sayntes.

Grant of annuity to John Tucke.

A.D. 1515,
April 16.
Omnibus Christi fidelibus ad quos praesens scriptum indentatum pervenerit, Willielmus, permissione divina abbas
monasterii Sancti Petri Gloucestriae, et ejusdem loci conventus,
salutem in Domino sempiternam.

Noveritis nos praefatos abbatem et conventum unanimi
assensu pariter et consensu nostris dedisse, concessisse, et
per hoc praesens scriptum nostrum indentatum confirmasse,
dilecto nobis domino Johanni Tucke in artibus bacallario,
pro bono servitio suo nobis et successoribus nostris modo et
forma sequenti imposterum impendendo, quandam annuitatem
seu annuam pensionem sex librarum legalis monetae Angliae,
videlicet, tres libras a cellerario, et tres libras a magistro
capellae dicti monasterii, qui pro tempore fuerint, annuatim,
ad festa Sancti Michaelis Archangeli, Nativitatis Domini,
Annunciationis Beatae Mariae Virginis, et Nativitatis Sancti
Johannis Baptistae, aequis portionibus solvendas. Necnon dictus Johannes percipiet de cellerario praedicto unam robam
sive togam annuatim ad festum Natalis Domini de meliori
panno, prout generosi in domo nostra recipiunt, seu ante haec
tempora recipere consueverunt, et duos bigatos focalium ad
domum praedicti Johannis annuatim afferendorum. Praeterea
dictus Johannes recipiet de dicto magistro capellae unam marcam argenti pro toga sibi annuatim providenda. Concedimus
insuper praefato Johanni quod habeat ad domum suam singulis anni diebus tantum ferculum cibi tam de primo cursu
quam de secundo quantum uni monacho dictim continget
apponi, ac quotidie unum panem vocatum le mycch, et unam
lagenam cervisiae conventualis unacum refectione quotidiana
in domo capellae ubi cantores ejusdem cum pueris prandere

solent ad placitum suum percipienda. Habendam et perci-
piendam dictam annuitatem seu annuam pensionem sex librarum, cum cæteris præmissis præfato Johanni, a data præsentium usque ad finem termini octoginta annorum extunc
proximo sequentium et plenarie complendorum, si dictus Johannes tamdiu vixerit. Sed si tanta infirmitate (quod absit)
detineatur corporali ut ministerium suum adimplere minime
valeat, tunc volumus, et per præsentes concedimus, quod
tantum sex libras, cum medietate totius liberationis prædictæ,
juxta formam prædictam annuatim de officiariis prædictis percipiet et habebit. Et prædictus Johannes in omnibus præfatis
abbati et conventui ac eorum successoribus fideliter se exhibebit, ac omnes juvenes confratres monasterii prædicti per
dictum abbatem aut ejus successores sibi deputatos, ac tresdecim pueros de camera clericorum in scientia grammaticali,
et quinque aut sex aptos pueros ac dociles in plano cantu
diviso sive fracto et discantu sufficienter ac diligenter docebit
et informabit durante termino prædicto, et cum eisdem pueris
missam Beatæ Mariæ Virginis unacum antiphona ejusdem
quotidie, ac sextis feriis missam de nomine Jesu cum antiphona ejusdem devote servabit, et diebus festivis utrisque
vesperis et missa majori atque aliis temporibus per præcen-
torem dicti monasterii qui pro tempore fuerit sibi assignatis
intererit solemniter cantandis seu organis pulsandis, nisi propter aliquam causam rationabilem seu infectivam infirmitatem
pestilentialem nimis invalescentem actualemve infirmitatem
impeditus fuerit, aut per dictum abbatem vel magistrum capellæ licentiatus. Proviso semper quod dictus Johannes habeat
libertatem se absentandi ad placitum suum per unum mensem
singulis annis insimul vel divisim prout sua negotia postulant
et exquirunt, ad quæ omnia et singula ex parte dicti Johannis,
sic ut præmittitur, fideliter facienda et observanda dictus
Johannes præfatis abbati, conventui, ac eorum successoribus
obligat se per præsentes.

In cujus rei testimonium tam prædicti abbas et conventus
sigillum eorum commune quam dictus Johannes sigillum huic
scripto indentato alternatim apposuerunt.

Data in domo nostra capitulari Gloucestriæ sextodecimo die
mensis Aprilis, anno Domini millesimo quingentesimo quintodecimo.

Lease of the manor of Ablode.

Hæc indentura, facta quinto die mensis Octobris, anno regni
regis Henrici Octavi septimo, inter Willielmum, permissione
divina abbatem monasterii Sancti Petri Gloucestriæ, et ejusdem

A.D. 1515
Oct. 5.

loci conventum ex una parte, et Ricardum Cockes, et Katerinam uxorem ejus quam habet die confectionis præsentium, ac
Willielmum et Johannem filios dictorum Ricardi et Katerinæ
ex altera parte, testatur quod prædicti abbas et conventus,
uno assensu et consensu, tradiderunt, concesserunt, et ad firmam
dimiserunt Ricardo, Katerinæ, Willielmo, et Johanni, situm
manerii eorum de Ablode, situati in comitatu villæ Gloucestriæ, cum omnibus suis domibus, et ædificiis, terris arabilibus,
pratis, pascuis, et pasturis, columbariis, gurgite, aquis, piscariis, ac cuniculari, cum omnibus et singulis suis pertinentiis.
Ac dicti abbas et conventus concesserunt, tradiderunt, et ad
firmam dimiserunt præfatis Ricardo, Katerinæ, Willielmo, et
Johanni, diversa bona et catalla, mobilia et immobilia, dicto
manerio pertinentia, prout in quodam inventorio præsentibus
annexo plenius apparet. Insuper dicti abbas et conventus
tradiderunt, et ad firmam dimiserunt, dictis Ricardo, Katerinæ,
Willielmo, et Johanni, trecentas viginti oves matrices in
dicto manerio remanentes pro stauro, pretium capitis sexdecim
denarios, quod in toto extendit ad summam viginti unius librarum sex solidorum octo denariorum, unacum earum pratis,
pascuis, et pasturis, cum omnibus et singulis suis aisiamentis
et proficuis pro sustentatione dictarum ovium, videlicet, in
Walham et Frysmede, prout fuit usitatum quando dictæ oves
nuper in manibus dominorum prædecessorum nunc abbatis
fuerunt, simul cum una pastura dictorum abbatis et conventus
apud Coburley jacente in comitatu Gloucestriæ tempore æsti-
vali, cum omnibus commoditatibus ibidem pro dictis ovibus,
prout ab antiquo usitatum fuit. Ulteriusque dicti abbas et conventus tradiderunt, concesserunt, et ad firmam dimiserunt præfatis Ricardo, Katerinæ, Willielmo, et Johanni, diversa terras
et prata dominicalia dicto manerio spectantia, cum reversio
inde aliquo modo acciderit, quæ terræ et prata dominicalia
modo occupata sunt per tenentes domini custumarios ibidem,
ut patet per rentale inde in dorso præsentium indenturarum
confectum. Et insuper prædicti abbas et conventus tradiderunt,
concesserunt, et ad firmam dimiserunt præfatis Ricardo, Katerinæ, Willielmo, et Johanni, quinque acras terræ arabilis
jacentes in Pedmershfeld, cum omnibus decimis dictarum
quinque acrarum modo in tenura dicti Ricardi. Habendum
et tenendum prædictum situm manerii, cum omnibus suis domibus et ædificiis, terris arabilibus, pratis, pascuis, et pasturis,
columbari, aquis, piscariis, gurgite, ac cuniculari, inventorio,
oves, reversiones, et cætera præmissa supradicta, cum omnibus
et singulis pasturis supradictis ac suis pertinentiis, præfatis
Ricardo, Katerinæ, Willielmo, et Johanni, successive a data
præsentium usque finem termini octoginta annorum extunc

proximo sequentium et plenarie complendorum, si tamdiu vixerint aut unus eorum tamdiu vixerit.

Reddendo annuatim dictis abbati et conventui ac eorum successoribus, ad manus celerarii dicti monasterii qui pro tempore fuerit, pro firma dicti situs manerii, quatuor libras legalis monetæ Angliæ, et pro firma dictarum ovium decem libras ad manus domini, et pro redditu dictarum terrarum dominicalium, cum reversiones inde acciderint, ad manus celerarii monasterii prædicti pro tempore existentis, quinquaginta solidos solvendos ad duos anni terminos, videlicet, ad festa Annunciationis Beatæ Mariæ Virginis, et Sancti Michaelis Archangeli, per æquales portiones, et reddendo annuatim pro dictis quinque acris terræ de Pedmershfeld, ad manus ballivi dictorum abbatis et conventus manerii eorum, qui pro tempore fuerit, de Bartona abbatis, ad festum Sancti Michaelis Archangeli quinque solidos. Ac etiam dicti Ricardus, Katerina, Willielmus, et Johannes solvent et deliberabunt ad manus coquinarii dicti monasterii qui pro tempore fuerit annuatim, pro exitibus dicti manerii ad terminos usuales, videlicet, viginti capones aut quinque solidos in argento, viginti pullos vel duos solidos sex denarios, triginta aucas [aut] septem solidos sex denarios, quindecim porcellos aut quinque solidos, ova gallinarum ad valorem viginti denariorum vel viginti denarios in pecuniis, trecentas quadraginta columbas aut sex solidos octo denarios in argento, lac, butirum, et quæ, prout mos est et fuit usitatum, centum quinquaginta quinque petras casei vel quinquaginta unum solidos octo denarios in argento ad electionem dicti coquinarii. Insuper summo priori dicti monasterii annuatim tres petras casei, suppriori duas petras casei et tertio priori unam petram casei. Et prædicti Ricardus, Katerina, Willielmus, et Johannes, totum prædictum situm manerii, cum omnibus suis domibus et ædificiis, unacum omnibus clausuris, et fossatis, pratis, pascuis, et pasturis, cum cæteris præmissis, bene et sufficienter reparabunt, sustentabunt, et manutenebunt, et quilibet eorum bene et sufficienter reparabit, sustentabit, et manutenebit, sumptibus eorum propriis et expensis, durante termino prædicto, et ea in fine eorum termini bene et sufficienter reparata dimittent, aut eorum quilibet firmarius ibidem sic dimittet. Proviso semper quod dicti abbas et conventus et eorum successores invenient præfatis Ricardo, Katerinæ, Willielmo, et Johanni, grossum mearemium, lath, pynne, tyle, et nayle, pro hujusmodi reparationibus apud dictum manerium faciendis, durante termino supradicto. Et dicti Ricardus, Katerina, Willielmus, et Johannes, durante dicto termino, sumptibus eorum propriis et expensis, custodient communes ludos monachorum monasterii prædicti apud dictum manerium prout usitatum fuit. Ac etiam prædicti Ricardus, Katerina, Willielmus, et Johannes, dictas oves aut pretium supradictum earundem ovium, ac bona et catalla mobilia et immobilia in dicto inventorio specificata in fine eorum termini dictis abbati et conventui et eorum successoribus redeliberabunt, aut unus eorum redeliberabit in adeo bono statu sicut ea receperunt. Necnon prædicti Ricardus, Katerina, Willielmus, et Johannes, celerario et senescallo dicti monasterii qui pro tempore fuerint, cum eorum hominibus et equis cum illuc venerint ad curiam ibidem annuatim tenendum, in omnibus eis necessariis honeste invenient durante termino prædicto. Et prædicti Ricardus, Katerina, Willielmus, et Johannes habebunt et percipient, et eorum quilibet firmarius ibidem habebit et percipiet ibidem howsebote, haybote, et fyrebote, absque aliquo vasto seu destructione inde faciendo. Et prædicti Ricardus, Katerina, Willielmus, et Johannes firmarii ibidem, successive habebunt annuatim erga festum Natalis Domini unam togam de celerario monasterii prædicti qui pro tempore fuerit, de liberatione domini durante dicto termino. Et insuper dicti Ricardus, Katerina, Willielmus, et Johannes habebunt annuatim apud boscum dictorum abbatis et conventus de Bokewold duas plaustratas bosci vocati lez beche pro aratris suis annuatim reparandis per deliberationem wodwardi domini ibidem. Et non licebit dictis Ricardo, Katerinæ, Willielmo, et Johanni, aut eorum alicui, statum eorum de præmissis alicui alteri tradere vel assignare sine dictorum abbatis et conventus aut eorum successorum expressa voluntate et licentia inde prius habita et obtenta. Sed bene licebit præfatis Ricardo, Katerinæ, Willielmo, et Johanni substituere tenentes ad eorum beneplacitum in omnibus illis terris dominicalibus supradictis modo in manibus tenentium ibidem existentibus cum reversio prædicta inde acciderit. Et si contingat dictum redditum vel exitum aretro fore in parte vel in toto non solutum per unum mensem post aliquod festum festorum prædictorum quo solvi debeat, aut aliquam conventionem superius specificatam de prædictis infringere, quod extunc bene licebit dictis abbati et conventui ac eorum successoribus, tam in totum prædictum situm manerii et cætera præmissa, quam in dictas trecentas viginti oves, et inventorium supradictum, vel viginti libras sex solidos octo denarios ad electionem dictorum abbatis et conventus vel eorum successorum intrare et distringere, et districtiones ibidem sic per eosdem captas licite asportare, abducere, et effugare, et penes se retinere, quousque de prædicto redditu et exitibus et eorum arreragiis si quæ fuerint eis plenarie fuerit satisfactum et persolutum, ac eorum pristinum statum inde rehabere et retinere, dictosque Ricardum, Katerinam, Willjelmum, et Johannem abinde penitus expellere et amovere, præsenti indentura seu concessione in aliquo non obstante.

In cujus rei testimonium partes prædictæ præsentibus hiis indenturis, etc.

Inventory.

This inventory indented made the fifth day Octobre, the seventh yere of the reigne of Kinge Henry the Eighth, betwene William, by the dyvyne sufferaunce abbott of the monastery of Saynt Petur in Gloucestre, and the convente of the same place of the oon partye, and Richard Cockes of the other partye, witnessith that the said abbott hathe delyvered to the said Richard, the day of the makinge of this presentes, dyverse stuff of the maner of Ablod underwritten.

In primis, twelve oxsyn, price - - -
Item, sixteen kyne with one bulle, price - -
Item, one bore, price - - - - -
Item, five hogges, price - - - -
Item, one sowe, price - - - -
Item, twelve hennes, price - - -
Item, one cocke, price - - - -
Item, two drakes and sixteen duckes, price - -
Item, three brasse pottes, price - - -
Item, two pannes, price - - -
Item, two chesevattes, price - - -
Item, one tabulborde, price - - -
Item, two trestells, price - - -
Item, two formes, price - - -
Item, one cornewayne, price - - -
Item, one dynge wayne, price - - -
Item, two oxe harowes, price - - -
Item, one payre of horscharowes, price - -
Item, five yron strynges, price - -
Item, two shares, price - - -
Item, one draught bridell, price - -

Rentale in dorso ejusdem indenturæ conscriptum.

Manerium de Ablod.

Rentale de diversis terris dominicalibus existentibus in manibus custumariorum tenentium domini ibidem dicto manerio spectantibus.

De Wilhelmo Ydryche	-	-	-	-	2ˢ	
De Thoma Bosseley	-	-	-	-	2ˢ	
De Waltero Goode	-	-	-	-	9ˢ	10ᵈ.
De Johanne Churche	-	-	-	-	4ˢ	2ᵈ.
De Thoma Hale	-	-	-	-	4ˢ	2ᵈ
De Wilhelmo Rogers	-	-	-	-	2ˢ	6ᵈ
De Hugone Pury	-	-	-	-	7ˢ	10ᵈ
De Thoma Lane	-	-	-	-	2ˢ	4ᵈ
De Ricardo Mery	-	-	-	-		15ᵈ.
De Wilhelmo Wyncyard	-	-	-	-		13ᵈ
De Johanne Peres	-	-	-	-		10ᵈ.
De Thoma Mury	-	-	-	-		20ᵈ
De eodem Thoma	-	-	-	-	3ˢ	10ᵈ
De David Vaughan	-	-	-	-	2ˢ	11ᵈ.
De Johanne Mery	-	-	-	-		10ᵈ
De Johanna Sporyor	-	-	-	-		15ᵈ.
De Johanne Pury	-	-	-	-	2ˢ	

Summa, 50ˢ

Petition of the prior of Abergavenny to the abbot of Gloucester for the transfer of William Emley, a monk of Gloucester, to Abergavenny priory

A D 1516, July 31

Reverendo in Christo patri et domino domino Wilhelmo Malverne, abbati monasterii Apostolorum Petri et Pauli Gloucestriæ, Wigorniensis diœcesis, ordinis Sancti Benedicti, omnimodam reverentiam tanto patri debitam cum honore, salutem, vester humilis in Christo frater Wilhelmus Winchester, prior prioratus Beatæ Mariæ Virginis de Bergevenny, ejusdem ordinis Landavensis diœcesis

Ita est quod domnus Wilhelmus Emlei vester commonachus desiderat et affectat migrari, sive incorporari, et prohteri, in nostro monasterio Bergevenny, ex certis et legitimis causis in hac parte moventibus Placebit igitur vestris reverentiis paternalibus eundem domnum Wilhelmum dimittere et absolvere ab omni jugo et onere subjectionis et obedientiæ quibus tenetur vestræ paternitati, et vestro monasterio, ac ipsum licentiam concedere ad nos et ad nostrum monasterium migrare sive incorporari, si inventus fuerit idoneus, bonæ conversationis et honestæ, nobiscum recipietur cum honore

In cujus rei testimonium huic præsenti scripto sigillum nostrum conventualem apponi fecimus

Data in domo nostra capitulari penultimo die mensis Julii anno Domini millesimo quingentesimo sextodecimo

Letters dimissory for William Emley.

A.D. 1516,
Aug. 10.

Willielmus, permissione divina abbas monasterii Sancti Petri Gloucestriæ et ejusdem loci conventus, ordinis Sancti Benedicti, Wigorniensis diœcesis, venerabili in Christo patri ac domino domino Willielmo, eadem permissione priori prioratus de Burgevenny [Landavensis] diœcesis, salutem in Domino.

Quia confrater noster et commonachus Willielmus Emley in prioratu vestro sub regulari disciplina certis de causis prætensis animæ suæ salutem, ut asserit, tangentibus, desiderat conversari, quem sub vestra obedientia, sicut in litteris vestris nobis inde directis asseritis, dummodo nostras litteras habuerit dimissorias parati estis recipere. Nos ipsius animæ salutem plurimum affectantes, ad vestrum prioratum transmigrandi eidem Thomæ ad ejus instantias creberrimas licentiam concedimus gratiose, dictumque Willielmum a nostra dimittimus obedientia, cumque vestræ obedientiæ committimus per præsentes.

In cujus rei testimonium has litteras nostras dimissorias sigilli nostri commune munimine fecimus communiri.

Data in domo nostri capitulari Gloucestriæ, decimo die mensis Augusti, anno Domini millesimo quingentesimo sextodecimo.

Oath of William Emley.

Ego, Willielmus Emley, nuper monachus et professus monasterii Sancti Petri Gloucestriæ, ordinis Sancti Benedicti, Wigorniensis diœcesis, a dicto monasterio discedere proponens, atque ad domum sive prioratum de Burgevenny migrare desiderans, ibique residuum tempus vitæ meæ expendere et continuare volens, et a venerabili patre Willielmo, permissione divina ejusdem monasterii abbate ad hoc licentiatus, et legitime dimissus, juro ad hæc et per hæc sacrosancta Dei evangelia, quod nunquam post decessum meum a dicto monasterio, neque per me aut aliquam aliam personam quamcunque ad hoc suspectam, dicam, vel faciam dici, fieri, vel procurari faciam quicquam ad infamiam, præjudicium, aut aliud quodcunque gravamen dicti reverendi patris ejusve monasterii, monachorum, servorumve, ministrorum quorumcunque, dicto monasterio conscrneu' contingere valeat in futuro, et ut hoc juramentum meum ratum sit et stabile, profiteor me id jurare voluntarie, non secrete, non coacte, sed palam et publice, et in præsentia [1]

Statutes passed at a general chapter of the Benedictine Order held at Coventry in the year 1516

A D 1516 In primis statuimus et ordinamus, quod fratres omnes, tam seniores quam juniores, qui completorii intersint officio, amodo et deinceps postquam in dormitorium se receperint, ad fabulas et potationes omnino non descendant

Præterea statuimus, quod non licet cuiquam monachorum, nisi prius superioris intra monasterium existentis licentia petita et obtenta, aliquam [2] introducere in infirmitorium, seu in aliqua loca in eodem contenta nec quod quisquam fratrum aliquas ibidem potationes inordinatas quoquo pacto exercere præsumat

Præterea statuimus et ordinamus, quod nullus frater, die quo in refectorio se refecerit, prandium et cœnas carnem manducare aliquatenus, nisi in præsentia sui prælati ex ejus præcepto aut licentia speciali præsumat

Præterea statuimus et ordinamus, ut cuiquam monachorum non licet victus duplicatam pictantiam habenti eam vel ejusdem aliquam portionem vendere, nec eam libere dare superioris licentia in hoc minime obtenta

Præterea statuimus et ordinamus, quod in mensa fratrum tempore prandii et cœnæ, sive in misericordia, sive in locis pro misericordia deputatis, sese reficientium, lectio semper habeatur, cui attente auditum præbeant, et quod ibidem aut submissa voce aut omnino Latine loquantur

Præterea statuimus et ordinamus, quod in diebus piscium nullus extra refectorium se reficiat, illis dumtaxat exceptis cum quibus eorundem prælati propter senium, debilitatem, aut aliquam rationabilem causam, duxerit dispensandis

Præterea, cum in Viennensi consilio per Clementem quintum sit monachis interdictum, quod venationibus seu aucupationibus aliquatenus indulgeant, non novam constitutionem facientes sed veterem mentibus hominum firmius infigentes, volumus et præcipimus quod monachi nostri ordinis et capituli a venationibus et aucupationibus omnino abstineant secundum formam

---

[1] The concluding part of this instrument is plainly defective and corrupt

[2] *aliquam*] So in MS A word is obviously omitted , it may possibly be *cervisiam*

constitutionis prædictæ. Venaticos caues seu aves prædales per se vel per alios intra septa monasterii nec teneant nec foveant, pœnas in dicto consilio, si contrafecerint, attentius formidantes, in suis autem recreationibus honeste et religiose se semper exhibeant, scandalum religionis omnino præcaventes.

Ejusdem religionis cultores decet unius moris esse pariter et uniformes, propterea statuimus et ordinamus, quod monachi nostri capituli vestimentis cultioribus aut multum nitidis non utantur, sed solum tunicis, almiciis, manicis, et pellibus nigris, extrinsecus vestiantur, prout patres nostri antiqui fieri decreverunt.

Præterea sub obtestatione divini judicii præcipimus, ut in singulis nostri ordinis et capituli locis illud Benedicti duodecimi capitulum 23ᵃ, quod intitulatur, "De licentiis eundi "extra monasterium," diligentius et strictius observetur, et ut de ignorantia ejusdem nemo se excusatum habeat, a prælatis vel a quibus ipse jusserit dicta constitutio exponatur.

Cum enim frustra sit diffinitiones seu statuta condere et ea minime executioni mandare, irrefragabiliter ordinamus et præcipimus ut singuli patres in hoc capitulo præsentes et absentium procuratores sibi has nostras diffinitiones transcribi, et cum ad monasterium redierint, easdem coram toto fratrum conventu et perlegi faciant et districtius observari.

Finis.

Lease of the manor of Bucland.

Hæc indentura, facta vicesimo sexto die mensis Septembris, anno regni regis Henrici Octavi decimo, inter Willielmum, permissione divina abbatem monasterii Sancti Petri Gloucestriæ, et ejusdem loci conventum, ex una parte, et Jacobum Apperry, Johannam uxorem ejus, Robertum, et Katherinam, filios eorundem, ex altera parte, testatur quod prædicti abbas et conventus, unanimi assensu et consensu, tradiderunt, concesserunt, et ad firmam dimiserunt, præfatis Jacobo, Johannæ, Roberto, et Katherinæ, totum situm manerii eorum de Bucland in comitatu Gloucestriæ situati, cum omnibus domibus, et ædificiis, terris arabilibus, pratis, pascuis, et pasturis dominicalibus, cum omnibus et singulis eorum pertinentiis, terris dominicalibus modo in manibus tenentium ibidem, una cum capella et bosco Buclandes Wode vulgariter nuncupato, cum libero ingressu et egressu ad capellam prædictam exceptis, et dictis abbati et conventui ac eorum successoribus omnino reservatis. Insuper dicti abbas et conventus, per præsentes, ad firmam dimiserunt præfatis Jacobo, Johannæ,

A.D. 1518, Sept. 26.

Roberto, et Katherinæ, omnes eorum decimas ratione prædicti manerii ibidem dictis abbati et conventui ab antiquo pertinentes, unacum medietate decimarum garbarum et granorum omnium tenentium ibidem eis quovismodo pertinentibus sive spectantibus. Præterea dicti Jacobus, Johanna, Robertus, et Katherina, a dictis abbate et conventu receperunt quædam bona et catalla dicto manerio pertinentia, certis pretiis appretiata, prout inferius patebit in quodam inventorio præsentibus annexo, quæ omnia bona et catalla in adeo bono statu sicuti ea receperunt dictis abbati et conventui ac eorum successoribus, in fine eorum termini, iterum restituent, et deliberabunt, ad quæ omnia et singula bene et fideliter perimplenda dicti Jacobus, Johanna, Robertus, et Katherina, ac etiam Johannes Huntlei, gentleman, et Andreas Niblit, eorum fidejussores obligant se et eorum [1] dictis abbati et conventui ac eorum successoribus in quadraginta libris legalis monetæ Angliæ eisdem solvendis per scripta sua obligatoria die confectionis præsentium data et sigillata. Habendum et tenendum dictum situm manerii cum omnibus domibus et ædificiis, terris arabilibus, pratis, pascuis, et pasturis dominicalibus, cum omnibus et singulis eorum pertinentiis et decimis antedictis, cum bonis et catallis in inventario prædicto specificatis, exceptis præexceptis, præfatis Jacobo, Johannæ, Roberto, et Katherinæ, successive a data præsentium usque ad finem termini triginta unius annorum extunc proximo sequentium et plenarie complendorum, si tamdiu vixerint, aut unus eorum tam diu vixerit. Reddendo inde annuatim dictis abbati et conventui ac eorum successoribus, ad manus camerarii dicti monasterii pro tempore existentis, pro dicto situ manerii et suis pertinentiis ac decimis antedictis et cæteris præmissis, viginti sex libras tresdecim solidos octo denarios legalis monetæ Angliæ ad duos anni terminos, videlicet, ad festa Annunciationis Beatæ Mariæ Virginis, et Sancti Michaelis Archangeli, per æquales portiones. Ac etiam dicti firmarii dictos abbatem et conventum ac eorum successores exonerabunt annuatim de solutione sex solidorum et octo denariorum versus dominum abbatem Winchecumbe pro clamio hundredi de Kippisgate. Necnon dicti firmarii annuatim solvent camerario prædicto unum aprum habilem erga festum Natalis Domini, vel decem solidos ad electionem camerarii prædicti. Ac etiam recipient annuatim a camerario prædicto, post festum Sancti Martini triginta capones, quos secundum temporis exigentiam convenienter alent ad usum camerarii prædicti pro lez capon fest. Præterea dicti Jacobus, Johanna, Robertus, et Katherina invenient dictum situm manerii, cum

---

[1] A word is evidently omitted here.

omnibus suis domibus et ædificiis, bene et sufficienter reparata,
et ea sic sustentabunt, reparabunt, et continue manutenebunt,
videlicet, in minutis reparationibus, ut lez beting, cum pinne,
tele, lathe, et naile, quotiens necesse fuerit sumptibus suis
propriis et expensis, durante termino prædicto. Ac etiam
camerarium et senescallum cum eorum hominibus et equis
bis per annum, cum illic venerint ad curiam ibidem tenendum,
in omnibus eis necessariis, tam in esculentis et poculentis,
quam præbendis equorum, per tres vel quatuor noctes et tres
dies bene et honeste invenient et exhibebunt sumptibus suis
propriis et expensis durante eorum termino. Et prædicti
Jacobus, Johanna, Robertus, et Katherina habebunt et annuatim percipient sufficientia housbote et haibote, ploughbote
et cartbote, absque vasto inde faciendo, ac etiam tenet[1] si
necesse fuerit in Buclandes Wode superius reservata per assig-
nationem camerarii ibidem. Et non licebit dictis Jacobo,
Johannæ, Roberto, et Katherinæ, statum eorum de præmissis
aut aliquam inde parcellam alicui alteri tradere vel assignare,
sine licentia dictorum abbatis et conventus vel eorum successorum prius petita et obtenta. Et si octimgat dictum redditum in parte vel in toto aretro fore non solutum per quinde-
cem dies post aliquod festum festorum prædictorum quo solvi
debeat, quod tunc bene licebit dictis abbati et conventui, ac
eorum successoribus, in prædictum situm manerii, cum suis
domibus, et ædificiis, terris arabilibus, pratis, pascuis, et pasturis, cum omnibus et singulis eorum pertinentiis et cæteris
præmissis intrare, distringere, et districtiones ibidem inventas
licite asportare, abducere, effugare, et penes se retinere, quousque de prædicto redditu et arreragiis, si quæ fuerint, eis
plenarie fuerit satisfactum et persolutum. Ulterius si contingat dictum redditum in parte vel in toto aretro fore non
solutum per unum mensem post aliquod festum festorum prædictorum quo solvi debeat, aut aliquam conventionem superius
specificatam infringere de prædictis, quod tunc bene licebit
dictis abbati et conventui ac eorum successoribus in prædictum situm manerii, cum suis domibus, et ædificiis, terris
arabilibus, pratis, pascuis, et pasturis dominicalibus, cum
omnibus et singulis eorum pertinentiis, decimis, et cæteris
præmissis, reintrare, ac eorum pristinum statum rehabere,
dictosque Jacobum, Johannam, Robertum, et Katherinam
abinde penitus expellere et amovere, præsenti indentura in
aliquo non obstante.

In cujus rei, etc.

Data, etc.

[1] So in MS. The passage is corrupt.

Inventory.

This inventory indentid, made the twenty-sixth day of September, the tenth yere of the reigne of king Henry the Eighth, betwene William, by Goddis suffrance abbat of the monastery of Seynte Petur in Gloucestre and the convent of the same, William Motlow then beyng chamberer of the seid place, of the one party, and Jamys Apperry, Johan his wyef, Robert, and Katherine, ther children, of the other party, witnessithe that the seid Jamys, Johan, Robert, and Katherine have receyvyd of the seid chamberer, the day of the making of this presentes, dyvers catall, stuffe, and corne, of the maner of Bucland underwriten.

Stuff of husbandry, prisid :

In primis, two yron weyns	
Item, eight yokys	
Item, a yron bownd cart	
Item, six hors colors	
Item, six traces	
Item, five molen halters	
Item, eight towys	
Item, two weyne ropis	
Item, two ox plowys	
Item, the purtnance	
Item, two ox harowis	
Item, two small harows	
Item, a wynd tresell and gabull	Price 3ˡ. 16ˢ. 8ᵈ.

Stuff of the dorter and lez bowr :

Item, a matres	
Item, a fetherbed	
Item, a bolster	
Item, a peir of shetis	Price 30ˢ.
Item, a white bedd	
Item, three curtens	
Item, a litill coverlet	
Item, a tapstri coverlet lynyd with canvas	13ˢ. 4ᵈ.
Item, six quoshyns	8ˢ.
Item, a fire peke and a chafer	2ˢ. 4ᵈ.
Item, a matres and a bolster	4ˢ. 8ᵈ.
Item, a peire of hurden shetis	6ˢ. 8ᵈ.
Item, three coverlettis	7ˢ.

Stuff of the day and meyny :

Item, three matres	
Item, two bolsters	9ˢ.
Item, a bordclothe	

Stuff of the kechyn :
Item, twelve platers - - - - -
Item, six podingers - - - - - } 7ˢ.
Item, four sawsers - - - - -
Item, two brasen pottis - - - - -
Item, a smal posnet - - - - } 22ˢ. 4ᵈ.
Item, two metly pannys - - - - -
   Quycke catall prisid :
Item, sixteen oxen - - - - - 12ˡ.
Item, sixteen keen and heifers - - - - 8ˡ.
Item, a bole - - - - - - 10ˢ.
Item, three yong heifers and bullockes - - 9ˢ.
Item, eleven store shepe - - - - 18ˡ.
Item, four store hoggettis - - - -4ˡ. 6ˢ. 8ᵈ.
Item, five horsis for the cart - - - } 3ˡ. 3ˢ. 4ᵈ.
Item, a mare with a fole - - - -
Item, six storing pyggis - - - - 6ˢ.
Item, six other pyggis - - - - 3ˢ.
Item, eight bakyn hoggis - - - - 13ˢ. 4ᵈ
   Quycke stuf unprisid :
Item, a boore.
Item, a sow for store.
Item, fourteen dookes and drakes.
Item, three gese and a gander.
Item, six capyns and hennys.
Item, two cockes.
Item, four poyhens and a pecoke.
   Stuf in lez bowre unprisid :
Item, two tabill bordis.
Item, a volyn borde.
Item, four trestels.
Item, two cubbordes.
Item, two redsais.
Item, three formys.
Item, a presse.
Item, a blew clothe.
Item, a litill cubbord coverd with red say.
Item, a pelow.
Item, two bedstedis ropid.
Item, three cherys.
Item, two peyntid clothis.
Item, oon choth of bucram.
   Stuf of the lardur and deire unprisid :
Item, a bultyn whiche.
Item, a vate.
Item, a long skele.
Item, three rownd skelis.

Item, a here seele, a bulter
Item, a chesewryng
Item, a peise of ledd
   Stuff of the buttre unprisid
Item, a stond
Item, two ale barels
Item, two trestels
Item, a bord.
Item, a verge barell
Item a trow to pownd verges
Item, a tankard
Item, a save to kepe mete ynne
Item, a gret braspott
   Stuf of the kechyn unprisid
Item, a brasen morter
Item, a pestell
Item, a skemer.
Item, a gredyron
Item, a stone morter
Item, two standyng vates
Item, three pailis
Item, two rackis
Item, two long brochis
Item, a litill broche
Item, two yron brandyais
Item, a barre of yron
Item, two cheyns
Item, two formys
Item, three stolis
Item, a ladyll
Item, twelve trencheis.
Item, two coels
   Stuf of the gardun unprisid
Item, a busshell
Item, a striclase
Item, two old baggis
   Stuf of the yeat house unprisid
Item, three rakys
Item, three yevels
Item, two dong forkis
Item, a cartrope
Item, a dragrope
   Grane of all maner for seed
Item, a wey and halffe and three busshels of whete
Item, six wey and six busshels of pnls
Item, foui wey and six busshels of barley

Grant of an annuity to John Cusse.

Hæc indentura, facta decimo nono die mensis Decembris A.D. 1519, anno regni regis Henrici Octavi undecimo, inter Willielmum Dec. 19 Malverne abbatem monasterii Sancti Petri Gloucestriæ, ordinis Sancti Benedicti, ex una parte, et dominum Johannem Cusse, vicarium perpetuum ecclesiæ parochialis de Sowtheerny, ex altera parte, testatur quod prædictus Willielmus abbas, ex mero motu suo caritativo, dedit et concessit dicto domino Johanni Cusse quadraginta solidos legalis monetæ Angliæ, solvendos dicto domino Johanni annuatim durante vita eorum per æquales portiones, videlicet, in festo Sancti Michaelis Archangeli proximo futuro post datum præsentium, et in festo Annunciationis Beatæ Mariæ Virginis. Proviso semper quod prædictus dominus Johannes Cusse non recipiet prædictam summam quadraginta solidorum prætextu exilitatis et augmentationis vicariæ suæ, sed habebit et percipiet prædictam summam pro eo et ex eo quod debet orare et preces fundere Deo pro salute animæ et corporum Willielmi abbatis prædicti, et pro animabus Johannis et Isabellæ Parker parentum prædicti Willielmi abbatis, fundatorum et benefactorum illius monasterii, et omnium fidelium defunctorum.

In cujus rei, etc.

Data, etc.

Lease of the White Hart Inn in Holborn.

Hæc indentura, facta decimo die Decembris anno regni regis A.D. 1522, Henrici Octavi quartodecimo, inter Willielmum, permissione Dec. 10. divina abbatem monasterii Sancti Petri Gloucestriæ et ejusdem loci conventum ex una parte, et Willielmum Bartone de Holbourne in comitatu Myddelsexiæ, inneholder, ac Margaretam uxorem ejus, ex altera parte, testatur quod prædicti abbas et conventus, unanimi assensu et consensu, per præsentes, tradiderunt, concesserunt, et ad firmam dimiserunt præfatis Willielmo et Margaretæ, totum suum tenementum sive hospitium vocatur le White Hert, cum omnibus suis ædificiis, gardinis, ac aliis pertinentiis, prout jacent in Holbourne prædicta in comitatu prædicto. Habendum, tenendum, et occupandum dictum tenementum sive hospitium, cum omnibus suis ædificiis, gardinis, ac aliis pertinentiis, præfatis Willielmo et Margaretæ, ac assignatis suis, a festo Annunciationis Beatæ Mariæ proximo futuro post datum præsentium, usque finem termini sexaginta unius annorum extunc proximo sequentium et plenarie complendorum. Reddendo inde annuatim durante termino prædicto præfatis abbati et conventui et successoribus suis triginta sex solidos octo denarios bonæ et legalis monetæ Angliæ ad festa Sancti Michaelis Archangeli et Annunciationis Beatæ Mariæ Virginis per æquales portiones. Et prædicti Willielmus Bartone et Margareta uxor ejus ac assignati sui exonerabunt et acquietabunt dictos abbatem et conventum et successores suos de capitali redditu, et omnibus aliis oneribus exeuntibus de prædicto tenemento sive hospitio, durante termino prædicto. Et ulterius prædicti Willielmus et Margareta concesserunt ac manuceperunt exponere viginti libras sterlingorum in diversis reparationibus super dictum tenementum sive hospitium magis expedibilibus imponendis infra duodecim annos proximo sequentes post datum præsentium, per supervisionem, consilium, et advisamentum aliquarum personarum commorantium in civitate Londoniæ vel suburbiis ejusdem per dictos abbatem et conventum vel successores suos ad hoc appunctuatorum sive assignatorum. Et post prædictum terminum duodecim annorum finitum prædicti Willielmus, Margareta, et assignati sui prædictum tenementum sive hospitium in omnibus ædificiis ejusdem modo constructis reparabunt, sustentabunt, ac manutenebunt, in omnibus sumptibus suis propriis et expensis; et sic in fine termini eorundem prædicti bene et sufficienter reparatum ac manutentum, dimittent. Et si contingat prædictum redditum triginta sex solidorum octo denariorum aretro fore in parte vel in toto post aliquod festum [festorum] prædictorum quo solvi debeat per unum mensem insolutum, quod tunc bene licebit præfatis abbati et conventui et eorum successoribus in dictum tenementum sive hospitium ac cætera præmissa intrare et distringere, et districtiones sic captas abducere, asportare, et penes se retinere, quousque de dicto redditu et arreragiis, si quæ fuerint, sint plenarie persoluti et contenti. Et si contingat redditum prædictum aretro fore in parte vel in toto post aliquod festum [festorum] prædictorum quo solvi debeat per duos menses, aut aliquam conventionem superius specificatam ex parte dictorum Willielmi, Margaretæ, et assignatorum suorum, infringere, quod tunc bene licebit præfatis abbati et conventui ac eorum successoribus in dictum tenementum sive hospitium ac cætera præmissa cum eorum pertinentiis reintrare, et ea in pristino suo statu rehabere et possidere, dictosque Willielmum, Margaretam, et assignatos suos, inde penitus expellere et amovere, præsenti indentura in aliquo non obstante.

In cujus rei, etc.

Lease of a tenement and garden at Dulas.

This indenture, made the sixth day of October in the fifteenth yere of the regne of king Henry the Eighth, witnessith that I, William Malverne, abbott of the monastery of Seint Petres in Gloucettour, hath given, graunted, and to ferme have demised, unto Walter ap Robert ermyte of Dewlas, all my little house with a gardeyn and orchard apperteynyng and belonging to the ermitage of Dewlas, within the diosyes of Seint Daryes, with all and singuler appurtenances to the same house, gardeyn, and orchard belonging. To have and to holde the same house, gardyne, and orchard with thappurtenances to the said ermyte during his life naturall, yelding and paying therfore yerely to the seid abbott and to his covent and theyr successours four pence sterling, to be paid yerely at the fest of Seint Michell tharchaungell. And if it happen the seid rent of four pence to be behinde and not paid at the seid fest in parte or in all, that then it shalbe lawfull for the seid abbott and covent and theyr successours into the same house, gardeyn, and orchard with thappurtenances to entre and distrayne, and the same to dryve and cary away till the seid rent and the arrerages if ony be unto the seid abbott and covent and theyr successours by the seid ermyte be fully satisfyed and paid.

In witnesse, etc.

A.D. 1523, October 6.

Lease of a stone quarry in Upton St. Leonard's.

This indenture, made the sixteenth day of May, the seventeenth yere of the regne of kinge Henry the Eighth, bitwene William, by the sufferaunce of God abbot of the monastery of Seint Petre in Gloucettour, one the oone partie, and Richard ap Herry, otherwise called Richard Rice, and Richard his sonne, one the other partye, witnessithe that the seid abbott hath graunted, dimised, and to ferme lett, unto the seid Richard, and Richardo, oone quarre of stone, with thappurtenances to the same belonginge, lyinge in Uptone Seint Leonard, in the countye of the towne of Gloucettour, in a place called Williams Grove. To have, holde, and occupye the seid quarre of stone to the seid Richard and Richard successively oone after the other from the date herof unto thend and terme of thirtie yeres then next folowinge and fully to be ended, if ony of them liffe so longe. Yeldinge and payinge therfore yerely to the seid abbott and his successours twelve pence of lawfoll mony of England at the fest of Seint Michell

A.D. 1523, May 16.

tharchanngell duringe the seid terme by the handes of the
rentgetherer of Uptone for the tyme beinge. And the seid
Richerd and Richerd shall delyver unto the seid abbott and
his successours asmoche of roughe stone called asshelers
and moldestone as the seid abbott and his successours shall
requyre for theyr buyldinge duringe the seid terme, percey-
vynge and takynge of the seid abbott and his successours for
every loode of the same after the quarre use dressyd eight
pence at the quarre. And it shall not [be] leefull unto the seid
Richerd and Richerd to lett or assigne theyr state of the
premysses unto ony other person or persons without licence
of the seid abbott and his successours first be asked and
opteyned. And if it happen the seid rent of twelve pence to
be behinde in parte or in all after the terme of payment before expressed by fyve wekys unpaid, that than it shalbe
leefull unto the seid abbott and his successours in the premysses to entre and distreyne, the distressys so taken to cary
away and towardes theym to reteyne unto the tyme they be
content and paid of the seid rent and tharrerages of the same
if ony be behinde unpaid, the seid Richerd and Richerd
therfro utterly to expell and amove, this present indentures
in onywise not withstondinge.

In witnesse, etc.

Lease of the manor of Clifford Chambers in reversion.

A.D. 1526,   Hæc indentura, facta in festo Sancti Michaelis Archangeli,
Sept. 29.   anno regni regis Henrici Octavi decimo octavo, inter Willelmum, etc., et ejusdem loci conventum ex una parte, et Willelmum Raynesford, Johannam uxorem ejus, Carolum filium
eorundem, Joissam filiam eorundem, Johannem Alderffull filium
Walteri Alderffull de Knyghtwike in comitatu Wigorniæ, et Elienoram filiam dicti Willielmi Raynesfoord, ex altera parte, testatur
quod prædicti abbas et conventus, unanimi assensu et consensu,
tradiderunt, concesserunt, et ad firmam dimiserunt, præfatis Willielmo, Johannæ, Carolo, Joissæ, Johanni, et Elienoræ, reversionem
situs manerii eorundem de Clifford Chamberer, cum omnibus
suis domibus et ædificiis, terris arabilibus, pratis, pascuis, et
pasturis dominicalibus eidem pertinentibus, duobus molendinis
aquaticis ibidem, sectis multuræ tenentium ibidem, et piscaria
aquæ ejusdem ac aliis suis pertinentiis, modo in tenura Geor-
gii Turnour existentem. Habendum, tenendum, et occupandum
prædictum situm manerii cum omnibus suis pertinentiis
præmissis, dictis duobus molendinis aquaticis, secta multuræ,
piscaria, ac aliis suis pertinentiis, cum reversio aliquo modo

accidat, præfatis Willielmo, Johannæ, Carolo, Joissæ, Johanni,
et Elienoræ, successive, a primo die introitus alicujus eorundem in præmissis usque finem termini sexaginta unius annorum extunc proximo sequentium et plenarie complendorum, si
tamdiu vixerint aut unus eorundem vixerit. Reddendo inde
annuatim præfatis abbati et conventui ac eorum successoribus, per manus camerarii monasterii prædicti pro tempore
existentis, pro prædicto situ manerii, dictis duobus molendinis
aquaticis, secta multuræ tenentium, et piscaria aquæ ibidem,
ac aliis suis pertinentiis præmissis, sexdecim libras legalis
monetæ Angliæ ad festa Annunciationis Beatæ Mariæ Virginis
et Sancti Michaelis Archangeli per æquales portiones. Et
prædicti firmarii exonerabunt et acquietabunt dictos abbatem
et conventum ac eorum successores de sexdecim solidis decem
denariis et quadrante quos annuatim persolvent pro prædictis
abbate et conventu terminis consuetis in forma subscripta,
videlicet, ad manerium de Hynton pro libero redditu exeunte
de dicto manerio de Hynton hæredibus domini le Dispenser
persolvendo decem solidos, ballivo de Tewkisbury quinque
solidos, et ballivo hundredi de Kyngton viginti duos denarios
quadrantem annuatim durante termino prædicto. Et prædicti
firmarii invenient camerarium et senescallum suum et eorum
servientes et equos bis annuatim cum illic venerint pro curia
ibidem tenenda, ut in esculentibus, poculentibus, lecto, fœno,
præbenda, et aliis necessariis bene et honeste, et qualibet vice
per duas dies et duas noctes durante termino prædicto. Et
prædicti firmarii reparabunt, sustentabunt, et continue manutenebunt dictum situm manerii et molendina in omnibus
ædificiis, tam muris, coopturis, et maeremio, ac omnibus
aliis necessariis, totiens quotiens necesse fuerit, sumptibus
suis propriis et expensis, durante termino prædicto, et sic in
fine termini prædicti ea bene et sufficienter reparata dimittent. Et prædicti firmarii percipient et habebunt pro prædictis
reparationibus fiendis maeremium desuper dictum situm manerii crescens per deliberationem woodwardi camerarii pro
tempore existentis, ac etiam de bosco et subbosco ibidem cres-
cente, heybote, fyrebote, ploughbote, et cartbote, per manus
suas proprias absque vasto inde faciendo. Et prædicti firmarii
perficien et supplebunt officium collectoris redditus et aliorum
proficuum manerii ibidem persolvendo terminis consuetis infra
abbatiam Gloucestriæ dictum redditum, et inde annuatim
fidelem compotum ibidem reddent pro quoquidem exercitio,
percipiet et habebit unam togam de camerario pro tempore
existente vel sex solidos octo denarios ex conventione facta.[1]

_____

[1] This clause seems to be incomplete.

Et prædicti firmarii aut eorum executores vel assignati in fine
termini eorundem prædicti deliberabunt et restituent staurum
et alia implementa in dorso hujusmodi indenturæ specificata et
contenta quæ in primo ingressu eorundem in præmissis
habebunt et percipient de præfato Georgio aut ejus executoribus
vel assignatis. Et non licebit præfatis firmariis statum suum de
præmissis alicui alteri tradere vel assignare sine licentia dictorum abbatis et conventus aut eorum successorum inde prius
petita et obtenta   Et si contingat redditum prædictum aretro fore
in parte vel in toto post aliquod festum sive terminum prædictum quo solvi debeat per unum mensem insolutum, quod tunc
bene licebit præfatis abbati et conventui ac eorum successoribus
in omnibus præmissis et suis pertinentiis intrare et distringere,
districtionesque sic captas asportare, abducere, et penes se
retinere, quousque de dicto redditu et arreragiis, si quæ
fuerint, plenarie sint persoluti et contenti. Et si contingat
redditum prædictum aretro fore ut præmittitur per sex septimanas insolutum, quod tunc bene licebit præfatis abbati et
conventui ac eorum successoribus in omnibus præmissis et
suis pertinentiis reintrare, et ea in manus suas reassumere et
possidere, dictosque Willielmum, Johannam, Carolum, Joissam,
Johannem, et Elienoram inde penitus expellere et amovere,
præsenti dimissione in aliquo non obstante

In cujus rei, etc

Inventorium sive staurum deliberandum infra nominato Wil-
lielmo Raynesford et aliis in ingressu suo infra firmam de
Clifford quod percipiet de ultimo firmario ibidem existente vel
ejus executoribus sive assignatis

In primis, octodecim quarteria whete
Item, viginti quatuor quarteria barly.
Item, sexdecim quarteria pulsæ
Item, tria quarteria otes
Item, duo oxe waynes
Item, duo plowes
Item, octo yron cheynes with yokes and other necessarius
belonging to two waynes
Item, two harowes for horses, wherof oone is called a bastard
harowe with yron tethe
Item, an horse saddle, three colers of lether, three payre of
tracys
Item, a wayne rope
Item, two sackes, a busshell measure bounde with yron one
forke for hay, two forkes for corne
Item, a fate

Item, forty-eight acres twys falowes and thries falowed and donged.

Item, a trowe of stone for swyne.

Item, a grete morter of stone.

Item, a coffre.

Item, a tabulborde, a payre of trestelles.

Item, a ledon furneys,

Item, all the haye of the medowes of the demaynes growing.

Item, all the strawe and chaffe remaynge in the garners at that tyme.

Letter from the University of Oxford to Abbot Malverne.

Viro præclarissimo domino Willielmo Malverne, abbati monasterii Gloucestriæ, quam optime merito universus regentium non regentium Oxoniensis academiæ cœtus S. p. d.

Quo magis animis nostris revolvimus, præstantissime pater, quam splendide et honorifice matrem nostram atque tuam adornat probatorum virorum in moribus approbatio; et inter litteratos condigna gradus assumptio; eo magis citamur immo et impulsi trahimur, ut te et tibi non multum impares gratifice adhortemur; et innitemur quatinus academiæ nostræ (quæ nobis mater est) honori sitis et decus decori accumiletis. Novisti, egregie pater (si legem antiquam ad memoriam revoces), steriles matronas pudibunde fuisse repulsas, et satis cum dedecore fuisse repudiatas. Quoniam inutilis est matrona nullam prolem paritura, et quanto sterilis est despectior, tanto prole plena omnibus est acceptior. Ut matrem igitur tu tuam fecundiorem reddas ad gradum illum qui eam maxime adornat; maturius te attingas quo si te decoraveris: adeo nitidum ac splendidum et nobis et tibi fiet: ut nostræ academiæ honorem tibi vero dignitatem et tuis omnibus amicis his saltem qui tuæ professionis eximiam gloriam afferes. Nec a gradus susceptione sumptus te detineat, parvi quidem æstimatur pecuniæ effusio; si ad gradus et doctrinæ honorem spectes; hæc ubique gentium te efferet, hanc a te nemo eripiet pecuniæ labiles et caducæ a nonnullis etiam in opprobrio habentur nec si verum profiteamur quisquam est qui earum cumulo non detrahit, et obloquitur. Postremo si huic nostræ intercessioni acquieveris quicquid hac jure tibi præstare possimus quam facillime impetrabis.

Vale. Oxoniæ undecimo calendas Octobris.

GLOSSARY.

GLOSSARY.

A.

ALA. An aisle. I. 44, 46.

ALBA. An alb. I. 40.

ALMICIUM DE GRISEO. A grey amyss. I. 57. See ante, p. lxxv.

ALTELAGIUM, or **ALTARAGIUM.** The offerings made upon the altar, and also the profit that arises to the priest by reason of the altar, *obventio altaris.* I. 302, et passim.

AQUELETIUM. See Ducange sub voce *Aqualicium.* " Locus, vel " guttatorium, per quod aqua foras " mittitur, et elicitur a proprio " alveo." In the instance before us the word is considered to be synonymous with *lavatory.* St. Oswald's priory could not obtain a good supply of fresh water; therefore Reginald de Homme, abbot of Gloucester, granted them liberty to draw water from the " aqueletium " or lavatory belonging to St. Peter's as long as the two houses remained upon friendly terms. I. 172.

ARCARIUS or **ARCHARIUS.** An archer. II. 177, 301.

ASPERSORIUM. A holy water sprinkler. I. 49.

B.

BACO. A bacon hog. I. 309.

BACULUM PASTORALE. A pastoral staff. I. 49, 57.

BALLIA. Delivery; from the French *bailler.* II. 280.

BAUDEKYN. A rich embroidered silk or cloth. I. 40, 45.

BECHIA. A spade. *Beche,* French. III. 219.

BEDERIPA. A service which tenants of manors were bound to perform; namely, to reap the lord's corn at harvest. See Spelman. I. 165, et passim.

BENE. Una arura quæ vocatur. III. 162.

BENERTHE, BENHERTHE, BENIHER-THE, PENIHERTHE. A service which the tenants of some manors owed to their lords, consisting in working for them a specified time with their carts and ploughs. It is mentioned by Lambarde as having been paid in the Weald of Kent. " Item, arabit semel in anno " dimidiam acram terræ ex consue- " tudine quæ vocatur *benherthe*." III. 71. " Et faciet unam aruram " quæ vocatur *bencherthe*, ad " unicum pastum domini, et valet " ultra cibum unum denarium." III. 79. " Et faciet unam aruram " quæ vocatur *bencherthe* ad uni- " cum cibum domini, et valet " ultra cibum unum denarium." III. 80. Vide also pp. 82 and 83. " Et debet unam aruram quæ " vocatur *benerthe*, et tunc arabit " unam acram, et valet illa dicta " cum hersura sex denarios," III. 123. " Et faciet unam aruram " quæ vocatur *peniherthe*, et valet " tres denarios quia recipiet de " bursa domini quartum dena- " rium." III. 134.

BLODIUS. There is some doubt whether this means blue or red. The editor of the Evesham Chro- nicle gives blue as the definition. In Parker's Glossary of Heraldry it is said to be equivalent to " gules ;" but gules and blodius are certainly not synonymous. In mediæval inventories blodius generally stands for blue, and I apprehend that it must be so understood in the instance before us. Perhaps in its heraldic signi- fication it stands for the tincture called sanguine.

BONDENEBEDRIPA. How this differs from the ordinary bedripe I cannot explain. It seems to be paid for at the same rate. " Et " faciet unam bederipam quæ " vocatur *bondenebedripam* cum " quatuor hominibus, et valet sex " denarios," III. 79. " Et faciet " unam *bondenebedripe* cum duo- " bus hominibus, et valet tres " denarios." III. 80. " Et faciet " unam *bondenebedripam* cum " uno homine, et valet unum " denarium obolum." III. 84. " Et inveniet unum hominem ad " *bondenebedripam* proprio custu, " et valet unum denarium obo- " lum." III. 129.

BORDELLUM. A board or table set up in a fair, for which a toll was due to the lord. " Memorandum " de novis *bordellis* sine licentia " levatis quæ de novo ponuntur " ad annuum redditum." III. 61.

BORECHA. " Concedo etiam mona- " chis et eorum ministris liberam " potestatem trahendi retia, et " jacendi *borechas*, et piscandi per " totam aquam." I. 260.

BOTÆ. Boots. II. 91.

BRECES. A brece is a half virgate according to the Register of Wor- cester Priory (p. 87 *a*). In the examples before us from the Gloucester Cartulary the word does not seem to be expressive of any particular measure of land. It is used as a mere synonym for assart land. At p. 68 of vol. I. it is stated that William the Second gave to St. Peter's " duas " breces " in Celesworthe ; and that his brother, king Henry I., confirmed the same gift to St. Peter's by the description of "duas essartas." Again, if we peruse the charters Nos. 149 to 156 (vol. I, p. 238) we shall see the same words used indiscriminately. *Breck* is an East Country word signifying a piece of unenclosed arable land ; a sheep walk, if in grass.—Wright's Provincial Dictionary.

BRESA or BROSA. "Et ipsi capel- " lani habebunt *bresas* de pistrino " sive de bracino cum necesse " fuerit." III. 280.

BROCA. A brook. "Unam acram " jacentem juxta Suthbroke aqui- " lonali extendentem in longum " inter dictam *brocam* et terram " Johannis episcopi." II. 203.

BROUDATUS. Embroidered. "Item, " iii. vestimenta pretiosa et *brou-* " *data.*" I. 40. "Et aliam pre- " tiosam capam *broudatam.*" Ibid.

BULLERIA. A salt pan (?). III. 222, 223.

BURNETUM. Cloth made of dyed wool. ". . . et Matildæ uxori " meæ unam supertunicam de " *burneto.*" I. 184.

C.

CAPA or CAPPA. A cope. "Item, " pro secundo ferculo xxx. festi- " vitatibus *caparum* per annum " iiii. libras." I. 37. "Et in " omnibus festis *caparum.*" I.

37. "Item, unam *capam* preti- " osam de baudekyno, et aliam " pretiosam *capam* broudatam." I. 40. "Et aliam sectam de bau- " dekyn pro festo Apostolorum " comparavit cum aliis diversis " *cappis,* volucribus intextis, tam " de auro quam de nigro." I. 45.

CASULA. A chasuble. "Item, iii. " vestimenta pretiosa et broudata, " cum totidem *casulis* et appa- " ratu." I. 40.

CELLA. A cell to a monastery. I. lxxxvii, et passim.

CIRCULATOR. A cooper. I. 186.

CIRPUS, for SCIRPUS. A rush. "Et " colliget *cirpos* ad festum Beati " Petri, et valet obolum." III. 118.

CIVERA. "Item, quod sint in curia, " bechiæ, howæ, *civeræ,* et alia " minuta utensilia famulis curiæ " sufficientia." III. 219.

CLAUSTRALIS. Literally, of or belonging to a cloister. In the example before us it means a cloistered monk. "Statuimus " quod cum fratres aliqui mittun- " tur ad cellas ibidem ad tempus " moraturi, hoc fiat de consilio " abbatis, prioris, supprioris, tertii " prioris, præcentoris, et quinque " *claustralium* seniorum." I. lxxxvii.

CLAUSTRUM. A cloister. I. 55.

CLERIMONIA. The priesthood. "De " hiis qui ponunt filios ad *cleri-* " *moniam* sine licentia." III. 222.

COLIBERTUS. A colibert. "Qui- " dam Kylmerus nomine, filius " Ulmeri *coliberti,* pressus opere

" et nomine, dedit pro liberatione
" sui piscaturam de Fromelode,
&c." I. 77. Coliberts were tenants in socage, and particularly
such villeins as were manumitted
or made freemen (Jacob's "Law
Dictionary"). The word occurs
in Domesday, Somerset: " Episco-
" pus Winton. tenet Fantone, ibi
" quater xx. villani, et quater
" xxii. bordarii, et lxx. servi,
xvi. *coliberti*, et xviii. porcarii;"
and under Gloucestershire: "Bric-
" tric filius Algari tenebat Tur-
" nebiri T. R. E. ibi xxiii. bor-
" darii, et xv. servi, et xv. *coli-*
" *berti*, ibi ii. molendini," &c.
They were a middle sort of
tenants, between servile and free,
or such as held their freedom of
tenure under condition of such
works and services. They were
sold, given, and exchanged like
serfs; instances of which may be
adduced from various sources.

The *Cartulaire de l'Abbaye de
Saint Père de Chartres*, published by the French Government
in 1840, supplies several examples.
By a charter dated about 1080
earl Tedbaldus gives to the abbey
certain *coliberts*, whom he de-
scribes as " quosdam servos mei
" juris, natos ex servis meis an-
" cillisque Sancti Petri Carno-
" tensis, cum uno servo meo
" libero." By another charter,
dated about 1070, other *coliberts*,
with their cousin and his wife
and children, were granted to the
abbey. About the same time

Hugo, named Brustans Salicem,
gave to the abbey a *coliberta*,
together with a fourth part of
the church and vill of Guiri,
and other property. Between
1089 and 1101 Frederic gives to
the abbey his *colibert*, named
Robert, and his sister Eremburg,
that they may be *coliberts* of the
abbey. In the year 1061 Hugo
grants his *colibert*, Letaldus, with
his wife, his brother, and their
children, on condition that they
should remain free in the service
of the abbey. By another charter (1013–1033) a *colibert* of the
abbey, named Vivian, and his
wife, who had killed a serf, were
given, together with their money,
by the abbey to William, a knight,
the serf's lord, in order that their
lives might be spared ; but their
sons were retained to the use of
the abbey, while those who should
be born afterwards would be
serfs, and belong to William.

There is in *Histoire des Races
Maudites de la France et de l'Es-
pagne*, by Francisque Michel, vol.
II. p. 1 (1847), an interesting
account of the *colliberts*. The
following abstract is given by A.
Cheruel in his *Dictionnaire His-
torique des Institutions, Mœurs,
et Coutumes de la France* (Paris,
1855, vol. I. p. 173) :—

" *Colliberts.* The word colli-
" bert has been understood in
" several ways. In the Middle
" Ages it denoted a class of serfs,
" also called *cuverts:* at present

" the appellation of *collibert* is
" given to certain inhabitants of
" Aunis and Bas-Poitou. 'The
" ' *colliberts*,' says M. Guérard
" (*Prolégomènes du Cartulaire*
" *de Saint Pere de Chartres*,
" § 32), 'may be classed either
" ' in the lowest rank of freemen,
" ' or at the head of those bound
" ' by serfdom.' Whether their
" name signifies *free from the*
" *yoke, free-necked*—according to
" D. Muley's definition—or to
" denote the freed men of a
" patron, as Ducange has it, it
" is not the less certain that the
" Colliberts were deprived in
" some measure of liberty. The
" son of a Collibert remained a
" Collibert whatever change
" might happen to the person,
" tenure, goods, or position of
" his family. Colliberts were
" also sold, given, or exchanged
" like serfs. Thibaut, Comte de
" Chartres, made a donation in
" 1080 to the abbey of S. Père
" de Chartres of several colliberts,
" with the condition that the
" monks should sing a psalm for
" him every day of the year, ex-
" cept feast days. Colliberts
" were therefore bound by serf-
" dom. Their position appears
" to have borne a great analogy
" to that of the ancient *coloni*.

" A council of Bourges, held
" in 1031, excluded them from
" the priesthood. Some writers
" think that they were strangers,
" or the descendants of foreigners,

" and in this see the reason of
" their inferior condition. Hence
" the taxes laid on them, and the
" right of mortmain which affected
" their inheritance. Probably
" the colliberts of our days are
" the successors of these oppressed
" classes. The fact is, that in
" the part of Poitou known as
" ' Le Marais' there are still
" miserable districts, whose in-
" habitants are fishermen, and
" known as *colliberts* or *cagots*."

The following extract from
Potgiesser, *De Statu Servorum*
(lib. 4, c. 14, p. 781), still further
illustrates the subject :—" De-
" nique notes velim, libertos ali-
" quando collibertorum nomine
" signari. Neque tamen idcirco
" necessum videtur, protinus no-
" vam speciem effingere, cum
" revera nullum discrimen inter
" utrosque adsit, sed genus sint
" inter servos et ingenuos fluc-
" tuans. Notissimum enim est,
" tametsi res quæpiam diversas
" appellationes sortiatur, non
" tamen novas ideo ejus constitui
" species."

See also Heywood's *Ranks of
the People* for a full account of
coliberts.

COMPROMISSARIUS. Literally, a
compromiser. III. 24. The
election of an abbot was sometimes conducted *per viam compromissi*, as it was termed; that is
to say, instead of every member
of the monastery recording his
vote separately, three, four, or

five of the number were selected as a kind of representative body, and they were empowered to elect whomsoever they pleased as abbot, such election to have as full force as if conducted by the whole body. We have an instance of this on the death of abbot Reginald de Homme, when five "compromissarii" were intrusted with the duty of electing a new abbot, viz., Thomas de Lokinthone, the sacristan, and the priors of the four dependent houses, Bromfield, Ewenny, Kilpeck, and Stanley. The proceedings will be found in vol. III. p. 22, *et seq.*

CONING'. Rabbit-skin. "Unam " supertunicam de burneto cum " penula de *coning'.*" I. 184.

CORDELLA. "Quod in unaquaque " boveria fiant *cordellæ* æqualis " longitudinis, infra quas compre-" hendi poterit certa æstimatio " fœni." III. 214.

CORNERIUM. A corner. "Sed di-" cunt quod præfatus Almaricus " tenetur solus pontem illum pro " terris suis cuilibet *cornerio* " ejusdem pontis contigue adja-" centibus reparare." III. 243.

CORREATOR. "Item, quod per *cor-*" *reatores* et subversatores com-" potorum multotiens supprimitur " veritas." III. 216.

COSTAMENTUM. Cost or expense. " . . . equitare debent per totam " Angliam ad meum *costamentum* " vel hæredum meorum." II. 356.

CRASSETUS. A lamp or cresset. *See* Milton, P. L., ii. 728.

" From the arched roof,
" Pendant by subtle magick,
" many a row
" Of starry lamps, and blazing
" *cressets*, fed
" With naphtha and asphaltus,
" yielded light
" As from a sky."

" Item, librum dicti monachi, " *crassetum*, candelas, duos pa-" nes," &c. II. 207. " Pro qua " terra debet invenire unum " *crassetum* ardentem in ecclesia " prædicta omnibus noctibus per " annum." III. 135.

CULCITRA. " Item, unam *culcitram* " pretiosam." I. 40. " Et de-" ferre lectum dicti monachi " super proprium equum ipsius " esquierii, videlicet unam *culci-*" *tram*, duos langellos, et unum " coopertorium." II. 207.

CURTIS. A court or yard before a house. " . . . . capellam de " Mattresdone quæ est juxta " domum meam in *curte* mea." II. 259. See also Ducange sub voce *Cortis.*

CUSTUS. Cost or expense. " . . . " ad *custum* domus nostræ." II. 207.

D.

DAMULA. " . . . . . quin fero nos-" træ cum suis *damulis* et founis." II. 24.

DAYE BELLE. Most probably the peal for prime. " . . . . im-" mediate post primam pulsa-" tionem vocatam le *daye belle*." I. 57.

DAYESEM. Most probably a day's work. In the instance before us it appears to mean ·that as much wood might be 'taken from the king's wood as would in a day amount to a load. " . . . . et " propter illam gallinam consue-" verunt habere de bosco domini " regis unam summam bosci quæ " vocatur *dayesem*." III. 71.

DIRATIONARE. To assert, prove, or decide authoritatively; to de-reyne. (Vide Cowell.) " . . . . . " et fuit *dirationatum* ut corpus " defoderetur." I. 14. " . . . . . " aut eas in curiam ejus *dira·* " *tionare* quod tua esse debeat." II. 97, et passim.

DOLEUM. " . . . . et tres galones " de cervisia conventus de eodem " *doleo* et dosillo quo conventus " habet in die et de eadem cer-" visia." III. 280.

DOMNUS. A term applied to ecclesiastics. Passim.

DOSILLUM. Vide ante, *Doleum*.

DOTES. Profits, advantages. " Commodum gardini valet com-" munibus annis, præter *dotes*, " decem solidos." III. 46.

E.

EQUUS LIARDUS. A grey horse. I. 366. Vide *Ducange* sub voce *Liardus*.

ESPERNUM. Spare or saving. From the French *espargner*. " Sed si " *espernum* inde facere pote-" runt." III. 106.

F.

FENISSARE. To perform operations relating to hay. " Et debet " *fenissare* ut virgata, et valet " duos denarios." III. 38.

FERCULUM. A dish or mess. I. lxxxvi, 271, 324; III. 290, et passim.

FLADO. A flawn; a white meat made of milk, eggs, butter, and meal. See Cotgrave sub voce *Flon*. " De magistro villæ pro " *fladonibus* conventus lxvi. soli-" dos viii. denarios." I. 37.

FORARDA, FORERDA. A headland. I. 167, et passim.

FORNILLUM. Defined by Ducange as the bakehouse. " Item, quod " in curia sit furnum et toralia, " nec liberetur alicui famulo ali-" quod *fornillum* extra curiam " defendendum." III. 220.

FOUNUS. A fawn. " . . . . quin " feræ nostræ cum suis damulis " et *founis* libere possint sepem " cum fossato transire." II. 24.

FRATUELIS. A nephew. " Ethel-" redus rex . . . . . Kynredo " suo *fratueli* regnum dedit." I. 4.

G.

GARDA. Guard or custody. II. 86.

GENERALE. The ordinary allowance at meals. See Ducange sub voce. I. 187, 324; III. 280.

H.

HERCIARE. To harrow. III. 37.

HERNESIUM. Harness. III. 77, 98.

HERSURA. Harrowing. III. 37.

HOWA. A hoe. "Item, quod sint "in curia bechiæ, *howæ*, civeræ, "et alia minuta utensilia famulis "curiæ sufficientia." III. 219.

HUNTENESELVER. A rent so called. "Item, debet dicta dimidia vir- "gata terræ per annum octo "denarios de redditu assiso qui "vocatur *hunteneselver*." III. 71, 72, 76.

HUSELLA. A sort of boot or bus- kin (?). "Pro hac vero conces- "sione dedit mihi sæpedictus "Godefridus quasdam *husellas* "cordewanarias." I. 192.

I.

ILLUMINARE or LUMINARE. A light or lamp. "..... ad "*illuminaria* ecclesiæ." I. 116. "..... præcipue ad *luminaria* "ecclesiæ." II. 137.

IMPERSONARE. To induct or put in possession of an ecclesiastical benefice. III. 6.

INBLADATURA. Defined by Arch- deacon Hale in the St. Paul's Domesday as the growing corn on assart lands. But is it not the growing corn on any land, whether assart or not ? I. 166.

INHOKARE. *Inhoc* or *inhoke* signi- fies any corner or part of a com- mon field ploughed up and down with oats, &c., and sometimes fenced in with a dry hedge, in that year wherein the rest of the same field lies fallow and common (Jacob's Law Dictionary). "Et "de commodo terræ quæ singulis "annis potest *inhokari* quindecim "solidi decem denarii." III. 36.

INTASSARE. To mow or heap up, or perhaps more properly to heap up after mowing. "Metere et "*intassare* decimam dominii sui." I. 89. "Faciemus metere, colli- gere, et *intassare* omnes decimas dominii nostri." I. 344.

K.

KEVILLATUS. Pegged, like a rake or comb. *Cheviller*, French. "Item, quod rastillæ quamplures "spisso modo *kevillatæ* semper "sequantur ligatores et tassatores "in autumno." III. 220.

L.

LADA. " Pro una *lada* bladi pro-
" venientis ex ipso molendino."
II. 261.

LAGHESALT. " Salvo sale prioris
" Herefordiæ quodappellatur *lag-*
" *hesalt* a diversis tenentibus in
" Wychio sibi debito et con-
" sueto." III. 223.

LAVATORIUM. See Aqueletium. I.
172.

LONDEGGINGE. " Et faciet unam
" hersuram in anno quæ vocatur
" *londegginge*, et valet unum
" denarium." III. 79, 92, 94,
123, et passim.

LONE. " Item, faciet aliam aruram,
" et arabit dimidiam acram, et
" illa arura vocatur *lone*." III.
123.

LUNULA. A little moon. " In ves-
" timentis de velveto blodio cum
" *lunulis* et stellis aureis intex-
" tis." I. 51.

LUSDI. " Et unum coterum faciens
" unum *lusdi*." I. 246, 247.

M.

MADSCHEP. " Omnes prædicti con-
" suetudinarii habebunt tempore
" falcationis unum multonem qui
" vocatur *madschep* post ton-
" sionem." III. 64.

MANIPULUS. One of the sacred
vestments assumed by the bishop
after the Confiteor in the Mass,
and by a priest after the stole
and before the chasuble. It is
attached to the left arm, to leave
the right arm at liberty for
ministering, and varies in colour
and character with the vestment.
It is also worn by the deacon and
sub-deacon. I. 40.

MANUTERGIUM. A napkin or towel.
II. 208.

MARLERA. Marl. " Item, quod
" nullus consuetudinarius faciat
" venditionem *marleræ* vel hujus-
" modi sine licentia." III. 220.

MARTILOGIUM. A book in which
were registered the names not
only of those to whom the monastery had granted its letters of
fraternity, but also of deceased
benefactors, who would together
with the living participate equally
in the benefits to be derived from
the prayers of the monastery. I.
53, 210.

METEBEDRIPA. A bedripe which is
paid for partly in money and
partly in food; a *precaria carnis*,
or boon day with meat. III. 90,
92, 95, et passim.

METEBENE. " Et faciet unam aru-
" ram per unum diem, scilicet
" *metebene* ad cibum domini, et
" valet ultra cibum duos de-
" narios." III. 91. " Et faciet
" unam aruram quæ vocatur
" *metebene* cum dimidia caruca
" ad cibum domini, et valet ultra
" cibum unum denarium." III.
93, 94.

MOROSATUS. Deliberate. I. lxxxv.

MULLO, or MULIO, or MULO. A stack (?). III. 38, 39. "Et "adunabit, et faciet *mulonem* de "feno in curia domini per unum "diem cum duobus hominibus." III. 198.

MUNCELLUS. "Item, quod frequen- "ter post pluvias coadunentur "fima curiæ per *muncellos*." III. 219.

MYECH. A small loaf. "Ac quo- "tidie unum panem vocatum le "*myech*." III. 290.

P.

PUCHE. "Abbas Gloucestriæ .... "injuste levavit prædictam pis- "cariam in prædicta aqua ex "opposito de Pucheacre ad no- "cumentum liberi tenementi "ipsius Johannis et hæredum "suorum, ita quod idem abbas et "successores sui habeant in præ- "dicta aqua viginti *puches* sine "contradictione ipsius Johannis "et hæredum suorum, ita quod "idem abbas et successores sui "ibidem in prædicta aqua nullo "alio modo poterunt piscari, nec "plures *puches* habere in eodem "loco." II. 292.

Q.

QUAC. A kind of bread. From *Quachetus*. See Ducange sub

voce *Simenellus*. "lac, butirum "et *quac*." III. 293.

R.

RADACRE, RADAKER, RADEAKER. "Et debet unam aruram quæ "vocatur *radaker*, scilicet arare "unam acram ad semen yemale." III. 80, 82, 83, 91. "Et faciet "unam aruram quæ vocatur *ra-* "*deaker*, scilicet arare dimidiam "acram." III. 93, 94.

RADBEDRIPA. "Et faciet unam "bederipam quæ vocatur *radbed-* "*ripa* cum duobus hominibus "uno die." III. 138.

RASTILLA. A rake. "Item, quod "*rastillæ* quamplures spisso modo "kevillatæ semper sequantur li- "gatores," &c. III. 220.

REBINO. To replough. "Item, "quod in quantum fieri poterit, "dominicæ terræ temporibus "congruis anni warectentur, *re-* "*binentur*, et arentur, et semi- "nentur." III. 217.

RIPAL or RIPALIS. A reward given to customary tenants when they had reaped their lord's corn. "Omnes prædicti consuetudinarii "recipient de consuetudine prati "falcandi octodecim denarios, et "pro *ripale* duodecim denarios." III. 176.

RUTA. A street. I. 26.

S.

SAMYT. A rich silk. I. 45.

SCHERNSELVER. *See* Jacob's Law Dictionary, sub voce *Scharpenny*. " Et quædam consuetudo quæ " vocatur *schernselver* valet," &c. III. 37.

SCOPIELUS. A mill-stone. I. 73, 113.

SELITER, for Cœliter. From heaven. I. 16.

SIGNUM. A bell. I. 14.

STOLA. The stole. A narrow band of silk or stuff, sometimes enriched with embroidery and even jewels; worn on the left shoulder of deacons and round the neck of bishops and priests, pendent on each side nearly to the ground. It is used in the administration of the Holy Sacraments and all sacred functions. I. 40.

SUBERA. Substance. " Cum parte " *suberæ* suæ a nobis honorifice " nt frater sepelietur." II. 113.

SUBUNCULA. A shirt. I. 21.

T.

TASCHIA. Task or piece-work. " Item, quod non fiant parvæ " garbæ propter triturationem ad " *taschiam*." III. 220.

TONNUTUM. Toll. II. 87, et passim.

TRASSA. A truss. III. 107.

TURKESIUS. A turquoise. I. 171.

U.

UNLAWENHERTHE. " Et præterea " debet quater arare in terra " domini, et vocantur illæ aruræ " *unlawenherthe*." III. 115.

V.

VENTATORIUM. A winnowing machine. III. 216.

W.

WARECTA. Fallow. " Campo ja-" cente ad *warectam*," land lying fallow. III. 36.

WIVENEWEDDINGE. III. 70, 71, 72. I cannot find any elucidation of this word, but I am satisfied that it must have something to do with the ancient belief and customs connected with Midsummer Eve. Stow, in his Survey of London, tells us " that on the " vigil of St. John the Bap-" tist, every man's door being " shadowed with green birch, " long fennel, St. John's wort, " orpin, white lilies, and such " like, garnished upon with gar-" lands of beautiful flowers, had " also lamps of glass, with oil " burning in them all the night : " some hung out branches of iron " curiously wrought, containing " hundreds of lamps lighted at

" once." He also mentions the bon-fires in the streets, every man bestowing wood or labour towards them. The *wiveneweddinge* may be a service connected with these festivities, or it may refer more immediately to the old practice of maidens choosing their husbands on Midsummer Eve. The construction of the word causes me to incline to this latter view, though I am still at fault as to the exact signification of performing a *wivenewedding*. The hemp-seed tradition is thus described by Gay in his Fourth Pastoral :—

" At eve last midsummer no sleep I
 " sought,
" But to the field a bag of hemp-seed
 " brought :
" I scattered round the seed on every
 " side,
" And three times, in a trembling accent,
 " cried ;—

" ' This hemp-seed with my virgin hand
 " ' I sow,
" ' Who shall my true love be the crop
 " ' shall mow.'
" I straight looked back, and, if my
 " eyes speak truth,
" With his keen scythe behind me came
 " the youth."

WODEHEN. " Et dabit unam galli-
" nam quæ vocatur *wodehen*."
III. 95, 96.

Y.

YOVE. " Et præterea faciet unam
" aruram quæ vocatur *yove*, sci-
" licet arabit dimidiam acram, et
" recipiet de bursa domini unum
" denarium obolum." III. 162.
" Et debet arare quartam partem
" unius acre quæ vocatur *yove*,
" et recipiet de bursa domini
" obolum quadrantem." III. 163.

INDEX.

INDEX.

A.

Abane, marsh of, I. 174.

Abbedespol. *See* Abbotespol.

Abbenesse, III. 153.

—— Richard de, and Millicent his wife, II. 252.

Abbenhale. *See* Abenhall.

Abbilade. *See* Abload.

Abbodeshulle, field called, II. 189, 290.

Abbotespol (or Abbedespol), III. 227. 230.

Abbot's Chamber in the Vineyard, I. 55.

—— Parlour in the Vineyard, I. 55.

Abbovetun (or Abovetun) :

—— Edith, III. 190, 191.

—— Robert, III. 194, 195.

—— Thomas, III. 201.

—— *See* Bovetone.

Abel, John, escheator, III. 227.

Abenhall (Abbenhale) :

—— Dionysia de, III. 112.

—— John de, III. 272.

Abergavenny (Bergevenny), prior of, William Winchester, III. 296, 297.

Abingdon (Abbendonia, Abindonia) :

—— abbot of, I. 34.

—— prior of, Walter, II. 106.

Abithnot (or Abitoth), G. de, I. 268 ; II. 148.

Ablington (Ablintone, Ablyntone) :

—— land in, I. 59, 120, 172.

—— Stephen de, III. 61.

Abload (Ablode, Abbilade, Abbclode, Abylode), I. 123 ; III. 2, 35.

—— court of, I. 59, 169, 170, 230.

—— demesnes of, I. 83.

—— extent of, III. 164.

—— great house for sheep at, I. 55.

—— land in, II. 188.

—— manor of, III. 291–295.

—— mill in, II. 88.

—— tithes in, I. 25.

Abraham, chaplain to the Bishop of Llandaff, II. 55.

—— the Clerk, II. 224.

—— John, III. 212, 213.

Abricatensis ecclesia. *See* Avranches.

Achetillesmede, meadow called, I. 381.

Acholte, Henry de, I. 169. *See* Ocholt.

Acle, land in, I. 221 ; II. 192.

—— prior of: dispute with St. Peter's, I. 281–284.

—— Hugh de, I. 221 ; II. 192.

—— Philip de, III. 139.

—— William son of William de, and Matilda his wife, I. 385 ; II. 292, 293.

Acle Pycharde, church of, II. 276.

Aconbury (Acorneburia), prioress and convent of, II. 238.

Acres, place called, II. 169.

Actone, John de, III. 26 ; collector of an aid for making the king's eldest son a knight, III. 249.

Adam, Matilda, III. 58.

—— William, III. 57.

Y 2

Frenchmen, chattels and lands of, II. 278.

Frend, Jordan, III. 46.

Frend, Walter le, III. 128, 130.

—— William, III. 84.

Frenshe, Frense. *See* French.

Freprior, Walter le, III. 109.

Frere, Agnes, III. 151.

—— William, III. 114, 196.

Frethorne (or Fretone):

—— Geoffrey de, juror, III. 260.

—— John de, I. 30; II. 292.

Frewine, Robert, III. 153.

Freytur, Walter le, III. 118.

Fridmore (Frydmore, Frythmore), I. 79, 117; II. 154, 156.

Fridwode (or Frydwode), wood called, I. 97, 359.

Friskebaldi, the merchants, I. lxxxii.

Frocester (Froucestre, Froucestria), I. 349; II. 125; III. 35, 107.

—— chapel of, I. 310.

—— church of, I. 78; II. 42, 43, 44, 231, 269; III. 2, 11, 14.

—— —— in Westfelde, I. 243.

—— common of pasture in, I. 147–149.

—— extent of, III. 88.

—— free tenants of St. Peter's, I. 147–149.

—— great grange of, I. 40.

—— halimote of, III. 90.

—— land, II. 232.

—— manor of, I. 11, 77, 295; II. 41.

—— parishioners of, I. 310.

—— parson of, II. 42.

—— rent of assize in, III. 104.

—— tithes of, I. 37.

—— vicar of, I. 310.

—— vicarage of, III. 31.

—— Walter de, 20th abbot of Gloucester after the Conquest, I. 6, 50, 54, 55, 56, 57, 58; " capsa " entitled Walter Froucestre, I. 56.

Frome, bridge of, I. 173.

—— stream of, I. 174.

Fromebridge (Fromebrigge, Frombrugge), land near, I. 174, 296.

Fromelode (Freomelode, Fremelode, Framilade, Framilod), III. 90.

—— fishery of, I. 77, 124; III. 267, 274, 276.

Fromelode, mill in, I. 77, 123, 223, 226, 334, 350; II. 126; III. 227, 230.

—— wear of, I. 152, 153; III. 267, 268, 272, 273.

—— Simon de, juror, III. 260.

—— William de, son of Estmer, II. 293.

Fromptone. *See* Frampton.

Fromund, Henry, III. 110.

Froucestre. *See* Frocester.

Fruarii, Jocelinus Castellanus, I. 241.

Frusselov, I. 230.

Frydmore, Frythmore. *See* Fridmore.

Frydwode. *See* Fridwode.

Frysmede, III. 292.

Fuke, Master Richard, III. 270.

Fuket (or Fuchet):

—— John, of Barton, II. 208.

—— Robert, III. 150.

Fulbrook (Fulbrok, Fulebroke, Fulebroc), stream of, running by the abbey, I. 78, 155, 180; II. 186.

—— Alice de, III. 208.

Fullo, Roger, II. 64.

Funtaynes. *See* Fountains.

Funtenay, church of, I. 66, 207.

Furlunge, meadow in, II. 28.

Furnelle, Alam de, justice, I. 234.

—— William de, I. 257.

—— —— vicar of Kynemereforde, I. 346.

Furno, Matilda de, III. 126.

Furset, tithe of, II. 127.

Fyfacre, wood called, I. 114.

Fyge, William, III. 118.

G.

Gaffa (or Gaffe), abbess of Gloucester, I. 4, 77; III. 274.

Gagge, Alice the relict of, III. 203.

Gale, Henry le, III. 177, 178, 179.

Galeys, man named, I. lxxix.

Galianemon, Walter, III. 66.

Gamage, William, I. 149.

Gloucester city—*cont.*

—— tannery in, outside the abbey close, I. 320 ; II. 143.

—— tenements and messuages in, II. 198, 235 ; III. 225, 254, 277, 278.

—— tower of, in the monks' garden, I. 59, 223, 226 ; II. 126.

—— vicarage of St. Mary before the gate of, I. 56.

—— wall of, I. 98.

—— Agnes, daughter of Peter the burgess of, relict of Robert Croc, II. 242. *See* Burgess.

—— Andrew of, chaplain of St. Gundley's, Newport, II. 61.

—— Helyas of, I. 191.

—— Herbert, brother of Walter of, I. 118 ; II. 19.

—— Hugh, the marshal of, II. 28.

—— John of, I. 149.

—— Lawrence of, monk of St. Peter's, I. xciv.

—— Maurice of, II. 198.

—— Miles of, I. 154, 265, 268 ; II. 97, 108, 135, 144, 148, 176. *See* Miles the Constable.

—— Miles, son of Walter of, I. 246, 247.

—— Master Nicholas, son of Maurice of, I. 83.

—— Robert of, archdeacon of Sudbury, II. 35.

—— Roger of, I. 112, 118, 123, 223, 226, 235, 236, 350, 352 ; II. 19, 126, 128 ; his father and mother, I. 118.

—— Sir Roger of, I. 69.

—— Walter of, I. lxxvi, 123, 164, 223, 226, 247, 334, 350 ; II. 97, 108, 119, 126, 134. *See* Walter the Constable.

—— —— son of Adeliza the viscountess, I. 81.

—— —— and Bertha his wife, I. 246.

—— —— knight, and Hawysa his wife, III. 233.

—— Walter the sheriff of, I. 69, 176, 203, 223, 224, 235, 318, 347 ; II. 18, 22, 126, 127, 162, 176, 220, 301. *See* Walter the Sheriff.

—— Master William of, III. 7.

Gloucester, countesses of:

Hawisia, wife of earl William, II. 130, 140.

Isabella, wife of Gilbert de Clare, earl of Gloucester and Hertford, II. 19, 222.

M., mother of earl William : her donation to St. Peter's, II. 50.

Mabel, wife of earl Robert, II. 10, 135.

—— duke of, I. 56.

—— earl of, II. 238 ; III. 279.

—— earls of :

Robert, son of king [Henry II.], I. 79, 107, 118, 189, 319 ; II. 48, 89, 119 ; his donations to St. Peter's, I. 115 ; II. 10, 135. William, I. 84, 100, 102, 353 ; II. 20, 52, 53, 129, 139, 214, 215, 216, 223, 234 ; his donations to St. Peter's, I. 116 ; II. 49, 50, 129, 130, 140 ; his father Robert, II. 234.

—— his son. *See* Gloucester, castle of, constable of the.

Gloucester and Hertford, earl of, Gilbert de Clare, II. 26, 168, 263 ; III. 239, 270, 274, 275, 276 ; dispute with St. Peter's, I. 31 ; donations to St. Peter's, II. 19, 165, 222 ; takes the monastery into his protection, II. 25, 70 ; his father R. de Clare, II. 26 ; guardian of Gilbert de Montfichet, II. 174.

—— —— Gilbert de Clare, grandson of earl Gilbert, II. 28 ; III. 270.

Gloucestershire, I. 87, 232, 234, 269, 297 ; II. 99, 102, 147, 200 ; III. 180, 243, 248, 249, 292, 299.

—— archdeacon of, I. 28 ; II. 235.

—— —— Gervase, I. lxxvi.

—— —— John de Gray, III. 253.

—— —— Maurice, I. 27 ; II. 171.

—— —— Maurice de Arundel ; plea between him and the abbot of St. Peter's, II. 82.

—— —— Thomas, I. 30 ; II. 82.

—— —— William, II. 82 (note).

—— archdeaconry of, III. 232.

Hetherleye. *See* Hatherley.

Hethrop. *See* Hatherop.

Heved, Richard, of Rodele, II. 103.

Hevede, John, III. 235.

Hevedacre, land called, in Yendercumbe, II. 302.

Heyberer, William, III. 257.

Heycote, tithe at, I. 89.

Heyden. *See* Haydon.

Heym, Adam, juror, III. 20.

——. *See* Haym.

Heymore, tithes of, III. 270.

Heyr, Walter, III. 163.

Heyruggedelonde, land at, I. 272.

Heythrop. *See* Hatherop.

Hibrey. *See* Highbray.

Hide (Hida, Hyda, la Hyde), III. 6.

—— land called, I. 88, 124 ; II. 247.

—— manor of, I. 251, 253 ; II. 248.

—— vill of, III. 2.

—— John de [monk of St. Peter's], III. 26.

—— John de, burgess of Gloucester, II. 246.

—— John de la, of Winestone, III. 19.

—— William de, II. 191 ; III. 184.

Hidloverde, man named, of la Hyde, III. 268.

Highbray (Hybrey, Hibrey), Aelina (or Adelyna) de, I. 223, 226, 350 ; II. 126. *See* Jurei, Ybreyo, *and* Yurerio.

Highleadon (Hineledene, Hinledene, Hyneledene, Hynledene), III. 109, 115.

—— lands in, I. 92, 125, 335, 380, 384.

Highnam (Hynehamme, Hynehame), I. 67, 68 ; III. 35, 273.

—— abbey court at, I. 333 ; II. 67, 69, 274 ; III. 109, 111, 112, 114.

—— chapel of, I. 250.

—— "consuetudinarii" of, III. 115.

—— great grange at, I. 46.

—— land in, I. 333 ; III. 110, 111.

—— manor of, I. 251, 331, 332 ; II. 68, 185, 271 ; III. 27, 250.

—— rent in, III. 104.

—— vill of, III. 2.

Hillary, Roger, III. 247, 248.

Hinderling, Thomas, III. 152, 160.

Hinbechinge, meadow in, II. 28.

Hinledene. *See* Highleadon.

Hinton (Hinethon, Hynetone, Hynethone, Hyntone), I. 87, 124, 349 ; II. 125, 250 ; III. 35, 52, 54, 55, 250.

Hinton, abbey court at, II. 251.

—— church of, III. 2, 11, 15, 31.

—— mill of, III. 61.

—— manor of, I. 87 ; II. 41 ; III. 49, 309.

—— reeve of, III. 28, 251.

—— view of frankpledge in, III. 27, 28, 29.

—— Robert de, II. 250 ; III. 66.

—— Robert son of Thomas de, III. 55.

Hoche, John, of Gloucester, II. 234.

—— son of Walter, II. 235.

—— Walter, II. 86 ; III. 240. *See* Hog *and* Hoke.

Hocsenhale. *See* Oxenhall.

Hog (or Hoge), Walter, III. 121, 125, 126.

Hoke, Matilda de, III. 139.

—— Richard ate, juror, III. 260.

—— Walter de, III. 135, 139.

—— William de, III. 136.

"Hokeday," payment of rents on, I. 356, 357 ; II. 5, 20, 36, 37, 182, *et alibi passim*.

Holborn (Holburne), the White Hart Inn in, near London, III. 285, 305.

Holcombe (Holecumbe), Walter de, II. 161.

Holdford (Holeforde):

—— John de, III. 139.

—— the relief of, III. 177.

Holeberwe, Richard de, of Pychenecumbe, III. 141.

Holebroke, land in, I. 305.

Holepenna, Bartholomew de, I. 203 ; his father a monk of St. Peter's, *ib.* ; his heir, Simon, *ib.*

Holeshiche, land in, III. 45.

Holm, field of, II. 271.

Holtley (or Holtheley), land near, I. 296, 298.

Holy Land, the, I. 33.

Homenere, land at, I. 336.

Homez. *See* Humez.

Homme, Reginald de, 13th abbot of St. Peter's after the Conquest, I. 31, 34 ; attends the Council at Lyons, as procurator of the diocese of Worcester, I. 33.

J.

James, a witness, II. 56.
—— his tenement, III. 63.
—— William, III. 257.
Janeworth. *See* Yanworth.
Jerchenfeld, in Lawaran, I. 105, 118, 123.
—— land in, I. 118. *See* Erchenefelde.
Jerusalem, pilgrimages to, I. 9, 22, 81.
Jewels, I. 47, 48.
Jews, II. 149, 179, 297, 298, 299.
—— murder by the, of a boy at Gloucester, I. 20, 21.
—— slain, chattels of, II. 277.
Joan, her burgage and land in Northleach, III. 177, 178.
Joce, John, lieutenant in Dean Forest, III. 235.
—— Robert, forester in Dean Forest, III. 235.
Joevene, Geoffrey le, of Prestone, II. 88. *See* Rovene.
John, king, I. 103, 104 ; II. 147 ; III. 69, 253.
—— —— his quarrel with the pope, I. 23.
—— —— levies a thirteenth to maintain his war against France, I. 23.
—— —— levies a tallage on all churches, I. 24.
—— —— in Ireland, I. 169.
John, abbot of St. Peter's, I. lxxix, 143, 160, 161, 168, 182, 196, 197, 198, 199, 210, 273, 295, 302, 328, 389 ; II 15, 67, 82, 83, 91, 103, 161, 190, 193, 217, 225, 236, 246, 248, 250, 269, 271, 273, 274, 292, 295 ; III. 224, 226, 228, 233, 243, 246, 247, 267, 268, 272, 273, 285, 287. *See* Boyfeld, John ; Felde, John de la ; Gamages, John ; Thoky, John.
John, prior of Gloucester, I. 152.
—— [monk of St. Peter's], II. 77.
—— Master, a witness, II. 55, 56.
—— the Bishop, II. 203.
—— the Carpenter, III. 72.
—— the Chaplain, I. 173.
—— the Clerk, III. 34, 98, 170.
—— —— of Aldsworth, II. 29.
—— the Fisher, III. 114.

John the Marshal, II. 86.
—— the Miller, I. 258 ; III. 48.
—— the Porter, III. 178.
—— the Priest, III. 197.
—— the Shepherd, III. 127, 128.
—— the Smith, I. 290, 291, 292, 293, 295 ; III. 177, 179.
Jokes, Reginald de. *See* Chukes.
Jolfe, John, of Dean Forest, III. 235.
Jone, Ralph, III. 254.
Jones, Nicholas, III. 64.
Jordan (Jorden, Jurdan):
—— Roger, of Dean Forest, III. 235.
—— William, juror, II. 187, 204.
—— the Soapboiler, I. 190.
Jordanston (Jurdastone), Nicholas de, II. 120.
Joseph the Priest, I. 286.
—— Coppo, merchant of the fellowship of the Friscobaldi, I. lxxxii.
Josiana, her messuages, III. 101.
Joye, Walter, III. 139.
Juliana the Widow, III. 63, 70, 72–76.
—— the relict of Randulph, II. 40.
—— the relict of the Shepherd, III. 177.
Jurdastone. *See* Jordanston.
Jurei, Aelina wife of Roger de, I. 176 ; II. 19.
—— Roger de, I. 375.
——. *See* Highbray, Ybreyo, *and* Yurerio.
Jussel, Walter, III. 85.
Justise, Geoffrey, III. 169.

K.

Kachepol, Walter son of Ernald, II. 196.
Kaerlion, Kairleyon. *See* Caerleon.
Kaerwarthin (Kerwardyn, Karwardin):
—— John de, I. 320.
—— —— and Matilda de Kempsford his wife, II. 295.
—— —— son of Henry de, and Blandina his wife, daughter of Geoffrey de Westone, II. 271, 272, 273.

L.

Lacy, court of the honor of, held at Hereford, I. 35, 36.
—— Adelina (or Adeliza), wife of Hugh de, I. 326 ; III. 256.
—— Emma mother of Walter de, I. 15.
—— Ermelina de, wife of Walter de, I. 73, 122, 224, 227, 258, 351 ; II. 127.
—— Gilbert de, II. 287.
—— Hugh de, I. 100, 109, 123, 223, 326, 350 ; II. 19, 93, 126 ; III. 256.
—— —— son of Walter de, I. 84, 85.
—— Walter de, fourth abbot of St. Peter's after the Conquest, I. 15, 16, 17, 72, 79, 90, 91, 115, 116, 119, 222.
—— Walter de, father of Hugh de, I. 85, 88, 92, 122, 223, 226, 350, 374, 375; II. 126.
—— —— founder of St. Peter's, Hereford, I. 73, 85.
—— —— his death, I. 73.
—— Walter son of Walter de, I. 92.
"Ladam de Wrubbehale," place named, II. 163.
Lageweldonne, pasture of, I. 94,
Lambourne (Lamborne, Lamburne):
—— chapel of St. Mary in, I. 95, 368, 378 ; II. 255.
—— chaplain of, Alfred, I. 372, 373,
—— court at, I. 372.
—— land in, I. 95, 367, 368, 369, 372, 373.
—— messuages in, I. 95, 368, 370, 371 ; II. 255.
—— Osmund son of Gerard de, I. 370.
Lammare, Nicholas le, III. 180.
Lammeys, tithe of, I. 315, 316.
Lampadervaur, church of, I. lxxix.
Lamputte, Alfred de, I. 96, 358,
—— Gilbert de, III. 78.
—— Osbert de, III. 84.
—— Randulph de, III. 78.
—— Walter de, III. 81.
—— William de, III. 81.
Lancarvan. See Llancarvan.

Lancaster, duke of, I. 53.
Landavensis episcopus. See Llandaff.
Laudene, Robert de, II. 230.
Landonodoke, church of, III. 33.
Landr', O. de, II. 13.
Landrirede, tenement in, I. 347.
Lane, Thomas, III. 296.
Lanfey, church of St. Bride in, I. 75.
Lanfranc (Lanfrancus), archbishop of Canterbury (Dorovernensis), I. 387.
Lanfranc, archbishop [of Canterbury], III. 263. See Canterbury.
Langdon (Langedone), Master Adam de, I. 288.
Langelonde, land in, III. 35.
Langeneye, James de, I. 320.
Langethornesforlong, land in, III. 36.
Langford (Langforde), Walter de, II. 8.
Langley (Langele, Langeley):
—— church of, II. 47, 165, 166, 167, 169–173.
—— rector of, W., II. 171, 172.
—— writ and charter dated at, III. 278, 279.
Langridge (Langerech, Longereche):
—— common of pasture in, I. 29, 98, 355; II. 5, 6, 7.
Langton, Stephen, archbishop of Canterbury, I. 23.
Lankarvan. See Llancarvan.
Lanthony (Lantone, Lonthony, Lanthoney). near Gloucester, I. 56.
—— canons of: their contention with St. Peter's, respecting the body of Miles earl of Hereford, I. lxxv–lxxviii.
—— chapter of, I. 146.
—— prior of, I. 38, 148, 198, 199, 201 ; II. 203 ; III. 68, 73–76.
—— —— Geoffrey, I. lxxvii, 303, 346 ; II. 7, 8, 9.
—— —— John, I. 140–146 ; II. 171.
—— —— Roger, II. 81.
—— —— Walter, III. 243–246.
—— priory of St. Mary and St. John the Baptist, II. 7, 112, 241; III. 29, 244 ; its foundation, I. 16 ; composition with St. Peter's, I. lxxvii ; destroyed by fire, I. 35 ; agreement with the monasteries

Thomas, abbot of St. Peter's, Gloucester, 6th after the Conquest (formerly prior of Hereford), I. lxxvii, lxxviii, 22, 23, 172, 174, 175, 181, 187, 189, 207, 211, 229, 234, 236, 242, 247, 249, 267, 288, 297, 317, 318, 327, 336, 346, 370, 372, 373, 381, 386, 389, 391; II. 8, 42, 44, 46, 49, 56, 64, 65, 71, 82, 101, 116, 143, 144, 145, 151, 154, 156, 162, 175, 231, 252, 254, 255, 280, 300. *See* Bredone, Thomas de ; Carbonel, Thomas.

Thomas, I. 286.

—— third prior [of St. Peter's], III. 26.

—— vicar of Lecbe, brother of William de Upton, I. 120.

—— the Chaplain, I. 167.

—— the Physician, II. 4.

—— the Tailor, III. 177, 179.

Thoney, John, III. 26.

Thornhulle, le Parke de, pasture called, I. 323.

Thovi (or Tovy) the Englishman, I. 61, 77, 164, 223, 227, 334, 340, 341, 342, 350; II. 109, 126.

Thruche, Ralph, III. 189.

Thune, William de la, of Heffelde, II. 7.

Thury, William, III. 175.

Tibberton (Typertone, Tiberthone, Tybertune):

—— land near, I. 116, 248 ; II. 221.

Tickenham (Tykeham), Robert de, I. 209.

Tinte (or Tynte), Maurice, III. 73–76, 155.

Tinternespulle, II. 80.

Tippare, Cristina, III. 87.

Tiscideswelle, close at, II. 204.

Tod, the relict of, III. 163.

—— Edith, III. 153.

—— Isabella, III. 163.

—— Reginald, III. 163.

—— Walter, III. 163.

—— William, III. 153.

Tokiescroft, III. 70. *See* Toliescrofte.

Tokkele. *See* Tukkeleye.

Toky. *See* Thoky.

Toliescrofte (or Tolyescroft), land called, III. 267, 272, 273.

Tomelyn, John, I. 238.

Toneye, William de, I. 98.

Tonebrugge, German de, III. 273.

Tony, William, III. 117.

Top, Margery the relict of, III. 186.

—— Richard, III. 186.

—— Robert, III. 94.

—— Thomas, III. 92, 93, 94, 95.

Toppes, Agnes, II. 194.

Torel, William, I. 107.

Touche, William, of Slymbrugge, II. 218.

Tovi. *See* Thovi.

Toyntone. *See* Teignton.

Tprut, Robert, III. 203.

Tracy (Traci), Henry de, II. 180; III. 59.

—— William de, II. 180.

Transcripta Cartarum, a book entitled, I. 40.

Tregof (Treigof, Treygof, Traygof), in Glamorgan, I. 115.

—— extent of, III. 271.

—— land called, I. 223, 226, 349 ; II. 125, 137, 139, 140.

—— manor of, II. 20, 139, 140, 223.

—— tithes of, II. 12.

—— vill of, II. 10, 50.

Tregoz, Master John de, III. 270.

Tregoz, Master Robert de, brother of William de, III. 270.

—— William de, rector of the church of St. Keyne, III. 269, 270.

Trenlehulle (or Trenleyeshulle), land in, I. 360, 364.

Trent, the king's forest this side, III. 234, 238.

Treweman, Nicholas, II. 246.

Treygof. *See* Tregof.

Treygoz, Sir John, II. 210, 211, 212.

Triphon, John, I. 238.

Trondesham, II. 100.

Trote, Edwin, II. 157, 158.

Trudworthe (or Truddeworthe), I. 175; II. 203, 204.

Trug, Henry, III. 163.

Trus, Alice, III. 163.

—— Henry, III. 164.

—— Richard, III. 164.

Trussel, William, justice, II. 273.

Truthe, Ralph, III. 192.

END OF VOL. III.

LONDON :

Printed by GEORGE E. EYRE and WILLIAM SPOTTISWOODE,
Printers to the Queen's most Excellent Majesty.
For Her Majesty's Stationery Office.
[497.—750.—5/67.]

LIST OF WORKS

PUBLISHED

By the late Record and State Paper Commissioners,
or under the Direction of the Right Honourable
the Master of the Rolls, which may be purchased of Messrs. Longman and Co., London;
Messrs. James Parker and Co., Oxford and
London; Messrs. Macmillan and Co., Cambridge and London; Messrs. A. and C. Black,
Edinburgh; and Mr. A. Thom, Dublin.

PUBLIC RECORDS AND STATE PAPERS.

ROTULORUM ORIGINALIUM IN CURIÂ SCACCARII ABBREVIATIO. Henry
III.—Edward III. *Edited by* HENRY PLAYFORD, Esq. 2 vols.
folio (1805—1810). *Price 25s.* boards, or 12s. 6d. each.

CALENDARIUM INQUISITIONUM POST MORTEM SIVE ESCAETARUM.
Henry III.—Richard III. *Edited by* JOHN CALEY and JOHN
BAYLEY, Esqrs. Vols. 2, 3, and 4, folio (1806—1808; 1821—1828),
boards : vols. 2 and 3, *price 21s.* each; vol. 4, *price 24s.*

LIBRORUM MANUSCRIPTORUM BIBLIOTHECÆ HARLEIANÆ CATALOGUS.
Vol. 4. *Edited by* the Rev. T. HARTWELL HORNE. Folio (1812),
boards. *Price 18s.*

ABBREVIATIO PLACITORUM, Richard I.—Edward II. *Edited by* the
Right Hon. GEORGE ROSE and W. ILLINGWORTH, Esq. 1 vol.
folio (1811), boards. *Price 18s.*

LIBRI CENSUALIS vocati DOMESDAY-BOOK, INDICES. *Edited by* Sir
HENRY ELLIS. Folio (1816), boards, (Domesday-Book, vol. 3).
Price 21s.

LIBRI CENSUALIS vocati DOMESDAY-BOOK, ADDITAMENTA EX CODIC.
ANTIQUISS. *Edited by* Sir HENRY ELLIS. Folio (1816), boards,
(Domesday-Book, vol. 4). *Price 21s.*

STATUTES OF THE REALM. *Edited by* Sir T. E. TOMLINS, JOHN RAITHBY, JOHN CALEY, and WM. ELLIOTT, Esqrs. Vols. 4 (in 2 parts), 7, 8, 9, 10, and 11, including 2 vols. of Indices, large folio (1819—1828). *Price 31s. 6d.* each; except the Alphabetical and Chronological Indices, *price 30s.* each.

VALOR ECCLESIASTICUS, temp. Henry VIII., Auctoritate Regia institutus. *Edited by* JOHN CALEY, Esq., and the Rev. JOSEPH HUNTER. Vols. 3 to 6, folio (1810, &c.), boards. *Price 25s.* each.

*** The Introduction is also published in 8vo., cloth. *Price 2s. 6d.*

ROTULI SCOTIÆ IN TURRI LONDINENSI ET IN DOMO CAPITULARI WESTMONASTERIENSI ASSERVATI. 19 Edward I.—Henry VIII. *Edited by* DAVID MACPHERSON, JOHN CALEY, and W. ILLINGWORTH, Esqrs., and the Rev. T. HARTWELL HORNE. 2 vols. folio (1814 —1819), boards. *Price 42s.*

" FŒDERA, CONVENTIONES, LITTERÆ," &c.; or, RYMER'S FŒDERA, New Edition, 1066—1377. Vol. 2, Part 2, and Vol. 3, Parts 1 and 2, folio (1821—1830). *Edited by* JOHN CALEY and FRED. HOLBROOKE, Esqrs. *Price 21s.* each Part.

DUCATUS LANCASTRIÆ CALENDARIUM INQUISITIONUM POST MORTEM, &c. Part 3, Calendar to the Pleadings, &c., Henry VII.—Ph. and Mary ; and Calendar to the Pleadings, 1—13 Elizabeth. Part 4, Calendar to the Pleadings to end of Elizabeth. (1827— 1834.) *Edited by* R. J. HARPER, JOHN CALEY, and WM. MINCHIN, Esqrs. Folio, boards, Part 3 (or Vol. 2), *price 31s. 6d.* ; and Part 4 (or Vol. 3), *price 21s.*

CALENDARS OF THE PROCEEDINGS IN CHANCERY, IN THE REIGN OF QUEEN ELIZABETH; to which are prefixed, Examples of earlier Proceedings in that Court from Richard II. to Elizabeth, from the Originals in the Tower. *Edited by* JOHN BAYLEY, Esq. Vols. 2 and 3 (1830—1832), folio, boards, *price 21s.* each.

PARLIAMENTARY WRITS AND WRITS OF MILITARY SUMMONS, together with the Records and Muniments relating to the Suit and Service due and performed to the King's High Court of Parliament and the Councils of the Realm. Edward I., II. *Edited by* Sir FRANCIS PALGRAVE. (1830—1834.) Folio, boards, Vol. 2, Division 1, Edward II., *price 21s.*; Vol. 2, Division 2, *price 21s.*; Vol. 2, Division 3, *price 42s.*

ROTULI LITTERARUM CLAUSARUM IN TURRI LONDINENSI ASSERVATI. 2 vols. folio (1833—1844). The first volume, 1204—1224. The second volume, 1224—1227. *Edited by* THOMAS DUFFUS HARDY, Esq. *Price 81s.*, cloth ; or separately, Vol. 1, *price 63s.* ; Vol. 2, *price 18s.*

3

PROCEEDINGS AND ORDINANCES OF THE PRIVY COUNCIL OF ENGLAND. 10 Richard II.—33 Henry VIII. *Edited by* Sir N. HARRIS NICOLAS. 7 vols. royal 8vo. (1834—1837), cloth. *Price* 98s. ; or separately, 14s. each.

ROTULI LITTERARUM PATENTIUM IN TURRI LONDINENSI ASSERVATI. 1201—1216. *Edited by* THOMAS DUFFUS HARDY, Esq. 1 vol. folio (1835), cloth. *Price* 31s. 6d.
  *** The Introduction is also published in 8vo., cloth. *Price* 9s.

ROTULI CURIÆ REGIS. Rolls and Records of the Court held before the King's Justiciars or Justices. 6 Richard I.—1 John. *Edited by* Sir FRANCIS PALGRAVE. 2 vols. royal 8vo. (1835), cloth. *Price* 28s.

ROTULI NORMANNIÆ IN TURRI LONDINENSI ASSERVATI. 1200—1205 ; also, 1417 to 1418. *Edited by* THOMAS DUFFUS HARDY, Esq. 1 vol. royal 8vo. (1835), cloth. *Price* 12s. 6d.

ROTULI DE OBLATIS ET FINIBUS IN TURRI LONDINENSI ASSERVATI, tempore Regis Johannis. *Edited by* THOMAS DUFFUS HARDY, Esq. 1 vol. royal 8vo. (1835), cloth. *Price* 18s.

EXCERPTA E ROTULIS FINIUM IN TURRI LONDINENSI ASSERVATIS. Henry III., 1216—1272. *Edited by* CHARLES ROBERTS, Esq. 2 vols. royal 8vo. (1835, 1836), cloth, *price* 32s. ; or separately, Vol. 1, *price* 14s. ; Vol. 2, *price* 18s.

FINES, SIVE PEDES FINIUM ; SIVE FINALES CONCORDIÆ IN CURIÂ DOMINI REGIS. 7 Richard I.—16 John (1195—1214). *Edited by* the Rev. JOSEPH HUNTER. In Counties. 2 vols. royal 8vo. (1835—1844), cloth, *price* 11s.; or separately, Vol. 1, *price* 8s. 6d.; Vol. 2, *price* 2s. 6d.

ANCIENT KALENDARS AND INVENTORIES OF THE TREASURY OF HIS MAJESTY'S EXCHEQUER ; together with Documents illustrating the History of that Repository. *Edited by* Sir FRANCIS PALGRAVE. 3 vols. royal 8vo. (1836), cloth. *Price* 42s.

DOCUMENTS AND RECORDS illustrating the History of Scotland, and the Transactions between the Crowns of Scotland and England ; preserved in the Treasury of Her Majesty's Exchequer. *Edited by* Sir FRANCIS PALGRAVE. 1 vol. royal 8vo. (1837), cloth. *Price* 18s.

ROTULI CHARTARUM IN TURRI LONDINENSI ASSERVATI. 1199—1216. *Edited by* THOMAS DUFFUS HARDY, Esq. 1 vol. folio (1837), cloth. *Price* 30s.

E E 2

REPORT OF THE PROCEEDINGS OF THE RECORD COMMISSIONERS, 1831 to 1837. 1 vol. folio (1837), boards. *Price 8s.*

REGISTRUM vulgariter nuncupatum "The Record of Caernarvon," e codice MS. Harleiano, 696, descriptum. *Edited by* Sir HENRY ELLIS. 1 vol. folio (1838), cloth. *Price* 31s. 6d.

ANCIENT LAWS AND INSTITUTES OF ENGLAND; comprising Laws enacted under the Anglo-Saxon Kings, from Æthelbirht to Cnut, with an English Translation of the Saxon; the Laws called Edward the Confessor's; the Laws of William the Conqueror, and those ascribed to Henry the First; also, Monumenta Ecclesiastica Anglicana, from the 7th to the 10th century; and the Ancient Latin Version of the Anglo-Saxon Laws; with a compendious Glossary, &c. *Edited by* BENJAMIN THORPE, Esq. 1 vol. folio (1840), cloth. *Price* 40s. Or, 2 vols. royal 8vo. cloth. *Price* 30s.

ANCIENT LAWS AND INSTITUTES OF WALES; comprising Laws supposed to be enacted by Howel the Good; modified by subsequent Regulations under the Native Princes, prior to the Conquest by Edward the First; and anomalous Laws, consisting principally of Institutions which, by the Statute of Ruddlan, were admitted to continue in force. With an English Translation of the Welsh Text. To which are added, a few Latin Transcripts, containing Digests of the Welsh Laws, principally of the Dimetian Code. With Indices and Glossary. *Edited by* ANEURIN OWEN, Esq. 1 vol. folio (1841), cloth. *Price* 44s. Or, 2 vols. royal 8vo. cloth. *Price* 36s.

ROTULI DE LIBERATE AC DE MISIS ET PRÆSTITIS, Regnante Johanne. *Edited by* THOMAS DUFFUS HARDY, Esq. 1 vol. royal 8vo. (1844), cloth. *Price 6s.*

THE GREAT ROLLS OF THE PIPE FOR THE SECOND, THIRD, AND FOURTH YEARS OF THE REIGN OF KING HENRY THE SECOND, 1155—1158. *Edited by* the Rev. JOSEPH HUNTER. 1 vol. royal 8vo. (1844), cloth. *Price 4s. 6d.*

THE GREAT ROLL OF THE PIPE FOR THE FIRST YEAR OF THE REIGN OF KING RICHARD THE FIRST, 1189—1190. *Edited by* the Rev. JOSEPH HUNTER. 1 vol. royal 8vo. (1844), cloth. *Price 6s.*

DOCUMENTS ILLUSTRATIVE OF ENGLISH HISTORY in the 13th and 14th centuries, selected from the Records in the Exchequer. *Edited by* HENRY COLE, Esq. 1 vol. fcp. folio (1844), cloth. *Price* 45s. 6d.

MODUS TENENDI PARLIAMENTUM. An Ancient Treatise on the Mode of holding the Parliament in England. *Edited by* THOMAS DUFFUS HARDY, Esq. 1 vol. 8vo. (1846), cloth. *Price 2s. 6d.*

MONUMENTA HISTORICA BRITANNICA, or, Materials for the History of Britain from the earliest period. Vol. 1, extending to the Norman Conquest. Prepared, and illustrated with Notes, by the late HENRY PETRIE, Esq., F.S.A., Keeper of the Records in the Tower of London, assisted by the Rev. JOHN SHARPE, Rector of Castle Eaton, Wilts. Finally completed for publication, and with an Introduction, by THOMAS DUFFUS HARDY, Esq., Assistant Keeper of Records. (Printed by command of Her Majesty.) Folio (1848). *Price 42s.*

REGISTRUM MAGNI SIGILLI REGUM SCOTORUM in Archivis Publicis asservatum. 1306—1424. *Edited by* THOMAS THOMSON, Esq. Folio (1814). *Price 15s.*

THE ACTS OF THE PARLIAMENTS OF SCOTLAND. 11 vols. folio (1814—1844). Vol. I. *Edited by* THOMAS THOMSON and COSMO INNES, Esqrs. *Price* 42s. Also, Vols. 4, 7, 8, 9, 10, 11 ; *price* 10s. 6d. each.

THE ACTS OF THE LORDS AUDITORS OF CAUSES AND COMPLAINTS. 1466—1494. *Edited by* THOMAS THOMSON, Esq. Folio (1839). *Price 10s. 6d.*

THE ACTS OF THE LORDS OF COUNCIL IN CIVIL CAUSES. 1478—1495. *Edited by* THOMAS THOMSON, Esq. Folio (1839). *Price 10s. 6d.*

ISSUE ROLL OF THOMAS DE BRANTINGHAM, Bishop of Exeter, Lord High Treasurer of England, containing Payments out of His Majesty's Revenue, 44 Edward III., 1370. *Edited by* FREDERICK DEVON, Esq. 1 vol. 4to. (1835), cloth. *Price 35s.* Or, royal 8vo. cloth. *Price 25s.*

ISSUES OF THE EXCHEQUER, containing similar matter to the above; James I.; extracted from the Pell Records. *Edited by* FREDERICK DEVON, Esq. 1 vol. 4to. (1836), cloth. *Price 30s.* Or, royal 8vo. cloth. *Price 21s.*

ISSUES OF THE EXCHEQUER, containing similar matter to the above ; Henry III.—Henry VI. ; extracted from the Pell Records. *Edited by* FREDERICK DEVON, Esq. 1 vol. 4to. (1837), cloth. *Price 40s.* Or, royal 8vo. cloth. *Price 30s.*

HANDBOOK TO THE PUBLIC RECORDS. *By* F. S. THOMAS, Esq., Secretary of the Public Record Office. Royal 8vo. (1853), cloth. *Price 12s.*

State Papers, during the Reign of Henry the Eighth with Indices of Persons and Places. 11 vols., 4to. (1830—1852), cloth. *Price 5l. 15s. 6d.*, or separately, *price 10s. 6d. each.*

> Vol. I.—Domestic Correspondence.
> Vols. II & III.—Correspondence relating to Ireland
> Vols. IV. & V.—Correspondence relating to Scotland
> Vols. VI. to XI.—Correspondence between England and Foreign Courts

Historical Notes relative to the History of England; from the Accession of Henry VIII. to the Death of Queen Anne (1509—1714). Designed as a Book of instant Reference for ascertaining the Dates of Events mentioned in History and Manuscripts. The Name of every Person and Event mentioned in History within the above period is placed in Alphabetical and Chronological Order, and the Authority whence taken is given in each case, whether from Printed History or from Manuscripts. *By* F. S. Thomas, Esq. 3 vols. 8vo. (1856), cloth. *Price 40s.*

Calendarium Genealogicum, for the Reigns of Henry III. and Edward I. *Edited by* Charles Roberts, Esq., Secretary of the Public Record Office. 2 vols. imperial 8vo (1865), cloth. *Price 15s. each.*

In Progress

Syllabus of Rymer's Fœdera. *Edited by* the Rev. T. Colham Brewer, LL.D.

CALENDARS OF STATE PAPERS.

[IMPERIAL 8vo. *Price* 15s. each Volume or Part.]

CALENDAR OF STATE PAPERS, DOMESTIC SERIES, OF THE REIGNS OF EDWARD VI., MARY, and ELIZABETH, preserved in Her Majesty's Public Record Office. *Edited by* ROBERT LEMON, Esq, F.S.A. 1856–1865.

> Vol. I.—1547–1580.
> Vol. II.—1581–1590.

CALENDAR OF STATE PAPERS, DOMESTIC SERIES, OF THE REIGN OF JAMES I, preserved in Her Majesty's Public Record Office *Edited by* MARY ANNE EVERETT GREEN. 1857–1859.

> Vol. I.—1603–1610.
> Vol II.—1611–1618
> Vol III.—1619–1623.
> Vol IV.—1623–1625, with Addenda

CALENDAR OF STATE PAPERS, DOMESTIC SERIES, OF THE REIGN OF CHARLES I., preserved in Her Majesty's Public Record Office. *Edited by* JOHN BRUCE, Esq, F.S.A 1858–1867.

> Vol I.—1625–1626
> Vol II.—1627–1628.
> Vol. III.—1628–1629
> Vol IV.—1629–1631.
> Vol V.—1631–1633.
> Vol VI.—1633–1634.
> Vol VII.—1634–1635
> Vol VIII.—1635
> Vol. IX.—1635–1636
> Vol X.—1636–1637.

CALENDAR OF STATE PAPERS, DOMESTIC SERIES, OF THE REIGN OF CHARLES II, preserved in Her Majesty's Public Record Office. *Edited by* MARY ANNE EVERETT GREEN 1860–1866.

> Vol I.—1660–1661
> Vol II.—1661–1662
> Vol. III.—1663–1664.
> Vol IV.—1664–1665.
> Vol V.—1665–1666.
> Vol VI.—1666–1667.
> Vol VII.—1667

CALENDAR OF STATE PAPERS relating to SCOTLAND, preserved in Her Majesty's Public Record Office. *Edited by* MARKHAM JOHN THORPE, Esq, of St Edmund Hall, Oxford. 1858.

> Vol I., the Scottish Series, of the Reigns of Henry VIII., Edward VI., Mary, and Elizabeth, 1509–1589
> Vol II, the Scottish Series, of the Reign of Elizabeth, 1589–1603 ; an Appendix to the Scottish Series, 1543–1592 ; and the State Papers relating to Mary Queen of Scots during her Detention in England, 1568–1587.

CALENDAR OF STATE PAPERS relating to IRELAND, preserved in Her Majesty's Public Record Office. *Edited by* HANS CLAUDE HAMILTON, Esq F S A. 1860–1867.
    Vol I —1509–1573
    Vol. II —1574–1585

CALENDAR OF STATE PAPERS, COLONIAL SERIES, preserved in Her Majesty's Public Record Office, and elsewhere. *Edited by* W. NOEL SAINSBURY, Esq. 1860–1862.
    Vol I —America and West Indies, 1574–1660
    Vol II —East Indies, China and Japan, 1513–1616.

CALENDAR OF LETTERS AND PAPERS, FOREIGN AND DOMESTIC OF THE REIGN OF HENRY VIII preserved in Her Majesty's Public Record Office, the British Museum, &c. *Edited by* J S. BREWER M A , Professor of English Literature, King's College, London 1862–1864.
    Vol I —1509–1514
    Vol II (in Two Parts)—1515–1518.

CALENDAR OF STATE PAPERS FOREIGN SERIES, OF THE REIGN OF EDWARD VI, preserved in Her Majesty's Public Record Office. *Edited by* W. B TURNBULL Esq, of Lincoln's Inn, Barrister-at-Law, and Correspondant du Comité Impérial des Travaux Historiques et des Sociétés Savantes de France. 1861

CALENDAR OF STATE PAPERS, FOREIGN SERIES, OF THE REIGN OF MARY, preserved in Her Majesty's Public Record Office *Edited by* W B TURNBULL, Esq, of Lincoln's Inn Barrister-at-Law, and Correspondant du Comité Impérial des Travaux Historiques et des Sociétés Savantes de France. 1861.

CALENDAR OF STATE PAPERS, FOREIGN SERIES, OF THE REIGN OF ELIZABETH, preserved in Her Majesty's Public Record Office &c *Edited by* the Rev JOSEPH STEVENSON, M A, of University College, Durham 1863–1866
    Vol I —1558–1559
    Vol II —1559–1560.
    Vol III —1560–1561.
    Vol IV —1561–1562

CALENDAR OF THE CAREW PAPERS, preserved in Lambeth Library. *Edited by* J S BREWER, M A , Professor of English Literature, King's College, London , and WILLIAM BULLEN, Esq 1867
    Vol I —1515–1574

CALENDAR OF LETTERS, DESPATCHES AND STATE PAPERS relating to the Negotiations between England and Spain, preserved in the Archives at Simancas, and elsewhere *Edited by* G. A. BERGENROTH 1862–1867
    Vol I —Hen VII —1485–1509
    Vol II —Hen VIII.—1509–1525

CALENDAR OF STATE PAPERS AND MANUSCRIPTS, relating to ENGLISH AFFAIRS, preserved in the Archives of Venice, &c. *Edited by* RAWDON BROWN, Esq. 1864.
Vol. I.—1202–1509.

In the Press.

CALENDAR OF LETTERS AND PAPERS, FOREIGN AND DOMESTIC, OF THE REIGN OF HENRY VIII., preserved in Her Majesty's Public Record Office, the British Museum, &c. *Edited by* J. S. BREWER, M.A., Professor of English Literature, King's College, London. Vol. III.—1519–1523.

CALENDAR OF STATE PAPERS AND MANUSCRIPTS, relating to ENGLISH AFFAIRS, preserved in the Archives of Venice, &c. *Edited by* RAWDON BROWN, Esq. Vol. II.—Henry VIII.

CALENDAR OF STATE PAPERS, COLONIAL SERIES, preserved in Her Majesty's Public Record Office, and elsewhere. *Edited by* W. NOEL SAINSBURY, Esq. Vol. III.—East Indies, China, and Japan. 1617, &c.

CALENDAR OF STATE PAPERS, FOREIGN SERIES, OF THE REIGN OF ELIZABETH, preserved in Her Majesty's Public Record Office. *Edited by* the Rev. JOSEPH STEVENSON, M.A., of University College, Durham. Vol. V.—1562.

CALENDAR OF STATE PAPERS, DOMESTIC SERIES, OF THE REIGN OF ELIZABETH (continued), preserved in Her Majesty's Public Record Office. *Edited by* MARY ANNE EVERETT GREEN. 1591–1594.

CALENDAR OF THE CAREW PAPERS, preserved in Lambeth Library. *Edited by* J. S. BREWER, M.A., Professor of English Literature, King's College, London; and WILLIAM BULLEN, Esq. Vol. II.—1575, &c.

In Progress.

CALENDAR OF LETTERS, DESPATCHES, AND STATE PAPERS relating to the Negotiations between England and Spain, preserved in the Archives at Simancas, and elsewhere. *Edited by* G. A. BERGENROTH. Vol. III.—Henry VIII.—*continued.*

CALENDAR OF STATE PAPERS relating to IRELAND, preserved in Her Majesty's Public Record Office. *Edited by* HANS CLAUDE HAMILTON, Esq., F.S.A. Vol. III.—1586, &c.

CALENDAR OF STATE PAPERS, DOMESTIC SERIES, OF THE REIGN OF CHARLES I., preserved in Her Majesty's Public Record Office. *Edited by* JOHN BRUCE, Esq., F.S.A. Vol. XI.—1637–1638.

THE CHRONICLES AND MEMORIALS OF GREAT BRITAIN AND IRELAND DURING THE MIDDLE AGES.

[ROYAL 8vo   *Price* 10s. each Volume or Part]

1. THE CHRONICLE OF ENGLAND by JOHN CAPGRAVE. *Edited by* the Rev. F. C HINGESTON, M A , of Exeter College, Oxford. 1858

2. CHRONICON MONASTERII DE ABINGDON. Vols I and II *Edited by* the Rev JOSEPH STEVENSON, M A , of University College, Durham, and Vicar of Leighton Buzzard   1858

3. LIVES OF EDWARD THE CONFESSOR   I.—La Estoire de Seint Aedward le Rei.   II —Vita Beati Edvardi Regis et Confessoris. III —Vita Æduuardi Regis qui apud Westmonasterium requiescit. *Edited by* HENRY RICHARDS LUARD, M A , Fellow and Assistant Tutor of Trinity College, Cambridge   1858

4. MONUMENTA FRANCISCANA , scilicet, I.—Thomas de Eccleston de Adventu Fratrum Minorum in Angliam. II —Adæ de Marisco Epistolæ III —Registrum Fratrum Minorum Londoniæ   *Edited by* J S BREWER, M A , Professor of English Literature, King's College, London   1858.

5 FASCICULI ZIZANIORUM MAGISTRI JOHANNIS WYCLIF CUM TRITICO Ascribed to THOMAS NETTER, of WALDEN, Provincial of the Carmelite Order in England, and Confessor to King Henry the Fifth. *Edited by* the Rev. W. W SHIRLEY, M A , Tutor and late Fellow of Wadham College, Oxford. 1858.

6 THE BUIK OF THE CRONICLIS OF SCOTLAND , or, A Metrical Version of the History of Hector Boece ; by WILLIAM STEWART Vols. I , II., and III.   *Edited by* W. B TURNBULL, Esq , of Lincoln's Inn, Barrister-at-Law.   1858.

7 JOHANNIS CAPGRAVE LIBER DE ILLUSTRIBUS HENRICIS. *Edited by* the Rev F. C. HINGESTON, M A , of Exeter College, Oxford. 1858

8 HISTORIA MONASTERII S AUGUSTINI CANTUARIENSIS, by THOMAS or ELMHAM, formerly Monk and Treasurer of that Foundation. *Edited by* CHARLES HARDWICK, M.A , Fellow of St Catharine's Hall, and Christian Advocate in the University of Cambridge 1858

9. EULOGIUM (HISTORIARUM SIVE TEMPORIS): Chronicon ab Orbe condito usque ad Annum Domini 1366; a Monacho quodam Malmesbiriensi exaratum. Vols. I., II., and III. *Edited by* F. S. HAYDON, Esq., B.A. 1858–1863.

10. MEMORIALS OF HENRY THE SEVENTH: Bernardi Andreæ Tholosatis Vita Regis Henrici Septimi; necnon alia quædam ad eundem Regem spectantia. *Edited by* JAMES GAIRDNER, Esq. 1858.

11. MEMORIALS OF HENRY THE FIFTH. I.—Vita Henrici Quinti, Roberto Redmanno auctore. II.—Versus Rhythmici in laudem Regis Henrici Quinti. III.—Elmhami Liber Metricus de Henrico V. *Edited by* CHARLES A. COLE, Esq. 1858.

12. MUNIMENTA GILDHALLÆ LONDONIENSIS; Liber Albus, Liber Custumarum, et Liber Horn, in archivis Gildhallæ asservati. Vol. I., Liber Albus. Vol. II. (in Two Parts), Liber Custamarum. Vol. III., Translation of the Anglo-Norman Passages in Liber Albus, Glossaries, Appendices, and Index. *Edited by* HENRY THOMAS RILEY, Esq., M.A., Barrister-at-Law. 1859–1860.

13. CHRONICA JOHANNIS DE OXENEDES. *Edited by* Sir HENRY ELLIS, K.H. 1859.

14. A COLLECTION OF POLITICAL POEMS AND SONGS RELATING TO ENGLISH HISTORY, FROM THE ACCESSION OF EDWARD III. TO THE REIGN OF HENRY VIII. Vols. I. and II. *Edited by* THOMAS WRIGHT, Esq., M.A. 1859–1861.

15. The "OPUS TERTIUM," "OPUS MINUS," &c., of ROGER BACON. *Edited by* J. S. BREWER, M.A., Professor of English Literature, King's College, London. 1859.

16. BARTHOLOMÆI DE COTTON, MONACHI NORWICENSIS, HISTORIA ANGLICANA. 449–1298. *Edited by* HENRY RICHARDS LUARD, M.A., Fellow and Assistant Tutor of Trinity College, Cambridge. 1859.

17. BRUT Y TYWYSOGION; or, The Chronicle of the Princes of Wales. *Edited by* the Rev. J. WILLIAMS AB ITHEL. 1860.

18. A COLLECTION OF ROYAL AND HISTORICAL LETTERS DURING THE REIGN OF HENRY IV. *Edited by* the Rev. F. C. HINGESTON, M.A., of Exeter College, Oxford. 1860.

19. THE REPRESSOR OF OVER MUCH BLAMING OF THE CLERGY. By REGINALD PECOCK, sometime Bishop of Chichester. Vols. I. and II. *Edited by* CHURCHILL BABINGTON, B.D., Fellow of St. John's College, Cambridge. 1860.

20. ANNALES CAMBRIÆ. *Edited by* the Rev. J. WILLIAMS AB ITHEL. 1860.

21. The Works of Giraldus Cambrensis. Vols. I., II., and III. *Edited by* J. S. Brewer, M.A., Professor of English Literature, King's College, London. Vol. V. *Edited by* the Rev. James F. Dimock, M.A., Rector of Barnburgh, Yorkshire. 1861–1867.

22. Letters and Papers illustrative of the Wars of the English in France during the Reign of Henry the Sixth, King of England. Vol. I., and Vol. II. (in Two Parts). *Edited by* the Rev. Joseph Stevenson, M.A., of University College, Durham, and Vicar of Leighton Buzzard. 1861–1864.

23. The Anglo-Saxon Chronicle, according to the several Original Authorities. Vol. I., Original Texts. Vol. II., Translation. *Edited and translated by* Benjamin Thorpe, Esq., Member of the Royal Academy of Sciences at Munich, and of the Society of Netherlandish Literature at Leyden. 1861.

24. Letters and Papers illustrative of the Reigns of Richard III. and Henry VII. Vols. I. and II. *Edited by* James Gairdner, Esq. 1861–1863.

25. Letters of Bishop Grosseteste, illustrative of the Social Condition of his Time. *Edited by* Henry Richards Luard, M.A., Fellow and Assistant Tutor of Trinity College, Cambridge. 1861.

26. Descriptive Catalogue of Manuscripts relating to the History of Great Britain and Ireland. Vol. I. (in Two Parts) ; Anterior to the Norman Invasion. Vol. II.; 1066–1200. *By* Thomas Duffus Hardy, Esq., Deputy Keeper of the Public Records. 1862–1865.

27. Royal and other Historical Letters illustrative of the Reign of Henry III. From the Originals in the Public Record Office. Vol. I., 1216–1235. Vol. II., 1236–1272. *Selected and edited by* the Rev. W. W. Shirley, D.D., Regius Professor in Ecclesiastical History, and Canon of Christ Church, Oxford. 1862–1866.

28. Chronica Monasterii S. Albani.—1. Thomæ Walsingham Historia Anglicana ; Vol. I., 1272–1381 : Vol. II., 1381–1422. 2. Willelmi Rishanger Chronica et Annales, 1259–1307. 3. Johannis de Trokelowe et Henrici de Blaneforde Chronica et Annales, 1259–1296 ; 1307–1324 ; 1392–1406. 4. Gesta Abbatum Monasterii S. Albani, a Thoma Walsingham, regnante Ricardo Secundo, ejusdem Ecclesiæ Præcentore, compilata ; Vol. I., 793–1290. *Edited by* Henry Thomas Riley, Esq., M.A., of Corpus Christi College, Cambridge ; and of the Inner Temple, Barrister-at-Law. 1863–1867.

29. Chronicon Abbatiæ Eveshamensis, Auctoribus Dominico Priore Eveshamiæ et Thoma de Marleberge Abbate, a Fundatione ad Annum 1213, una cum Continuatione ad Annum 1418. *Edited by* the Rev. W. D. Macray, M.A., Bodleian Library, Oxford. 1863.

30. RICARDI DE CIRENCESTRIA SPECULUM HISTORIALE DE GESTIS REGUM ANGLIÆ. Vol. I., 447–871. *Edited by* JOHN E. B. MAYOR, M.A., Fellow and Assistant Tutor of St. John's College, Cambridge. 1863.

31. YEAR BOOKS OF THE REIGN OF EDWARD THE FIRST. Years 20–21, 30–31, and 32–33. *Edited and translated by* ALFRED JOHN HORWOOD, Esq., of the Middle Temple, Barrister-at-Law. 1863–1866.

32. NARRATIVES OF THE EXPULSION OF THE ENGLISH FROM NORMANDY, 1449-1450.—Robertus Blondelli de Reductione Normanniæ: Le Recouvrement de Normendie, par Berry, Herault du Roy: Conferences between the Ambassadors of France and England. *Edited, from MSS. in the Imperial Library at Paris, by* the Rev. JOSEPH STEVENSON, M.A., of University College, Durham. 1863.

33. HISTORIA ET CARTULARIUM MONASTERII S. PETRI GLOUCESTRIÆ. Vols. I., II., and III. *Edited by* W. H. HART, Esq., F.S.A., Membre correspondant de la Société des Antiquaires de Normandie. 1863–1867.

34. ALEXANDRI NECKAM DE NATURIS RERUM LIBRI DUO ; with NECKAM'S POEM, DE LAUDIBUS DIVINÆ SAPIENTLÆ. *Edited by* THOMAS WRIGHT, Esq., M.A. 1863.

35. LEECHDOMS, WORTCUNNING, AND STARCRAFT OF EARLY ENGLAND ; being a Collection of Documents illustrating the History of Science in this Country before the Norman Conquest. Vols. I., II., and III. *Collected and edited by* the Rev. T. OSWALD COCKAYNE, M.A., of St. John's College, Cambridge. 1864–1866.

36. ANNALES MONASTICI. Vol. I. :—Annales de Margan, 1066–1232 ; Annales de Theokesberia, 1066–1263 ; Annales de Burton, 1004– 1263. Vol. II. :—Annales Monasterii de Wintonia, 519–1277 ; Annales Monasterii de Waverleia, 1–1291. Vol. III. :—Annales Prioratus de Dunstaplia, 1–1297 ; Annales Monasterii de Bermundeseia, 1042–1432. *Edited by* HENRY RICHARDS LUARD, M.A., Fellow and Assistant Tutor of Trinity College, and Registrary of the University, Cambridge. 1864–1866.

37. MAGNA VITA S. HUGONIS EPISCOPI LINCOLNIENSIS. From Manuscripts in the Bodleian Library, Oxford, and the Imperial Library, Paris. *Edited by* the Rev. JAMES F. DIMOCK, M.A., Rector of Barnburgh, Yorkshire. 1864.

38. CHRONICLES AND MEMORIALS OF THE REIGN OF RICHARD THE FIRST. Vol. I. :—ITINERARIUM PEREGRINORUM ET GESTA REGIS RICARDI. Vol. II.:—EPISTOLÆ CANTUARIENSES ; the Letters of the Prior and Convent of Christ Church, Canterbury ; 1187 to 1199. *Edited by* WILLIAM STUBBS, M.A., Vicar of Navestock, Essex, and Lambeth Librarian. 1864–1865.

39. RECUEIL DES CRONIQUES ET ANCHIENNES ISTORIES DE LA GRANT BRETAIGNE A PRESENT NOMME ENGLETERRE, par JEHAN DE WAURIN. From Albina to 688. *Edited by* WILLIAM HARDY, Esq., F.S.A. 1864.

40. A COLLECTION OF THE CHRONICLES AND ANCIENT HISTORIES OF GREAT BRITAIN, NOW CALLED ENGLAND, by JOHN DE WAVRIN. From Albina to 688. (Translation of the preceding.) *Edited and translated by* WILLIAM HARDY, Esq., F.S.A. 1864.

41. POLYCHRONICON RANULPHI HIGDEN, with Trevisa's Translation. Vol. I. *Edited by* CHURCHILL BABINGTON, B.D., Senior Fellow of St. John's College, Cambridge. 1865.

42. LE LIVERE DE REIS DE BRITTANIE E LE LIVERE DE REIS DE ENGLETERE. *Edited by* JOHN GLOVER, M.A., Vicar of Brading, Isle of Wight, formerly Librarian of Trinity College, Cambridge. 1865.

43. CHRONICA MONASTERII DE MELSA, AB ANNO 1150 USQUE AD ANNUM 1406. Vols. I. and II. *Edited by* EDWARD AUGUSTUS BOND, Esq., Assistant Keeper of the Manuscripts, and Egerton Librarian, British Museum. 1866–1867.

44. MATTHÆI PARISIENSIS HISTORIA ANGLORUM, SIVE, UT VULGO DICITUR, HISTORIA MINOR. Vols. I. and II. 1067–1245. *Edited by* Sir FREDERIC MADDEN, K.H., Keeper of the Department of Manuscripts, British Museum. 1866.

45. LIBER MONASTERII DE HYDA : A CHRONICLE AND CHARTULARY OF HYDE ABBEY, WINCHESTER, 455–1023. *Edited, from a Manuscript in the Library of the Earl of Macclesfield, by* EDWARD EDWARDS, Esq. 1866.

46. CHRONICON SCOTORUM : A CHRONICLE OF IRISH AFFAIRS, from the EARLIEST TIMES to 1135 ; with a SUPPLEMENT, containing the Events from 1141 to 1150. *Edited, with a Translation, by* WILLIAM MAUNSELL HENNESSY, Esq., M.R.I.A. 1866.

47. THE CHRONICLE OF PIERRE DE LANGTOFT, IN FRENCH VERSE, FROM THE EARLIEST PERIOD TO THE DEATH OF EDWARD I. Vol. I. *Edited by* THOMAS WRIGHT, Esq., M.A. 1866.

48. THE WAR OF THE GAEDHIL WITH THE GAILL, or THE INVASIONS OF IRELAND BY THE DANES AND OTHER NORSEMEN. *Edited, with a Translation, by* JAMES HENTHORN TODD, D.D., Senior Fellow of Trinity College, and Regius Professor of Hebrew in the University, Dublin. 1867.

49. GESTA REGIS HENRICI SECUNDI BENEDICTI ABBATIS. THE CHRONICLE OF THE REIGNS OF HENRY II. AND RICHARD I., 1169–1192 ; known under the name of BENEDICT OF PETERBOROUGH. Vols. I. and II. *Edited by* WILLIAM STUBBS, M.A., Regius Professor of Modern History, Oxford, and Lambeth Librarian. 1867.

In the Press.

A COLLECTION OF SAGAS AND OTHER HISTORICAL DOCUMENTS relating to the Settlements and Descents of the Northmen on the British Isles. *Edited by* GEORGE WEBBE DASENT, Esq., D.C.L. Oxon.

OFFICIAL CORRESPONDENCE OF THOMAS BEKYNTON, SECRETARY TO HENRY VI., with other LETTERS and DOCUMENTS. *Edited by* the Rev. GEORGE WILLIAMS, B.D., Senior Fellow of King's College, Cambridge.

ORIGINAL DOCUMENTS ILLUSTRATIVE OF ACADEMICAL AND CLERICAL LIFE AND STUDIES AT OXFORD BETWEEN THE REIGNS OF HENRY III. AND HENRY VII. *Edited by* the Rev. HENRY ANSTEY, M.A., Vice-Principal of St. Mary Hall, Oxford.

ROLL OF THE PRIVY COUNCIL OF IRELAND, 16 RICHARD II. *Edited by* the Rev. JAMES GRAVES, A.B., Treasurer of St. Canice, Ireland.

RICARDI DE CIRENCESTRIA SPECULUM HISTORIALE DE GESTIS REGUM ANGLIÆ. Vol. II., 872–1066. *Edited by* JOHN E. B. MAYOR, M.A., Fellow and Assistant Tutor of St. John's College, Cambridge.

THE WORKS OF GIRALDUS CAMBRENSIS. Vol. IV. *Edited by* J. S. BREWER, M.A., Professor of English Literature, King's College, London.

CHRONICÓN RADULPHI ABBATIS COGGESHALENSIS MAJUS; and, CHRONICON TERRÆ SANCTÆ ET DE CAPTIS A SALADINO HIERO-SOLYMIS. *Edited by* the Rev. JOSEPH STEVENSON, M.A., of University College, Durham.

RECUEIL DES CRONIQUES ET ANCHIENNES ISTORIES DE LA GRANT BRETAIGNE A PRESENT NOMME ENGLETERRE, par JEHAN DE WAURIN (continued). *Edited by* WILLIAM HARDY, Esq., F.S.A.

POLYCHRONICON RANULPHI HIGDEN, with Trevisa's Translation. Vol. II. *Edited by* CHURCHILL BABINGTON, B.D., Senior Fellow of St. John's College, Cambridge.

ITER BRITANNIARUM : THE PORTION OF THE ANTONINE ITINERARY OF THE ROMAN EMPIRE RELATING TO GREAT BRITAIN. *Edited by* WILLIAM HENRY BLACK, Esq., F.S.A.

MATTHÆI PARISIENSIS HISTORIA ANGLORUM, SIVE, UT VULGO DICITUR, HISTORIA MINOR. Vol. III. *Edited by* Sir FREDERIC MADDEN, K.H., late Keeper of the Department of Manuscripts, British Museum.

ANNALES MONASTICI. Vol. IV. *Edited by* HENRY RICHARDS LUARD, M.A., Fellow and Assistant Tutor of Trinity College, and Registrary of the University, Cambridge.

CHRONICA MONASTERII S. ALBANI.—4. GESTA ABBATUM MONASTERII S. ALBANI, A THOMA WALSINGHAM, EJUSDEM ECCLESIÆ PRÆCENTORE, COMPILATA. Vol. II. *Edited by* HENRY THOMAS RILEY, Esq., M.A., of Corpus Christi College, Cambridge; and of the Inner Temple, Barrister-at-Law.

WILLELMI MALMESBIRIENSIS DE GESTIS PONTIFICUM ANGLORUM LIBRI V. *Edited, from William of Malmesbury's Autograph MS.,* by N. E. S. A. HAMILTON, Esq., of the Department of Manuscripts, British Museum.

CHRONICA MONASTERII DE MELSA, AB ANNO 1150 USQUE AD ANNUM 1406. Vol. III. *Edited by* EDWARD AUGUSTUS BOND, Esq., Keeper of the Department of Manuscripts, British Museum.

DESCRIPTIVE CATALOGUE OF MANUSCRIPTS RELATING TO THE HISTORY OF GREAT BRITAIN AND IRELAND. Vol. III.; 1201, &c. *By* THOMAS DUFFUS HARDY, Esq., Deputy Keeper of the Public Records.

In Progress.

DOCUMENTS RELATING TO ENGLAND AND SCOTLAND, FROM THE NORTHERN REGISTERS. *Edited by* the Rev. JAMES RAINE, M.A., Canon of York, and late Fellow of the University, Durham.

CHRONICLE OF ROBERT OF BRUNNE. *Edited by* FREDERICK JAMES FURNIVALL, Esq., M.A., of Trinity Hall, Cambridge, Barrister-at-Law.

YEAR BOOKS OF THE REIGN OF EDWARD THE FIRST. Years 21 and 22. *Edited and translated by* ALFRED JOHN HORWOOD, Esq., of the Middle Temple, Barrister-at-Law.

THE CHRONICLE OF PIERRE DE LANGTOFT, IN FRENCH VERSE, FROM THE EARLIEST PERIOD TO THE DEATH OF EDWARD I. Vol. II. *Edited by* THOMAS WRIGHT, Esq., M.A.

THE ANNALS OF ROGER HOVEDEN. *Edited by* WILLIAM STUBBS, M.A., Regius Professor of Modern History, Oxford, and Lambeth Librarian.

THE ANNALS OF LOCH CÉ. *Edited by* WILLIAM MAUNSELL HENNESSY, Esq., M.R.I.A.

June 1867.

CPSIA information can be obtained at www.ICGtesting.com
Printed in the USA
BVOW07s1332170515

400560BV00019B/351/P